KB270685

실리경제를 위한 깜짝 살림 백과

〈시집에는 친정 엄마가 없다 2〉

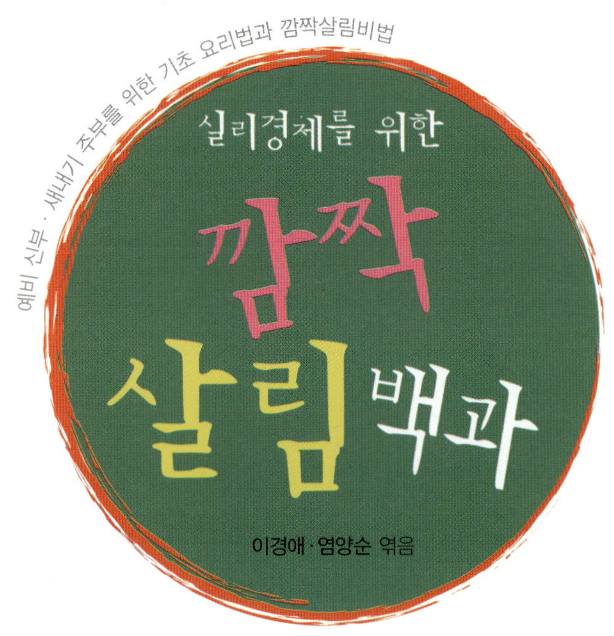

시집에는 친정엄마가 없다 2

 칠순을 맞아, 나의 언 손을 녹이며……

"아니, 이 늙은이더러 시방 책을 쓰라고 했냐?"

처음 나는 며느리로부터 손녀딸에게 줄 신부수업 책을 쓰자는 말을 듣고 농담인 줄로만 알고 이렇게 말했었다. 대학을 나와도 힘든 게 이 책 쓰는 일인 줄 아는데, 경력이라고 해봐야 기껏 식당 경험 20년이 전부인 이 늙은이한테 그런 말을 했으니, 어느 누가 그 말을 곧이들을까.

그런데 며느리의 말은 진지했다. 결혼이 머지않은 딸아이를 위해 '신부 수업'용 책을 쓰려고 하는데 어머니는 '요리' 부분을 맡아 달라는 것이었다. 그러니까 나한테 직접 쓰라는 것이 아니라, 내 요리 경력 20년의 노하우를 빌려달라는 것이었다. 노하우가 뭐냐고 물으니, '어머니만의 요리 비법'이란다. 그래서 '요리하는 데 무슨 비법이랄 게 있느냐?'고 물으니 이 사람 하는 말이, 비법이 없으면 어찌 그리 어머니 식당이 맛집으로 소문날 수가 있느냔다.

그렇다. 지금은 비록 내가 여동생한테 식당 운영을 맡기고 뒷전에서 보살펴 주고 있는 상태지만, 그 동안 우리 식당에 찾아오는 손님들로부터 참으로 그런 말을 많이 들어왔었다. 어떤 이는, 이 음식 솜씨로 도회지로 나가서 식당을 차리면 큰돈을 벌 수 있다며 함께 동업하자는 이도 있었고, 대전에서 산다는 어떤 젊은 내외는 이곳을 지날 때마다 꼭 우리 식당에 들러 식사를 하곤 했는데, 식사를 마치면 언제나 식사 값에다가 얼마씩을 더 얹어 주고 얼른 달아나곤 했다. 그래서 내가, '이러면 안 된다'며 뒤쫓아 가면, 뒤도 안 돌아보고 달아나며 이렇게 말한다.

"할머니, 대전에선 그 돈 주고 절대로 이런 식사 못해요. 자꾸 그러시면 다음엔 다시 안 옵니다!"

그러면서 훌쩍 차를 타고 달아나 버린다.

그런가 하면, 거의 하루도 거르지 않고 점심 시간만 되면 십 리가 넘는 읍내의 농협이며 면사무소·보건소 등에서 직원들이 식사하러 오곤 하는데, 그들이 식사하면서 하는 말이, 할머니가 차려주는 이런 식사를 하다가 다른 식당에 가서 먹으면 밥맛이 없단다.

물론 듣기 좋으라고 하는 말이겠지만, 나는 손님들로부터 이런 말을 들을 때마다 속으로 얼마나 기쁘고 감사한지 모른다. 그리고 상에 올린 음식을 깨끗이 비우고, 맛있다며 두 번 세 번 자꾸 음식을 주문하는 손님들을 보면 그저 고맙기만 하다.

처음부터 그런 것은 아니었다. 내가 처음 식당을 차렸을 때, 남모르게 눈물을 찍어낸 적도 한두 번이 아니었다. 몇 명 안 되는 한 집안의 식구도 식성이 각자이고 까다로우면 그 식성도 맞추기가 힘든데, 하물며 식당을 운영하며 입맛이 가지각색인 그 수많은 사람들의 식성을 모두 맞추기란 이만저만 힘든 게 아니었다. 똑같은 음식인데도 사람마다 '짜다, 맵다, 싱겁다'가 서로 다르니, 어느 누구의 입맛에 맞춰 음식을 요리하겠는가?

그래서 나는 대전·논산·강경 등의 소문난 음식점이란 음식점은 다 돌아다니며 요리 수업을 다시 시작하기로 했다. 내게 있어 임금님과도 같은 손님들에게 독특한 맛을 선사하기 위해서였다. 하지만 자기 식당만의 비법을 다른 사람에게 알려줄 리 없는 상태에서 단지 맛만 보고 스스로 터득하기란 결코 쉬운 일이 아니었다. 그래서 그 집 음식을 집으로 사들고 와서는 그 음식 맛이 날 때까지 이것저것 양념 재료들을 바꿔 넣으며 시험하기를 수십 번, 그래서 드디어 그 맛이 살아나면, 그보다 더 맛있게 만들고 싶은 욕심에서 거기에다가 독특한 나만의 요리법을 더해, 마치 임금님께 수라상을 올리는 마음으로 정성껏 손님상에 올렸다. 손님들은 그런 나를 두고 할머니의 프로 의식이 남다르단다.

그렇다. 농촌에서 논 한 마지기 없는 내가 그런 프로 의식도 없이 어떻게 5남매들을 모두 길러내고 가르칠 수가 있었으랴! 지금에 와서 지난 내 인생을 돌아보면 참으로 독하게 살아온 것 같다.

그런 때문일까? 우리 아들딸 5남매가 모두 이만큼 반듯하게 자라 형제가 서로 우애하고, 하나같이 부모에 대한 효성이 지극한 것을 볼 때, 지난날의 힘들고 고달팠던 기억들이 봄눈 녹듯 사라지며, 내가 믿는 하나님이 그저 감사할 따름이다.

아들딸들이 내 꼬부라진 허리를 보며 마음 아파할 때, 나는 허리를 번쩍 펴들며 이렇게 외치곤 한다.

"인석들아, 이 꼬부라진 허리는 하나님이 엄마한테 주신 훈장여!"

지난날들의 내 삶을 귀히 여겨 이렇게 한 권의 책이 되게 해준 아들 며느리에게 한없는 사랑을 보낸다.

모쪼록 나의 칠순을 눈앞에 두고 며느리와 함께 세상에 펴낸 이 책이 내 사랑스런 손녀딸과도 같은 이 땅의 예비 신부들과 새내기 주부들의 결혼 생활에 많은 도움이 되기를 바라 마지않는다.

산천초목이 아름다운 임천에서
'영남식당' 할머니

 나의 새내기 주부 시절을 생각하며……

하루 종일 쓸고 닦고 하지만 아무런 표시도 나지 않는 집안일. 그래서 때로는 남편한테서 '하루 종일 뭐했느냐'는 핀잔을 듣기도 하는 우리 가정주부들……. '도대체 당신이 잘하는 게 뭐냐'는 남편의 핀잔을 들을 때마다 살림이 서툴기만 한 우리 새내기 주부들의 여린 눈에서는 금방 눈물이 떨어질 것만 같다. 서로 다정하게 팔짱을 끼고 오순도순 사랑을 속삭이던 때가 엊그제 일인데, 벌써 그 사랑이 식어서일까?

언제부터인가 나는 남편으로부터 유능한 아내라는 말을 듣고 싶었다. 아니, 더 솔직히 말한다면, 남편한테서 무능한 여자란 말을 듣기가 싫었는지도 모른다.

군 복무 중이던 남편과 결혼한 나는 새색시 시절을 남편 없는 시댁에서 살아야 했다. 위로는 시할머님과 시부모님을 모시고, 아래로는 학교에 다니는 시동생 셋과 시누이 한 명의 뒷바라지를 하면서 바쁜 시골 생활을 해야 했던 나는, 정말 하루하루를 어떻게 보냈는지도 모른다.

친정 어머님을 일찍 여읜 나는 살림살이를 시어머님께로부터 배웠다. 김치 담는 것부터 시작하여 심지어는 국수 삶는 법까지도 말이다.

쉽게만 생각했던 국수 삶기가 왜 그렇게 어렵던지……. 조금만 잘못해도 달라붙고, 설익고, 불어터지고 하는데, 시집 어른들 앞에서 얼마나 민망하고 죄송스러웠는지 모른다. 창피한 얘기지만, 내가 시집 올 때만 해도 나는 그렇게 살림에 대해 아는 것이 아무것도 없었다.

난 그때, 남편이 없는 기나긴 밤을, 여성지며 요리책 등을 보면서 보내었다. 그러다가 여성지에서 살림 정보가 나오면 왜 그렇게도 반갑던지……. 다음날 아침, 시어머님께 그 정보를 자랑삼아 조잘조잘 말씀 드리기 위해서였다.

그러던 내가 어느 새 이력이 붙을 만큼 붙은 주부 경력 27년의 중년! 그 동안 내가 시어머니, 선배 주부들, 텔레비전, 라디오, 신문, 잡지 등에서 보고 듣고 배운 것들을 마치 일기 쓰듯 하나하나 메모하고 스크랩해 온 자료만 해도 사과 박스로 몇 박스 분량이나 된다. 이것들을 꺼내어 하나하나 정리하다 보니 자꾸만 눈시울이 뜨거워진다. 그 속에는 나의 손때와 함께, 힘들었지만 소중한 나의 지난날 추억들이 조용히 숨쉬고 있었던 것이다.

남편과 나는 사과 박스 속에서 잠자고 있는 나의 소중한 추억들을 일깨우며 하나하나 생명을 불어넣었다. 이것들을 책으로 엮어, 머지않아 결혼하게 될 내 딸아이에게 선물하기 위함이었다. 내가 시집 온 지가 엊그제같이 기억에 생생한데, 벌써 이렇게 딸아이가 성장하여 결혼할 만한 나이가 되었고, 그런 딸아이에게 주기 위해 이런 책을 쓰자니 참으로 '세월이 유수와도 같다'는 옛말이 실감 난다.

이 책에 수록된 내용들은 누구나 가정 생활에 쉽게 활용할 수 있는 것들이다. 그러나 몰랐을 때는 그것들이 얼마나 어렵던지……. 우리는 무엇이든 어려워서 못하는 것이 아니다. 알고 나면 아무것도 아닌데, 미처 생각하지 못했기 때문에 쉬운 일이 그렇게도 어려웠던 것이다.

이 책을 읽다 보면 '이 정도야 나도 알지' 하는 것들도 있을 것이고, 한편으론 '야, 정말 이런 것도 있었구나!' 하며 감탄을 자아내는 것들도 많을 것이다. 나 역시 그랬으니까.

그리고 우선, 집안의 생활이 크게 달라진다. 식생활이 달라지고, 아이들의 옷이, 남편의 옷매무새가, 주방이, 집안이, 음식 맛이, 식구들의 건강이 달라진다. 그리고 무엇보다도 우리 주부가 집안 살림에 빼앗기는 시간이 크게 줄어든다.

날마다 새롭게 쌓이는 집안일, 아무리 닦고 씻고 윤을 내봐도 표시 안 나는 살림살이. 이제부터 그 지긋지긋하던 살림살이에 재미를 붙여 보자.

이 책을 출간하게 된 기쁨을 나의 온 가족과 함께 나누고 싶다. 그동안 한없이 부족한 며느리를 친딸같이 여기며 사랑을 쏟아 주신 시부모님과, 나의 지나온 날들을 소중하게 여겨 이렇게 한 권의 책으로 나올 수 있도록 밤을 지새우며 열과 성을 다해 준 사랑하는 남편, 이제 막 대학을 졸업하고 취업하여 다시 태어난 기분으로 새로운 세계를 하나씩 배워가는 사랑하는 딸 은경이, 그리고 대한의 남아로서 군 생활을 무사히 마치고 대학 생활을 새롭게 시작하는 사랑하는 아들 순호와 함께 나누고 싶다.

그리고 마지막으로, 어려운 경제 여건 가운데서도 이 책의 출판을 흔쾌히 허락해 주신 '도서출판 선영사'의 김영길 사장님, 그리고 편집과 교정에 힘써 주신 편집부 직원 여러분께 깊은 감사를 드린다.

마른나무에서 새싹이 움트는 소리를 들으며
독산동에서 염양순

CONTENTS

part 1 나도 요리박사 ……………………………… 34

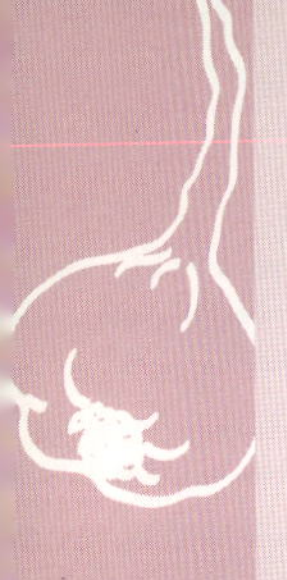

03. 의류의 얼룩 빼기 411

05. 가전제품의 올바른 사용법과 관리·보관법 ······· 531

part 6 이 정도의 의학 상식은 알아야죠 ·········· 550

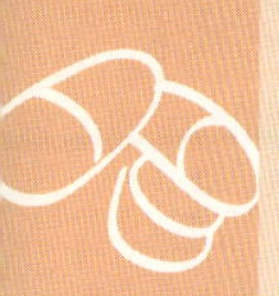

part 7 오너 운전자를 위한 상식 ·················· 584

part 1
나도
요리박사

맛집으로 소문난 '영남식당' 할머니가
20년 동안 보물처럼 간직해 온
음식요리 비법 전격 공개!
우리의 가정 식단에 자주 오르는
보글보글 맛있고 푸짐한 찌개 끓이기에서부터
김치 담그기, 밑반찬 요리에 이르기까지
할머니가 하라는 대로만 따라 하면
나도 어느 새 요리박사!
맛있는 요리 비법과 함께
재미있고 유익한 요리 상식이 풍부하게 펼쳐진다.

채소 고르기와 손질·보관법

맛있고 영양 만점의 음식을 만들려면 우선 그 재료가 좋아야 한다. 아무리 음식 솜씨가 뛰어나도 재료가 좋지 않으면 그만큼 맛과 영양이 떨어지기 때문이다. 따라서 요리에 앞서 가장 중요한 것은 그 재료 고르기다. 여기에 신선하고 맛있는 채소를 선택하는 요령과 손질·보관법·영양소 등에 대해 알아본다.

무

1) 모양이 제대로 생기고 둥글며 균일한 것을 고르되, 잔뿌리가 많고 거친 것은 좋지 않다.

2) 매운 맛이 적고 단맛이 있는 것을 고른다.

3) 두드려 보아서 통통 소리가 나는 것은 속에 바람이 든 것이므로 사지 않는다.

김치 종류에 따라서 무도 여러 가지 종류로 나누어 사는 것이 좋다. 깍두기와 배추속을 만들 무는 뭉툭하고 무거운 것이 좋고, 동치미무는 자그마하고 잔털이 없으며 매끈한 것이 좋다. 또, 짠지를 담그기에 좋은 무는 단단한 것보다는 연하고 물이 많은 긴 왜무가 좋다.

무잎은 뿌리보다도 오히려 칼슘과 비타민, 철분 함유량이 더 많다. 따라서 무를 샀을 때는 잎사귀를 버리지 말고 다듬어서 뜨거운 물에 살짝 데쳐 꼭 짠 다음에 냉동시켜 두면 나중에 시래기국을 끓여 먹는 다듬거나, 나물을 해 먹으면 별미다.

무는 시장에서 사 온 즉시 잎사귀와 뿌리를 잘라 분리시킬 필요가 있다. 그래야만 줄기로부터 영양분을 빼앗기지 않는다.

무는 껍질까지 담가서 먹기 때문에 수세미로 깨끗이 닦아 준다. 무 김치를 담글 때 무청도 살짝 절여서 함께 김치에 넣어 주면 맛있다. 포기 김치 등에 양념 재료로 들어갈 땐 일정한 크기가 아니면 김치가 지저분해지므로 깔끔하게 채칼을 이용해 썬다.

쓰다 남은 무 토막은 비닐봉지에 넣고 꼭 묶어서 밀폐한 뒤 냉장고에 보관해야 한다. 또는 채를 썰어 밀폐 용기에 담아 냉장고에 넣어 두었다가 그때그때 꺼내 쓰면 편리하다.

또 무를 늦은 봄까지 싱싱하게 보존하려면, 저장할 흙구덩이의 깊이를 무의 길이만큼 파고, 넓이는 무의 수량에 따라 적당히 넓힌 다음, 무를 구덩이 한편에서부터 모조리 세워 놓는다. 그런 다음, 무 사이사

이에다가 부드러운 흙을 넣어 꼭꼭 채우고, 무 위로 2~3㎝ 가량 엷게 흙을 덮어 준다. 그리고 그 위에 거적이나 이엉으로 덮어 두고, 필요할 때마다 한쪽에서부터 꺼내 쓰면 봄까지 싱싱한 무를 먹을 수 있다.

🔶 배추

배추는 겉껍질과 푸른 잎이 많이 뜯겨 나가고 겉보기에 깨끗하게 보이는 것은 좋지 않다. 따라서 푸른 겉잎이 그대로 붙어 있으면서도 싱싱한 것이라야 하며, 또 잎의 두께가 적당하고 섬유질이 억세지 않은 것을 택해야 한다. 손으로 들어 보아 묵직한 기분을 주고, 만져 보아 알찬 느낌을 주되, 크기는 중간쯤 되는 것이 좋다.

큰 겉잎은 우거지로 사용하면 유용하므로 절여서 보관을 따로 하도록 한다. 만들고 싶은 김치의 종류에 따라 길쭉하게 혹은 나박하게 썰어 주며, 포기 김치는 뿌리 부분만 말끔히 잘라내고 길쭉하게 2~4등분한다.

겨울철에 배추를 보관하려면, 속이 단단히 박히고 상한 곳이 없는 배추를 골라서 신문지로 3겹 정도 싸서 끈으로 가볍게 묶어 두면 된다. 이와 같은 방법으로 한 달에 한 번 정도만 신문지를 교체하여 싸 주면 겨우내 저장할 수 있다.

🔶 양배추

양배추는 다른 채소와는 달리 언뜻 보아 그 신선도를 측정하기가 쉽지 않다. 그러나 신선한 양배추는 우선 입의 녹색 부분이 선명하고 광택이 있으며, 손으로 들었을 때 묵직하다. 그리고 반으로 자른 단면이 하얗다. 그런데 만일 절단면이 갈색이고, 심지가 무르거나 마른 것은 오래 된 증거이므로 피하는 것이 좋다.

통째로 데치고자 할 때는 뿌리 안쪽에 열십자 모양으로 칼집을 내고 거기에 소금을 약간 뿌려 끓는 물에 데친다. 잎사귀를 모두 떼어서 데치면 시간을 절약할 수 있다.

쓰고 남은 것은 아래 심지 부분을 칼로 도려내고 그 속에 물 적신 종이 타월을 넣고 랩 등으로 싸서 냉장실에 보관하면 최소한 1주일 정도는 보관이 가능하다. 또는 못 쓰는 겉잎으로 싼 뒤에 다시 신문지로 싸서 냉장실에 보관해도 된다.

총각무

흙이 그대로 묻어 있고 무청이 싱싱한 것이 맛있다. 또 한 입에 먹을 수 있을 정도의 크기로, 끝으로 갈수록 동글동글하고, 단맛이 나며, 물기가 많지 않아야 한다. 총각무김치는 배추김치에 비해 양념이 많이 들어가는 편이므로 물기가 너무 많은 것은 김치를 담근 뒤 쉽게 물러지기 때문. 무와 무청 사이 부분이 진한 초록색을 띠는 것은 수확한 지 오래 된 것이므로 피하도록 한다.

싱싱한 잎만 남기고 누렇거나 시든 잎은 모두 떼어내고, 잔털도 말끔히 떼어낸다. 그리고 무청과 무의 경계 부분은 칼로 다듬어 깨끗이 씻어 건진다. 무를 다듬을 때 칼로 박박 긁어 다듬으면 쉽게 무르게 되므로, 겉에 묻은 흙은 수세미로 싹싹 문질러 씻는다.

갓

갓 중에도 잎이 붉은색을 띠는 홍갓은 향이 진해 배추김치나 깍두기를 담글 때 많이 쓰고, 푸른색을 띠는 청갓은 시원한 맛이 좋아 동치미나 백김치를 담글 때 많이 사용한다.

잎이 깨끗하고 길이가 짧으며 잎에서 윤기가 나는 것을 고른다. 우리나라에서는 섬유질이 적어 부드러운 여수 돌산갓이 유명하며, 대표적인 알칼리성 식품으로 산성 식품인 고기와 함께 먹으면 좋다. 밑동을 잘라낸 뒤 지저분한 이파리는 따고 깨끗이 씻어 사용한다.

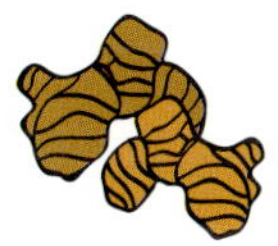 양파

양파는 겉껍질이 붉고 표면이 매끈하며 윤기가 나는 것이 너무 맵지도 않고 맛도 좋다. 모양은 위아래로 길쭉한 것보다 둥글둥글한 것을 고른다. 눌렀을 때 자국이 나지 않고 단단한 것이 상품(上品)이다. 망에 들어 있는 것을 구입할 때는 크기가 고른지도 확인한다. 양파를 물에 담가 두었다가 물기가 마르기 전에 껍질을 벗기면 매워서 눈물이 나는 것을 방지할 수 있다.

생강

약용·설탕 절임·과자·생강주·생강차·양념 등으로 널리 쓰이는 생강은 굵고 흙이 많이 묻어 있는 것을 고른다. 생강즙을 낼 때는 강판 위에 랩을 씌우고 갈면 편하다.

생강이나 파 같은 양념거리는 조금만 시간이 지나도 쉽게 말라 버린다. 2~3일 내에 먹을 것은 다듬어서 비닐이나 젖은 행주에 싸 냉장고에 넣었다가 꺼내 먹으면 되지만, 오랫동안 보관해야 할 경우에는 흙이 묻어 있는 채 그대로 신문지 등에 싸서 온도의 변화가 없는 흙이나 모래에 묻어 두면 된다. 또한 즙을 짜서 병에 담아 냉장고에 보관했다가 그때그때 필요할 때마다 꺼내서 사용해도 편리하고 좋다.

🔸 미나리

미나리를 고를 때는 냄새를 맡아보아 향이 강하고 잡티가 없으며, 잎이 싱싱하고 줄기가 고른 것이 좋다.

미나리를 손질할 때는 거머리를 특히 주의해야 한다. 미나리 밭에는 본래 거머리가 많이 살기 때문이다. 이럴 땐 놋그릇이나 놋숟가락을 미나리와 함께 넣어 씻으면 거머리가 떨어져 나간다. 거머리나 잡티를 제거한 다음에 밑손질을 하여, 흐르는 물에 여러 번 씻어내야 한다. 찌 갯거리로 사용할 경우, 앞부분은 향이 약하므로 잎은 떼어내고 줄기만 다듬어서 사용한다. 또한 잎과 굵은 줄기 부분은 익는 속도가 다르므로 줄기 끝부분부터 끓는 물에 넣어 데친 후 찬물에 담가 식혀 준다.

미나리는 줄기와 잎이 다른 채소에 비해 부드러운 편이어서 잘못하면 뭉그러지기가 쉽다. 따라서 종이 행주로 싸서 물기를 제거한 뒤, 다시 새로운 종이 행주로 싸고, 그 위에 랩으로 포장하여 냉장고의 야채실에 보관해야 한다

🔸 부추

부추는 어린 것일수록 맛이 있다. 잎이 가늘고 둥글며 작은 것을 고르되, 끝이 마른 것은 피하는 것이 좋다.

밑동을 칼로 잘라내고 흐르는 물에 씻어 흙을 깨끗이 씻어내고 조리한다. 이때 거칠게 다루면 잎이 꺾어져서 풋내가 나므로 주의할 것.

쓰고 남은 것은 비닐봉지에 넣어 냉장고의 야채실에 세워서 보관하는 것이 원칙이다. 그러나 냉장고에 장시간 보관하면 냉장고에 냄새가 밸 수 있으므로, 오래 보관할 시에는 약 2~3㎝ 정도로 썰어서 비닐봉지에 담아 냉동 보관하는 것이 좋다.

시금치

시금치는 잎이 뿌리에서부터 빽빽하게 나 있는 것이 좋다. 그렇지 않고 줄기가 길면서 잎사귀가 작은 것은 화학 비료를 많이 흡수하고 자란 것이므로 좋지 않다. 얇은 잎사귀, 윤기 나는 짙은 녹색의 부드러운 줄기, 약간 보라색의 뿌리를 가지고 있는 것이 좋다.

칼로 뿌리 부분을 잘라내고 시든 잎을 정리해 깨끗이 다듬는다. 굵은 밑동은 반 갈라 칼집을 내 준 다음, 끓는 물에 소금을 조금 넣고 데친다. 뿌리 부분부터 넣어 한두 번 뒤적거린 다음, 바로 찬물에 헹구어 꼭 짠다.

시금치가 오래 되어 시들었을 때는 그것을 그대로 사용하는 것보다 싱싱하게 되살려서 조리하는 것이 좋다. 시든 시금치를 빨리 되살리고 싶을 때는 시금치 뿌리에 +자 형으로 칼자국을 내어 찬물에 잠시 담 갔다가 건져내어 그늘에 두면 금방 파랗게 생기를 되찾게 된다.

시금치에는 수산(염색이나 표백 따위에 쓰이는 유기산의 일종)이라는 물질이 함유되어 있는데, 이것이 칼슘과 만나게 되면 결석이 생긴다. 시금치를 삶고 나서 다시 물에 씻는 이유는 이 수산을 제거하기 위함이다. 날마다 1회에 1kg씩 먹게 되면 결석이 생기게 되는데, 실제로 이렇게 많이 먹는 사람은 없으니 걱정할 필요는 없다.

시금치를 보관할 때는 먼저 누렁잎을 따내고 분무기로 가볍게 물을 뿌린 다음, 신문지로 싸서 야채실에 넣어 두는 것이 좋다. 야채실의 온도가 너무 낮을 시에는 조직이 얼어 버릴 수 있으므로 주의해야 한다.

냉동실에 보관할 때는 시금치를 살짝 데쳐서 얼마간 냉수에 담가 두었다가 물기를 완전히 짜낸 뒤 1회 사용 분량씩 분리하여 랩으로 싸 둔다.

🔸 쑥갓

쑥갓은 잎이 넓어야 맛있고, 줄기가 굵지 않은 것이 연하다. 잎이 진한 녹색을 띠고 있는 것을 고른다. 시든 잎을 따내고 깨끗이 씻어 물기를 빼 둔다. 쑥갓의 비타민 손실을 줄이려면 불끄기 직전에 넣는 것이 좋으며, 엽록소의 파괴를 막기 위해서는 소금을 조금 넣고 뚜껑을 연 상태로 데쳐준다. 시간이 흐를수록 향과 맛, 영양가가 떨어지므로 먹을 분량만큼만 사서 손질한 다음 빨리 먹는 것이 좋다. 신문지로 둘둘 말아 싼 다음 분무기로 물을 촉촉히 뿌려 뿌리 쪽이 아래로 향하도록 세워서 냉장 보관한다.

🔸 브로콜리

겨자과에 딸린 꽃양배추의 한 속(屬)인 브로콜리는 비타민 A와 C가 풍부하다. 브로콜리는 빛깔이 선명하고 줄기가 힘차게 뻗어 있는 것이 신선하다. 물에 흔들어 씻은 후 굵은 줄기는 잘라내고 송이와 송이 사이에 칼집을 넣어 작은 송이로 만들어 끓는 물에 소금을 약간 넣고 살짝 데쳐 찬물에 식혀 색이 변하는 것을 막아 준다. 랩에 싸여 있는 것을 보관할 때는 그대로 냉장고의 야채실에 넣으면 되고, 쓰고 남은 것은 끓는 물에 살짝 데친 다음 비닐봉지에 넣고 냉동실에 넣어 둔다.

🔸 샐러리

고대 이집트에서 약용으로 사용하였다는 영양가 풍부한 샐러리. 이는 줄기와 잎이 힘있게 뻗어 있는 것이 좋다. 줄기가 흐느적거리는 것은 화학 비료를 많이 섭취하면서 자랐다는 증거이다.

샐러리는 주로 잎보다는 줄기를 많이 사용하는데, 여기에서 나오는 독특한 향이 별미이다. 흐르는 물에 깨끗이 씻어 생식하기도 하지만, 이것을 잘게 잘라서 카레나 수프 등의 향료로 사용하기도 한다.

쓰고 남은 잎과 줄기는 따로 싸서 보관해야 한다. 즉, 줄기는 종이 행주로 싸고, 잎은 비닐봉지에 넣어서 공기를 뺀 다음 냉장고에 넣어 보관한다.

당근

붉은 빛깔이 선명하고 표면이 매끈한 것이 좋다.

당근은 비타민을 파괴하는 성분이 들어 있으므로 다른 채소와 함께 조리할 때는 미리 별도로 데치거나 볶았다가 사용하는 것이 좋다. 쓰고 남은 것이나 물로 씻은 것은 신문지나 종이 행주에 싸서 비닐봉지에 넣고 몇 군데 구멍을 내어 주면 오랫동안 싱싱하게 보관할 수 있다. 만일 적은 양이라면 살짝 데쳐서 냉동실에 보존해 두었다가 나중에 볶음·카레·수프 등의 요리를 만들 때 사용하면 좋다.

감자

영양이 풍부한 감자는 특히 비타민 C가 많은데, 그 함유량은 귤과 별 차이가 없을 정도이다. 감자에 포함된 비타민 C는 끓이거나 굽거나 튀겨도 파괴되지 않으므로 다양한 요리를 해 먹을 수 있다. 또한 칼륨이 많은 알칼리성 식품이므로 생선이나 고기 등의 산성 식품과 함께 조리해 먹으면 영양의 균형은 물론 음식의 맛도 더욱 좋아진다.

감자는 눈이 적고 얕게 박히고, 모양이 동글동글하며, 껍질이 얇고 매끄러우며 단단한 것이 좋다. 표면이 거칠다든지 색깔이 푸르스름한 것, 또는 군데군데 반점이 있는 것은 그렇지 않은 것보다 맛이 덜하다. 또한 감자에 주름이 있는 것은 오래 되었다는 증거이다. 감자는 수분이 적은 밭감자로 눈이 얕게 파인 것이 좋다. 껍질에 검은 반점이 있거나 껍질 색이 녹색을 띠고 쭈글쭈글한 것은 피하는 것이 좋다. 또 시장에서 파는 알이 굵고 허연 수입 감자는 맛이 덜하다.

요리하기 전에 잊지 말아야 할 것은, 감자 눈에 난 싹이나 햇볕을 쪼여 파랗게 된 윗부분에는 식중독을 일으키기 쉬운 '솔라닌'이란 독소가 들어 있으므로 반드시 그곳을 칼로 도려내고 사용해야 한다.

감자를 조리할 때는 썰어서 바로 조리에 들어가지 말고, 약 10분쯤 물에 담갔다가 건져서 물기를 빼고 조리해야 한다. 떫은맛이 강한 것은 물에 담갔다가 사용하는 것이 좋고, 쓰고 남은 감자는 스티로폼 상자에 왕겨 또는 모래와 함께 넣어 밀봉해 두면 가장 안전하다. 그리고 껍질 벗긴 감자나 한 번 잘라 낸 감자가 남았을 때 이를 그대로 놔두면 색깔이 변하고 맛도 떨어지게 된다. 따라서 남은 감자를 안전하게 보관하려면, 감자가 담긴 물에 식초 몇 방울을 떨어뜨려 저은 다음에 그대로 냉장고에 보관하면 색깔이나 맛이 변하지 않는다.

사과를 감자 속에 넣어 두면, 사과에 포함된 에틸렌이란 성분이 노화를 촉진해 감자에서 싹이 나는 것을 막을 수 있다. 그러나 필요 이상으로 오래 함께 보관한다든지, 포도나 귤 등에 함께 넣어 두면 오히려 역효과가 난다.

감자는 겨울 동안 여간 잘 보관하지 않고서는 썩기가 쉽다. 이럴 때는 감자의 껍질을 벗기고 6mm 정도의 두께로 동글납작하게 썰어서 간이 맞도록 소금에 잰다. 그리고 감자가 익을 정도로 살짝 쪄서 햇볕에 말려 두었다가 그때그때 기름에 튀기면 밥반찬이나 어린이의 간식으로 훌륭하게 쓸 수 있다.

> ### 고구마와 감자의 저장 온도
>
> 고구마의 경우, 온도가 9℃ 이하로 내려가게 되면 썩기 시작하고, 18℃ 이상으로 올라가게 되면 싹이 나오게 되므로 항상 13℃ 전후에서 보관하도록 한다.
> 감자는 고구마의 보관 온도보다 2℃ 정도 낮게 보관하는 것이 가장 좋다. 그런데 불편하다는 이유로 이 두 가지를 한 곳에 보관하는 경우가 있는데, 이것은 두 가지를 모두 못 쓰게 만들 수 있으므로 절대 피해야 한다.

호박

호박은 크기에 비해서 무게가 무거운 것일수록 좋은 것이다. 즉, 물에 담가 보아서 물 속으로 쑥 들어갈 정도로 무게가 나가는 것이라야 단단하고 맛이 좋다. 따라서 손톱으로 껍질을 눌러 보아 잘 들어가지 않는 것을 고르도록 한다. 또, 빛이 검푸르고 윤이 나며, 몸체가 곧고 단단하며 표면이 매끄러운 것이 좋다. 꼬불꼬불하다든지 울퉁불퉁한 것은 피할 것.

호박은 다른 채소에 비해 빨리 익으므로 모양이 망가지지 않도록 빠른 시간 내에 요리를 끝내야 한다.

호박은 통풍이 잘되는 곳일 경우, 약 1달 정도 그곳에 두어도 무방하다. 사용하고 남은 것도 3/4 정도라면 신문지로 싸 놓기만 해도 괜찮다. 1/2 정도라면 속을 스푼으로 긁어낸 다음 그곳에 종이 행주를 대고 랩으로 싸서 야채실에 넣어 두면 된다. 그리고 얇게 썰어서 살짝 데친 다음 냉동실에 넣어 두었다가 나중에 볶음 요리용으로 사용해도 된다.

가지

가지는 진한 흑자색이고 번들번들 윤기가 흐르는 것을 고른다. 꼭지 부분에 손을 찌르도록 아픈 가시가 돋친 것이 신선한 가지이다. 갈색에 가까운 것이나 흠이 있는 것은 피한다. 절단면이 변색되었어도 물에 씻으면 괜찮다.

깨끗이 씻어 꼭지 부분만 잘라내고 음식에 맞춰 모양대로 썰어서 사용한다. 갈변을 막기 위해서는 즉시 물에 담가 두도록 한다. 이는 가지의 떫은맛을 빼는 효과도 있다.

콩나물

콩나물은 머리 부분이 노랗고 검은 반점이 없는 것을 골라야 한다. 줄기는 희고 통통하며 너무 길지 않고 잔뿌리가 없는 것이 좋다. 콩나물을 데칠 때 구리 성분이 있는 솥을 사용하면 비타민 C가 파괴되므로 피하는 것이 좋다. 콩나물을 요리할 때는 머리 부분을 따로 떼어내 그것부터 충분히 끓인 다음에 줄기를 넣는 것이 비타민을 잃지 않는 요리 방법이다. 콩나물을 삶을 때는 소금을 조금 넣은 후 뚜껑을 덮은 채로 삶아야 비린내가 나지 않는다.

쓰고 남은 콩나물은 새로운 비닐봉지에 담아 공기가 통하지 않게 밀봉해 두어야만 변색되거나 상하지 않는다. 끓는 물에 살짝 데쳐서 비닐봉지에 넣고 냉동 보관해도 좋다.

우엉

뿌리가 곧고 굵기가 고르며 잔털이 적은 매끈한 것을 고른다. 굵은 것은 바람이 들었거나 질기므로 피한다.

조리하기 전에는 반드시 껍질을 벗겨서 식초물에 담가 두어 떫은맛을 없애야 한다. 우엉의 맛과 향은 껍질 바로 밑에 있으므로, 껍질을 벗길 때는 수세미로 문지르거나 칼등으로 가볍게 긁어서 벗겨야 한다.

우엉을 보관할 때는 바로 조리할 수 있는 상태로 흐르는 물에 깨끗이 씻어서 보관하는 것이 좋다. 우엉은 위의 굵은 부분보다 아래의 가는 부분이 더 쉽게 상한다. 따라서 요리할 때는 두 토막으로 나누어, 가는 부분부터 먼저 사용하도록 한다. 쓰고 남은 우엉은, 젖어 있는 상태에서 신문지로 싸고 그 위를 다시 랩으로 싸서 비닐봉지에 담아 두면 1달 정도는 이상 없이 보관할 수 있다.

연근

반찬이나 술안주용으로 쓰이는 연근은 뿌리의 굵기와 구멍의 크기가 일정한 것이 좋다. 연근은 갈색으로 변하기가 쉬우므로 반드시 식초물에 담가 아린 맛을 우려낸 뒤에 조리해야 한다. 또 끓는 물에 식초를 약간 넣고 데친 뒤에 조리면 빛깔이 하얗게 살아난다. 쓰고 남은 것은 랩에 싸서 냉장고에 보관하고, 상처를 내지 않은 것은 그대로 실온에 보관해도 무방하다.

◉ 버섯류

버섯을 고를 때는 다음을 유의한다.

- **양송이** : 갓이 피지 않고, 둥글고, 굵고, 육질이 단단한 것. 특히 갓과 자루를 연결하는 부분의 피막이 터지지 않은 것을 고른다.
- **송이버섯** : 갓이 피지 않고, 자루가 짧고 통통한 것. 은백색 육질에 반점이나 벌레 먹은 곳이 없는 것.
- **표고버섯** : 갓이 피지 않고, 갓의 밑면이 하얗고 깨끗하며 살이 통통하게 찐 것을 고른다.

특히 송이버섯은 얇은 갈색 막을 칼로 살살 긁어낸 다음, 물수건으로 닦아 바로 조리해야 제 맛이 난다.

버섯은 대체로 상하기가 쉬우므로 시장에서 사 오는 즉시 손질하여 조리해 먹는 것이 좋다. 그러나 쓰고 남은 표고버섯의 경우, 말라 버리거나 끈끈해지지 않도록, 다듬지 않은 상태에서 그대로 비닐봉지에 넣어 야채실에 넣어 보관한다. 수분을 흡수하게 되면 거뭇거뭇하게 변색되므로 야채실에 보관할 때에도 특히 수분을 조심해야 한다. 이미 다듬은 것이라면 금방 변색되므로 햇볕에 말려 보관하거나 냉동실에 넣어 얼리는 것이 좋다.

◉ 오이

싱싱한 오이는 표면의 눈이 거칠고 뾰족하게 튀어나와 있으며 색이 짙고 광택이 있다. 그리고 신선할수록 꼭지가 싱싱하고 색도 선명하다. 갓 따낸 것은 꼭지가 푸르고 껍질 빛이 약간 부옇다. 한쪽 끝은 작고 다른 쪽 끝이 크면 씨가 많은 것이다.

오이는 껍질째 소금으로 박박 문질러 씻는다. 오이의 오돌도톨한 부분이 농약이 많이 묻어 있으므로 굵은 소금으로 표면을 문질러 씻어야 한다. 소금으로 문질러 씻게 되면 홈 속의 이물질이 쉽게 제거되고 색도 선명해진다. 돌기를 완벽하게 제거하기 위해 칼을 눕혀 끝으로 돌기만 살살 걷어낸다. 이렇게 깨끗이 씻어 물기를 제거하고 종이 타월로 싼 다음, 이를 랩으로 감싸 야채실 혹은 과일 보관실에 보관하면 나중에 신선하게 사용할 수 있다.

🔶 시들시들한 야채를 싱싱하게 하려면

샐러드를 만들려고 시장에서 사 온 채소가 어느 새 시들어져 있다면, 맛이 약간 느껴지는 정도의 설탕과 식초를 섞은 물에 15분 정도만 담가 둬 보자. 그러면 다시 싱싱하게 되살아난다.

🔶 야채를 신선하게 오래 보관하려면

쓰고 남은 야채는 신문지에 싼 다음, 뿌리가 아래를 향하도록 비닐봉지에 넣고 냉장고에 보관해 두어야 오랫동안 신선도를 잃지 않는다.

푸른색을 유지하게 보관하려면

시장에서 부추·완두콩·강낭콩 등을 사다가 그대로 냉장고에 보관할 경우, 변색이 빠를 뿐만 아니라 신선도도 떨어지게 된다. 따라서 이러한 것들은 시장에서 사 오는 즉시 살짝 데쳐 냉장고에 넣어 두었다가 필요할 때마다 꺼내 사용하도록 한다. 그러면 색상이나 신선도를 그대로 유지할 수 있다.

양념 재료, 알고 활용하면 음식 맛이 두 배

음식 요리를 할 때 그 맛을 좌우하는 고추·파·마늘·생강·간장·소금·설탕 등과 같은
양념 재료의 쓰임과 효과·성분·영양소·작용·효능 등을 알아본다.

고추

고추야말로 양념에서 빼놓을 수 없는 식물이다. 고추의 종류는 조선
고추·호고추·재래종 영양고추 등이 있다. 요즈음에는 비닐 하우스 재
배로 인해 철을 안 가리고 풋고추를 먹을 수 있지만, 김장용 고추의 경
우, 추석 전에 나오는 만물고추가 제일 좋다. 그런데 한로(寒露)가 지나
게 되면 맛이 안 좋은 끝물고추가 많이 나오기 때문에 되도록 수확기
에 맞추어 사 두는 것이 값도 저렴하고 좋은 것을 구입할 수 있다.

고춧가루용으로 쓰는 마른고추는 길고 살이 두꺼운 것이 가루가 많
이 난다. 고추장용 고춧가루는 씨를 말끔히 떨어내야 빛깔이 곱지만,
그 밖의 쓰임에는 씨를 빼지 않고 그대로 빻아야 맛도 좋고 가루의 분
량도 많아진다.

껍질이 두껍고 꼭지가 단단하게 붙어 있는 것이 좋은 고추인데, 대체
적으로 가늘고 긴 것은 매운 맛이 강한 반면, 둥글고 짧은 것은 매운

맛이 덜하다.

영양소로는 비타민 A와 C가 많이 들어 있으며, 매운 맛을 내는 것은 캡사이신이라는 성분 때문이다. 김치용 고춧가루는 뭐니뭐니해도 단맛과 매운맛의 조화가 잘 이뤄지는 재래종 조선고추가 제일이다.

나물무침용은 고추를 채썰어 넣고, 김치나 깍두기용으로는 가루를 내어 쓴다. 김장용 김치에 들어갈 고추는 양이 많이 소요되므로, 매운 고추와 살이 두꺼운 고추를 반반씩 섞고 씨도 대강 빼어 함께 빻아 쓰는 것이 좋다.

고추를 알맞게 먹으면 위액의 분비가 촉진되면서 입맛이 개운해져 식욕이 나고 혈액순환도 잘된다. 그러나 너무 맵게 먹을 경우, 위와 장을 자극하여 설사를 하게 되거나 간장의 기능을 해칠 수 있다.

종류마다 그 특성을 말하자면 다음과 같다.

- **재래종 조선고추** : 열매가 작고 동글동글하며, 꼬투리가 뿔 모양이며, 껍질이 얇다. 그러나 작은 고추가 맵다는 말처럼, 매운맛과 단맛에 있어 단연 으뜸이다. 특히 김장용 고추로 제일이다.
- **호고추** : 열매가 길고 크며, 고추씨가 적고 껍질이 두꺼워서 고춧가루가 많이 나오는 게 특징이다. 그러나 매운맛이나 단맛이 적으므로 김장용보다는 음식을 조리할 때 많이 사용한다.
- **재래종 영양고추** : 껍질이 유난히 두껍고 단맛이 강해 고추장용으로 많이 쓰인다

고추를 고를 때는 다음을 유의해야 한다.

1) 불을 때어서 말린 고추는 색깔이 검붉고 윤기가 없으며, 꼭지가 오그라진 것처럼 보인다. 단맛 또한 떨어진다.

2) 고추를 잘라 보아 고추씨가 적은 것일수록 좋다.

3) 고추 색깔이 검붉고 눅눅한 습기가 있는 것은 피한다.

4) 태양에 말린 태양고추가 제일 좋다. 태양고추는 새빨갛고 반들반들 윤기가 나며, 자연 특산품으로서 맛도 좋다.

고추씨를 조미료로

김장철이 되면 집집마다 고추씨가 많이 생기는데, 이 고추씨를 빨아서 햇된장을 담글 때 섞으면 된장 맛이 훨씬 구수해지고, 짠지 담글 때 이 고추씨를 베주머니에 넣어서 항아리 바닥에 깔아 두면 짠지의 빛깔도 고와지고 맛도 좋아진다. 또, 찌개 끓일 때 넣으면 고추장이나 기름을 넣지 않아도 구수하고 얼큰한 맛이 나며, 쌈장을 만들 때 넣어도 아주 좋다.

후추

후추는 흰 후추와 검은 후추로 구별되는데, 맵고 향기로운 맛을 지니고 있어 향신료로 쓰인다. 흰 후추는 완전히 익은 후추 열매를 발효시키면서 겉껍질을 제거해 건조한 것이고, 검은 후추는 아직 덜 익은 열매를 뜨거운 물에 담가 두었다가 말린 것이다.

후추의 향미 성분은 겉껍질에 많이 들어 있다. 따라서 겉껍질을 제거하고 건조시켜 만든 흰 후추보다 껍데기째 말려 만든 검은 후추가 더 맵고 향이 강하다.

대개의 경우 흰 후추보다는 이 검은 후추가 많이 쓰이지만, 수프나 생선과 같이 색이 희거나 연한 요리를 할 때는 흰 후추를 사용하는 것이 좋다.

고기나 생선을 요리할 때 후추를 알맞게 사용하면 비린내 제거뿐만 아니라 방부 효과도 있다. 후추를 요리에 적당히 넣어 먹으면 위를 활성화시켜 식욕이 좋아지지만, 너무 많이 먹게 되면 위점막에 자극을 주므로 좋지 않다. 특히 위가 좋지 않은 사람의 경우 더더욱 그러하다.

후추는 음식의 맛을 좋게 하는 향신료 역할뿐만 아니라, 비타민 C의 산화를 방지하는 작용도 한다.

산초가루

산초나무 열매를 곱게 빻아 만든 산초가루는 독특한 향이 있어 향신료로 쓰인다. 이는 특히 어류의 해감내와 비린내를 없애 주는 작용을 하므로 추어탕 등을 요리할 때 많이 쓰인다. 산초가루에 들어 있는 산시올이라는 매운 성분은 내장을 활성화시키고 식욕을 증진시켜 주는데, 마취성과 살충 효과까지 있다고 한다.

또 산초 열매는 씨가 생기기 전에 술을 담가 먹기도 하는데, 이는 위와 정력에 좋은 것으로 알려져 있다. 그리고 그 잎은 삶아서 깨소금이나 간장에 무쳐 먹기도 하고, 송송 썰어서 부침개로 만들어 양념장에 찍어 먹기도 한다. 어린 잎을 된장국에 몇 잎 띄우면 그 독특한 향이 일품이다.

겨자

겨자는 톡 쏘는 맛이 일품이다. 시중에서 판매하는 겨자는 대부분 가루로 되어 있는데, 이것을 물에 개었을 경우 그 양이 얼마나 줄어들까? 약 반으로 줄어든다고 생각하면 무리가 없다. 여기에 설탕과 간장을 약간 넣어 주면 맛과 향기가 더욱 좋아진다.

파

파는 우리 나라 요리에 어느 한 곳 빠지지 않고 들어가는 영양가 풍부한 식품이다. 음식 문화가 변하면서 최근에는 고기와 함께 이 파를 날로 먹는 경우가 많아졌다.

파에는 칼슘과 인, 철분이 많이 함유되어 있고, 비타민 A와 C도 풍부하게 들어 있다. 또 파에는 황화아릴과 알린이라는 자극 성분이 들어 있는데, 그 중 알린은 장에서 비타민 B_1과 결합하여 쉽게 흡수되고, 이용도가 높은 새로운 비타민 B_1으로 변하게 하는 작용을 한다.

파의 영양가는 뿌리보다 잎에 훨씬 많이 들어 있다. 비타민 A, B, C 역시 마찬가지이다. 파 잎사귀에서 나오는 끈끈한 점액, 즉 파기름이 우리 몸 안에 들어가게 되면 비타민 B_1이 효과적으로 사용되도록 돕는다. 따라서 파를 오랫동안 잘라 두거나 물에 담가 두면 이러한 영양

소들이 소실되므로 가능한 한 싱싱한 것을 바로 잘라 요리하는 것이 좋다. 파는 날것으로 먹으면 더욱 좋다.

이처럼 영양 식품인 동시에 맛을 좋게 해 주는 양념이기도 한 파는 유황이 많은 산성식품으로서 몸을 따뜻하게 해 주고 위장의 기능을 도와준다.

이 파는 감기에도 좋다. 감기 초기에 생강과 함께 파의 흰 뿌리를 끓여서 마시면 하룻밤 사이에 거뜬해진다.

파는 마늘·겨자·냉이 등과 마찬가지로 살균 작용도 한다.

파는 줄기가 매끈하고 길게 뻗어 있고, 아래 흰색 부분과 위의 초록색 부분의 경계가 분명한 것이 좋다. 줄기를 눌러 보아 탄력이 없거나 광택이 없는 것은 맛이 없으므로 피한다. 위의 초록색 부분이 선명할수록 싱싱한 것이다.

파를 손질할 때는 여러 겹을 벗겨내지 말고 겉껍질만 벗겨서 물에 씻어내면 농약 성분은 씻겨 나간다. 그리고 보관할 때는, 씻지 않은 채로 위의 녹색 부분과 아래 흰색 부분을 잘라서 각각 따로 보관한다. 녹색 부분은 신문지에 싸고 흰색 부분은 비닐에 넣어서 냉장고에 보관한다.

탕이나 찜에 넣어 사용할 때는 5㎝ 정도로 썰어서 넣고, 나물을 무칠 때는 채썰어 사용하고, 음식의 양념을 하거나 김치에 넣을 때는 곱게 다져서 사용한다.

김장 때는 대부분 파기름이 많은 대파보다 잎사귀까지 사용할 수 있는 쪽파를 많이 사용한다.

 양파

양파는 파와 마찬가지로 생선이나 고기의 냄새를 없애 주기 때문에 요리에 많이 쓰이는데, 파에 비해 냄새가 약하므로 날것으로도 많이 먹는다.

이 양파 속에 들어 있는 알리인이라는 성분은 다른 음식물에 들어 있는 비타민 B_1의 흡수를 잘되게 도와준다. 채소 샐러드에 양파를 잘게 썰어 넣는 이유도 바로 여기에 있다.

이 양파는 양념뿐만 아니라 민간요법으로도 쓰인다. 불면증에 걸려 잠 못 이룰 때 양파를 반으로 잘라서 베개 밑에 놓으면 스르르 잠이 밀려온다. 또 껍질에 들어 있는 퀘르세틴이라는 성분은 지방의 산패를 막아 주고 고혈압을 예방하는 효과가 있는 것으로 알려져 있다.

양파는 껍질이 투명하고 광택이 있으며 단단한 것이 싱싱하다. 만일 가운데 부분을 눌러 보아서 물렁거리면 심히 썩은 것이다.

시장에서 사 온 양파는 썰어서 바로 사용하는 것이 좋다. 썰은 채로 양파를 오래 두면 양파의 생명인 톡 쏘는 맛과 매콤한 맛이 사라지기 때문이다.

그리고 양파를 보관할 때는 모기장으로 만든 그물이나 못쓰는 스타킹 등에 담아 통풍이 잘되는 서늘한 곳에 걸어 두는 것이 좋다. 양파가 서로 겹치게 되면 상처가 나고 호흡에 의해 습기가 쌓이게 되므로 헌 스타킹 등에 넣고 양파와 양파 사이를 끈으로 묶어서 보관하였다가 하나씩 잘라서 사용하면 편리하다.

양파를 요령 있게 다루는 법

양파를 손질하려면 그 아린 맛이 눈을 자극한다. 손질하기 전에 양파를 미지근한 물에 담가 두었다가 썰면 매운 자극을 훨씬 줄일 수 있다. 눈이 아리고 눈물이 나와 참을 수 없는 경우라면, 냉장고에 얼굴을 들이밀고 찬 기운을 쏘여 준다.

마늘

예로부터 마늘은 강장 식품으로 알려져 인기를 끌고 있는 식품이다. 이 마늘 속에는 비타민 B_1·B_2·C뿐만 아니라, 과당·당질·칼슘·철·인 등이 들어 있어서 강장 및 강정의 효과에다 구충 효과까지 있다. 또 마늘은 항암 효과가 있는 것으로 알려져 있으며, 살균·폐결핵 등에 효과가 큰 것으로 알려지고 있다.

마늘을 굽거나 삶아 먹으면 효소가 파괴되어 매운맛과 살균 작용이 없어지지만, 위가 나쁜 사람일 경우, 자극성이 강한 생마늘은 먹지 않는 것이 좋다.

마늘은 다른 음식에 포함되어 있는 비타민 B_1의 흡수를 잘되게 도와주므로, 비타민이 많이 들어 있는 돼지고기나 땅콩 등과 함께 먹으면 더욱 효과가 있다.

특히 고기나 동물의 내장을 요리할 때 마늘을 곱게 다져서 넣으면 이상한 맛과 냄새를 없앨 수 있다. 나물을 무치거나 김치를 담글 때는 마늘을 곱게 다져서, 탕이나 볶음 등에는 채썰어서, 보쌈을 할 때는 납작 썰어서 넣어 준다.

마늘은 냄새가 날 만큼 많이 넣지 않아도 요리 전체의 맛을 돋우어 주는데, 썰거나 강판에 가는 것보다 으깨거나 다져서 사용해야 냄새가 덜 난다. 볶음 요리를 할 때 마늘 냄새를 없애려면, 재료를 볶을 기름에 다진 마늘을 넣고 냄새 성분을 녹이면 된다. 그런 다음, 재료에 기름과 함께 넣고 볶으면 마늘 냄새가 거의 사라진다. 또 마늘은 살균 작용도 한다.

마늘은 크게 논마늘과 밭마늘로 나눌 수 있다. 논마늘은 무르고 수분 함량이 많아 장아찌를 담는 데 좋고, 밭마늘은 수분이 적고 매워서 김장용으로 적합하다. 그러나 논마늘은 밭마늘에 비해 질이 약간 떨어진다.

마늘은 4쪽 마늘과 6쪽 마늘이 있는데, 그 중 6쪽 마늘은 4쪽 마늘에 비해 껍질이 잘 벗겨진다.

마늘을 고를 때는 쪽과 쪽 사이에 골이 뚜렷하고 마늘쪽 하나하나가 두드러지는 것이 좋다. 그리고 마늘의 각 쪽과 껍질의 섬유질이 단단하고 향기가 강할수록 좋다. 저장할 마늘은 굵은 것보다 작은 것이 변질이 덜 된다.

마늘을 잘못 간수하면 말라 쪼그라들어 버리는 경우가 있는데, 이런 것은 모았다가 햇볕에 바싹 말려 갈든가 빻아서 가루로 만든 다음, 물기 없는 병에 두고 필요할 때마다 사용하도록 한다. 집에 있는 생강이 말랐을 때도 이와 같은 방법으로 가루를 내어 사용하도록 한다.

마늘을 쉽게 다지려면

마늘은 고춧가루나 마찬가지로 거의 모든 음식에 들어가는 양념이다. 그런데 이 마늘을 까서 찧기란 그리 쉬운 일이 아니다. 도마 위에 올려놓거나 절구통에 넣고 찧으려면 이리저리 퉁겨 나가게 되어 바쁠 때는 신경질이 나기도 한다. 이럴 때는 라면 봉지나 과자 봉지 속에 껍질 벗긴 마늘을 넣은 다음, 입구를 잡고 그대로 봉지째 찧으면 튈 염려 없이 골고루 잘 다져진다.

달래

'달래·냉이·씀바귀' 하면 옛날 시골 생활이 그리워지기도 한다. 그만큼 달래는 봄나물의 대명사이기도 하다. 가난했던 시절, 달래를 넣어 만든 얼큰한 된장국에 먹는 보리밥이야말로 일품이 아닐 수 없었다.

파와 마늘이 산성 식품인 데 비해 이 달래는 인보다 칼슘이 높은 알칼리성 식품이다. 달래에는 비타민이 골고루 함유되어 있는데, 그 가운데 비타민 C가 가장 많이 들어 있다. 따라서 이 달래를 많이 먹으면 피부가 고와지고, 몸에 활력이 생기며, 빈혈에도 효과가 있다. 또한 현대인에게 많은 동맥경화와 같은 성인병을 예방하는 역할도 한다.

그러나 달래에 함유되어 있는 비타민 C는 열에 약해 가열하면 쉽게 파괴되므로, 썰어서 간장에 넣어 먹는 등 가능한 한 생식하는 것이 좋다.

생강

생강은 매운 맛과 향이 강해 음식을 요리할 때 향신료로 쓰일 뿐만 아니라 생강차를 만들거나 한약재로 쓰이기도 한다.

생선이나 돼지고기를 요리할 때 생강을 얇게 채썰거나 즙을 내어 넣어 주면 비린내와 누린내를 없앨 수 있다. 생선이나 고기에 들어 있는 단백질은 생강의 탈취력을 약하게 하므로 가열하고 나서 나중에 넣어야만 효과적이다.

음식을 만들 때마다 손질하는 것이 귀찮으면 미리 손질해서 플라스틱 통에 넣어 두고 쓰면 되지만, 며칠 지나면 곰팡이가 슬기 쉬우므로, 생강을 얇게 썰어서 바싹 말렸다가 분쇄기로 생강가루를 만들어 병에 넣어 두고 필요할 때마다 꺼내 쓰면 편리하다.

깨

한 번 볶아진 깨를 샀다 하더라도 사용하기 전에 한 번 더 볶는 것이 좋다. 깨의 맛과 향은 볶는 데서 생기기 때문이다. 중간 불로 프라이팬을 달군 다음, 나무 주걱으로 저으며 깨알이 하나 둘 튀기 시작할 때까지 재빨리 볶아낸다. 너무 오래 볶으면 맛과 향이 사라진다.

설탕

음식에 설탕을 많이 넣어야 할 경우, 설탕과 소금 양의 비율은 100대 1 정도로 넣어 주어야 대비 효과가 있어 단맛이 강하게 살아난다. 찌개 등과 같이 끓여 만드는 요리에 간장과 함께 사용할 경우, 반드시 설탕을 먼저 넣고 간장을 나중에 넣어야 단맛이 살아난다. 이때의 설탕 양은 간장과 비슷하거나 간장보다 약간 적은 것이 좋다. 초간장을 만들 때도 식초→설탕→간장 순으로 넣는 것이 더 맛이 있다. 또 설탕을 신 음식에 넣어 주면 중화 역할을 하므로 덜 시게 먹을 수 있다.

음식마다 설탕을 넣는 시기가 다르다

설탕을 어떻게 사용하느냐에 따라 음식의 맛이 달라진다. 음식마다 설탕을 넣는 시기와 양이 달라지는데, 이에 관해 알아보자.

· 찜 등에는 먼저 설탕을 넣은 다음 간장과 소금을 넣는다. 설탕이 찜에 배는 데는 시간이 걸리기 때문이다. 그러나 콩자반의 경우, 설탕을 먼저 넣으면 딱딱해지므로 유의해야 한다.

· 단팥죽 등을 만들 때에는 소금을 설탕의 1% 정도만 넣어서 설탕의 맛을 돋우어 주어야 제 맛이 난다.

· 생선을 요리할 때는 설탕이 잘 녹지 않으므로 시럽을 만들어서 사용해야 한다. 시럽은 설탕과 물을 1 대 1로 하여 녹인 다음 끓여서 만든다.

· 설탕은 짠맛과 신맛을 부드럽게 할 때에도 사용한다.

소금

음식에 소금을 사용할 경우, 소금은 크게 두 가지 작용을 한다. 하나는 단맛을 돋보이게 하는 작용을 하고, 또 하나는 재료를 수축시키는 작용을 한다.

그러나 이 소금을 언제 사용하느냐에 따라 음식 맛이 달라진다. 찌개 등을 끓일 때, 재료가 채 익기도 전에 너무 일찍 소금을 넣으면 재료가 부드러워지지도 않을뿐더러 맛도 제대로 우러나지 않게 되어 음식 맛이 떨어지게 된다.

따라서 소금은 재료가 충분히 부드럽게 익었을 때 넣어야 음식이 부드럽고 제 맛이 난다. 그래야만 삶는 동안 기름 성분과도 고루 섞여 간이 알맞게 밴다.

또 소금은 재료의 부스러짐을 막고, 밀가루의 탄력성을 증진시키는 작용을 하기도 한다.

좋은 소금 고르기

좋은 소금이란 수분이 적은 것을 말한다. 이 수분이 적은 소금을 고르려면 소금을 한 줌 집어들어 꼭 쥐었다 펴 보면 금방 알 수 있다. 손바닥을 폈을 때 소금이 적게 남아 있을수록 수분이 적은 소금, 즉 좋은 소금이다.

소금과 재료의 양은 비례하지 않는다

5인분의 찌개를 끓일 때 소금을 5스푼 넣었다고 해서 10인분 찌개를 끓일 때 무조건 10스푼을 넣는다면 간이 어떻게 될까? 너무 짜서 못 먹게 된다. 계산상으로는 5인분의 2곱이니까 10스푼을 넣어야 맞는 것 같지만 사실은 그게 아니다.

라면을 끓여 본 적이 있을 것이다. 라면 2개를 끓일 때 수프

2개를 넣었다고 해서 4개를 끓일 때 수프 4개를 넣으면 라면 맛이 어떠했는가? 그렇다. 너무 짜다. 3개를 넣어야 간이 적당하다.

다른 음식도 이와 마찬가지이다. 재료가 많아졌다고 해서 소금 양을 그에 비례시켜서는 안 된다. 이런 때는 약 1인분 정도의 소금 양을 줄여 잡아야만 간이 적당하다.

식혀 먹는 음식에는 소금을 적게 넣어야

뜨거울 때 간을 했다가 식혀 먹는 음식에는 소금을 조금 적게 넣어야 한다. 뜨거웠을 때와 식었을 때 느끼는 짠맛의 강도가 다르기 때문이다. 즉, 뜨거웠을 때 맞았던 간이 식었을 때는 짜게 되는 것이다.

🔴 간장

끓이는 요리에 간장을 사용할 때는 언제나 맨 나중에 넣어야 한다. 단, 조림 요리할 때는 처음에 넣어 맛을 내는 것이 좋다. 간장은 재료를 수축시키는 작용을 하기 때문이다.

그리고 간장에 곰팡이가 생기면, 사람 몸에는 해롭지 않으나 간장 맛이 떨어지게 되므로 간장독에 2~3쪽의 마늘을 넣어 이를 막아 주어야 한다.

또 간장을 고를 때는, 물에 간장을 떨어뜨려 보아서 간장 방울이 일단 아래로 내려갔다가 퍼져 오르는 것이 좋은 것이다. 떨어지자 마자 확 퍼지는 것은 비중이 낮아 품질이 나쁜 탓이다.

또 한 가지 방법은, 바닥이 얕은 흰 접시에 간장을 조금 떨어뜨리고 접시를 천천히 움직여 본다. 이때 흐르는 자국이 길게 남으면 합격품!

식초

우리의 혀는 음식물이 산성일 때 그 맛을 느낀다고 한다. 따라서 음식에 식초를 넣으면 입맛이 없을 때 입맛을 돋우어 준다.

그러나 이 식초는 상하기 쉬운 조미료의 하나이다. 될 수 있는 대로 작은 것을 사서 언제나 새것을 쓰는 것이 좋다. 그렇지 않고 큰 병일 때는 그 속에 소금을 조금 넣어 주면 풍미가 손상되지 않고 오래 간다.

식초 활용법

쓴맛이 나는 오이는 식초를 탄 물에다 담가 두었다가 쓰면 쓴맛이 사라지고, 다시마를 삶을 때도 식초를 조금 타면 쉽게 잘 무르며, 겨자를 풀어서 둘 때도 식초를 몇 방울 떨어뜨리면 겨자가 오래 간다.

이 밖에 여름철과 같이 무더운 날, 밥통에 밥을 퍼 놓을 때도 바닥에 식초를 몇 방울 떨어뜨려 두면 밥이 쉬지 않는다. 그리고 음식에 식초를 너무 쳤을 때 술을 조금 넣으면 신맛이 훨씬 부드러워진다. 초를 치고 버무려 만드는 나물 등의 요리는 먼저 재료에 소금을 약간 뿌린 다음에 초를 쳐야 맛이 훨씬 좋다.

식초는 해독 작용이 있어서 생선회 등에는 좋으나 비타민을 파괴하므로 채소 등과 같은 비타민 함유 식품에는 좋지 않다.

음식에 식초가 너무 많이 들어갔을 때

음식에 식초를 치다가 잘못하여 너무 많이 들어가게 되었을 경우, 술을 조금 넣으면 신맛이 훨씬 부드러워진다. 초를 치고 버무려 만드는 나물 같은 요리는 먼저 재료에 소금을 뿌리고 나서 식초를 치면 맛이 훨씬 좋다.

레몬즙

같은 산성이라 할지라도 일반 식초를 가열하면 신맛이 달아나지만, 레몬즙은 가열해도 신맛이 달아나지 않고 그대로 유지되는 특성이 있다. 따라서 열을 가해 만드는 음식일 경우, 식초는 음식의 숨은 맛을 내고자 할 때 사용하고, 레몬즙은 신맛을 필요로 할 때 사용하면 좋다.

레몬즙을 많이 내려면

레몬즙을 많이 얻으려면 미리 레몬을 뜨거운 물에 담가 따뜻하게 해 둔다. 그래야만 레몬 껍질도 부드러워져 짜내기 쉬운 상태가 되기 때문. 그러고 나서 레몬즙 짜는 기계로 짜면 평소보다 2배 정도는 많은 양의 레몬즙을 얻을 수 있다.
또 한 가지 방법은, 즙을 짜기 전에 테이블이나 조리대 위에 레몬을 올려놓고 손으로 힘주어 누르면서 골고루 여러 바퀴 굴려 주고 나서 짜면 된다.

◆ 식용유

튀김 등을 요리할 때 식용유는 빼놓을 수 없는 재료이다. 튀김 재료가 아무리 좋고 기술이 훌륭하더라도 좋지 않은 식용유를 사용하게 되면 불량 식품으로 둔갑하여 식중독의 원인이 되기도 한다.

지금 시중에 나오는 식용유들은 대개가 검사를 받은 것들이라 믿어도 좋지만, 그 가운데는 오래 되어 변질된 것이 있을 수 있고, 집 안에서 오래 사용하다 보면 역시 변질되었을 우려가 있으므로 사용하기 전에 항상 점검해 볼 필요가 있다.

식용유를 점검할 때 다음의 사항을 유념해야 한다.

1) 뚜껑을 열었을 때 악취가 나거나 역겨운 냄새가 나면 산화된 것으로 보면 된다.

2) 기름 색깔이 투명할수록 좋은 것이다.

3) 기름은 영하 8℃ 이하가 되면 얼게 되어 있는데, 빨리 어는 것일수록 좋은 것이다.

4) 끓여서 거품이 많이 나면 불순물이 섞여 있다는 증거다.

식용유(콩기름) 이용법

식용유에는 크게 동물성과 식물성으로 나눌 수 있는데, 식물성 식용유로는 콩기름·참기름·들기름·옥수수기름·채종유·면실유 등 여러 가지가 있다. 이 중에서도 영양가와 칼로리 면에서 가장 풍부한 것이 콩기름인데, 이 콩기름을 잘 이용하면 적은 분량으로 칼로리가 높고 영양가가 풍부한 음식을 만들어 섭취할 수 있다.

지금까지는 이 식용유(콩기름)를 단지 조미료 정도로 사용하였으나, 이 식용유를 칼로리 원이나 영양식으로 먹으려면 역시 기름을 넣어 튀기거나 볶거나 전을 부쳐먹는 방법이 가장 유리하다.

콩기름 1g에는 9칼로리가 들어 있다. 우리가 100칼로리를 얻으려면 쌀밥 70.92g 정도를 먹어야 하지만, 이 콩기름은 10.8g 정도만 섭취하면 된다.

콩기름은 소화 흡수도 95~100%가 된다. 동물성 지방이나 다른 식용유와 달라 이 콩기름은 고혈압이나 동맥경화 등의 원인이 되는 콜레스테롤을 저하시키고, 비타민의 흡수를 도와주며, 비만증 방지에도 도움이 된다.

콩기름에는 비타민 A, D, E, K 등, 기름이 녹아 나오는 지용성이 있어서, 가령 고추·당근·피망·시금치 등을 기름에 튀기거나 볶아 먹으면 영양분 흡수가 훨씬 많아진다.

그 외에 콩기름은 비타민 B_1, B_2의 체내 소비를 절약해 주는 역할과 사람의 생식 기능을 정상으로 유지시키는 역할을 하고, 근육의 위축을 막으며, 갱년기에 꼭 필요한 비타민 E가 많이 들어 있고, 공기 접촉으로 인한 식품의 비타민 C의 산화 손실도 막아 주는 등, 그야말로 여러 가지 역할을 하는 아주 좋은 식품이다.

콩기름을 너무 여러 번 튀겨 먹으면 맛도 영양가도 없어지게 되므로 2~3번 사용하고 나면 버리도록 한다. 쓰던 기름과 새 기름을 함께 섞어 쓰거나, 한 번 사용하고 난 기름을 냉장고에 넣어 두었다가 다시 사용하거나, 쓰고 난 기름을 체나 여과기에 걸러 쓰거나 하는 것 등은 잘못된 사용법이다. 그리고 식용유는 열을 가하면 분해가 잘되므로 조금씩 나누어 여러 번 쓰는 것이 좋다.

청주도 양념(?)

요즘 신세대 주부들 가운데 찌개나 전골에 자신이 없다는 사람들이 많다. 이런 주부들이 일급 요리사가 되는 간단한 비결을 소개한다. 찌개를 다 끓이고 나서 청주를 조금만 넣어 보자. 맛이 한결 좋아진다.

화학 조미료가 딱딱하게 굳었을 때

화학 조미료를 병에 넣어 두었더니 딱딱하게 굳어 사용하기 힘들 때가 있다. 이런 때는 그곳에 뜨거운 물을 적당히 부은 다음, 스푼 등으로 저어 즙을 만들어 냉장고에 넣어 두었다가 사용하면 좋다. 그리고 화학 조미료는 열에 약하므로 불에서 내려놓은 후에 넣어야 제 맛을 낸다.

참기름 병은 소금 속에 보관한다

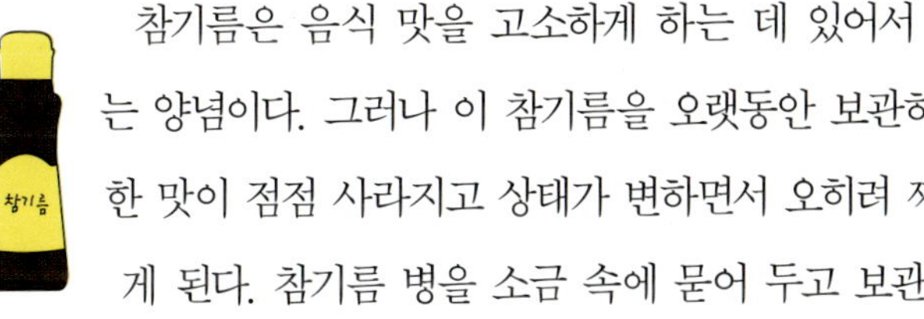

참기름은 음식 맛을 고소하게 하는 데 있어서 빼놓을 수 없는 양념이다. 그러나 이 참기름을 오랫동안 보관하게 되면 고소한 맛이 점점 사라지고 상태가 변하면서 오히려 찌든 냄새가 나게 된다. 참기름 병을 소금 속에 묻어 두고 보관해 보자. 그러면 아무리 오랫동안 보관하여도 정말 신기할 정도로 변하지 않고, 처음의 그 고소한 맛과 상태를 그대로 유지한다.

찌개·생선탕(찜·장·볶음)·국

찌개나 탕·국은
김치와 함께 우리 식단에서 빼놓을 수 없는 메인 반찬!
이 찌개에는 종류가 참으로 많지만,
그 가운데서도 우리의 가정 식단에 자주 올라오는,
그래서 한 가정의 영양을 책임 지는 가정주부라면 꼭 알고 있어야 할
기초 찌개들만을 골라 그 요리 방법을 여기에 소개한다.
먼저, 어머니의 손맛이 듬뿍 담긴
구수한 뚝배기 된장찌개와 청국장찌개를 시작으로 하여,
돼지고기와 신김치가 어우러져 우리의 입맛을 한껏 돋우는 김치찌개,
지방이 적어서 맛이 개운하고 간을 보호해 주는 성분이
많이 들어 있어 해장국으로도 단연 으뜸인 생태(동태)찌개,
얼큰하고 시원한 맛으로 인해 어느 자리에서나 사랑받는 꽃게탕,
밥반찬이나 술안주로 좋은 시원하고 개운한 맛의 생선알탕,
아귀의 시원함과 미더덕의 바다 냄새,
그리고 콩나물의 아삭함과 미나리의 향이 어우러져
맛과 영양에 있어 환상적인 아귀찜,
국물이 개운해서 애주가들의 술안주는 물론 해장국으로도 각광받는 북어국,
생일상이나 산후 조리에 빠지지 않고 등장하는 미역국,
쑥의 독특한 향기와 쇠고기의 깊은 맛이 함께 어우러져
봄날의 입맛을 살리는 쑥국 끓이는 방법에 대해 알아보기로 하겠다.

뚝배기 된장찌개

찌개에는 종류가 많지만 그 가운데서도 어머니의 손맛이 듬뿍 담긴 구수한 된장찌개가 단연 으뜸이 아닐까 싶다. 고기나 채소에 된장을 풀어 간을 맞추고 끓인 된장찌개는 고기 요리를 먹고 난 후의 마무리에도 좋고 메인 찌개로도 손색이 없다. 찌개는 뚝배기에 끓여야만 제 맛이 난다. 쉽게 끓어 졸아들 염려가 없고, 또 빨리 식지도 않기 때문. 뚝배기에 된장 몇 술 듬뿍 떠 넣고 호박·감자·두부·냉이·버섯 등을 넣어 보글보글 된장찌개를 끓여 상에 올려 보자.

재 료 (4인분)

된장 3큰술, 쌀뜨물 3컵, 냉이 50g, 청고추(청양고추) 1개, 홍고추 1개, 대파(흰대) 10cm, 양파 1/2개, 감자 1/2개(또는 애호박 1/4개), 두부 1/4모, 표고버섯 2개(또는 양송이, 팽이버섯, 느타리버섯), 마른새우 1큰술, 다진마늘 1/2큰술, 소금 약간

● 재료 손질하기 ●

1) 냉이는 연한 것으로 골라 시든 잎은 떼고 뿌리 부분의 흙과 껍질을 긁어낸 뒤, 흐르는 물에 여러 번 흔들어 씻는다.

2) 고추와 대파는 1cm로 어슷 썰고, 양파는 굵직하게 썬다.

3) 감자는 껍질을 벗겨 씻어 5~6㎜ 두께로 썰고(애호박일 경우, 깨끗하게 씻어 길이로 반을 가른 다음, 역시 5~6㎜ 두께로 반달 썬다.), 두부는 주사위 모양으로 먹기 좋게 썬다.

TIP : 무를 넣을 경우에도 감자나 호박과 비슷한 두께로 썬다. 그리고 애호박의 경우, 소금으로 살살 문질러 닦아야 농약 성분과 더러움이 깨끗이 제거된다.

4) 표고버섯은 겉면에 묻은 먼지를 면보로 털어내고 기둥을 떼어 채 썬다.

TIP : 만일 양송이버섯을 쓴다면 먹기 좋은 크기로 썰고, 팽이버섯을 쓴다면 잘 씻어서 뿌리 부분만 잘라 통째로 쓰고, 느타리버섯의 경우에는 끓는 물에 살짝 데친 다음, 손으로 가닥가닥 찢는다. (느타리버섯은 부드러우므로 생것이든 삶은 것이든 손으로 찢어서 손질한다.)

● 찌개 끓이기 ●

1) 쌀뜨물에 된장을 풀어 마른새우·감자·양파·마늘·표고버섯을 넣고 은근한 불에 끓인다.

　　TIP : ① 쌀뜨물은 쌀을 한 번 헹궈내어 잡티나 먼지를 깨끗이 제거하고 나서 그 다음 것을 받아 사용하는 것이 좋다. 만일 쌀에 잡티나 먼지 등이 많아 부득이 한 번 더 씻어내야 할 경우, 첫 번째와 두 번째 모두 물로 가볍게 헹궈내는 정도로 씻은 다음, 세 번째 것을 받아 사용한다.
　　　　② 감자나 무 대신 호박을 넣을 경우에는 이때 넣지 말고, 여기에서 한소끔 끓어오른 다음에 고추·두부·대파와 함께 넣는다.

2) 감자가 거의 익을 정도로 끓으면 고추·두부·대파를 넣고 불을 줄인 뒤 한소끔 더 끓여 준다.

3) 두부에 간이 배면 냉이를 넣어 살짝 끓여 주고, 소금으로 마지막 간을 한 뒤에 불을 끈다.

♡ 맛내기 노하우 ♡

· 늦게 익는 것부터 먼저 넣고 빨리 익는 것은 나중에 넣는 것이 찌개 끓이기의 기본이다.
· 된장국은 쌀뜨물로 끓여야만 된장이 골고루 잘 풀어지고 국물 맛도 구수하고 좋다.
· 청고추는 얼큰한 청양고추가 제격이다.
· 된장은 은근하게 오래 끓여야 제 맛이 나므로 처음엔 약하게

간하고, 다 끓었을 때 소금으로 나머지 간을 맞추도록 한다.

· 소금을 언제 넣느냐에 따라 음식 맛이 달라진다. 소금을 넣
어 간을 맞추는 가장 좋은 때는 재료가 얼마쯤 익어서 한결
부드러워졌을 때다. 그전에 미리 간부터 맞추어 놓으면 재료
가 좀처럼 부드러워지지 않거나 맛이 제대로 우러나지 않게
된다.

청국장찌개

자연음식으로서 최고의 영양과 효능을 가진 식품이 바로 이 청국장이
다. 청국장에는 3대 영양소인 단백질·지방·탄수화물이 가장 질 좋은 형
태로 녹아 있으며, 칼슘·철·마그네슘을 포함한 각종 미네랄과 여러 가
지 비타민이 들어 있는 식품 보약! 암 예방은 물론 암의 전이 속도까지
도 늦추는 성분이 들어 있다는 청국장을 맛있게 끓여 보자.

재 료 (4인분)

청국장 6큰술, 쌀뜨물 4컵, 팽이버섯 1봉지(또는 느타리버섯 200g),
돼지고기 100g, 두부 1/3모, 무 100g, 양파 1/2개, 대파(흰대)
1대, 청·홍고추 각 1개, 다진 마늘 2작은술, 소금·고춧가루 약
간씩, 고기양념(간장·청주·다진 마늘 각 1작은술 + 생강즙·참기름·후추
약간씩)

● 재료 손질하기 ●

1) 팽이버섯은 밑동을 잘라 채반에 펼친 채 물에 헹군다.

TIP : 느타리버섯의 경우, 끓는 물에 살짝 데친 다음 손으로 가닥가닥 찢는다.

2) 돼지고기는 잘게 채 썰고 고기양념(간장·청주·다진 마늘 각 1작은술 + 생강즙·참기름·후추 약간씩)에 버무려 밑간한다.

3) 두부는 주사위 모양으로 먹기 좋게 썰고, 무는 5~6mm 두께로 썬다.

4) 양파는 굵직하게 썰고, 대파와 청·홍고추는 송송 썬다.

● 찌개 끓이기 ●

1) 양념에 버무린 돼지고기를 뜨겁게 달군 냄비에 넣고 볶다가 쌀뜨물을 붓고 무를 넣은 다음 한소끔 끓인다.

2) 한소끔 끓고 나면 청국장을 넣고 덩어리를 잘 풀어 한소끔 더 끓인다.

TIP : 청국장은 콩까지 넣어야 더 구수한 맛이 나므로 체에 거르지 않고 그대로 넣는다.

3) 고춧가루를 푼 다음, 손질한 두부와 대파, 다진 마늘, 양파, 팽이버섯(또는 느타리버섯), 청·홍고추를 넣고 은근한 불로 푹 끓인다.

TIP : 이렇게 중불에서 끓여 바로 상에 내야 구수하고 제 맛이 난다.

4) 소금으로 간을 맞춰 상에 올린다.

♡ 맛내기 노하우 ♡

· 파와 마늘의 매운 향은 휘발성이라서 5분 이내에 날아가 버리므로 맨 나중에 넣는 게 좋다.
· 전 듯한 암모니아 냄새가 나는 청국장은 잡균이 번식한 것이므로 사용하지 말도록 한다.

청국장의 효능

1) 청국장은 미생물에 의해 소화 분해된 성분으로 대부분 구성되어 있기 때문에 열량이 거의 없다. 또한 콩의 영양소를 그대로 유지하면서 발효 과정을 거치는 동안 유익한 성분들이 증가되어 각종 비타민(B_1, B_2, B_6, B_{12}군)을 많이 함유하고 있다. 비타민 B_{12}의 경우 채식으로는 섭취하기 힘든 영양소인데, 유일하게 청국장으로는 섭취가 가능하다. 그 밖에 칼슘·철 등의 미량 원소와 레시틴(인지질)·사포닌을 비롯해, 채소나 과일보다 5배 많은 섬유질을 함유하고 있어 체내의 과도한 지방을 흡수, 배출하여 비만을 막아 준다고 한다.

2) 청국장의 유익균은 발효 음료의 유산균보다 약 1,000배 정도나 많이 살아 있으며, 장내 생존율도 2배나 높은 것으로 알려져 있다. 또한 청국장이 갖고 있는 섬유질은 변이 대장 속을 지나며 굳어지고 딱딱해지는 것을 예방하고 대장벽을 자극해 변의 대장 통과 시간을 단축시켜 주는 역할을 하기 때문에 변비 해소에도 탁월한 효과가 있다고 한다.

3) 최근 성인병 증가의 심각성이 대두되고 있는 가운데, 청국장이 각광을 받고 있는 이유는 각종 성인병 예방과 치료에 탁월한 효과를 나타내기 때문. 특히 청국장에서 생긴 끈끈한 실의 주성분인 폴리글루탐산은 항암 물질의 운반에 관여할 뿐만 아니라 그 자체로도 항암 능력을 지니는 것으로 알려져 있다.

4) 또한 청국장은 성장기 아이들에게 풍부한 영양분을 공급해 줄 수 있는 식품이다. 각종 효소와 면역력 증강 영양분을 담고 있을 뿐만 아니라 어린이 성장에 중요한 칼슘을 100g당 217㎎씩 포함하고 있다. 특히 청국장에는 칼슘의 흡수율을 높여 주거나 도와주는 양질의 단백질과 비타민 K 등이 풍부하게 들어 있다. 이 밖에 아이들의 기억력을 증진시키는 고(高)레시틴도 많이 있다. 몸속 유해균을 배설시켜 간의 부담을 줄여 준다. 피로할 때나 피부가 거칠어졌을 때 먹으면 좋다.

김치찌개

돼지고기와 김치는 볶다가 끓여야 부드러워져서 먹기가 좋다. 이때 김칫국물을 조금 넣고 볶으면 깊고 진한 맛이 우러나서 좋다. 김치는 적당히 신 것을 사용하도록 한다. 그런데 만일 김치가 너무 시었다면, 김치에 설탕과 양념을 넣고 무쳐 보자. 그러면 신맛이 한결 덜해지고 김치의 군내도 없앨 수 있어서 좋다. 그리고 반대로, 신김치가 없을 때는 식초 1큰술을 넣으면 신김치를 넣는 것과 비슷한 효과를 볼 수 있다.

재 료 (4인분)

돼지고기 200g, 신김치 200g, 쌀뜨물 4컵, 두부 1/3모, 양파 1/2개, 대파(흰대) 10cm, 소주 1큰술, 고춧가루 3큰술, 다진 마늘 2작은술, 생강즙 1작은술, 새우젓·후추 약간

● 재료 손질하기 ●

1) 돼지고기는 기름기가 좀 있는 사태고기나 삼겹살로 준비하여 납작하게 저며 썬다.

2) 김치는 김치 속을 털어내고 물에 헹궈 2~3㎝ 길이로 송송 썬다.

> TIP : 김치찌개에서 텁텁한 맛이 나는 것은 김치의 양념 때문이다. 김치가 익는 동안 양념이 숙성되어 국물을 진하게 만들기 때문. 그러므로 김치 속을 털어내면 한결 개운해진다.

3) 두부는 물에 헹구어 2×3cm 크기로 먹기 좋게 썬다.

4) 양파는 굵직하게 채 썰고, 대파는 어슷썬다.

● 찌개 끓이기 ●

1) 냄비에 돼지고기와 고춧가루를 넣고 소주를 약간 부은 다음, 나

무 주걱으로 뒤적이며 볶는다.

TIP : 소주는 돼지고기의 누린내를 없애고, 사이다는 시원한 맛을 내 준다.

2) 돼지고기가 어느 정도 볶아졌으면 여기에 신김치를 넣고 볶는다.

TIP : 이렇게 고기를 먼저 볶고 나서 김치를 넣고 볶아야만 김치에 고기 맛이
배어 찌개가 더욱 맛있게 된다.

3) 김치가 말갛게 반 이상 익으면 냄비에 쌀뜨물을 충분히 붓고 끓인
후, 양파를 넣고 계속해서 끓인다.

TIP : 김치가 채 반도 익기 전에 물을 부으면 김치가 익는 동안 국물도 졸아들
고 김치에서 맛이 너무 우러나와 김치 자체는 맛이 없게 된다.

4) 양파 겉면이 익으면 계속 끓이다가 다진 마늘과 생강즙·두부·대
파를 넣고 다시 끓인 후, 후추를 넣고 새우젓으로 간한다.

♡ 맛내기 노하우 ♡

· 김치찌개는 쇠고기보다는 기름진 돼지고기가 더 맛이 잘 어
울리는데, 돼지고기 대신 돼지갈비를 잘게 토막내어 끓여도
좋고, 돼지고기 대신 멸치를 넣고 끓이면 찌개 맛이 담백하
고 구수해서 좋다. 돼지고기 대신 참치나 고등어 통조림을
넣고 끓여도 좋은데, 이때는 체에 밭쳐 기름과 국물을 빼고
건더기만 넣는 것이 좋다. 통조림의 기름은 산패되기 쉽고
통조림 용기의 성분이 녹아 나왔을 수 있기 때문.

· 국물을 끓이는 중간에 고춧가루를 넣으면 고춧가루가 국물
위로 끓어올라 넘치거나 겉돌아서 찌개가 지저분해진다.
그러므로 처음부터 아예 고기와 함께 버무려서 볶은 다음에
끓이거나 맨 마지막에 넣고 한 번 후르르 끓인 다음에 불을
끈다.

- 돼지고기는 순 살코기보다 기름기가 적당히 붙은 것이 김치찌개 맛을 한결 부드럽게 한다. 이때 냉동이 아닌 생고기를 쓰는 것이 중요하다. 김치찌개에 햄을 넣으면 누린내가 나고 김치 맛도 죽는다. 돼지고기가 싫다면 바지락이나 낙지 같은 해물을 넣어도 좋다.
- 김치찌개 육수로는 쌀뜨물이 좋다. 고기 국물을 넣으면 맛이 텁텁해진다.
- 찌개에 홍고추와 청고추를 함께 넣을 경우, 먼저 홍고추를 넣어 매콤한 맛을 우려내고, 청고추는 마지막에 넣어 상큼한 맛과 향을 더하도록 한다. 그리고 매운맛을 원할 경우엔 고춧가루를 맨 마지막에 넣도록 한다.

| 식생활 아이디어 |

찌개를 오랫동안 따뜻하게 하려면?

찌개를 끓일 때 국물에 녹말가루를 조금만 넣어 보자. 그러면 국을 그릇에 퍼 놓아도 그릇 안에서 대류 작용이 일어나지 않아 잘 식지 않는다.

순두부찌개

순두부에는 성장 발육에 꼭 필요한 단백질과 칼슘·철분 등이 풍부하게 들어 있다. 순두부를 먹으면 콩의 영양을 고스란히 섭취할 수 있을 뿐 아니라, 소화가 안 되는 콩에 비해 소화 흡수율 또한 높다. 자주 먹으면 항암, 골다공증 예방, 고혈압 예방, 콜레스테롤 감소 등의 효과를 볼 수 있고, 칼로리가 적어서 다이어트에도 효과 만점인 순두부! 이 순두부를 주재료로 하여 순두부찌개를 맛있게 한번 끓여 보자.

재 료 (4인분)

순두부 400g, 달걀 1개, 신김치 100g, 돼지고기(삼겹살) 100g, 양파 1/2개, 대파 2대, 간장 2큰술, 고춧가루 3큰술, 홍고추 1개, 멸치다시마 육수(물 3컵 + 굵은 멸치 10마리 + 다시마 10cm + 양파 1/2개), 다진 마늘·참기름 1큰술, 소주 1큰술, 소금·후춧가루 약간씩

● 재료 손질하기 ●

1) 돼지고기는 삼겹살로 준비하여 납작납작하게 저며 썬다.

2) 신김치는 양념을 털어낸 뒤 물에 헹궈 1~2cm 길이로 송송 썬다.

3) 양파는 굵직하게 채 썰고, 대파와 홍고추는 어슷썬다.

● 멸치다시마 육수 만들기 ●

1) 굵은 멸치는 머리와 내장을 제거하고, 다시마는 깨끗한 행주로 앞뒤를 깔끔하게 닦는다.

2) 국물용 용기에 물을 붓고, 손질한 멸치와 다시마·양파(1/2개)를 넣고 끓인다.

3) 국물이 끓으면 다시마부터 건져내고, 멸치와 양파는 5분 정도 더 끓여 준 다음, 채에 깔끔하게 밭쳐 국물을 만든다.

4) 양념장 재료를 잘 섞어 양념장을 만들어 놓는다.

TIP : 생선찌개나 매운탕·해물탕을 끓일 때, 미리 양념장을 만들어 숙성시켰다가 쓰면 찌개 맛이 훨씬 더 깊고 좋다.

● 찌개 끓이기 ●

1) 냄비에 돼지고기와 간장·고춧가루·다진 마늘·후춧가루·소주·참기름을 넣고 볶는다.

2) 돼지고기에서 기름이 나오기 시작하면 신김치를 넣고 함께 볶는다.

3) 김치가 반 이상 익으면, 냄비에 멸치다시마 육수를 충분히 붓고 끓인 후, 양파를 넣고 좀더 끓인다.

TIP : 김치가 채 반도 익기 전에 물을 부으면 김치가 익는 동안 국물도 졸아들고 김치에서 맛이 너무 우러나와 김치 자체는 맛이 없게 된다.

4) 양파의 겉면이 익으면 순두부를 한 수저씩 떠 넣으며 끓인다.

5) 순두부가 끓으면 대파와 홍고추를 넣고 소금으로 간을 맞춘다.

6) 마지막으로, 달걀을 깨뜨려 찌개 가운데에 살짝 얹어 상 위에 올린다.

♡ 맛내기 노하우 ♡

· 매콤한 맛을 좋아하면 청양고추를 송송 썰어 넣으면 좋다.

· 순두부를 넣고 오래 끓이면 응고되어 부드러운 맛이 없어진다.

생태(동태)찌개

명태의 이름은 참으로 많기도 하다. 갓 잡아서 싱싱한 것은 생태, 얼린 것은 동태, 완전 건조시킨 것은 북어, 반쯤 말린 것은 코다리, 얼렸다 녹였다를 반복하면서 노랗게 말린 것은 황태, 명태의 치어는 노가리 등, 이 외에도 수없이 이름이 많다.

명태의 단백질은 완전 단백질로, 성장과 생식에 필요한 필수아미노산이 풍부하여 우리의 체조직을 구성하고 체액·혈액의 중성을 유지하는 데 매우 중요하다. 또한 명태는 지방이 적어서 맛이 개운하고, 간을 보호해 주는 성분이 많이 들어 있어 해장국으로도 단연 으뜸이다. 특히 겨울철에 먹는 생태찌개는 둘이 먹다 하나가 죽어도 모를 정도! 그럼, 지금부터 이 생태(동태)찌개를 푸짐하고 맛있게 한번 끓여 보도록 하자. 생태찌개는 다른 모든 생선찌개의 기본이다. 이를 시작으로 하여 다른 생선찌개도 한번 끓여 보자.

재 료 (4인분)

생태 2마리, 무 150g, 쑥갓(또는 미나리) 50g, 팽이버섯 1봉지, 양파 1/2개, 청·홍고추 각 2개, 소주 2큰술, 대파 1대, 멸치다시마 육수(물 5컵 + 굵은 멸치 10마리 + 다시마 10cm + 양파 1/2개), 소금·후추 약간씩, 양념장(고춧가루 4큰술 + 국간장 2큰술 + 다진 마늘 2큰술 + 다진 생강 1작은술 + 소금 약간)

● 재료 손질하기 ●

1) 생태는 비늘을 칼로 긁어내고 지느러미·꼬리·머리를 잘라낸 다음, 배를 갈라 내장과 알을 따로 떼어 깨끗이 씻어 놓는다. 머리도 버리지 말고 함께 끓이면 국물 맛이 훨씬 진해진다.

TIP : ① 내장을 꺼내어 쓸개를 제거하고 내장 안쪽의 검은 막을 깨끗이 제거해야 씁쓰름한 맛이 안 난다.
② 생선 비늘은 칼로 긁고 내장을 깨끗이 제거해야만 국을 끓였을 때 비린내가 나지 않고 국물도 맑다.

2) 손질한 생태는 옅은 소금물에 흔들어 씻은 후 4~5cm 크기로 토

막내고, 끓는 물을 끼얹어 오물을 제거한다.

TIP : 이때 소금을 뿌려 30분 정도 놔두면 살이 단단해져서 부서지지 않지만, 그렇게 하면 맛은 좀 덜하다.

3) 무는 나박썰기를 해서 준비하고, 쑥갓은 억센 줄기를 다듬어 낸 뒤 5~6㎝ 길이로 썰어서 깨끗이 씻는다.

4) 팽이버섯은 끝부분만 잘라내고 먹기 좋게 갈라 흐르는 물에 깨끗이 씻고, 양파는 반은 양념장용으로 가늘게 채 썰고 반은 국물용으로 굵직하게 썰며, 청·홍고추는 어슷썰어 씨를 털어내고, 대파는 굵게 어슷썬다.

● 멸치다시마 육수 만들기 ●

1) 굵은 멸치는 머리와 내장을 제거하고, 다시마는 깨끗한 행주로 앞뒤를 깔끔하게 닦는다.

2) 국물용 용기에 물을 붓고, 손질한 멸치와 다시마, 양파(1/2개)를 넣고 끓인다.

3) 국물이 끓으면 다시마부터 건져내고, 멸치와 양파는 5분 정도 더 끓여 준 다음, 채에 깔끔하게 밭쳐 국물을 만든다.

4) 양념장 재료를 잘 섞어 양념장을 만들어 놓는다.

TIP : 생선찌개나 매운탕·해물탕을 끓일 때, 미리 양념장을 만들어 숙성시켰다가 쓰면 찌개 맛이 훨씬 더 깊고 좋다.

● 찌개 끓이기 ●

1) 냄비에 무·명란·내장과 멸치다시마 육수를 부어 한소끔 끓인다.

TIP : 명란은 국물이 뜨거워지기 전에 처음부터 넣어서 끓여야 터지지 않는다.

2) 무가 반쯤 익으면, 앞서 만들어 놓은 양념장을 넣고 잘 푼 다음, 손질해 놓은 생태를 넣고 한소끔 끓인다.

TIP : 생태는 물이 끓은 다음에 넣어야 살이 부서지지 않고 비린내가 나지 않는다.

3) 생태가 살짝 익으면(이때부터는 뚜껑을 열고 끓여야 비린내가 나지 않는다.) 팽이버섯·양파(1/2개)·고추·소주를 넣고 중불에서 뭉근히 더 끓인다.

TIP : 찌개를 끓이면서 생기는 거품은 생선의 내장이나 껍질에 묻은 핏물이나 찌꺼기가 응고되어 위로 떠오른 것이므로 걷어내며 끓인다.

4) 국물이 뽀얗게 우러나면, 마지막으로 소금 간을 맞추고 후춧가루를 뿌린 다음, 대파와 쑥갓(또는 미나리)을 넣고 뚜껑을 덮은 뒤 한소끔 더 끓여 낸다.

TIP : 쑥갓이나 미나리는 찌개가 다 끓고 난 후 맨 나중에 넣어야 향이 짙고 생선의 비린내를 중화시켜 입맛을 살려 준다. 쑥갓을 오래 끓이면 물러지고 향을 느낄 수 없으므로 맨 마지막에 넣어 뚜껑을 덮고, 찌개의 잔열로 익혀 주는 것이 요령이다.

♡ 맛내기 노하우 ♡

· 우선, 생태는 신선한 것을 사용하도록 한다. 눈이 희고 선명하며, 눌렀을 때 탄력이 있는 것이 신선하고 좋다.

· 동태를 사용할 경우, 실온에서 해동해야 간이 잘 배고 살이 부서지지 않는다. 생선살이 충분히 녹은 다음에 찌개를 끓여야 살이 팍팍하지 않고 좋다. 명태 살은 익으면 잘 부서지므로 국을 휘젓지 않고 끓이는 것이 중요하다. 생태를 넣을 때 일단 간을 하고, 먹기 전에 마지막 간을 맞추는 것이 정석이다.

· 매운탕을 끓일 때 고추장을 넣으면 텁텁한 맛이 나므로 고춧가루를 넣어 시원한 맛을 살린다.

· 명태찌개는 콩나물이나 미나리·쑥갓 등을 제아무리 넣어도 무가 빠지면 시원한 맛이 안 난다. 따라서 찌개 끓일 때 무는 약방의 감초. 게나 조개류 등의 해산물을 함께 넣어 끓이면 더욱 시원하고 깔끔한 맛을 낼 수 있다.

꽃게탕

얼큰하고 시원한 맛으로 사랑받는 꽃게탕은 어느 자리에서나 인기 있는 메뉴다. 꽃게에는 아미노산의 일종인 타우린이 많이 들어 있어서 혈압을 정상으로 유지시키고 혈액 속의 중성지방을 억제하는 효과가 있다. 술을 많이 마시게 되는 날, 술안주는 물론 속을 든든하게 해주는 건강 요리로도 그만인 꽃게탕을 한번 끓여내 보자.

재 료 (4인분)

꽃게 2마리, 무 100g, 멸치다시마 육수(물 5컵 + 굵은 멸치 10마리 + 다시마 10cm + 양파 1/2개), 청양고추 1개, 쑥갓 5줄기, 양파 1/2개, 애호박 1/2개, 대파 1/2뿌리, 다진 마늘 1큰술, 다진 생강 조금, 고추장 1큰술, 고춧가루 1큰술, 소주 1큰술, 소금·후추 약간씩.

● 재료 손질하기 ●

1) 꽃게는 물이 오른 싱싱한 것으로 준비하여 솔로 비벼 깨끗이 씻은 후 집게발·게딱지·아가미(배 쪽의 삼각형 부분), 그리고 가는 발의 뾰족한 부분을 떼어낸다.

2) 가위로 몸통을 반으로 갈라 큰 것은 네 토막, 작은 것은 두 토막
으로 잘라서 먹기 좋게 손질한다.

3) 무는 사방 3cm×두께 0.5mm로 납작하게 썰고, 청양고추는 씻어
서 반으로 갈라 씨를 빼고 곱게 다진다.

4) 쑥갓은 깨끗이 씻어서 먹기 좋은 크기로 썰고, 양파는 굵직하게
썰며, 애호박은 0.5cm 두께로 반달썰기하고, 대파는 큼직하게 어
슷썬다.

● 꽃게탕 끓이기 ●

1) 냄비에 멸치다시마 육수를 약간 붓고 무·다진 마늘·다진 생강·고
추장·고춧가루·소주를 섞어 잘 푼 다음, 다시 물을 넉넉하게 붓
고 충분히 끓인다.

TIP : 멸치다시마 육수 만들기는 앞의 82쪽 참조.

2) 무가 어느 정도 익으면 꽃게를 넣고 중불에서 끓인다.

TIP : 끓일 때 국물 위에 떠오르는 거품을 깨끗이 걷어낸다.

3) 꽃게 맛이 시원하게 우러나면 애호박·대파·청양고추·양파를 넣
고 한소끔 끓인 뒤, 불에서 내리기 직전에 쑥갓을 넣고, 소금과 후
추를 넣어 간을 맞춘다.

♡ 맛내기 노하우 ♡

· 여기에 낙지·오징어·새우·모시조개 등의 해물을 골고루 넣으면 해물탕이 되는데, 취향에 따라 당근·배춧잎·깻잎·시금치·쑥갓·콩나물·표고버섯·팽이버섯 등의 채소를 곁들여도 좋다. 낙지는 소금물에 씻어 건져 먹기 좋게 썰고, 새우는 내장을 빼고, 모시조개는 바락바락 비벼 씻은 후 연한 소금물에 담가 해감을 시켰다가 사용한다.

· 양념장을 만들어 냉장고에서 하루 이틀 정도 숙성시켰다가 사용하면 더욱 좋다.

· 고추장을 넣으면 게장의 비린내를 줄일 수 있다. 그러나 너무 많이 넣으면 텁텁해지므로 적당량 넣는다.

꽃게의 효능

《식료본초》에는 "몸속 열을 없애고, 위의 기운을 조절하고 경맥을 순조롭게 해 주며, 음식을 소화하는 힘이 있다"고 적고 있다. 《본초강목》에서는 "산후 위경련과 혈이 잘 나오지 않는 것을 다스려 준다"고 했다. 또 황달에는 게국을 끓여 장복하면 효과가 있다는 기록도 있다.

꽃게는 타우린·메티오닌·시스틴과 같이 황을 함유한 함황아미노산이 많아 알코올 해독 작용이 뛰어나고 타우린의 함유도 높아 콜레스테롤를 낮춰 준다. 또 타우린이 인슐린의 분비를 촉진해 혈당 상승을 억제하는 작용을 해 당뇨병 치료에도 많은 도움이 된다. 필수아미노산과 비타민 등이 풍부해 성장기 어린이와 회복기의 환자, 노인에게도 좋은 식품이다.

특히 여성들에게 좋은 식품이기도 하다. 꽃게 100g당 118mg이나 들어 있는 칼슘은 여성의 골다공증 예방에 탁월한 효과가 있고, 타우린이 산후 통증과 생리 장애를 치유해 준다. 또 빈혈에도 효과가 있다. 게껍질에 많이 든 키틴은 체내 지방

축적을 방지하고 콜레스테롤을 낮추는 작용을 해 건강 식품·다이어트 식품의 원료로 사용된다.

생선알탕

비타민 E(토코페롤)의 함량이 높은 명란은 영양소의 집결체. 이 명란을 매운탕 식으로 끓인 알탕은 고춧가루 외에 고추장으로 맛을 내야 구수하고 얼큰한 맛을 느낄 수 있다. 알탕은 동태가 아닌 생태 알로 끓여야만 제 맛이 나는데, 무엇보다 신선도 높은 명란을 구입하는 것이 감칠맛을 내는 포인트! 명란은 선명한 빨강색, 곤이는 부드러운 우윳빛을 띠면서 울퉁불퉁한 모양이 분명한 것이 신선하다. 밥반찬이나 술안주로 좋은 시원하고 개운한 맛의 알탕! 이 알탕을 감칠맛나게 끓여 저녁상에 올려 보자.

재 료 (4인분)

명란 300g, 곤이 100g, 미더덕 100g, 두부 1/2모, 미나리 50g, 대파 1대, 청·홍고추 각 1개, 콩나물 100g, 팽이버섯 50g, 쑥갓 적당량, 무·애호박 1/4개, 다시마 육수 4컵, 소금 약간, 양념장(고추장 + 국간장 + 다진 마늘 각 1큰술 + 생강즙 약간 + 고춧가루 2큰술 + 설탕 1작은술 + 참기름 1작은술 + 다시마 육수 1큰술 + 청주 약간)

● 재료 손질하기 ●

1) 명란은 소금물에 흔들어 씻은 후 검은색 힘줄을 제거하고, 곤이는 소금물에 씻어 체에 밭친다.

TIP : 명란의 힘줄은 씹을 때 질기므로 제거하는 것이 좋다

2) 미더덕은 소금물에 깨끗이 씻어 바늘이나 이쑤시개 등으로 구멍을 내놓는다. 씹을 때 미더덕이 터지면 입 안을 델 수 있기 때문.

3) 두부는 물에 헹궈 물기를 뺀 후 2×3㎝로 썰고, 미나리는 5㎝ 길

이로 썰어 깨끗이 씻는다.

4) 대파와 고추는 어슷썰고, 무는 나박썰며, 호박은 반달썰기 한다.

5) 콩나물은 꼬리를 떼고, 팽이버섯은 밑동을 잘라 3등분하여 씻고,
쑥갓은 씻은 후 물기를 뺀다.

6) 위의 양념장 재료를 넣고 미리 양념장을 만들어 놓는다.

TIP : 2일 정도 발효시켰다가 사용하면 더욱 맛있다.

● 다시마 육수 만들기 ●

1) 냄비에 다시마(10cm×10cm)와 찬물 5컵을 넣고 끓인다.

2) 물이 끓기 시작하면 다시마는 건져내고 육수만 따로 준비한다.

TIP : 오래 삶으면 다시마에서 끈적끈적한 성분이 나오므로, 끓자마자 바로 다
시마를 건져낸다.

● 요리하기 ●

1) 냄비에 무와 명란·곤이·미더덕을 넣은 다음, 다시마 육수를 부어
센 불로 끓인다.

TIP : 명란은 찬물에서 끓이기 시작해야 맛이 잘 우러난다. 국물이 끓은 후 넣
으면 속이 잘 익지 않거나 알주머니가 터져 지저분해 보인다.

2) 한소끔 끓으면, 미리 만들어 둔 양념장을 냄비에 넣고 뭉근히 끓
인다.

TIP : 끓이면서 거품을 걷어낸다.

3) 콩나물을 넣고 뚜껑을 덮어 끓인다.

4) 콩나물이 익으면 중간불로 줄인 다음, 두부·애호박·팽이버섯·대
파·고추를 넣고 소금으로 간을 맞춘다.

5) 마지막으로 미나리와 쑥갓을 올리고 불을 끈다.

♡ 맛내기 노하우 ♡

· 재료를 냄비에 넣을 때에는 익는 순서를 고려한다. 바닥에는 오래 끓여도 되는 것을 깔고, 위쪽에는 푸른색 야채와 어패류를 올린다. 즉, 무·명란·곤이·미더덕→콩나물→두부·애호박·팽이버섯·대파·고추 순으로 넣고, 가장 마지막에 미나리와 쑥갓을 올린다.

· 매운탕을 끓일 때 국물에 시원한 맛을 내고 싶으면 무와 콩나물을, 부드러운 맛을 내고 싶으면 양파와 호박을 넣는다.

· 알탕을 끓일 때 명태나 대구를 넣어도 좋다.

· 명란은 동태 알이 아닌 생태 알로 끓여야 제 맛이 난다.

아귀찜

이 세상에 아귀보다 못생긴 물고기도 있을까? 하지만 이 아귀는 그 생김새에 비해 맛이 아주 좋고 영양가 또한 아주 뛰어난 저지방 저칼로리 식품이다. 아귀찜은 아가미와 지느러미·꼬리 부분도 쫄깃하고 감칠맛이 나지만, 특히 간은 세계 3대 진미로 손꼽히는 집오리의 간에 버금 갈 정도로 영양가가 높고 맛도 좋다. 또 아귀를 삶아 우려낸 국물은 시원하고 뒷맛이 깔끔하기도 하지만, 주독을 해소시켜 쓰린 속을 상쾌하게 만들기도 한다. 뿐만 아니라, 위와 장을 튼튼하게 함은 물론, 동맥경화·당뇨·심장병·류마티스·신경통 등 각종 성인병과 암까지 예방하는 효과를 지니고 있는 것으로 알려져 있다. 아귀의 시원함과 미더덕의 바다 냄새, 콩나물의 아삭함과 미나리의 향. 그야말로 맛과 영양에 있어 환상적인 아귀찜을 만들어 보자.

재 료

아귀 1마리, 미더덕 200g, 콩나물 120g, 미나리 50g, 애호박 150g, 풋고추 2개, 붉은 고추 1개, 느타리버섯 50g, 깻잎 5장, 대파 1/3줄기, 다시마 육수 4컵, 청주 2큰술, 녹말가루·국간장·참기름·소금 약간씩, 양념장(다시마 국물 1컵 + 굵은 고춧가루 3큰술 + 다진 마늘 2큰술 + 국간장 1큰술 + 다진 생강 1작은술 + 설탕 1작은술)

● 재료 손질하기 ●

1) 아귀는 입 부분을 가위로 잘라내고 배를 갈라 내장을 제거한 다음, 가위로 꼬리와 지느러미를 잘라내고 깨끗이 씻어 5cm 길이로 뼈째 토막 낸다. 아귀 간(애)도 주물러서 풀어 놓는다.

2) 토막 낸 아귀를 채반에 담아 소금과 청주를 뿌려 1~2일 정도 말린다. 그러나 시간이 없어서 말리지 못할 때는 20~30분이라도 놓아 둔다. 그래야만 아귀에 간도 배고 비린내도 제거된다.

3) 미더덕은 싱싱한 것으로 골라 연한 소금물에 깨끗이 씻어 건진다.

   TIP : 먹을 때 미더덕에서 뜨거운 물이 터져 나오는 것이 싫다면, 하나하나 꼬치로 찔러서 물을 빼낸 뒤 이용한다.

4) 콩나물은 머리와 꼬리를 떼어서 씻은 후 찜통에 넣어 소금을 뿌려 살짝 찌고, 미나리는 씻어서 줄기 부분만 4~5cm 길이로 썰어 놓고, 애호박은 반달 모양으로 도톰하게 썰며, 풋고추와 붉은 고추, 대파는 어슷하게 저며 썬다.

5) 느타리버섯은 길게 쭉쭉 찢어 놓고, 깻잎은 길게 3등분해 놓는다.

6) 양념장은 요리하기 20~30분 정도 전에 미리 만들어 둔다.

> TIP : 양념장을 미리 만들어 두었다 요리하면 고춧가루가 물에 불어 음식의 빛깔과 맛이 좋아진다.

7) 다시다 육수 만들기는 91쪽 참조.

● 요리하기 ●

1) 손질한 아귀는 양념장을 끼얹은 후 팬에 살짝 볶은 다음, 다시마 육수를 자작하게 붓고 뚜껑을 덮어 끓인다.

2) 충분히 끓여서 아귀가 익었으면 아귀를 건져내고, 그 국물에 콩나물·애호박·느타리버섯을 넣어 한소끔 더 끓인다.

> TIP : 끓이는 시간이 많을수록 콩나물이 물러져서 아삭아삭 씹히는 맛이 덜하게 되므로 주의한다.

3) 국물 맛이 어느 정도 우러나면, 건져 두었던 아귀와 풋고추·붉은 고추·미나리·깻잎·대파를 2)에 넣고 국간장과 소금으로 간을 맞춘 후 잠깐 끓인다.

> TIP : 이때 청주나 식초를 약간 부어 주면 비린내가 제거된다.

4) 불에서 내리기 전에 녹말물을 풀어서 국물을 걸쭉하게 만든다.

5) 국물이 걸쭉해지면서 엉기면 참기름을 뿌리고 몇 번 뒤적인 뒤 불을 끄고 접시에 담아낸다.

> TIP : 간장에 고추냉이(일명 와사비)를 타서 아귀찜을 찍어 먹는다.

♡ 맛내기 노하우 ♡

- 손질한 아귀에 소금을 살짝 뿌리고 1~2일 정도 말렸다가 찜을 하면 살이 덜 부스러지고 더 쫄깃하다. 생아귀를 쓸 때는 위의 1)과 같이 한 번 볶아서 쓰는 것이 좋다.
- 아귀찜에는 다른 생선찌개에 비해 콩나물이 많이 들어가므로 국물의 양을 조금 적게 잡는다.
- 콩나물은 아주 통통한 것을 사용한다. 일반 콩나물로 하면 실처럼 가늘어져서 맛이 훨씬 덜하다.
- 미더덕은 수입산과 국내산 두 가지가 있는데, 수입보다는 국산이 훨씬 맛있다.

| 아귀탕 요리 |

아귀탕을 만드는 재료는 아귀찜을 만드는 재료와 비슷하다. 다만 한 가지 조심해야 할 점은, 아귀탕의 경우에는 싱싱한 생아귀를 재료로 사용해야 하며, 탕의 간을 맞출 때 소금이나 간장을 사용하지 않고 묽게 탄 된장국물을 넣는다. 그래야만 잡내가 나지 않고 아귀 특유의 감칠맛을 제대로 느낄 수 있다.

북어국

북어는 지방이 적고 칼슘과 단백질이 풍부하다. 특히 북어의 단백질에는 알코올 해독과 간을 보호하는 기능을 가진 메티오닌이라는 아미노산이 풍부하게 들어 있는데, 북어에 들어 있는 단백질의 함유량은 두부의 8배 이상, 그리고 우유의 무려 24배나 된다. 국물이 개운해서 애주가들의 술안주는 물론, 해장국으로도 각광받는 북어국을 끓여 보자.

재 료 (4인분)

북어 2마리, 두부 1/2모, 달걀 1개, 콩나물 100g, 청·홍고추 2개씩, 대파 1대, 국간장 1큰술, 고춧가루·다진 마늘 각 1큰술, 멸치다시마 육수(물 8컵 + 굵은 멸치 10마리 + 다시마 10㎝), 소금·후추 약간씩

● 재료 손질하기 ●

1) 북어는 방망이로 잘근잘근 두드려 살을 부드럽게 한다.

2) 부드러워진 북어를 물에 살짝 적셔서 5~6㎝ 길이로 자른 후 뼈를 발라내고 잘게 찢어 찬물에 잠깐 담갔다가 헹궈 물기를 꼭 짠다.

TIP : 물에 오래 담가 두면 북어의 향과 맛이 날아가므로 주의한다. 북어 대가리와 뼈는 버리지 말고 국물을 낼 때 사용한다. 명태의 눈에는 영양가가 많으므로 버리지 말고 살과 함께 요리한다.

3) 두부는 1㎝ 두께의 한 입 크기로 썰고, 달걀은 흰자와 노른자가 섞이도록 잘 풀어 놓는다.

4) 콩나물은 뿌리 끝을 떼고 깨끗이 씻어 물기를 뺀다.

5) 고추는 어슷썰어 씨를 빼고, 대파는 굵직하게 채썬다.

● 북어찌개 끓이기 ●

1) 찬물에 북어대가리·뼈·굵은 멸치·다시마를 넣고 1시간 정도 우려낸 후 약한 불로 끓이다가 한소끔 끓어오르면 다시마는 건져낸다. 그런 다음, 10분 정도 더 끓이고 나서 체에 밭쳐 맑은 육수를 준비한다.

2) 냄비에 북어포·마늘·국간장을 넣어 조물조물 무쳐 섞고 꼬들꼬들할 때까지 중간 불로 볶는다.

3) 2)에 1)의 멸치다시마 육수를 붓고 약한 불로 끓이다가 육수가 끓기 시작하면 콩나물과 고추를 넣고 뭉근히 끓인다.

4) 두부와 대파를 넣고 좀더 끓인다.

5) 불을 끄기 직전에 달걀을 풀어 국물에 빙 둘러 넣고, 소금과 후추로 간을 해서 상에 올린다.

♡ 맛내기 노하우 ♡

· 달걀은 풀어서 그냥 두르고 휘젓지 않는 게 좋다. 그래야만 맛이 깔끔하다.
· 칼칼한 맛을 내고 싶으면 청고추 대신 청양고추를 넣는다.
· 북어포보다는 통북어를 사용해야 훨씬 더 구수하고 시원한 맛이 난다.
· 북어국에 무를 넣으면 더욱 시원한 맛을 느낄 수 있다.
· 멸치다시마 육수에 재료를 넣고 은근히 끓여야만 재료의 맛이 깊게 우러난다.

| 북어와 황태는 어떻게 다를까? |

바다에서 갓 잡아 올려 얼리지 않은 명태는 생태, 얼린 것은 동태. 이쯤은 누구나 알고 있는 상식이다. 그렇다면 황태와 북어는 어떻게 다를까?

바닷가에서 바람을 쏘이며 한 달 정도 건조된 것이 전통적인 북어이고, 황태는 일교차가 크고 추운 산간에서 매년 12월부터 이듬해 3~4월까지 눈을 맞히며 얼리고 녹이는 과정을 반복해서 만든다.

낮에는 겉만 살짝 녹았다가 밤이면 꽁꽁 얼기를 20번 이상 반복한 끝에 질 좋은 황태가 되는데, 이런 과정을 통해 명태의 속살은 솜같이 부드럽게 되고 맛은 고소해지며 색깔은 누런빛을 내게 된다.

눈 속에서 자연 상태로 말리기 때문에 육질이 부드럽고 비린내가 나지 않는 것이 특징. 은은하고 깊은 특유의 향내가 오랫동안 보존돼 가장 고급스런 명태 가공 식품으로 꼽힌다.

북어는 황태에 비해 딱딱하나 해독 기능이 뛰어나 애주가들의 술국으로 애용되고 있다.

미역국

미역은 칼슘·마그네슘·철분·칼륨과 같이 몸에 필요한 미네랄이 많이 들어 있어, 옛 궁중에서도 미역을 넣은 음식은 특식이 될 만큼 각광을 받았던 식품이다. 미역은 특히 영양 밸런스가 깨질 수 있는 다이어트 기간 동안 미네랄의 부족을 막아주고 포만감을 주므로 다이어트를 하는 이들에게 더욱 이로운 것으로 알려져 있고, 암을 억제하는 항암 효과까지 있다고 한다. 생일상이나 산후 조리에 빠지지 않는 이 영양 만점의 미역국을 맛깔스럽게 끓여 보자.

| 쇠고기 미역국 끓이기 |

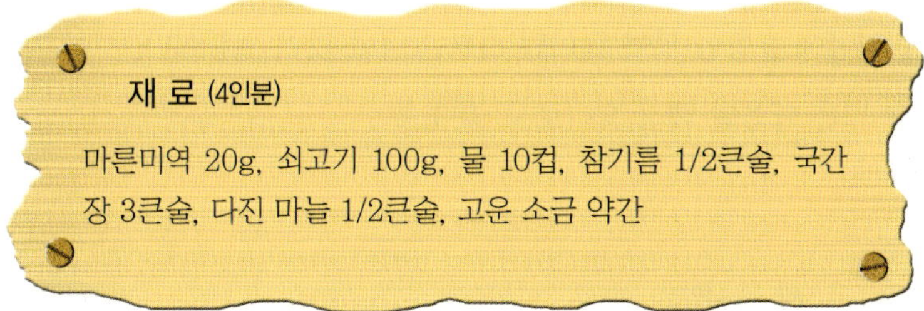

재 료 (4인분)

마른미역 20g, 쇠고기 100g, 물 10컵, 참기름 1/2큰술, 국간장 3큰술, 다진 마늘 1/2큰술, 고운 소금 약간

● 재료 손질하기 ●

1) 마른미역은 물에 담가 충분히 불린 다음, 부드러워지면 건져서 거품이 나지 않을 때까지 바락바락 주물러 씻어 다시 한 번 헹군 후에 3~4㎝ 정도로 썰어 소쿠리에 건져 물을 뺀다.

2) 쇠고기는 납작납작 썰어 놓는다.

3) 그릇에 미역과 썰어 놓은 쇠고기를 담고 국간장·고운 소금·다진 마늘을 넣어 조물조물 무친다.

● 미역국 끓이기 ●

1) 냄비에 참기름을 살짝 두르고 미역과 쇠고기를 넣어 달달 볶는다. 이때 충분히 볶지 않고 끓이면 국물에 기름이 둥둥 뜬다거나 핏물이 나와서 좋지 않다.

2) 물을 붓고 충분히 끓인 다음, 소금으로 간을 맞춘다.

| 홍합 미역국 끓이기 |

미역국에 홍합을 넣어 끓이면 시원한 국물 맛이 일품이다.
술 먹은 다음날 해장 요리로도 좋다.

재 료 (4인분)

마른미역 20g, 홍합 200g, 물 10컵, 참기름 1/2큰술, 국간장 3큰술, 다진 마늘 1/2큰술, 고운 소금 약간

● 재료 손질하기 ●

1) 마른미역은 물에 담가 충분히 불린 다음, 부드러워지면 건져서 거품이 나지 않을 때까지 바락바락 주물러 씻어 다시 한 번 헹군 후에 3~4㎝ 정도로 썰어 소쿠리에 건져 물을 뺀다.

2) 그릇에 미역을 담고 국간장·고운 소금·다진 마늘을 넣고 조물조물 무친다.

3) 홍합은 껍데기째 준비하여 이물질을 제거한 후 솔로 문질러 깨끗

하게 씻는다.

4) 냄비에 홍합을 넣고 찬물을 부어 끓여 홍합이 입을 벌리면 불을 끄고 국물은 체에 밭친다.

● 미역국 끓이기 ●

1) 냄비에 참기름을 살짝 두르고 양념해 둔 미역을 달달 볶는다.

2) 볶은 미역에 홍합 국물을 부어 충분히 끓인 후 소금으로 간을 맞춘다.

3) 그릇에 미역국을 담고 껍질을 뗀 홍합 살을 얹어서 낸다.

TIP : ① 홍합은 생것뿐만 아니라 마른 것을 사용하여도 괜찮다.
　　　② 국을 끓일 때 넣는 국간장은 향미와 색을 내 주는 것이므로 약간만 넣고 나머지 간은 소금으로 맞춘다.

| 마른새우 미역국 끓이기 |

마른새우 등과 같은 해산물을 넣고 미역국을 끓이면 맛이 개운하고 깔끔하다.

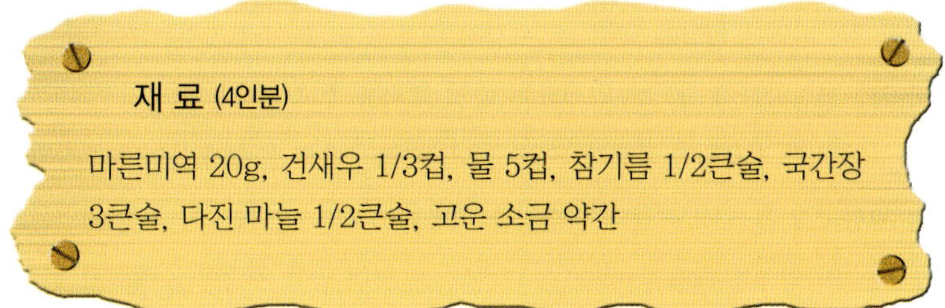

● 재료 손질하기 ●

1) 마른미역은 물에 담가 충분히 불린 다음, 부드러워지면 건져서 거품이 나지 않을 때까지 바락바락 주물러 씻어 다시 한 번 헹군 후에 3~4cm 정도로 썰어 소쿠리에 건져 물을 뺀다.

2) 건새우는 다리와 머리를 제거하고 체에 밭쳐 흔들어서 잡티를 제거한다.

3) 그릇에 미역과 건새우를 담고 국간장·고운 소금·다진 마늘을 넣어 조물조물 무친다.

● 미역국 끓이기 ●

1) 냄비에 참기름을 살짝 두르고 건새우와 미역을 넣어 달달 볶는다.

2) 분량의 물을 붓고 충분히 끓인 다음, 소금으로 간을 맞춘다.

TIP : ① 해물로 끓인 국에는 간장 간보다는 소금 간이 더 어울린다.
　　　 ② 미역국에 파를 넣으면 떫은맛이 나므로 넣지 않는 것이 좋다.

미역의 효능

얼마 전, 미역이 혈압을 낮춰 주는 강압 작용을 하고 여러 가지 암세포를 30% 이하밖에 성장하지 못하도록 억제하는 항암 효과를 갖고 있다는 영국가정의학협회의 연구 결과가 발표되어 화제가 된 바 있다. 미역이 우리 몸속에 들어가서 장의 운동을 원활하게 해 주기 때문에 직장암을 예방해 주기도 한다는 것. 또한 미역은 헤파린과 같이 항응혈 작용을 하는데, 이 물질은 혈액 중의 지방질을 깨끗이 청소하여 혈액 중의 눈에 보이는 지방이 빨리 사라지게 하고, 유해한 LDL 콜레스테롤이 줄어들게 하며, 유익한 HDL 콜레스테롤을 증가시킨다고 한다. 뿐만 아니라, 미역에 들어 있는 점질물과 다당류는 콜레스테롤이나 공해 성분인 중금속과 농약의 피해를 덜어 주는 효과가 있어 콜레스테롤의 체내 흡수를 방해하며, 농약 등으로 오염된 식품 중의 중금속을 흡착 배설하는 효과가 매우 크다고 한다.

콩나물국

 '해장국' 하면 쉽게 떠오르는 것이 콩나물국이다. 그만큼 콩나물국은 누구에게나 입맛이 맞고 개운하다. 게다가 콩나물 자체에 비타민과 무기질·단백질이 풍부해서 숙취를 없애는 데 효과가 있고, 특히 값이 싸서 온 가족이 부담 없이 먹을 수 있어 좋다. 콩의 씹히는 맛이 고소하고 섬유소가 많아 소화도 잘된다. 콩나물국은 무엇보다 콩나물이 싱싱하고 맛있어야 한다. 콩이 노르스름하고 줄기가 연한 것으로 골라. 반드시 뚜껑을 덮고 데치는 것을 잊지 말자. 콩나물국은 여러 번 끓이면 콩나물이 질기고 가늘어지므로 되도록 한 번 먹을 분량씩만 끓이도록 한다.

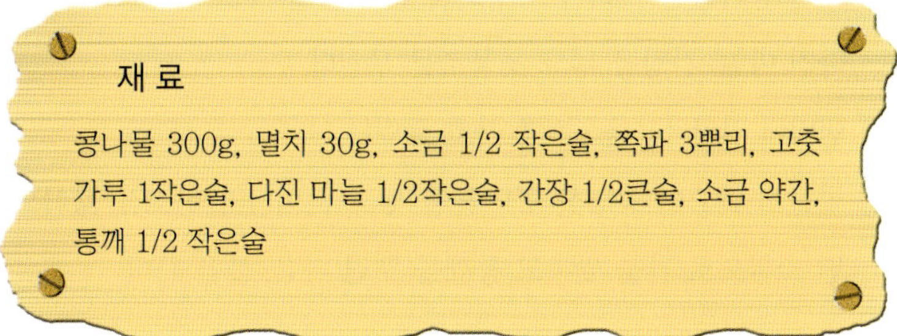

재 료

콩나물 300g, 멸치 30g, 소금 1/2 작은술, 쪽파 3뿌리, 고춧가루 1작은술, 다진 마늘 1/2작은술, 간장 1/2큰술, 소금 약간, 통깨 1/2 작은술

● 재료 손질하기 ●

1) 콩나물은 깨끗이 다듬어 씻은 다음, 물기를 뺀다. 지저분한 꼬리는 떼어내고, 콩나물 대가리에는 알코올 분해 성분이 많으므로 떼어내지 않는 것이 좋다.

   TIP : 이때 쓰고 남은 콩나물은 물에 담가 두면 비타민C가 파괴되므로 비닐봉지에 싸서 냉장고 아랫단에 넣어 두었다가 필요할 때 꺼내 쓴다.

2) 쪽파는 다듬고 씻어서 3~4㎝로 썬다. 파가 심하게 미끈거리면 찬물에 헹구도록 한다.

● **멸치국물 만들기** ●

멸치는 내장을 빼내어 냄비에 넣고 살짝 볶아 비린내를 없앤 다음, 물을 붓고 5분 정도 팔팔 끓여 체에 밭친다.

TIP : 국물용 멸치는 머리를 떼고 내장을 빼서 사용해야 쓴맛이 나지 않는다.

● **콩나물국 끓이기** ●

1) 냄비에 콩나물이 잠길 정도로 물을 붓고 적당한 분량의 소금을 타서 뚜껑을 꼭 덮은 채로 콩나물을 삶는다. 설익었을 때 뚜껑을 열면 콩나물에서 비린내가 나므로 주의한다.

2) 데친 콩나물은 조리나 소쿠리에 건져 물을 빼고, 쪽파·고춧가루· 다진 마늘·간장을 넣고 조물조물 무친다.

3) 냄비에 멸치국물을 6컵쯤 붓고 끓인다.

4) 국물이 끓으면 양념한 콩나물을 넣고 끓이다가 한소끔 끓어오르 면 소금으로 간을 맞추고 통깨를 뿌린 다음, 불을 끈다.

♡ **맛내기 노하우** ♡

· 흔히 콩나물국은 콩나물에 물을 붓고 직접 끓이는데, 콩나 물을 미리 데친 다음에 양념하여 한소끔 끓으면 콩나물에 적당히 간이 배어 맛있을 뿐 아니라 뭉크러질 염려도 없다.

· 콩나물은 콩의 낟알이 고르고, 줄기가 통통하고 길이가 짧 고 잔뿌리가 없는 연한 미색을 띤 것이 맛있다. 거뭇거뭇한 부분이 있거나 뿌리가 지나치게 긴 것은 오래 되었거나 질겨 서 좋지 않다.

쑥국

쑥의 주성분은 칼슘, 섬유, 비타민A·B·C 등으로, 봄철에 나타나는 피부 건조, 호흡기 질환, 각종 알레르기성 증상, 위장병 등을 예방 치료하는 데에 효과가 있고, 또한 위장을 튼튼히 해서 식욕을 돋우고 천식에도 좋은 것으로 알려져 있다. 봄날, 솜털이 송송 난 여린 쑥을 뜯어서 국을 끓여내 보자. 쑥의 독특한 향기와 쇠고기의 깊은 맛이 어우러져 한결 입맛이 살아날 것이다.

재 료 (4인분)

쑥 3컵, 녹말가루 1/4컵, 쇠고기 150g, 쇠고기 양념(간장 1큰술 + 다진 파 1작은술 + 다진 마늘 1/2 작은술), 물 8컵, 청장 1큰술, 된장 2큰술, 소금 1작은술, 후춧가루 약간

● **재료 손질하기** ●

1) 쑥은 아주 연한 것으로 골라 깨끗이 씻어 물기를 뺀다.

2) 손질한 쑥에 녹말가루를 고루 묻히고 여분의 가루는 훌훌 털어낸다.

TIP : 녹말가루 대신 생콩가루를 쑥에 버무려서 끓여도 맛이 좋다.

3) 쇠고기는 잘게 썰어 쇠고기 양념을 넣고 무쳐 냄비에 넣고 볶는다.

● **쑥국 끓이기** ●

1) 볶은 쇠고기에 물을 넣고 끓여 육수를 낸다.

2) 국물이 어느 정도 우러났으면 청장과 된장을 넣어 된장국물을 만든다.

3) 끓는 된장국물에 녹말가루를 묻힌 쑥을 넣어 한소끔 끓인다.

4) 마지막으로 소금으로 간을 맞춘다.

TIP : 제철일 때 쑥을 많이 사다가 데쳐서 냉동해 두면 1년 내내 맛있는 쑥국을 끓여 먹을 수 있다.

쑥의 효능

쑥의 어린 잎은 식용, 잎은 뜸쑥을 만드는 데, 줄기와 잎사귀는 약용, 흰털은 인주를 만드는 데 쓰인다. 《명의별록》에서 '쑥은 백병을 구한다'고 했으며, 또 《본초강목》에는 '쑥은 속을 덥게 하고 냉을 없애 준다'고 기록되어 있다. 쑥은 그 성질이 따뜻하여 허한성(虛寒性)의 출혈병증·월경통·월경부조·태동불안·복통 등에 효과가 있는 것으로 알려져 있다.

《약용식물사전》에는 토사를 다스리고, 자궁출혈·코피 등에 지혈로 효험이 있으며, 신경통·감기·식욕부진·간염·습진 등에도 효과가 있다고 씌어 있다.

김치 담그기

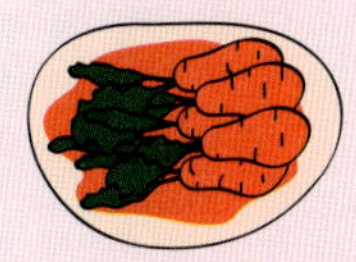

김치는 소금에 절인 배추나 무, 오이 등의 채소에 젓갈류·양념 및
향신료 등을 가미하여 일정 기간 발효시킨 자연의 복합발효식품으로,
쌀 위주의 우리 나라 식단에서 빼놓을 수 없는 부식의 하나다.
이 김치 담그는 방법은 지방과 가정에 따라, 그리고 계절에 따라
실로 각양각색이다. 일례로, 남쪽 지방에서는 다른 지방에 비해
싱겁게 담근다. 또 서울 지방에서는 새우젓을 주로 사용하지만
전라도 지방에서는 멸치젓을 더 많이 사용한다.
겨울용 김치는 양념 재료를 많이 사용하고, 여름철에는
담백한 것을 원하므로 재료가 단순하다.
김치의 종류는 참으로 그 수가 많다. 재료나 담그는 방법에 따라
무려 173가지나 되는데, 이를 세분하면, 무를 주재료로 한 깍두기류가 20종,
배추김치류 11종, 동치미류 7종, 겉절이류 19종, 생채류 26종,
장아찌류 75종, 짠지류 13종, 절임류가 2종이란다.
이 가운데 우리의 식단에 자주 올라오는 대중적인 김치들만 골라,
김치 담그는 방법과 그 노하우들을 이곳에 상세히 소개한다.

통배추김치

통배추김치는 한국 가정에 전래되어 온 가장 대표적인 김치이다. 초가을의 풍요로운 계절 맛을 지닌 이 통배추김치는 늦가을부터 다음해 봄까지 보존하는 김장이다. 가을철에 포기가 꽉 들어찬 품질 좋은 배추와 무를 주재료로 하며, 여러 가지 향신채소류·조미료·젓갈, 또는 어육류를 배합해 추운 겨울을 거치는 동안 온전히 숙성 발효된다. 이 김장 김치야말로 우리 나라의 식문화를 세계에 자랑할 만한 빛나는 지혜며 훌륭한 과학이 아닐 수 없다.

주 재료

배추 6포기(15kg), 절임용 소금물(물 6리터 + 굵은 소금 9컵), 밀가루 풀(물 2리터 + 밀가루 1컵)

소 재료

무 1개(1kg), 쪽파 1.5단(600g), 대파 5대(흰대 부분), 미나리 1단(400g), 갓 1/2단, 부추 1/2단

양념 재료

생굴 250g, 멸치액젓 3컵, 새우젓(곱게 다진 육젓) 1컵, 다진 생새우 1.5컵, 채 썬 양파 2컵, 다진 마늘 5큰술, 다진 생강 1큰술, 고춧가루 6컵(개인의 기호나 고춧가루의 상태에 따라 가감), 뉴슈거 1/2 작은술, 꽃소금과 조미료 약간

● 배추 절이기 ●

1) 누렇게 시든 겉잎을 따 버리고 뿌리를 잘라낸다.

2) 크기에 따라 2~4등분으로 쪼갠다. 배추를 쪼갤 때는 우선 뿌리 쪽에 칼을 넣어 약 1/4 정도 가른 다음, 손으로 나머지를 쪼갠다.

3) 큰 그릇에 물을 붓고 굵은 소금을 녹여 짭짤한 소금물(30% 농도)을 만든 다음, 그곳에 배추를 푹 담갔다 건져내어 배추 단면이 위로 향하게 한 다음, 큰 용기에 차곡차곡 옮겨 담아 절인다.

4) 3~4시간 후에 위아래의 위치를 바꾸어서 골고루 간이 배도록 한다.

5) 12시간 정도면 배추가 포기째 휘어질 정도로 절여지는데, 이때 배추를 꺼내어 충분한 양의 찬물에 넣고 세 번 정도 깨끗이 헹군다.

6) 배추의 단면이 아래쪽을 향하도록 큰 소쿠리 등에 엎어 놓고 1~2시간 정도 물기를 뺀다.

7) 포기가 큰 것은 다시 반으로 가르고, 굵은 뿌리 부분을 말끔하게 도려낸다.

● 밀가루 풀 쑤기 ●

1) 밀가루 1컵과 물 1.5컵을 그릇에 담고 거품기(달걀 거품을 내주는 기구)로 잘 저어 풀어 주고, 다른 한쪽에서는 냄비에 적당한 분량의 물을 붓고 센 불로 팔팔 끓인다.

2) 물이 팔팔 끓으면 중불로 줄인 다음, 밀가루 푼 물을 냄비에 조금씩 따르면서 거품기로 계속해서 저어 준다.

3) 기포가 뽀글뽀글 올라오면 불에서 내려 완전히 식힌다.

TIP : 밀가루 풀 대신 찹쌀가루로 만든 찹쌀 풀을 사용하는 사람도 있는데, 이렇게 하면, 찹쌀 풀에 양념을 넣고 버무려 배추에 바를 때 너무 묽고 끈기가 없어져 양념이 줄줄 흘러내린다. 그러므로 굳이 찹쌀을 사용하고 싶다면, 풀보다는 죽을 쑤어 사용하도록 한다. '찹쌀가루'에 물을 타서 끓이면 찹쌀 풀, '찹쌀'에 물을 부어 끓이면 찹쌀 죽이 된다. 찹쌀 1컵에 물 10컵을 넣고 끓인다.
물이 끓기 시작하면 찹쌀이 바닥에 눌어붙지 않도록 잘 저어 주면서 푹 끓인다.

그럼, 김치 소에 밀가루 풀이나 참쌀 죽을 넣어 주는 이유는 뭘까?
첫째, 양념이 김치에 잘 버무려지고, 둘째, 김치 맛을 한층 더 깊게 해 주며, 셋째, 열무김치의 경우, 열무의 풋내를 없애 주며, 넷째, 깍두기나 총각김치 등의 무김치의 경우, 무의 단맛이 향상되면서 매운 맛이 감소하기 때문이다.

● 양념 준비하기 ●

1) 무는 몸이 단단하고 매끄러운 것으로 골라 잔뿌리는 떼고 깨끗이 씻어 물기를 빼고 2mm 폭으로 둥글게 썬 다음 곱게 채를 썰고, 미나리·쪽파·갓·부추는 깨끗이 씻어 4~5cm 길이로 썰고, 양파도 곱게 채 썬다.

2) 대파는 흰 대 부분만 어슷썰고, 마늘과 생강은 껍질을 벗겨 절구에 넣고 곱게 찧는다.

   TIP : 절구에 찧으면 분마기로 가는 것보다 더 맛이 좋다.

3) 밀가루 풀에 고춧가루를 넣고 잘 갠 다음 1~2시간 정도 불린다. 그래야만 고춧가루가 겉돌지 않고 색도 고와지며 매운 맛도 살아난다.

4) 생새우는 옅은 소금물에 살살 흔들어 씻으면서 지저분한 티를 골라내고, 깨끗한 물로 한번 헹궈 물기를 뺀 후, 분마기에 곱게 간다.

5) 생굴은 껍질을 골라내고 삼삼한 소금물에 흔들어 씻어 건져 둔다.

● 김치 소 버무리기 ●

1) 불린 고춧가루에 양파 채 썬 것, 마늘과 생강·대파·멸치액젓·새우젓·뉴슈거를 넣고 골고루 버무린 다음, 마지막으로 다진 생새우를 넣는다.

2) 위의 1)에 무채를 넣고 고춧가루 물이 골고루 들도록 잘 섞어 버무

린 다음, 뉴슈거와 꽃소금으로 간을 맞추고 식구들의 구미에 맞게
조미료를 넣는다.

3) 위의 2)에 미나리·갓·부추·양파채·쪽파·대파를 넣고 가볍게 버
무린 뒤, 마지막으로 생굴을 넣어 함께 버무린다.

TIP : 오래 두고 먹을 '김장 김치'라면 생굴을 넣지 않는다.

● 김치 소 넣기 ●

1) 넓은 그릇에 소를 덜어서 놓고 배추의 속 부분이 위로 가게 놓은
다음, 뒤쪽부터 배춧잎 사이사이에 바르듯이 김치 소를 넣는다.

TIP : 소는 한 주먹 가득 집어 반 포기에 모두 집어넣는다고 생각하면 된다.

2) 소를 다 넣었으면 손으로 배추를 한번 쭉 훑어내고, 소가 흘러나
오지 않도록 겉잎 끝자락을 반으로 접어 올려 겉잎으로 감싸 준다.

3) 배추의 단면이 위로 향하도록 김치 용기에 차곡차곡 담는다.

4) 김장하고 남은 양념을 우거지로 씻어서 용기 위에 덮고 굵은 소금
을 넉넉히 뿌린 다음, 손으로 꾹꾹 눌러 공기를 빼고 유리나 도자
기로 된 큰 접시를 엎어 가벼운 눌림을 만들어 준다.

● 김치의 보관 ●

김치를 모두 담으면, 하루 이틀 정도 실온에 두었다가 젖산이 생겨
약간 부글거리기 시작할 때 김치 냉장고에 넣어 두었다가 알맞게 익으
면 꺼내 먹는다. 김치는 평균 0~5℃에서 4~6주 정도면 숙성되고, 그
후 6~8주 동안은 맛에 큰 변화 없이 품질이 유지된다.

♡ 맛내기 노하우 ♡

1) 배추는 줄기가 길고 몸체는 짧으며 섬유질이 강한 푸른 것을 골라, 흰 줄기 부분을 눌렀을 때 적당히 단단하며(너무 단단한 것은 맛이 덜하다) 들어 보았을 때 묵직한 느낌이 드는 것이 좋다. 또 속잎은 노랗고 떼어 먹었을 때 씹을수록 고소한 것이 맛이 있다.

2) 김장 소에 설탕을 넣으면 김치가 쉽게 물러 나중에는 맛이 없어진다. 설탕 대신 뉴슈거를 약간만 넣으면 김치도 아삭거리고 맛도 훨씬 깔끔하다. 뉴슈거 대신 사과나 배, 감을 갈아 넣어도 맛있다.

| 식생활 아이디어 |

양념할 때 마늘·파·생강은 적당히

김장을 담글 때 이것저것 양념을 많이 넣는다고 해서 김치가 맛있어지는 것이 아니다. 잘못하다가는 오히려 맛을 버려 놓을 수가 있다. 보통 요리할 때도 마찬가지지만, 김치에 마늘을 많이 넣으면 군내가 나고, 파를 많이 넣으면 빨리 시게 되며, 생강을 많이 넣으면 김치 맛이 쓰게 된다.

김장 김치를 덜 시게 하려면

힘들게 담근 김치가 초봄도 안 지나 일찍 시게 되어 못 먹는 경우가 많은데, 이를 방지하려면 김장을 담글 때 약 10㎝ 두께로 밤잎이나 도토리잎을 김치독 밑에 넣고 그 위에 김치를 담그면 된다. 밤잎이나 도토리잎은 알칼리성이고 김치의 신맛은 산성인데, 이 둘이 만나게 되면 중성이 되어 김치가 시지 않게 된다.

김치가 일찍 쉬는 것을 막으려면

특히 여름철에는 김치가 쉽게 쉬어 버리는데, 김치를 담기 전에 달걀 껍질을 깨끗이 씻어 가제에 싸서 항아리 안에 넣어 두면 잘 쉬지 않는다.

신김치를 덜 시게 해서 먹으려면

김치 한 포기당 날달걀 2개 정도의 비율로 신김치 속에 파묻어 두었다가 약 12시간쯤 지나서 꺼내 먹으면 신맛이 훨씬 덜하다. 이때 달걀 껍질은 흐물흐물해지지만 속에는 아무런 이상이 없으므로 안심하고 먹어도 된다. 또 깨끗이 씻은 조개껍데기를 넣어 두어도 하루만 지나면 신기하게도 신맛이 없어진다.

배추겉절이

부드럽고 연한 중간 크기의 풋배추를 소금물에 살짝 절인 다음, 양념에 버무려 즉석에서 먹는 신선한 김치다. 옛날에는 풋배추가 자라는 여름 한철에만 담글 수 있었지만 지금은 비닐하우스 재배로 인해 사시사철 그 신선한 맛을 즐길 수 있게 되었다. 젓갈을 많이 쓰지 않고 양념을 살짝 하여 깔끔한 맛이 나도록 만든다. 겉절이는 아삭아삭하고 고소한 맛으로 먹는 김치이므로 배추를 선택할 때 속이 꽉 찬 배추보다는 속이 노랗고, 냄새를 맡아서 고소한 향이 나는 것, 먹어 보았을 때 단맛이 강한 것을 선택하는 것이 좋다.

재 료 (4인분)

배추 1/4포기, 꽃소금 1.5큰술, 대파 1대(흰대), 쪽파 5쪽, 부추 썬 것 1/4컵, 다진 마늘 1/2큰술, 다진 생강 1/2작은술, 새우 젓 1큰술, 고춧가루 1/4컵, 통깨 1//2큰술, 설탕 1큰술, 참기름 1작은술, 진간장 1큰술

● 배추 절이기 ●

1) 배추의 겉잎을 떼어내고 깨끗이 씻는다.

2) 뿌리 쪽의 약간 위쪽을 잘라 배춧잎을 모두 낱장으로 만든다.

3) 뜯어진 잎들을 소금물(물 1컵 + 꽃소금 1.5큰술)에 20~30분 정도 살짝 절여 숨을 죽인다.

4) 맑은 물에 가볍게 헹구어 소쿠리에 건져 놓고 물기를 뺀다.

● 양념 준비하기 ●

1) 대파는 흰 대 부분을 어슷썰고, 쪽파는 뿌리를 자르고 깨끗이 씻어 3~4cm 길이로 썬다.

2) 부추는 깨끗이 다듬어 씻어서 3~4cm로 자른다.

3) 마늘과 생강은 깨끗이 씻어 곱게 다지고, 대파는 송송 썰어 곱게 다진다.

4) 새우젓은 색이 뽀얀 것을 준비하여 건더기만 건져 칼로 곱게 다진다.

    TIP : 국물은 나중에 양념 버무릴 때 새우젓과 함께 넣는다.

5) 헹구어 놓은 배추는 먹기 좋은 크기로 쭉쭉 찢어 놓는다.

6) 고춧가루는 미지근한 물에 되직하게 미리 불려 놓는다.

● 요리하기 ●

1) 미리 불려 둔 고춧가루를 큰 그릇에 옮겨 담고, 그곳에 다진 파·다진 마늘·다진 생강·대파·쪽파·부추·새우젓을 넣고 골고루 섞는다.

2) 찢어 놓은 배추에 위 1)의 양념을 넣고 골고루 버무린다. 싱거우면 약간의 진간장을 넣어 간을 맞추고, 설탕과 참기름을 넣어 맛을 낸다.

3) 이렇게 해서 요리가 끝나면, 그곳에 통깨를 넣고 버무려 접시에 담아낸다.

    TIP : 배추겉절이는 물기를 뺀 뒤 김치냉장고에 보관하면 일주일 정도는 문제 없이 맛있게 먹을 수 있다. 그리고 나머지 배추는 살짝 절여서 비닐 팩에 조금씩 나눠 담아 보관하다 급할 때마다 한 팩씩 꺼내 사용하면 간편하다. 겉절이와 같은 생채 재료는 무·배추·상추·오이·미나리·더덕 등 날로 먹을 수 있는 채소면 무엇이든 이용할 수 있다.

♡ 맛내기 노하우 ♡

1) 겉절이를 맛있게 담그려면 재료를 절이는 시간을 적당히 조절해야 한다. 보통 재료를 소금물에 20~30분 정도로 짧게 절여야 아삭아삭한 맛을 살릴 수 있다. 소금은 굵은 소금보다는 꽃소금을 이용한다. 배추를 버무릴 때는 최대한 재빨리 버무려, 먹기 직전에 참기름과 통깨로 마무리한다는 것을 잊지 말자. 오래 버무리면 풋내가 나기 때문이다.

2) 겉절이를 만들 때는 재료를 손끝으로 조심스럽게 버무려야 한다. 손에 힘을 주고 손바닥으로 재료를 버무리면 채소가 물러 풋내가 나고 양념이 찐득해져 신선한 맛이 나지 않기 때문이다.

3) 그리고 아삭하게 씹히는 야채 맛을 살리기 위해서는 버무릴 때 되도록 양념을 많이 넣지 않는 것이 좋다. 특히 젓갈을 많이 넣으면 겉절이에서 군내가 나고 쉽게 무른다. 겉절이를 만들 때는 풀을 넣지 않는다.

봄동겉절이

봄동은 겨울 배추밭의 씨도리배추가 추위를 이겨내고 봄을 맞아 노르스름한 연둣빛으로 납작하게 다시 태어난 배추를 말한다. 이 배추로 겉절이를 담그면 다른 배추보다 더 구수하고 아삭아삭한 맛이 식감을 더한다. 봄동은 아삭아삭하고 신선한 맛을 즐기므로 소금에 절이지 않고 직접 요리해야 제 맛이 난다.

재 료

봄동 2포기(400g), 쪽파 5쪽, 부추 30g, 배 1/4개, 진간장 5큰술, 고춧가루 2큰술, 대파 1대(흰대), 쪽파 5쪽, 부추 썬 것 1/4컵, 다진 마늘 1큰술, 다진 생강 1작은술, 통깨 1큰술, 설탕 1큰술, 참기름 1/2큰술

● 재료 손질하기 ●

1) 봄동의 잎을 한 장씩 떼어내어 알맞은 크기로 찢고 깨끗이 씻어 소쿠리에 올려놓고 물기를 뺀다.

2) 대파는 흰 부분을 어슷썰고, 쪽파와 부추는 3~4㎝ 길이로 썰고, 배는 채 썬다.

● 봄동겉절이 담그기 ●

1) 큰 그릇에 진간장·고춧가루·다진 파·마늘·생강·설탕을 고루 섞어 양념을 만든다.

2) 1)의 양념 그릇에 봄동·쪽파·부추·배를 넣고 조심조심 가볍게 살짝 버무린다.

3) 마지막으로 참기름과 통깨를 넣어 상에 올린다.

♡ 맛내기 노하우 ♡

· 봄동은 조직이 약하므로 절이지 않는 것이 좋다. 얼갈이배추로 겉절이를 담글 때에도 절이지 않고 그대로 담근다.

· 겉절이를 만들 때는 재료를 손끝으로 조심스럽게 버무려야 한다. 손에 힘을 주고 손바닥으로 재료를 버무리면 채소가 물러 풋내가 나고 양념이 찐득해져 신선한 맛이 나지 않기 때문이다.

통배추백김치

모양이 깨끗하고 맛 또한 담백하고 순해서 누구나 좋아하는 김치다. 어느 계절 어떤 음식류와도 어울리는 이 통배추백김치는 배추 맛의 신선함과 담백한 양념 맛이 순수하게 남아 있는 풍미 김치다.

재 료

배추 2포기(5kg), 쪽파 12쪽, 대파 3대, 홍고추 2~3개, 청고추 20개, 채 썬 마늘 1/2컵, 채 썬 생강 2큰술, 밤과 대추 10개씩, 배 1/2개, 당근 1/2개, 설탕 2큰술, 절임용 소금물(물 3리터에 굵은 소금 3컵), 꽃소금 1큰술, 육수용 물 2리터, 무 1/3토막(5cm), 양파 1개, 액젓 1컵, 매실 진액 1/2컵(또는 사이다 3/4컵)

● 재료 손질하기 ●

1) 색이 희고 줄기 부분이 좋은 중간 크기의 배추를 골라 네 쪽으로 나눠 20% 농도의 소금물에 4~5시간 절인 다음, 깨끗이 씻어서 물기를 뺀다.

> TIP : 통배추김치 담글 때보다 소금물의 농도를 약하게 하고, 절이는 시간도 1/3 정도로 줄인다.

2) 쪽파는 깨끗이 씻어 놓는다.

3) 대파는 흰 부분만 어슷썰고, 홍고추는 얇게 채 썰어 실고추를 만들고, 청고추는 씻어서 꼭지 끝부분을 가위로 자르고, 마늘과 생강은 껍질을 벗겨 가늘게 채 썬다.

4) 밤은 속껍질까지 벗겨 납작납작하게 썰고, 대추는 깨끗이 씻어 씨를 발라낸 다음 채 썰고, 배와 당근도 곱게 채 썬다.

● 육수 만들기 ●

1) 양파 한 개와 무 1/3 토막을 각각 열십자로 갈라 물 2리터(10컵)에 넣고 팔팔 끓여 육수를 만든 다음 식힌다.

2) 육수가 완전히 식으면 설탕과 매실 진액(또는 사이다), 액젓을 넣고 간을 맞춘다.

> TIP : 일반적으로 사이다를 넣지만, 매실 진액을 넣으면 톡 쏘는 독특한 맛이 나서 좋다.

● 김치 담그기 ●

1) 넓은 그릇에 배·당근·마늘·생강·대파·홍고추·밤·대추·꽃소금 1 큰술을 넣고 버무린다.

2) 배춧잎을 한 잎 한 잎 넘기면서 위의 양념을 골고루 채워 넣은 다음, 쪽파는 배추 길이에 맞게 꺾어서 배춧잎 사이에 한두 개씩 속 박고, 속이 흘러나오지 않도록 배추 겉잎으로 배추를 감싸서 항아리에 차곡차곡 담는다. 청고추는 배추 사이사이에 넣는다.

3) 미리 만들어 둔 육수를 배추가 담긴 항아리에 붓고 그 위를 삼베나 깨끗한 면으로 덮은 다음, 무거운 것으로 눌러 놓는다.

4) 여름에는 서늘한 곳에서 2일, 겨울에는 실내에서 4~5일 정도 익혔다가 냉장고에 보관한다.

TIP : 냉장고에 2~3일 정도 보관했다가 꺼내 먹는다.

나박김치

무와 배추 등의 여러 가지 채소를 나박나박 썰어 양념을 넣고 국물을 부어 익힌 삼삼한 국물김치다. 시원한 국물이 일품인 이 나박김치는 계절과 상관없이 언제든지 쉽게 만들어 먹을 수 있다.

재 료

무(중간 크기) 1개, 배추(중간 크기) 1/2포기, 굵은 소금 1/2컵(절임용), 쪽파와 미나리 1/3단씩, 홍고추 3개, 마늘 1통, 생강 1/2톨, 설탕 3큰술, 꽃소금 5큰술, 고춧가루 3큰술

● 재료 손질하기 ●

1) 무는 껍질을 얇게 벗기고 씻은 다음 3cm로 토막 내어 두께 0.4cm, 길이 2.5cm로 나박 썬다.

2) 배추는 겉잎을 떼어내고 연한 속대만 모아 2등분하여 3cm 길이로 썬다.

3) 무와 배추에 굵은 소금을 뿌리고 고루 뒤적거려 20분 정도 살짝 절인다.

> TIP : 이렇게 소금에 잠깐 절여 두면 다 먹을 때까지 아삭하게 먹을 수 있다.

4) 쪽파와 미나리는 깨끗이 다듬어 씻어 3~4cm 길이로 썬다.

5) 홍고추는 3cm 길이로 잘라 씨를 털어내고 세로로 얇게 채 썬다.

6) 생강과 마늘은 다듬어서 곱게 채 썬다.

● 양념에 버무리기 ●

무와 배추가 절여졌으면 깨끗이 씻어 물기를 뺀 다음 큰 그릇에 옮겨 담고, 쪽파·마늘·생강·실고추·설탕을 넣고 버무린다.

● 국물 만들기 ●

1) 전체 양보다 약간 부족하다 싶을 정도의 물에 소금 2큰술을 풀어 채소에 붓고, 김치가 살짝 잠길 정도로 맹물을 더 붓는다.

2) 분량의 고춧가루를 면 보자기에 싸서 소금물에 넣고 살살 흔들어 곱게 붉은색을 낸다.

3) 간이 심심하면 소금으로 간을 맞춘다.

● 국물 부어 익히기 ●

1) 항아리에 모든 재료를 넣고 위의 국물을 부어 익힌다.

2) 배추·무가 익으면 미나리를 넣고 냉장고에 넣어 차갑게 보관한다.

♡ 맛내기 노하우 ♡

1) 김치를 담글 때 미나리나 오이를 함께 넣으면 금방 쉬고 색이 누렇게 변한다. 따라서 미나리는 김치가 거의 익을 무렵에 넣어 주도록 한다.

2) 나박김치에 물을 부을 때는 김치 재료에 찰랑찰랑 잠길 정도로만 부어 주어야 실패하지 않는다.

3) 나박김치는 배추의 속이 노란 부분을 써야 고소하고 맛이 달다.

4) 배추와 무 본래의 담백한 맛을 살리려면 옅은 농도의 소금물에 절이는 것이 포인트. 소금간이 세면 쉽게 물러 탁한 맛이 난다. 절이면서 자주 뒤집으면 풋내가 나므로 되도록 뒤집지 않도록 한다.

5) 고춧가루는 믹서에 한 번 더 간 뒤 물에 불려 색을 내고, 이를 거즈에 싸서 물에 풀어야만 곱고 선명한 붉은색이 난다. 고춧가루 대신 마른 고추를 물에 불려 갈아 거즈에 걸러 사용해도 매콤하고 개운한 맛이 난다.

6) 매운 쪽파를 넣어야 국물이 밍밍하지 않고 시원하다. 쪽파는 머리부터 잎까지 두께가 고르면 매운 것.

7) 나박김치에는 생강과 마늘·고추 등의 양념을 보통 김치보다 조금 더 넣어 준다. 배추나 무뿐만 아니라 물에도 양념이 배어 있어야 하기 때문.

8) 무와 배추를 절인 물도 버리지 않고 국물에 섞는다. 이 물에 무의 단맛이 모두 빠져나와 있기 때문.

9) 파와 미나리는 절이지 않는다. 진액이 빠져나와 지저분해지는 것은 물론, 익으면 나중에 누렇게 변해 버리기 때문.

총각김치

'알타리김치'라고도 하는데, 그보다는 '총각김치'로 더 많이 불린다. 주재료인 무잎의 줄기가 치렁치렁 길어서, 옛 총각들의 길게 땋은 머리 모양과 닮았다 하여 생긴 말이다. 한국의 토양에서만 재배되는 총각무는 살이 단단하며, 겨자 맛처럼 톡 쏘는 매운 느낌이 보통 다른 종류의 무보다 훨씬 강하다. 자 그럼, 지금부터 톡 쏘는 매운 맛과 아삭아삭 씹히는 맛이 별미인 총각김치를 담가 보도록 하자.

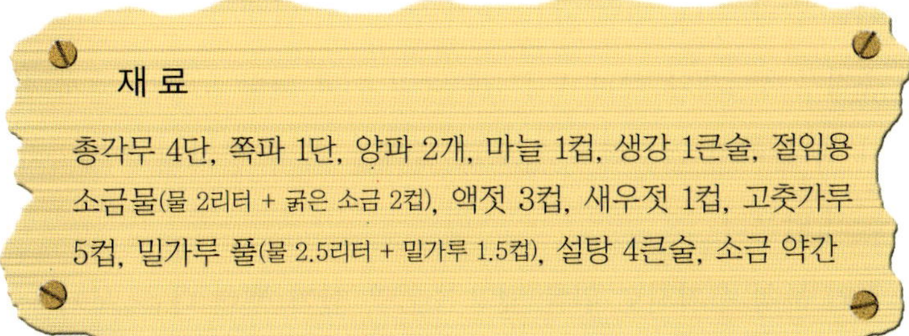

재 료

총각무 4단, 쪽파 1단, 양파 2개, 마늘 1컵, 생강 1큰술, 절임용 소금물(물 2리터 + 굵은 소금 2컵), 액젓 3컵, 새우젓 1컵, 고춧가루 5컵, 밀가루 풀(물 2.5리터 + 밀가루 1.5컵), 설탕 4큰술, 소금 약간

● 재료 손질하기 ●

1) 총각무는 줄기와 잎이 신선하고 연한 것으로 골라 무의 잔털을 칼로 긁어 낸 다음 깨끗이 씻어, 굵은 소금을 물에 풀어(농도 20%) 20~30분 정도 절인 후 찬물로 2~3번 말끔히 씻어 물기를 뺀다.

2) 쪽파는 잘 다듬어서 깨끗이 씻어 놓는다.

3) 양파는 채 썰고, 마늘과 생강은 절구로 찧고, 새우젓은 칼로 곱게 다진다.

4) 물과 밀가루를 섞어 밀가루 풀을 쑤어 식혀 둔다.

TIP : 풀 쑤는 방법은 앞의 109쪽 참조.

● 김치 담그기 ●

1) 밀가루 풀에 양파·마늘·생강·액젓·새우젓·고춧가루·설탕을 넣고 잘 갠다.

2) 물기 뺀 총각무를 넓은 그릇에 나란히 한 줄로 펼쳐 놓고 1)의 양념을 잎과 줄기 부분에 골고루 발라 주고, 쪽파도 그런 식으로 양념을 발라 준다. 그런 다음 다시 뒤집어서 반대쪽에도 발라 준다.

3) 총각무 3~4개와 쪽파 1~2개를 같이 쥐고 다발 모양이 되게 접은 다음, 풀리지 않도록 무잎으로 둘레를 감아 항아리에 차곡차곡 눌러 담는다.

4) 절인 무청 우거지로 위를 덮고 소금을 살짝 뿌린 다음, 무거운 것으로 눌림을 하여 서늘한 곳에 며칠간 삭혔다가 먹는다.

TIP : 겨울에는 1주일, 여름에는 하루만 삭혀도 먹을 수 있다.

♡ 맛내기 노하우 ♡

· 알타리무라고도 하는 총각무는 되도록 작은 것이 좋다. 또한 무청이 싱싱하고, 무가 단단하고 매끈하며 심이 없는 것이 맛있다. 무청이 달린 쪽으로 갈수록 모양이 점점 굵어지는 것을 고른다.

· 알타리무의 잔털을 제거할 때는 반드시 칼로 닥닥 긁어야 한다. 그래야만 양념이 무에 잘 스며들기 때문. 껍질을 벗겨서 사용해도 된다.

열무물김치

열무는 무가 아주 작고 가늘지만 그에 비해 대가 굵고 푸른 잎이 많아 봄부터 여름 내내 김칫거리로 가장 많이 쓰여 왔다. 그러나 지금은 온실 재배나 수경 재배로 인해 사시사철 공급되는데, 이 연하고 부드러운 열무로 담근 김치는 본디 우리 나라 여름 김치의 상징이기도 하다. 신선하고 연한 열무를 준비하여 밥맛을 두 배로 돋우는 시원한 물김치를 담가 보자.

재 료

열무 1단(2.5Kg), 밀가루 풀(물 2.5리터 + 밀가루 1.5컵), 홍고추 2~3개, 고춧가루 2/3컵, 양파 1개, 쪽파 1줌, 다진 마늘 2큰술, 다진 생강 1작은술, 매실 진액 1/3컵, 꽃소금 약간

● 재료 손질하기 ●

1) 열무는 잎이 연한 것을 준비하여 억세고 시든 잎은 떼어내고, 뿌리는 다 잘라내지 말고 끝만 손질하여 그대로 쓴다. 뿌리가 굵은 것은 칼로 살살 긁어서 묻어 있는 흙이 없게 손질한다.

2) 손질한 열무는 4~5cm 길이로 썰어, 풋내가 나지 않도록 손끝으로 조심스럽게 씻어 둔다.

3) 쪽파는 지나치게 굵고 뻣뻣한 것은 피하고 푸른 잎이 싱싱한 것을 골라, 뿌리 부분과 시든 잎은 떼어내고 흐르는 물에 비벼 가며 씻어서 3~4cm 길이로 썬다.

4) 홍고추는 어슷썰어 씨를 털어내고, 양파는 채 썰고, 생강과 마늘은 절구에 넣고 곱게 다진다.

5) 고춧가루는 미지근한 물에 20~30분 동안 불려 놓는다.

6) 분량의 물과 밀가루로 풀을 쑤어서 식힌다.

TIP : 밀가루 풀 쑤는 방법은 앞의 109쪽 참조.

7) 물에 불려 둔 고춧가루는 거즈에 싸서 6)의 밀가루 풀에 조물조물 주물러서 붉은 물을 곱게 들인 다음, 꽃소금으로 간을 한다.

● 김치 담그기 ●

1) 넓은 그릇에 위 7)의 밀가루 풀을 붓고, 여기에 홍고추·양파·쪽파·마늘·생강·매실 진액을 넣고 골고루 저어 김칫국물을 만든다.

TIP : 여기에서 양파는 풋내를 제거하고, 감칠맛이 나게 하며, 김치가 잘 변하지 않게 도와주는 역할을 한다.

2) 열무를 한 켜 항아리에 담고 1)의 김칫국물을 그릇으로 떠서 붓고, 또 열무를 한 켜 항아리에 담고 김칫국물을 붓고 하는 식으로 끝까지 반복한다.

3) 뚜껑을 덮어 서늘한 곳에 20시간 정도(여름철) 두었다가 냉장고에 보관한다.

♡ 맛내기 노하우 ♡

· 열무물김치는 액젓을 쓰지 않고 소금으로 간을 해야 개운하고 좋다.

| 식생활 아이디어 |

무의 줄기는 칫솔로 씻는다

열무 등과 같은 무의 줄기에는 파인 골이 있어서 그냥 손으로 문질러 가지고는 흙이나 벌레의 배설물 따위가 깨끗이 씻어지지 않는다. 이런 때, 칫솔을 이용하면 깨끗하게 씻을 수 있다.

깍두기

깍두기는 임금님의 수라상으로부터 농어촌 빈자의 밥상에 이르기까지 빈부와 지역을 막론하고 널리 즐기는 한국 전통 음식으로, 특히 곰탕이나 갈비탕 등의 탕국류에 잘 어울린다. '깍두기 빠진 식탁'은 '마음 없는 상차림'이라 할 정도로 이 깍두기는 한국인의 가슴 속에 깊이 자리한 김치다. 늦가을에서 이른 겨울, 무의 맛이 절정에 이른 계절에 중간 크기의 토종 무를 골라 사각사각 씹히는 맛이 일품인 깍두기를 담가 보자.

재 료

무 2~3개(4kg), 절임용 소금물(물 4리터 + 굵은 소금 4큰술), 쪽파 100g, 다진 마늘 3큰술, 다진 생강 1작은술, 밀가루 풀(물 4컵 + 밀가루 4큰술), 액젓(또는 새우젓) 1/2컵, 생굴 1컵, 김치용 고춧가루 1컵, 고운 고춧가루 1/2컵, 소금과 설탕 약간

● 재료 손질하기 ●

1) 중간 크기의 토종무를 골라 깨끗이 다듬고 씻어 2~3cm 크기의 사각으로 자른다. 싱싱한 무잎과 줄기 부분은 버리지 말고 깨끗이 다듬어 살짝 절여 놓는다.

2) 사각으로 자른 무를 적당 분량의 물에 굵은 소금을 넣고(농도 3%)

하룻밤 정도 담가 숨을 죽인 다음, 씻지 말고 그대로 소쿠리에 건져 놓는다.

3) 쪽파는 다듬고 씻어 3~4cm 길이로 자르고, 마늘과 생강은 곱게 다져 놓는다.

4) 밀가루 풀을 쑤어서 식혀 놓는다.

TIP : 밀가루 풀 쑤는 방법은 앞의 109쪽 참조.

5) 생굴은 신선한 걸로 구입하여 소금물에 살살 헹궈 소쿠리에 밭쳐 놓고 물기를 뺀다.

6) 김치용 고춧가루와 고운 고춧가루는 함께 섞어서 밀가루 풀에 넣고 20~30분 정도 불린다.

● 김치 담그기 ●

1) 위 6)의 밀가루 풀에 마늘·생강·액젓·설탕을 넣고 골고루 버무린다.

2) 큰 그릇에 깍두기 무를 담고 1)의 양념 버무린 것을 넣은 다음, 골고루 버무린다. 싱거우면 소금으로 간을 맞춘다.

3) 생굴과 쪽파를 넣고 살살 버무린다.

4) 버무린 깍두기는 항아리에 고르게 담고 위를 꾹꾹 눌러 다진 다음, 그 위를 비닐 팩으로 덮고 실온에서 2~3일 정도 익혔다가 냉장고에 넣어 보관한다.

♡ 맛내기 노하우 ♡

· 깍두기에 생굴을 넣으면 시원하고 맛이 있는데, 굴은 겉으로 보아서 선명하고 유백색을 띠며, 미끈하고 통통한 것이 신선하다.
· 깍두기를 절일 때 소금물 농도를 엷게 해야만 무가 싱싱하고 아삭아삭하여 씹는 맛이 좋다.

| 식생활 아이디어 |

부위마다 맛이 다른 무

무는 부위마다 맛에 있어 미묘한 차이가 있으므로 부위마다 용도를 달리하면 보다 좋은 맛을 살릴 수 있다.

무의 잎사귀는 비타민 C가 많으므로 기름에 볶거나 어패류의 조림에 넣어 먹고, 머리 쪽은 단단하므로 된장국에 썰어 넣고, 가운데 몸통 부위는 가장 단맛이 나므로 국에 넣고, 뿌리 쪽은 매운 맛이 나고 익히게 되면 쓴맛이 나므로 절임 등에 쓰면 좋다.

무는 계절에 따라 종류도 다르고, 따라서 맛도 다르다. 봄·여름에 나오는 무는 가늘고 연하며, 가을무는 크고 굵으며 수분이 많고 단맛도 더 좋다. 깍두기는 밑이 퍼지고 단단한 재래종이 좋으며, 동치미는 작고 동글동글한 것으로 담가야 맛있다.

무채김치

예로부터 이 무채김치는 남자들의 상에만 놓는 특별한 반찬으로 전해 왔지만, 지금은 모든 사람들의 상에 놓이는 소박한 서민 김치로 자리를 잡았다. '무 맛이 배 맛'이라는 초가을의 싱싱한 중갈이 무에다가 마침 제철인 신선한 생굴을 넣고 담그면 맛이 일품이다.

재 료

무 2~3개(4kg), 절임용 소금물(물 4리터 + 굵은 소금 4큰술), 쪽파 100g, 다진 마늘 3큰술, 다진 생강 1작은술, 밀가루 풀(물 4컵 + 밀가루 4큰술), 액젓(또는 새우젓) 1/2컵, 생굴 1컵, 김치용 고춧가루 1컵, 고운 고춧가루 1/2컵, 통깨 3큰술, 소금과 설탕 약간

● 재료 손질하기 ●

1) 무는 속살이 단단하고 싱싱한 것을 골라 깨끗이 다듬어 씻은 다음, 기계나 채칼을 쓰지 않고 일반 칼로 6~7cm 길이의 중간 굵기로 채 썬다.

TIP : 손으로 썰어야 더욱 탄력 있고 싱싱하다.

2) 채 썬 무를 농도 3%의 소금물에 넣고 30분 정도 숨을 죽인 다음, 소쿠리에 건져 놓고 물기를 뺀다.

TIP : 10분 정도 물기를 뺀 후 곧바로 양념해야 싱싱하고 맛있다.

3) 생굴은 중간 크기보다 작은 신선한 것을 골라 심심한 소금물에 흔들어 씻는다.

4) 밀가루 풀을 쑤어 식혀 놓는다.

TIP : 밀가루풀 쑤는 방법은 앞의 109쪽 참조.

5) 김치용 고춧가루와 고운 고춧가루는 액젓에 한데 섞어서 불려 놓는다.

● 무채김치 담그기 ●

1) 넓은 그릇에 위 5)의 밀가루 풀을 넣고, 거기에 마늘·생강·설탕을 넣고 골고루 섞는다.

2) 큰 그릇에 숨죽인 무를 담고 여기에 1)의 양념 버무린 것을 넣은 다음 골고루 버무린다. 싱거우면 소금으로 간을 맞춘다.

3) 생굴과 쪽파·통깨를 넣고 살살 버무린다.

4) 버무린 무채는 항아리에 담고 위를 다진 다음, 그 위에 비밀 팩을 덮는다.

TIP : 무채김치는 다른 김치와 달리, 담근 즉시 먹을 수 있어서 좋다. 즉석에서 먹을 때는 설탕을 더 넣거나 식초에 다시 무친다.

알아두면 좋아요

고춧가루 대신 붉은 피망고추를 채 썰어 넣고, 맑은 액젓을 안 쓰고 새우젓 등의 여러 가지 생젓을 넣는 등, 빛깔이나 맛이 색다른 여러 가지 형태의 김치로 담글 수도 있다.

| 식생활 아이디어 |

속이 비지 않은 무를 고르려면?

속이 텅 비어 있는 바람 든 무는 맛도 없고 비타민 함량도 적어서 경제적으로나 영양 면에서 손실이 크다. 그런데 겉만 보고도 속이 비었는지 찼는지를 알아내는 방법이 있다. 우선 무잎 하나를 하단에서 잘라 보아 그 단면이 파랗고 생기가 있으면 속이 차 있는 것이지만, 그렇지 않고 단면이 허옇게 되어 있는 것은 십중팔구 속이 빈 것이다. 무는 줄기에 바람이 들면 뿌리까지 드는 경향이 있기 때문이다

무동치미

한겨울에 먹는 시원한 동치미야말로 겨울 입맛을 한결 더 산뜻하게 해 준다. 떡을 먹을 때 함께 먹어도 좋고, 국수나 냉면에 말아먹어도 시원하고 좋다. 이 동치미는 입동을 전후로 하여 담그는 것이 가장 좋다. 총각무와 비슷하게 생긴 동치미무는 무의 알이 총각무에 비해 더 크고 길다. 들어 보아서 묵직하며 단단하고 매끄러우며 탄력 있어 보이는 것이 맛 있다. 또 무청이 파랗고 싱싱한 것이 좋으며, 모양이 예쁘고 잔뿌리가 적은 것을 골라 담근다. 이 동치미를 잘못 담그게 되면 무가 물러 군내가 나게 되는데, 이를 방지하려면 무엇보다도 무를 씻을 때 껍질에 상처를 입히지 말아야 한다.

재 료

동치미무 20개(20kg), 굵은 소금 3컵(450g), 배 2개(1.2kg), 쪽파 1/4단(100g), 갓 1/2단(500g), 대파 흰뿌리 10개, 삭힌 풋고추 200g, 청각 100g, 마늘 3통(100g), 생강 3톨(100g), 동치미 국물(소금 2컵 + 물 10리터, 소금물 농도 3%)

● 재료 준비와 손질 ●

1) 작고 단단하고 매끄러우며 무청이 싱싱하게 달린 동치미용 무로 골라 잔털을 떼고 솔로 문질러 깨끗하게 씻는다. 무청이 붙은 윗부분을 도려내고 껍질은 벗기지 않는다.

2) 물기가 빠진 동치미무를 소금에 몇 바퀴 굴려서 항아리에 차곡차곡 담고 하룻밤 정도 둔다.

3) 배는 껍질째 깨끗이 씻어, 맛이 잘 우러나도록 몸통에 꼬치 등으로 구멍을 여러 개 낸다.

> TIP : 보통 동치미에 배를 넣을 때 껍질을 깎아서 넣는데, 그렇게 되면 동치미 국물이 탁해지게 된다. 따라서 껍질째 깨끗이 씻어 몇 군데 몸통에 구멍을 내어 넣어 두면 배즙만 우러나게 되어 국물도 맑고 맛도 좋다.

4) 대파는 밑동의 뿌리 부분만 잘라 깨끗이 씻어 물기를 닦는다.

5) 쪽파는 겉잎을 떼어낸 뒤 깨끗이 다듬어 씻고, 갓은 줄기가 길고 연하며 잎이 부드럽고 윤기가 나는 싱싱한 것으로 준비하여 쪽파와 함께 심심한 물에 20분 정도 절였다가 두세 개씩 모아 묶는다.

6) 청각은 깨끗이 씻어 썬다.

7) 미리 삭혀 두었던 풋고추를 준비한다.

> TIP : 찬바람에 늦게 맺어 알맹이가 잘고 야무진 풋고추를 골라 꼭지를 떼지 않고, 고추가 잠길 정도의 찹쌀뜨물에 여러 날 동안(약 3~4일) 담가 두면 풋고추가 노르스름하게 삭는다. 바로 이때 사용하면 된다.

8) 마늘과 생강은 껍질을 벗기고 깨끗이 씻어 얄팍얄팍하게 썰어 대파 뿌리와 함께 거즈 주머니에 담고 묶어 놓는다.

9) 김칫국에 쓸 소금물은 하루 전에 준비한다. 소쿠리에 분량의 소금을 담아 항아리 위에 걸쳐 두고 그 위로 물을 부어 소금이 녹아내리게 하여 가라앉힌다.

● 무동치미 담그기 ●

1) 삭힌 풋고추는 건져내어 얼른 물에 헹구어서 마른행주로 물기를 말끔히 닦아 둔다. 겉물이 들어가면 국물에 골마지가 쉽게 끼기 때문.

2) 항아리 바닥에 양념 주머니를 넣고 절인 통무(씻지 않고 그대로 사용한다)와 배, 말아 감은 쪽파, 갓, 삭힌 고추 등을 교대로 켜켜이 놓으면서 안친다.

3) 대나무가지 몇 개를 잎사귀째 깨끗이 씻어 물기를 제거한 다음 동치미 위에 덮고, 그 위에 넓고 편편한 돌을 놓아 무가 떠오르지 않도록 한다.

4) 밭친 소금물을 대나무 잎사귀가 모두 잠길 때까지 항아리에 가득하게 붓는다.

> TIP : ① 봄이나 여름에 먹는 동치미는 긴 기간을 두고 먹는 겨울 동치미와는 달리 조금씩 자주 담그게 되므로 무를 적당한 크기로 썰어서 사용하도록 한다.
> ② 동치미를 담글 때 무와 배추를 함께 사용해도 맛있다. 이때는 위의 방법과 같이 하되, 항아리에 담글 때는 무와 배추를 교대로 켜켜이 담그면 된다.

♡ 맛내기 노하우 ♡

· 동치미는 소금에 절인 후에 씻지 않고 그 국물까지 함께 사용해야 하는만큼 소금을 잘 선택해야 한다. 가능한 한 수입산보다 질 좋은 국내산 소금을 이용하는 것이 깔끔한 김치와 국물 맛을 내는 비결이다.

| 식생활 아이디어 |

동치미 무로 짠지 만들기

동치미는 주로 시원한 국물을 즐겨 먹기 때문에 무 건더기가 많이 남게 된다. 그런데 남은 무들은 자칫하면 맛도 변하고 물러서 버리게 되는 수가 많은데, 맛이 변하기 전에 꺼내어 밑반찬용으로 짠지를 만들어 먹으면 좋다. 우선 동치미무를 맛이 변하기 전에 꺼내어 짠 소금물에 담가 돌로 누른 다음 꼭 봉하여 차게 보관해 둔다. 그랬다가 묵은김치가 거의 다 없어질 무렵 채 썰어서 고춧가루 등의 갖은 양념을 듬뿍 넣고 무쳐 먹으면 맛이 칼칼하고 산뜻하여 밥반찬으로 더없이 좋다. 보관하는 동안 소금물을 따라내어 다시 끓였다가 식혀서 부어 주기를 두세 번 하면 맛의 변질을 막을 수 있다.

동치미의 흰 곰팡이를 제거하려면?

동치미를 담그고 나서 보면 국물 위에 흰 곰팡이가 생기는 것을 볼 수 있다. 이것을 제거할 때 배 껍질을 이용하면 편리하다. 동치미를 담글 때 배껍질을 국물 위에 띄워 놓았다가 먹을 때 걷어내면 그곳에 곰팡이가 묻어나와 국물이 깨끗해진다.

갓김치

갓김치는 고춧가루와 젓갈을 많이 넣어 담근다. 그리고 갓김치는 만들자마자 바로 먹는 것보다는 충분히 숙성시킨 다음에 먹어야만 제 맛이 난다. 숙성되지 않은 갓김치는 갓김치 본연의 맛을 내지 못하기 때문이다. 갓은 알칼리성 채소이므로 산성 식품인 고기를 먹을 때 곁들여 먹으면 좋다.

재 료

갓 1단, 절임용 소금물(물 10컵 + 굵은 소금 1/2컵), 멸치액젓 1.5컵, 쪽파 500g, 고춧가루 2컵, 양파 1개, 마늘 4통, 생강 40g, 통깨 3큰술, 밀가루 풀 1.5컵, 꽃소금과 설탕 약간

● 재료 손질하기 ●

1) 갓은 붉은 빛이 도는 것을 선택하여 깨끗이 씻고, 소금물에 담가 30분 정도 절인 다음, 다시 씻어서 소쿠리에 건져 물기를 뺀다.

2) 쪽파는 깨끗이 다듬고 씻어 5센티 길이로 썬 다음, 소쿠리에 건져 물기를 뺀다.

3) 양파는 큼직하게 잘라 생강·마늘과 함께 분마기에 넣고 곱게 갈아 놓는다.

4) 멸치액젓에 고춧가루를 넣어 잠시 불려 놓는다.

● 갓김치 담그기 ●

1) 넓은 그릇에 불린 고춧가루와 멸치액젓·밀가루 풀·양파·마늘·생강·통깨·설탕을 넣고 고루 섞어 양념을 만든다.

2) 1)의 양념에 물기를 뺀 갓과 쪽파를 넣고 버무려 항아리에 꼭꼭
   눌러 담은 뒤, 햇볕이 들지 않는 시원한 곳에 보관하여 갓의 매운
   맛이 없어질 때까지 익힌다.

3) 물에 소금으로 간을 맞추어 붓고 익힌다.

🔖 알아두면 좋아요

갓김치를 다 먹고 나서 남는 국물은 버리지 말고, 돼지고기가
들어가는 모든 찌개에 넣으면 기가 막히게 맛있다.

파김치

매운 맛과 숙성된 후의 새콤한 맛이 잘 어울리는 파김치! 쪽파는 흰 부
분이 많은 재래종이 단맛이 많아 김칫거리로 알맞은데, 중간 굵기의 것
으로 담그도록 한다. 맵고 진한 맛이라 멸치젓을 많이 넣어 잘 삭혀 먹
는다. 다른 김치와는 달리 이 파김치는 마늘과 생강을 쓰지 않는 것이
특징이다. 마늘과 생강이 들어가면 쓴맛이 나기 때문이다.

재 료

쪽파 1단(2kg), 멸치액젓 1.5컵, 밀가루 풀(물 4컵 + 밀가루 4큰술),
고춧가루 2컵, 통깨 2큰술, 설탕 1큰술, 꽃소금 약간

● 재료 손질하기 ●

1) 쪽파는 길이가 짧은 중간 굵기의 것을 골라(굵은 쪽파는 매운 맛이 강
   하므로 피한다) 다듬고, 잎사귀 끝을 조금씩 잘라낸 다음, 깨끗이 씻

어 소쿠리에 얹어 물기를 뺀다.

TIP : 잎사귀 끝잎을 조금씩 잘라내야 양념이 안으로 스며든다.

2) 밀가루 풀을 미리 묽게 쑤어 놓고 차갑게 식혀 둔다.

TIP : 밀가루 풀 쑤기는 앞의 109쪽 참조.

3) 밀가루 풀이 완전히 식으면 고춧가루를 넣어 섞고 20~30분 정도 불린다.

● 파김치 담그기 ●

1) 고춧가루를 섞어 불려 둔 밀가루 풀에 멸치액젓과 설탕·통깨를 넣고 버무린 다음, 간을 보아서 싱거우면 꽃소금으로 보충한다.

2) 씻어 둔 쪽파를 넓은 그릇에 고르게 한 켜 깔고 그 위에 1)의 양념을 조금씩 손으로 떠서 골고루 발라 준다. 뒤집어서 똑같은 방법으로 반복한다. 이런 식으로 끝까지 계속 반복해서 담그면 된다.

3) 20~30분 지나서 양념을 바른 쪽파가 숨이 죽으면, 한 번에 꺼내 먹기 좋을 정도로 몇 가닥씩 움켜잡고 뿌리 바로 윗부분을 잎사귀로 돌돌 감아 보관 용기에 차곡차곡 눌러 담는다.

4) 깨끗한 비닐로 위를 덮고 눌림을 한다.

5) 하루 정도 실온에 두었다가 김치 냉장고에 넣어 보관한다.

TIP : 파김치를 담고 나서 2~3일 후면 먹을 수 있지만, 한 달 이상 익혔다가 먹으면 더욱 깊은 맛이 난다.

부추김치

이른 봄에 새싹이 돋아 늦가을까지 무성하게 자라는 부추는 식물성 단백질의 함량이 많고, 예로부터 강장 조혈의 효능이 우수한 식품으로 알려져 왔다. 부추김치는 경상도에서 즐겨 먹는 김치로, 멸치젓으로 절여 맵게 버무리면 칼칼하고 개운한 맛이 그만이다. 겉절이처럼 담가서 바로 먹는 별미 반찬이다.

재 료

부추 2kg, 밀가루 풀 1컵, 멸치젓 2.5컵, 다진 마늘 1/2컵, 다진 생강 1/3컵, 김치용 고춧가루 2/3컵, 고운 고춧가루 1/3컵, 대파 1컵, 홍고추 1개, 양파 1컵, 설탕 2큰술, 소금 약간

● 재료 손질하기 ●

1) 부추는 잎이 짧고 통통한 것으로 골라 가지런히 다듬어서 흐르는 물에 씻어 물기를 뺀 후 반으로 자른다.

2) 멸치젓에 1/2컵의 물을 부어 끓인 후 고운 체에 걸러 맑은 젓국을 만들어 식혀 놓는다.

3) 대파와 홍고추는 어슷썰고, 양파는 가늘게 채 썬다.

4) 맑은 젓국에 김치용 고춧가루와 고운 고춧가루를 섞어 붓고 20~30분간 불려 놓는다.

5) 미리 밀가루 풀을 쑤어 식혀 놓는다.

● 부추김치 담그기 ●

1) 넓은 그릇에 밀가루 풀과 위 4)의 맑은 젓국, 마늘·생강·설탕을 넣고 버무려 양념을 만든다.

2) 1)의 양념에 부추와 홍고추·대파·양파를 넣고 고루 버무린다.

3) 간을 보아 부족하면 소금으로 간하고 항아리에 꾹꾹 눌러 담은 다음, 눌림을 하고 뚜껑을 덮어 익힌다.

TIP : 여름철이라면 버무려서 바로 먹기도 하고, 담근 지 하루 저녁 만에 먹기도 한다. 부추김치는 빨리 시어지고, 시어지면 맛이 없어지므로 조금씩 담가 먹도록 한다. 시어지면 맛이 없다.

♡ 맛내기 노하우 ♡

부추는 잎이 연해서 다른 김치처럼 마구 버무리면 풋내가 나므로 조심스럽게 손끝으로 살살 버무려야 한다. 또 소금에 절이면 수분이 빠져 질겨지므로 젓국만으로 국물 없이 담그는 것이 좋다. 자꾸 뒤적이지 말고 빨리 담도록 한다.

깻잎김치

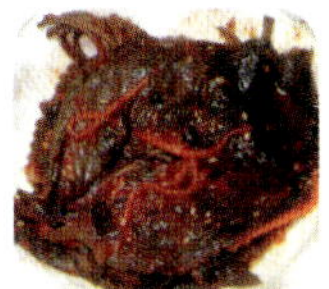

연하고 어린 깻잎을 깨끗이 씻어 2~3일 정도 물에 담가 삭힌 다음, 양념 소를 따로 만들어 깻잎에 얹으면서 켜켜로 담아 두었다가 노릇노릇하게 익은 후에 꺼내 먹으면 그 맛과 향이 아주 일품이다. 깻잎은 향이 진하고 약간 쓴맛이 있으므로 간은 멸치액젓으로 한다.

재료

깻잎 50묶음(1묶음에 10장, 1kg), 쪽파 1줌, 양파 1개, 다진 마늘 2큰술, 다진 생강 1작은술, 실고추 3큰술, 멸치액젓 1.5컵, 김치용 고춧가루 2컵, 통깨 3큰술, 설탕 1큰술, 밀가루 풀(물 4컵 + 밀가루 4큰술), 꽃소금 약간

● 재료 손질하기 ●

1) 연하고 어린 깻잎을 깨끗이 씻어 소쿠리에 건져 놓고 물기를 뺀다.

  (질긴 깻잎은 소금물에 담가 4~6일간 삭혀서 사용한다.)

2) 쪽파는 송송 썰고, 양파는 곱게 채 치고, 마늘과 생강은 곱게 다진다.

3) 고춧가루에 멸치액젓을 넣고 섞어서 불려 놓는다.

4) 밀가루 풀을 쑤어서 차갑게 식혀 둔다.

● 깻잎김치 담그기 ●

1) 밀가루 풀에 불린 고춧가루를 넓은 그릇에다 옮겨 담고, 여기에 양파·마늘·생강·멸치액젓·쪽파·설탕을 넣고 골고루 섞어 양념을

만든 다음, 2~3컵의 물을 붓고 소금으로 간을 맞춰 다시 섞는다.

2) 넓은 쟁반에 깻잎을 3~4장씩 겹쳐 빙 둘러 놓고 1)의 양념을 바른 다음, 통깨와 실고추를 솔솔 뿌려 준다. 켜켜이 이런 식으로 반복하면서 김치통에 차곡차곡 담는다.

3) 소금물로 양념 그릇을 헹궈 김치통 위에 부은 다음, 눌림을 하여 보관한다.

TIP : ① 깻잎김치를 담고 나서 3~4일 후부터는 먹을 수 있다.
　　　② 깻잎김치의 국물은, 물을 끓여서 뜨거울 때 부은 다음 그대로 식혀도 된다.

오이소박이

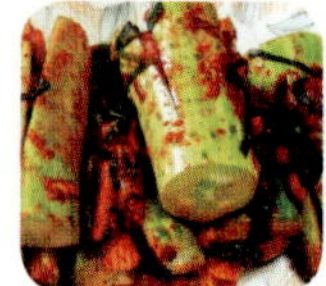

오이소박이는 아삭아삭하고 신선한 맛이 나는 '오이김치'로, 다른 소박이들 가운데 단연 으뜸이다. 담글 때 잔손이 많이 가서 좀 번거롭긴 하지만, 맛과 향이 좋고 모양새도 좋아서 널리 선호되고 있다. 예전에는 오이가 풍성한 여름 한철에만 담가 먹는 계절 김치였으나, 지금은 비닐하우스 재배 등으로 인해 어느 계절에나 담가 먹을 수 있는 사철 김치가 되었다. 다른 김치에 비해 빨리 시어지므로 너무 많이 담지 말고 먹을 만큼만 적당히 담근다.

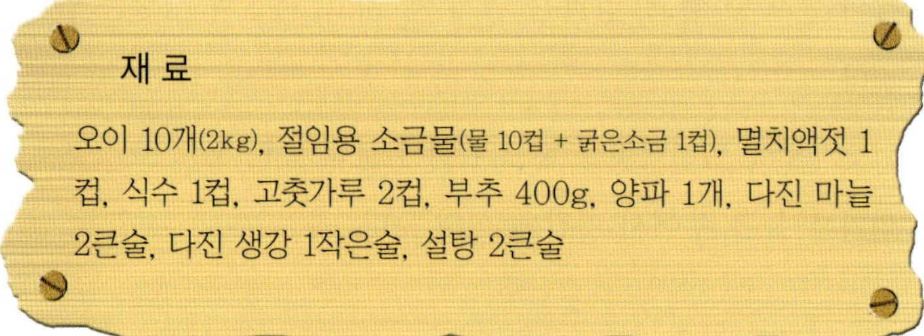

재 료

오이 10개(2kg), 절임용 소금물(물 10컵 + 굵은소금 1컵), 멸치액젓 1컵, 식수 1컵, 고춧가루 2컵, 부추 400g, 양파 1개, 다진 마늘 2큰술, 다진 생강 1작은술, 설탕 2큰술

● 재료 손질하기 ●

1) 씨가 많지 않고 굵기가 갸름하고 고른 오이를 준비하여 꼬리와 꼭지를 따내고 깨끗이 씻는다.

2) 손질한 오이를 5~6cm 길이로 토막 내어, 한쪽 끝은 1cm씩 남기고 길이로 열십자 칼집을 넣어 농도 10%의 소금물에 4시간 정도 담가 절인다. 오이가 소금물에 충분히 잠기도록 한다.

TIP : 오이를 잘 절여야만 도중에 무르지 않고 오래 먹을 수 있다.

3) 절여진 오이를 건져내어 소쿠리에 담고 물기를 뺀다.

4) 양파는 채 썰고 부추는 깨끗이 다듬고 씻어 2~3cm 길이로 썬다.

5) 멸치액젓에 고춧가루를 넣고 20~30분 정도 불린다.

● 오이소박이 담그기 ●

1) 멸치액젓에 불린 고춧가루에 식수 1컵, 마늘·생강·설탕을 넣고 충분히 저은 다음, 양파와 부추를 넣고 버무린다.

2) 오이의 열십자 칼집 사이에다 1)의 양념을 꼭꼭 채워 넣고 용기에 차곡차곡 눌러 가며 담는다.

3) 오이를 모두 담았으면 그 위를 손으로 꼭꼭 눌러 주고 비닐 팩으로 덮은 다음, 눌림을 하고 뚜껑을 덮어 찬 곳에 보관한다. 그리고 1시간 정도 후에 뚜껑을 열고 다시 한 번 위를 손으로 꼭꼭 다져 준다.

TIP : 오이는 잘 얼므로 냉장고에 보관할 때 절대로 스테인리스 용기를 사용하지 말고 김치 냉장고용 용기에 보관해야 한다.

♡ 맛내기 노하우 ♡

· 오이소박이를 담글 때는 무엇보다도 오이의 선택이 중요하
다. 오이의 종류에는 청오이와 백오이가 있는데, 통오이소박
이나 오이지를 담그는 오이는 백오이, 즉 조선오이다. 백오
이는 씨가 많은 통통한 것보다는 길쭉한 것이 맛이 좋다.
· 양념의 간은 약간 센 듯하게 해 주는 것이 중요하다. 오이가
절여지긴 했지만, 수분이 빠져나오면서 싱거워지기 때문이다.

도라지김치

도라지는 고사리와 함께 제사 음식으로 빠뜨릴 수 없는 우리의 주요 나
물이다. 주로 계절적으로는 여름철이 제격인데, 시장에서 파는 말린 도
라지나 껍질을 벗겨서 삶은 도라지 등은 즉석 조리용으로는 편리하지만,
도라지김치로 담가 먹기에는 생도라지보다 향과 맛에 있어서 많이 뒤떨
어진다.

재 료

도라지 200g, 소금물(물 5컵 + 소금 2큰술), 다진 마늘 1술, 생강 1
작은술, 쪽파 8개, 통깨 1큰술, 고운 고춧가루 4큰술, 우거지용
배춧잎, 식초·설탕·소금 약간씩

● 재료 손질하기 ●

1) 도라지는 싱싱하고 잔뿌리가 적은 것으로 준비하여 껍질을 벗기고,
머리 부분에 칼집을 내서 잘게 찢는다. 그리고 먹기 좋은 크기로

잘라 소금물에 담가 1시간 정도 우린다.

2) 소금물에 우려낸 도라지를 다시 쌀뜨물에 4~5시간 정도 담가 쓴 맛과 아린 맛을 뺀 다음, 찬물에 여러 번 헹궈 소쿠리에 얹어 놓고 물기를 뺀다.

3) 쪽파는 3~4cm 길이로 썬다.

● 도라지김치 만들기 ●

1) 넓은 그릇에 쪽파·고춧가루·생강·마늘·통깨·설탕을 넣고 골고루 섞어 양념을 만든다.

2) 1)의 양념에 도라지를 넣고 버무린 다음, 식초를 쳐서 접시에 담아 상에 올린다.

TIP : 미리부터 식초를 치지 말고, 상 위에 올려 놓기 직전에 쳐서 먹어야 비타민의 손실을 막을 수 있다.

🔶 알아두면 좋아요

도라지를 우려낼 때, 끓는 물에 소금을 약간 넣고 살짝 데쳐낸 다음, 찬물에 1시간 정도 담가 두었다가 여러 번 헹구어 요리하기도 하는데, 이렇게 하면 도라지의 향과 맛이 많이 떨어진다. 따라서 이 방법은 도라지가 많이 뻣뻣하거나 맛이 너무 쓸 경우에만 사용하도록 한다.

고들빼기김치

고들빼기김치는 갖은 양념과 짙은 젓국에 버무려서 담그는 남도 지방의 토속 김치다. 천연 야생 식물인 고들빼기는 뿌리까지 통째로 소금물에 담가 쓴맛을 없앤 다음에 사용하는데, 예로부터 고들빼기에는 약미성분(藥味成分)이 함유돼 있는 것으로 전해져 오고 있다. 자 그럼, 쌉쌀한 맛이 한결 입맛을 돋워주는 고들빼기김치를 담가 보자.

재 료

고들빼기 2kg, 소금물(물 4리터 + 굵은소금 2/3컵), 무 1kg, 청고추 500g, 쪽파 한 줌, 밀가루 풀 1컵, 멸치액젓 1컵, 다진 마늘 1/2컵, 다진 생강 2작은술, 김치용 고춧가루 1컵, 고운 고춧가루 2/3컵, 통깨 2큰술, 꽃소금 약간

● 재료 손질하기 ●

1) 고들빼기는 싱싱한 것을 골라 뿌리째 다듬어 소금물(농도 3%)에 3~4일 동안 완전히 잠기도록 넣고 쓴맛을 우려낸다. 여러 번 소금물을 갈아 주면서 쓴맛을 완전히 우려낸 다음, 찬물에 깨끗이 헹궈 소쿠리에 담고 물기를 뺀다.

2) 무는 어른의 새끼손가락 크기만 하게 썰어 소금 한 줌을 뿌려 숨을 죽인 다음 소쿠리에 건져내어 물기를 뺀다.

3) 청고추는 중간 크기의 단단한 것을 골라 찹쌀 뜨물에 넣고 고추가 노랗게 될 때까지(약 3~4일) 삭힌다.

4) 쪽파는 깨끗이 다듬어 씻어서 통째로 사용하고, 마늘과 생강은 곱게 다져 놓는다.

5) 고춧가루는 멸치액젓에 넣고 섞어 30여 분 동안 불린다.

● 고들빼기김치 담그기 ●

1) 넓은 그릇에 밀가루 풀·멸치액젓에 불린 고춧가루·마늘·생강을 넣고 고루 섞어 양념을 만든다.

2) 위의 양념에 고들빼기·무·청고추·쪽파·통깨를 넣고 골고루 버무려 꽃소금으로 간을 맞춘 다음, 항아리에 꾹꾹 눌러 담는다.

3) 우거지로 덮고 눌림을 한 뒤, 뚜껑을 덮고 찬 곳에 보관한다.

밑반찬 요리

찌개·김치와 함께 우리의 밥상을 더욱 풍성하게 하고
미각을 돋워 주는 갖가지의 맛깔스런 밑반찬!
이 밑반찬들은 찌개와 김치만으로는 부족한
우리의 미각과 영양을 보충해 준다.
이 밑반찬의 종류만 해도 그 수가 헤아릴 수 없이 많지만
여기서는 우리가 즐겨 먹는, 그래서 우리의 일반 가정 식단에
자주 올라오는 밑반찬들만 선별하여
그 요리 방법들을 하나하나 알아보기로 하겠다.
앞에서 다룬 찌개 요리법과 김치 담그는 법,
그리고 이 장에서 학습할 밑반찬 요리법만 알아도
신혼 주부로서 아무런 손색이 없지 않을까 싶다.
자 그럼, 지금부터 프로 주부가 되기 위한 마지막 단계로
맛깔진 밑반찬 요리 학습 여행을 떠나 보기로 하자.

두부조림

두부는 체내의 신진대사와 성장 발육에 꼭 필요한 아미노산·칼슘·철분 등의 무기질이 다량으로 함유되어 있는 단백질 식품으로, 맛뿐만 아니라 영양 면에서도 더할 수 없이 훌륭한 식품이다. 두부의 소화율은 콩의 소화율인 65%보다 높은 95%에 달하는데, 이처럼 뛰어난 소화흡수율에도 불구하고 열량이 낮아 다이어트 식품으로도 좋은 효과를 발휘한다. 고소하고 영양 만점인 두부와 달콤 짭조름한 조림장이 함께 어우러진 두부조림! 누구나 즐겨 먹고 요리가 간편한 두부조림을 만들어 상에 올려 보자.

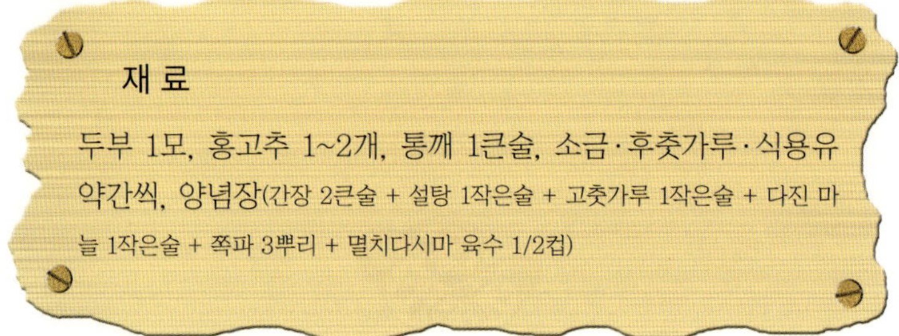

재료

두부 1모, 홍고추 1~2개, 통깨 1큰술, 소금·후춧가루·식용유 약간씩, 양념장(간장 2큰술 + 설탕 1작은술 + 고춧가루 1작은술 + 다진 마늘 1작은술 + 쪽파 3뿌리 + 멸치다시마 육수 1/2컵)

● 재료 손질하기 ●

1) 두부는 가로 2cm, 세로 3cm, 두께 1cm로 썰어 키친타월 위에 올려서 물기를 뺀 다음, 소금과 후춧가루를 약간 뿌린다.

TIP : 이렇게 하면 두부에 살짝 간도 배고 두부가 더 단단해져서 부치기가 쉽다.

2) 쪽파는 깨끗이 다듬고 씻어 송송 썰고, 홍고추는 반으로 갈라 씨를 빼내고 가늘게 채 썬다.

● 요리하기 ●

1) 달궈진 프라이팬에 식용유를 두르고 두부를 앞뒤로 노릇노릇하게 부친다.

TIP : 처음 두부를 부칠 때 불이 강하면 두부가 달라붙으므로 불을 끈 후에 두

2) 볼에 간장·설탕·고춧가루·다진 마늘·쪽파를 섞어 양념장을 만든다.

3) 노릇노릇하게 부친 두부를 냄비에 한 켜 깔고 양념장을 솔솔 뿌려 준다. 이런 식으로 켜켜이 반복해서 안친다.

4) 양념장 그릇에 멸치다시마 육수를 넣고 부서서 냄비에 붓는다.

5) 냄비 뚜껑을 덮고 중간 불에서 10분 정도 끓인다.

6) 국물이 거의 졸아들면 약한 불로 줄여 국물이 자작해질 때까지 조린다.

TIP : 도중에 냄비 밑바닥에 있는 양념장 국물을 숟가락으로 떠서 끼얹어 가며 조린다.

7) 접시에 두부조림을 보기 좋게 담고, 실고추와 통깨를 솔솔 뿌려 상에 올린다.

연근조림

집 뜨락의 작은 연못에서 캐낸 연한 햇뿌리들을 소금 간장만으로, 혹은 양념을 해서 담그는 절임이다. 연근을 반투명으로 될 때까지 삶으면 쫀득하고, 살짝 데쳐내면 아삭한 연근이 되므로 취향에 맞춰 요리하도록 한다.

재 료

연근 700g, 식촛물(물 10컵 + 식초 4큰술), 소금물(물 10컵 + 소금 2수저), 간장 1/3컵, 설탕 3큰술, 맛술 1잔, 물엿 2큰술, 참기름 1큰술, 통깨 1큰술

● 연근 손질하기 ●

1) 자그마하고 여린 연근들을 골라 필러(peeler, 감자나 무 등의 껍질을 벗기는 기계)로 껍질을 벗긴 뒤 0.5센티 정도의 굵기로 썰어 식촛물에 30여 분 동안 담가 연근의 아린 물을 뺀다.

2) 냄비에 소금물(농도 2%)을 끓여 연근을 넣고, 연근이 반투명으로 될 때까지 삶았다가 건져내서 얼른 찬물에 헹군다.

● 연근 졸이기 ●

1) 헹궈낸 연근을 다시 냄비에 담고 물을 2컵 정도 자작하게 부어 준다.

2) 1)에 간장·설탕·맛술을 섞고 센 불에서 끓이다가 중간 불로 줄여 조려 준다. (다진 생강 약간을 넣어도 좋다.) 국물이 거의 없어질 정도까지 졸여지면 물엿을 넣고 국물이 자작자작하게 될 때까지 약한 불로 바싹 더 졸인다.

TIP : 중간중간 국물을 위로 끼얹어 가며 졸인다.

3) 마지막으로 참기름과 깨소금으로 마무리한 후 상에 올린다.

알아두면 좋아요

· 연근이나 우엉은 껍질이 벗겨진 걸로 사지 말고, 조금 귀찮더라도 껍질째 사서 직접 손질하도록 한다. 미리 까 놓은 것에는 표백제가 많이 들어 있기 때문.

· 처음부터 간을 제대로 맞추면 큰일! 졸여야 하는 음식이므로 간을 약하게 맞춰야 졸아들면서 간이 제대로 맞춰진다.

감자조림

고혈압과 암을 예방하는 등 여러 가지 효능이 있어 민간요법에 많이 쓰이는 감자. 우리 몸에 좋은 감자로 조림 반찬을 만들어 보자. 감자조림은 감자로 만든 가장 기본적인 밑반찬으로 남녀노소 없이 누구나 좋아한다.

재료

감자 6개(1kg), 양파 1개, 당근 1/2개, 식용유 2큰술, 다진 마늘 1큰술, 간장 8큰술, 설탕 3큰술, 맛술 3큰술, 후춧가루 약간, 물 3/4컵, 물엿 2큰술, 참기름 1큰술, 통깨 1큰술

● 재료 손질하기 ●

1) 감자와 양파·당근은 껍질을 벗겨 각둑썰기 한다.

TIP : 이때 감자는 잠깐 찬물에 담갔다가 건져낸다. 그냥 볶으면 감자의 녹말 성분으로 인해 서로 달라붙기 때문이다.

● 요리하기 ●

1) 불에 달군 프라이팬에 식용유를 두르고 감자와 당근을 넣고 볶는다.

2) 감자와 당근이 반 정도 익으면 다음엔 양파를 넣고 다시 한 번 더 볶는다.

3) 볶은 야채에 다진 마늘·간장·설탕·맛술·후춧가루·물을 넣고 양념이 고루 섞이도록 나무 주걱으로 저어 가면서 조린다.

4) 감자가 익으면 물엿과 참기름을 넣고 살짝 볶은 다음, 불을 끄고 통깨를 뿌려 접시에 담아낸다.

> ###  알아두면 좋아요
>
> 조림은 중불에서 익혀야 간이 전체적으로 잘 스며든다.

알감자조림

한입에 쏙 들어가는 알감자. 이 알감자로 윤기 흐르는 달콤짭짤한 조림을 만들어 보자. 감자 같은 근채류는 중불로 충분히 조려야 단맛이 우러나와서 맛이 좋다. 센 불로 짧은 시간에 졸이면 간이 겉돌 뿐만 아니라 내용물도 잘 익지 않으므로 주의한다.

재 료

감자 1kg, 다진 마늘 1큰술, 간장 8큰술, 설탕 3큰술, 맛술 3큰술, 통깨 1큰술, 참기름 1큰술, 물엿 2큰술, 후춧가루 약간

● 감자 손질하기 ●

알감자는 껍질을 까지 말고 그대로 깨끗이 씻는다.

● 알감자조림 요리하기 ●

1) 냄비에 감자를 넣고 감자가 잠길 정도로 물을 부은 다음 중불에서 끓인다.

2) 물이 반으로 줄어들면서 감자가 거의 익으면 다진 마늘·간장·설탕·맛술을 넣고 중간 불에서 한소끔 더 졸인다.

3) 거의 조려지면 통깨와 참기름·물엿을 넣고 나무 주걱으로 휘익

한번 저어 준 다음 재빨리 불을 끈다.

>  **알아두면 좋아요**
>
> 물엿은 맨 마지막에 넣고 재빨리 뒤적인 다음에 불을 꺼야 감자에서 윤기가 돈다.

감자채볶음

 감자채볶음은 감자의 깔끔한 맛을 느낄 수 있어 누구나 좋아하는 밑반찬이다. 감자를 채 썰어 볶을 때는 반드시 찬물에 담가 두었다가 건진 후에 볶아야만 타서 눌어붙거나 부스러지지 않는다. 물에 담가 두면 감자를 썬 표면의 녹말 성분이 물에 씻기기 때문이다.

재 료 (4인분)

감자 3개(500g), 양파 1/2개, 당근 1/3개, 식용유 2큰술, 대파 어슷썬 것 1큰술, 소금 약간, 통깨 1작은술, 참기름 1작은술, 물엿 1큰술

● **재료 손질하기** ●

1) 감자는 굵직하게 채 썰어 그릇에 담고 찬물을 부어 10~20분 동안 둔다. 녹말 성분 때문에 볶을 때 감자가 팬에 눌어붙을 수 있기 때문이다.

2) 양파와 당근은 껍질을 벗겨 굵게 채 썰고, 대파는 어슷썬다.

● 감자채 졸이기 ●

1) 불에 달구어진 프라이팬에 식용유를 두르고 감자를 넣어 나무 주
   걱으로 가볍게 섞은 다음, 뚜껑을 덮고 잠시 뜸을 들이듯 익힌다.
   그런 다음에 당근을 넣고 마저 볶는다.
2) 감자와 당근이 어느 정도 익었으면 양파를 넣고 볶는다.
3) 재료가 거의 익으면 대파와 소금을 넣어 살짝 더 볶는다.
4) 감자와 당근이 완전히 익으면 불을 끄고 통깨와 참기름·물엿을
   넣어 완성한다.

알아두면 좋아요

· 식성에 따라서 다진 마늘을 넣어도 되지만, 소금으로만 간
  하는 것이 더 깔끔한 맛이 나서 좋다. 그리고 감자채볶음은
  간장을 쓰지 않고 소금을 쓰는 것이 상식이다. 간장을 쓰면
  색깔이 칙칙하게 변하여 깔끔해 보이지 않기 때문이다.
· 완성된 감자채조림에 후춧가루를 솔솔 뿌려도 좋다.

무말랭이절임

가을무를 적당한 크기로 잘라서 소금물에 살짝 절여 말린 것을 고춧잎과 고춧가루·양파·당근·액젓·마늘 등의 갖은 양념과 함께 섞은 다음 잘 버무려 만든 무말랭이절임은 한국 가정의 밑반찬 중에서 가장 친근한 음식 중의 하나다. 무는 너무 크지 않고 푸른 부분이 많은 단단한 동치미무를 골라 껍질째 썰어 말려야 쫄깃하고 단맛이 나서 좋다.

재료

무말랭이 1kg, 고춧잎 200g, 양파 1개, 당근 1/2개, 쪽파 1줌, 맑은 액젓 1/2컵, 맛술 1컵, 고운 고춧가루 1/2컵, 김치용 고춧가루 1/2컵, 다진 마늘 2큰술, 다진 생강 1작은술, 물엿 2/3컵, 통깨 1큰술, 설탕과 꽃소금 약간

● 재료 준비와 손질 ●

1) 무를 길이 3~5cm에 두께 5mm로 썰어 농도 1~2%의 소금물에 담가 살짝 절인다. 배어 나온 물기를 짜 버리고 통풍이 잘되는 그늘에서 1주일 정도 말린다.

2) 가을걷이할 때 훑어낸 고춧잎과 연한 줄기를 살짝 데쳐 2~3일 동안 햇볕이 안 드는 그늘에서 말린다.

3) 양파와 당근은 채 썰고, 쪽파는 깨끗이 다듬고 씻어 3~4cm 길이로 잘라 놓는다.

4) 고춧가루는 맑은 액젓에 섞어 20~30분 정도 불린다.

● 무말랭이절임 담그기 ●

1) 마른 무말랭이를 찬물에 10분 정도 담가서 불린 다음, 깨끗이 씻어 소쿠리에 건져 놓고 물기를 뺀다.

TIP : 오래 담가 놓으면 너무 불어서 쫄깃한 맛이 덜해 안 좋다.

2) 마른 고춧잎은 미지근한 물에 20~30분 동안 담가 불린 다음, 깨끗이 씻어 소쿠리에 건져 놓고 물기를 뺀다.

3) 불린 무말랭이와 고춧잎·양파·당근을 큰 그릇에 담아 함께 골고루 섞는다.

4) 3)의 재료에, 액젓에 불린 고춧가루·마늘·생강·물엿·설탕·맛술을 넣고 골고루 버무린다.

5) 쪽파와 통깨를 넣어 섞고 소금이나 액젓으로 간을 맞춘다.

4) 용기에 다져 넣고 뚜껑을 덮어 찬 곳에 보관한다.

● 무말랭이 만들 때 주의 사항

무를 너무 두껍게 썰지 말고 얄팍하게 썰어야 잘 마른다. 3~5cm 길이에 5mm 두께가 적당하다. 대나무 자리나 채반 등에 골고루 펴서 말린다. 말릴 때는 비를 맞히지 말고 가끔씩 뒤집어 주도록 한다. 굵은 실에 꿰어서 빨랫줄에 매달아 두어도 잘 마른다. 이때는 너무 촘촘하게 꿰지 말고 공기가 잘 통하도록 느슨하게 꿰는 게 요령. 공기가 잘 통하고 서로 몸이 닿지 않아야 검게 변색되지 않고 뽀얗게 말릴 수 있다.

꽈리고추찜

꽈리고추를 살짝 찐 후 양념으로 무친 반찬은 어느 계절에나 잘 어울리는 밑반찬이다. 밀가루 옷을 입혀 살짝 찌면 부드럽고 촉촉한 맛이 느껴져 한층 맛있다. 너무 오래 찌면 꽈리고추 색깔이 누렇게 변하고 맛도 떨어지므로 주의한다.

재 료 (4인분)

꽈리고추 200g, 밀가루 3큰술, 진간장 3큰술, 쪽파 5뿌리, 당근 1/4개, 양파 1/4개, 다진 마늘 1큰술, 고춧가루 1큰술, 통깨 1/2큰술, 설탕과 꽃소금 약간

● 재료 손질하기 ●

1) 꽈리고추는 꼭지를 제거하고 깨끗이 씻어 소쿠리에 얹고 물기를 뺀다.

2) 쪽파는 깨끗이 다듬고 씻어 3~4cm 길이로 썰어 놓는다.

3) 당근과 양파는 얇게 채 친다.

● 꽈리고추찜 만들기 ●

1) 밀가루와 촉촉한 꽈리고추를 한 그릇에 담고 버무려 꽈리고추 전체에 밀가루를 묻힌다.

TIP : 꽈리고추가 촉촉해야 밀가루가 골고루 잘 묻는다.

2) 찜통에 거즈를 깔고 김이 오르면 밀가루에 버무린 꽈리고추를 넣고 5분 정도 쪄서 다른 그릇에 옮겨 담고 식힌다.

TIP : 찜통에 김이 충분히 오른 다음에 재료를 넣고 쪄내야 고추가 잘 익고 색

깔이 산다.

3) 찐 고추가 담긴 그릇에 진간장·쪽파·당근·양파·마늘·고춧가루·통깨·설탕·꽃소금을 넣고 살살 버무려 섞는다.

청고추(꽈리고추) 멸치볶음

매일 고기를 먹는 것보다도 건강에 더 도움이 되는 것이 멸치 반찬이다. 뼈째 먹는 생선의 대표 격인 멸치는 소량으로도 칼슘을 충분하게 섭취할 수 있는 식품! 칼로리가 다른 어종이나 육류에 비해 월등히 높으며, 특히 뼈를 튼튼하게 하는 칼슘 및 인의 함량이 단연 첫째인 멸치를 사용하여 맛있는 멸치볶음 요리를 만들어 보자.

재 료

청고추(또는 꽈리고추) 200g, 멸치 100g, 진간장과 고추장 1큰술씩, 저민 마늘과 저민 생강 1작은술씩, 설탕 1큰술, 맛술 1큰술, 물엿 1큰술, 식용유·통깨·참기름 약간씩

● 재료 손질하기 ●

1) 청고추는 작은 것으로 준비하고 너무 크면 길이로 반을 가른다.

TIP : 일반 청고추나 꽈리고추를 통째로 사용할 경우에는 간이 잘 배도록 이쑤시개 등으로 몸통에 구멍을 3~4개씩 내 준다.

2) 하얗게 잘 마른 중간 크기의 멸치나 잔멸치를 준비하여 잡티를 제거하고 체에 담아 흔들어서 잔 가루를 털어낸다.

TIP : 중간 멸치는 머리와 똥을 발라내고 젖은 면보에 싸서 잘 닦아낸다.

3) 마늘과 생강은 얇게 저민다.

● 요리하기 ●

1) 프라이팬에 식용유를 약간 두르고 충분히 달군 다음, 멸치를 약
한 불에서 살짝 볶아 식힌다.

TIP : 나중에 다시 한 번 더 볶을 것이므로 살짝만 볶는다. 센 불로 볶으면 멸
치가 딱딱해지므로 주의한다.

2) 볶은 멸치를 다른 그릇에 덜어 낸 후, 프라이팬에 간장·고추장·
마늘·생강·설탕·맛술을 섞어 넣고 약한 불로 끓인다.

TIP : 멸치를 졸일 때는 양념장을 따로 끓여 차지게 한 뒤에 멸치를 넣고 졸여
야 간도 잘 배고 윤기가 오래 간다.

3) 양념장이 졸기 시작하면 그곳에 볶은 멸치와 고추를 넣고 다시
한 번 더 볶은 후 통깨와 참기름·물엿을 넣어 완성한다.

4) 식은 후에 뚜껑 있는 용기에 담아두고 마른 찬으로 먹는다.

🔶 알아두면 좋아요

· 청고추를 넣고 오래 볶으면 색이 누렇게 변하므로 센 불에
잠깐만 볶는다.
· 멸치 자체가 짜므로 간장은 조금만 넣는다는 사실을 잊지 말 것.
· 물엿은 다 볶고 나서 맨 나중에 불을 끈 뒤에 넣어야 멸치가
딱딱해지지 않는다.
· 멸치를 볶을 때는 양념이 쉽게 타므로 불의 조절이 특히 중
요하다. 약한 불에서 양념이 잘 배도록 버무리며 볶다가 중
간 불로 높여 살짝 볶은 뒤 다시 약한 불로 볶아야 간이 고
루 배고 잘 타지 않는다.
· 멸치는 은백색이나 청백색을 띠고 투명하며 비늘이 반짝반
짝 윤나는 것이 좋다. 빛깔이 검거나 붉고 기름기가 도는 것은
피하고, 떫고 기름지고 쓴맛이 나거나 시큼한 맛이 나는 것은
안 좋은 멸치다. 달짝지근한 맛이 나는 것이 좋은 멸치다.

🔶 멸치의 효능

1) 멸치에는 타우린(Taurine)이 들어 있어 콜레스테롤의 함량을 낮추는 작용 외에도 혈압을 정상적으로 유지하고 심장도 튼튼하게 한다.

2) 멸치에는 심장병과 뇌졸중의 원인인 동맥경화를 방지하고 어린이의 지능 발달에도 효과가 있는 고도 불포화지방산인 EPA와 DHA가 각각 9.2%와 14.1%나 들어 있다.

3) 멸치에는 항암작용이 있는 니아신(Niacin)이 들어 있고, 핵산의 함량도 풍부하며, 영양적으로 균형이 잡힌 우수한 식품이다.

4) 한방에 의하면, 멸치는 신우염·신결석·신장염 등, 신장이 약하고 양기가 부족한 사람에게는 꼭 필요한 약이라고 한다. 또한 멸치국물을 만들어서 장기 복용하면 회양에 도움이 되고 부인의 산후지절통에 효과가 있다고 한다.

미나리나물무침

미나리는 비타민이 풍부한 알칼리성 식품으로 봄이 제철이지만 요즘에는 비닐하우스 등의 재배로 인해 사시사철 미식가들의 입맛을 돋운다. 미나리는 보드랍고 특유의 향이 있어 나물로 무쳐 먹기에 더없이 좋다. 특히 불그스름한 빛깔을 띠는 돌미나리는 별미 나물용으로 그만! 고소한 깨소금과 참기름을 넣고 맛을 낸 돌미나리무침은 그야말로 맛이 일품이다. 미나리의 독특한 향을 내는 정유 성분은 입맛을 돋워줄 뿐만 아니라 정신을 맑게 하고 피를 깨끗하게 한다. 이 성분은 우리 몸속에 쌓인 각종 독소를 해독하기도 하는데, 복요리에 미나리가 빠지지 않는 것도 이 같은 효과 때문이다. 자 그럼, 지금부터 향이 좋아 입맛을 돋우고 건강에도 좋은 미나리나물무침 요리를 만들어 보자.

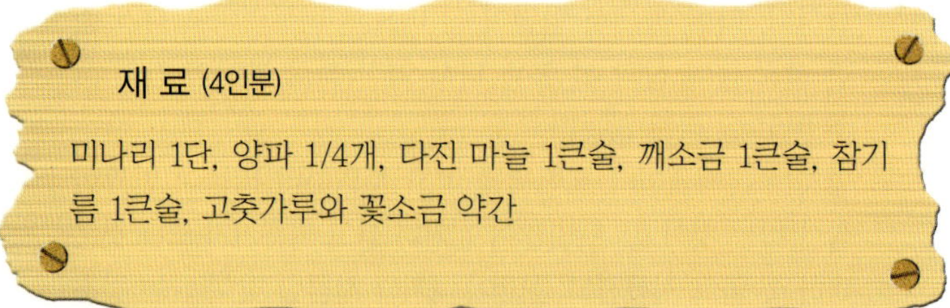

● 재료 손질과 요리 ●

1) 미나리는 깨끗이 다듬고 씻어 5~6cm 길이로 썬다.

2) 끓는 물에 소금을 넣고(농도 2~3%) 미나리를 살짝 데친 후 찬물에 헹궈 물기를 뺀다.

TIP : 이렇게 소금을 넣고 데치면 미나리의 색깔이 살아난다.

3) 양파는 곱게 채 썬다.

4) 데친 미나리를 그릇에 담고 양파·다진 마늘·깨소금·고춧가루·소금·참기름을 넣고 살살 버무린다.

🔺 알아두면 좋아요

미나리는 수상 식물이라 거머리 등의 해충들이나 기생충 알이 많이 붙어 있다. 따라서 날로 먹을 경우 디스토마에 걸릴 수 있으므로 가능하면 데쳐 먹도록 한다.

🔺 미나리의 효능

1) 혈압이 높고 신열이 심할 때 미나리 생즙을 마시면 효과가 뛰어나다. 《식요험방》

2) 혈변에는 생미나리를 짓찧어 즙을 내어 한 공기씩 1일 2번 복용하면 즉시 효과가 있다. 《성제총록》

3) 임질에는 생미나리를 뿌리와 잎을 따 버리고 짓찧어 즙을 내어 한 공기씩 1일 2번 장복하면 매우 좋아진다. 성혜방

4) 황달에는 야생 생미나리를 뿌리까지 깨끗이 씻어 짓찧어 즙을 내어 아침저녁으로 한 공기씩 마시든가, 또는 삶아서 계속 먹으면 효과가 있다 하였고, 다만 이른 봄에 하라고 하였다. 족본신편

5) 술을 마신 뒤 열이 오르고 속이 불편할 때 미나리를 먹으면 좋다. 성질이 찬 데다 엽록소와 엽산, 식물성 섬유 등이 많이 들어 있기 때문에 장의 활동을 활발하게 하고 통변을 촉진시키기 때문이다.

6) 미나리에 함유된 식물성 섬유는 내장 벽을 자극해 운동을 촉진시키고 입맛을 돋운다. 예부터 미나리 생즙은 고혈압과 간염·간경변·간암 등의 식이요법에 효과가 있는 것으로 알려져 있다.

고구마줄기볶음

장청소를 돕고 변이 잘 나오게 도와주는 다이어트 식품으로 알려져 있는 고구마줄기 요리! 고구마줄기볶음은 크게 두 가지로 나눌 수 있는데, 하나는 미리 채취해서 말려두었던 고구마줄기를 물에 불려서 요리하는 경우가 있고, 또 하나는 갓 채취한 생고구마줄기를 데쳐서 요리하는 경우가 있다. 자 그럼, 이제부터 그 각각의 요리 방법에 대해 알아보기로 하자.

| 마른 고구마줄기볶음 |

재 료

말린 고구마줄기 70g, 쪽파(또는 대파)채 약간, 다진 마늘 2큰술, 청고추 2개, 당근채 약간, 간장 2큰술, 소금·깨소금·식용유·참기름 약간씩

● 재료 손질하기 ●

1) 말린 고구마줄기에 물을 충분히 붓고 15분 정도 끓인 다음, 고구마줄기를 건져내어 깨끗이 씻어 하룻밤 정도 쌀뜨물에 더 불린다.

TIP : 쌀뜨물을 넣고 불리면 고구마줄기가 부드러워지고 색깔도 살아난다.

2) 고구마줄기가 충분히 불면 차가운 물에 헹궈 물기를 뺀 다음 먹기 좋게 6~7cm 길이로 자른다.

● 요리하기 ●

1) 불에 달군 프라이팬에 식용유를 두르고 고구마줄기를 넣은 다음, 여기에 당근채·파채·청고추·다진 마늘·간장을 넣고 볶는다.

TIP : 여기에 적당량의 들깨가루를 넣어 주면 고구마줄기가 한층 더 구수해지고 맛있다. 들깨가루를 너무 많이 넣으면 뻑뻑해지므로 주의할 것.

2) 완전히 볶아지면 소금으로 간을 맞추고 참기름을 조금 넣어 버무린다.

TIP : 간장으로만 간을 하면 색깔이 검게 변하므로 나머지 간은 소금으로 맞춘다.

3) 접시에 옮겨 담고 깨소금을 뿌려 상에 올린다.

| 생고구마줄기볶음 |

재 료

고구마줄기(생것) 100g, 쪽파(또는 대파) 채 약간, 다진 마늘 1작은술, 청고추 1, 당근 채 약간, 깨소금 1작은술, 소금·참기름·식용유 약간씩

● 재료 손질하기 ●

1) 고구마줄기는 껍질을 벗긴 다음, 끓는 물에 소금을 넣고 살짝 데쳐 찬물에 헹궈 채반에 담아 물기를 뺀다.

2) 물기가 모두 빠지면 먹기 좋게 6~7cm 길이로 썬다.

3) 마늘은 곱게 다지고, 쪽파(또는 대파)와 당근은 채 썰며, 청·홍고추
   는 어슷썬다.

● 요리하기 ●

1) 불에 달군 프라이팬에 식용유를 두르고 고구마줄기를 넣은 다음,
   여기에 당근채·파채·고추·다진 마늘·소금을 넣고 볶는다.

   TIP : 여기에 적당량의 들깨가루를 넣어 주면 고구마줄기가 한층 더 구수해지
   고 맛있다. 들깨가루를 너무 많이 넣으면 뻑뻑해지므로 주의할 것.

2) 완전히 볶아지면 소금으로 나머지 간을 맞추고 참기름을 조금 넣
   어 버무린다.

3) 접시에 옮겨 담고 깨소금을 뿌려 상에 올린다.

🪔 알아두면 좋아요

고구마줄기를 말리려면, 소금물에 데쳐서 찬물에 빨리 헹궈 바
로 널어야 한다.

통마늘장아찌

아직 덜 여물었을 때 뽑아낸 여린 햇마늘을 통으로 진간장 등에 절였다가 껍질째 먹는 우리의 전통 마늘장아찌. 예로부터 알뜰한 집안의 밥상에는 사철 내내 이 통마늘 장아찌가 끊이지 않고 올랐다. 신진대사를 원활하게 하고, 진통·변비 방지·해독·멸균 작용 등에도 뛰어난 마늘로 맛깔스런 장아찌를 담가 보자. 간장은 색이 연하고 짜지 않은 진간장이나 국간장으로 준비하고, 식초는 무색의 증류 식초를 준비한다.

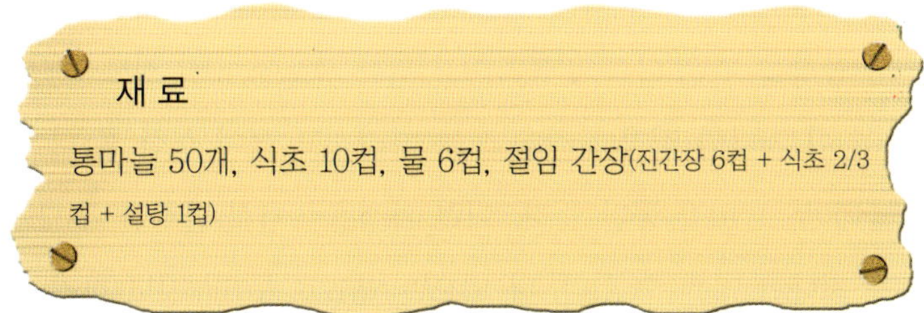

재료

통마늘 50개, 식초 10컵, 물 6컵, 절임 간장(진간장 6컵 + 식초 2/3컵 + 설탕 1컵)

● 마늘 손질하기 ●

1) 알이 단단하고 굵기가 고른 6쪽 마늘을 택하여 겉껍질 2겹 정도를 벗겨낸다.

2) 실뿌리가 붙어 있는 부분은 바짝 도려내고 줄기 부분은 1cm 정도만 남기고 잘라낸다.

3) 깨끗이 씻은 다음 소쿠리에 건져내어 물기를 뺀다.

● 통마늘장아찌 담그기 ●

1) 손질하여 물기를 뺀 통마늘을 항아리나 유리병에 담고 적당한 분량의 식초와 물을 부은 다음, 시원한 곳에서 4~5일 정도 삭혀 마늘의 매운 맛을 없앤다.

TIP : 식촛물은 마늘이 푹 잠길 정도로 붓는다.

2) 4~5일이 지나면 식촛물을 모두 따라내고 소쿠리에 담아 물기를 뺀다.

TIP : 이때 쓰고 난 식촛물은 더 이상 쓸모가 없으므로 버린다.

3) 냄비에 진간장·식초·설탕을 분량대로 넣고 팔팔 끓여 절임 간장을 만들고, 이를 다시 완전히 식힌다.

4) 식힌 마늘을 항아리나 유리병에 담고, 마늘이 푹 잠길 정도로 절임 간장을 부은 다음 밀봉하여 시원한 장소에 10일 정도 둔다.

5) 10일이 지나면 절임 간장을 모두 따라내고 끓여 식힌 후 다시 마늘에 붓고 10일 동안 둔다. 이런 과정을 3~4회 반복한 후 2~3주가 지나면 먹을 수 있다. 다 익으면 옆으로 두 번 정도 잘라 접시에 놓고 하나씩 쏙쏙 빼먹으면 된다.

TIP : 이렇게 해서 담은 마늘장아찌는 가을·겨울·봄까지도 변질 없이 보존할 수 있지만, 물기가 들어가거나 불결하게 관리하면 물러지고 곰팡이가 슬어 못 먹게 되므로 유의한다.

🔶 알아두면 좋아요

절임 간장을 끓여서 다시 식혀 부을 때는 물이 들어가지 않도록 주의한다. 만일 물이 들어가면 곰팡이가 생기기 쉽고 맛도 떨어지기 때문이다.

가지나물무침

가지는 비타민과 무기질이 많고 콜레스테롤을 낮춰 주며, 고혈압이나 신경통에 좋은 것으로 알려져 있다. 찜통에 쪄서 물기 짜낸 가지를 그릇에 담고, 여기에 볶은 청고추와 홍고추·고춧가루·다진 파·다진 마늘·소금을 넣어 조물조물 무쳐서 입맛이 떨어지는 여름 식탁에 올리면 별미다.

재 료

가지 3개, 청고추 1/2개, 홍고추 1/2개, 고춧가루 1작은술, 다진 파 1큰술, 다진 마늘 1작은술, 소금, 깨소금 1작은술, 참기름 1작은술

● 재료 손질하기 ●

1) 가지는 크기가 작고 색깔이 고우며 윤기 나는 것으로 골라 꼭지를 떼고 깨끗이 씻어 반으로 가른 다음 6~7cm 길이로 토막 낸다.

2) 김이 오른 찜통 바닥에 마른 수건을 깔고 가지 껍질이 바닥에 닿도록(즉, 단면이 위로 향하도록) 안쳐서 뚜껑을 덮고 4~5분 정도 찐다.

TIP : 찌는 시간에 따라 가지 맛이 달라지므로 시간을 잘 지킨다.

3) 젓가락으로 찔러서 쑥 들어갈 정도로 쪄졌으면 가지를 꺼내어 채반에 담고 물기를 빼면서 식힌다.

TIP : 채반에 담을 때는 단면이 바닥에 닿도록 엎어 놓아야 물기가 잘 빠진다.

4) 가지가 식으면 젓가락으로 곱게 찢어 물기를 가볍게 눌러 짠다.

TIP : 찐 가지는 물기가 많으므로 짜야 한다.

● 요리하기 ●

1) 청고추와 홍고추는 곱게 채 썰어 프라이팬에 기름을 두르고 살짝
   만 볶는다.
2) 물기 짠 가지를 그릇에 담고, 볶은 청고추와 홍고추·고춧가루·다
   진 파·다진 마늘·소금·깨소금·참기름을 넣어 조물조물 무쳐서
   상에 올린다.

마른 가지나물무침은 이렇게 만든다.

가지는 수분이 많아 보관이 어려우므로 햇볕에 말려 가을에 무쳐 먹
기도 한다. 말리기 힘들면 마른 가지를 사서 써도 된다.

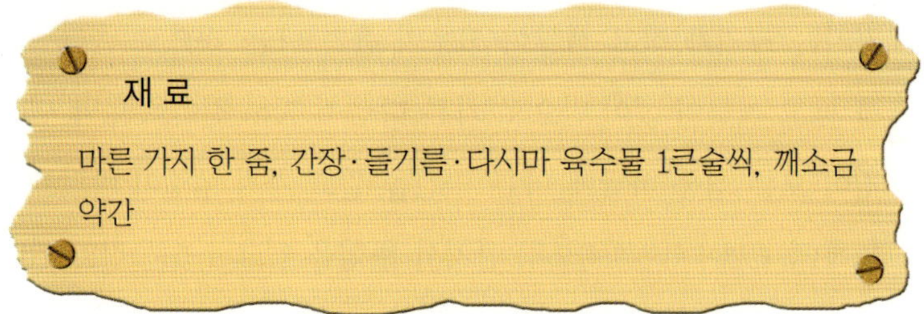

1) 마른 가지를 따뜻한 물에 3~4시간 정도 불려 그 물과 함께 그대
   로 삶는다.

TIP : 너무 푹 삶지 말고 꼬들꼬들할 정도로만 삶는다.

2) 삶은 가지를 하룻밤 정도 물에 담가 두었다가 건져내어 물기를 꼭
   짜고 먹기 좋은 크기로 자른다.
3) 2)의 가지에 간장·참기름·깨소금을 넣고 조물조물 무친다.
4) 달군 프라이팬에 들기름을 두르고 3)을 넣어 볶다가 다시마 육수

를 넣고 졸인다.

5) 간이 배도록 볶아졌으면 불을 끈 후 참기름 1큰술을 넣고 무쳐 완
성한다.

가지냉국

무더운 여름철에 시원하게 즐길 수 있는 반찬 중의 하나가 '가지냉국'이
다. 냉국에 사용할 간장은 조선간장을 사용하고, 대파보다는 쪽파를, 통
깨보다는 깨소금을 직접 갈아 사용하는 것이 맛을 내는 비결. 한꺼번에
너무 많은 양의 냉국을 만들면 식초로 인해 가지 색이 변할 수 있으므
로 먹을 만큼만 만들어 둔다.

재료

가지 2개, 다진 마늘 1/2큰술, 홍고추 1개, 쪽파 3뿌리, 깨소금
1작은술, 냉국물(조선간장 1큰술 + 소금 1큰술 + 식초 2큰술 + 설탕 1큰술
+ 생수 5컵)

● 재료 손질하기 ●

1) 가지는 홀쭉하고 색깔이 고우며 윤기 나는 것으로 골라 꼭지를
떼고 깨끗이 씻어 반으로 가른 다음 6cm 길이로 토막 낸다.

2) 김이 오른 찜통 바닥에 마른 수건을 깔고 가지 껍질이 바닥에 닿
도록 안쳐서 뚜껑을 덮고 4~5분 정도 찐다.

TIP : 껍질이 위로 향하면 찌는 동안 가지가 물기를 많이 머금어 물컹거리고 맛
이 없게 된다.

3) 젓가락으로 찔러 쑥 들어갈 정도로 쪄졌으면 가지를 꺼내어 단면

이 바닥 쪽에 닿도록 채반에 담고 식힌다.

4) 홍고추는 씨를 빼서 곱게 다지고, 쪽파는 송송 썰어 준비한다.

● 요리하기 ●

1) 가지가 식으면 젓가락을 이용해 길이로 곱게 찢어 가볍게 눌러 물기를 짠 다음(찐 가지는 물기가 많으므로 짜야 한다.), 다진 고추·마늘·깨소금을 넣고 살살 무친다.

2) 생수 5컵에 조선간장·소금·식초·설탕을 넣어 새콤달콤하게 간을 맞춰 냉장고에 넣어 둔다.

TIP : 국물을 냉동실에 넣어 살얼음이 얼 정도로 두면 더욱 시원하고 좋다.

3) 양념한 가지에 2)의 냉국물을 부어 섞고, 마지막으로 쪽파를 얹어 상에 올린다.

♡ 맛내기 노하우 ♡

먼저 가지를 양념한 뒤에 냉국물을 부어야 간이 맛있게 든다.

시금치무침

비타민류가 풍부한 시금치는 오랫동안 영양의 보고로서 자리매김해 왔다. 오늘날 과학적 연구가 진행됨에 따라 풍부한 색소 성분과 비타민이 암을 억제하고 면역력을 높여 준다는 사실이 밝혀지면서 더욱 중요한 채소로 다뤄지고 있다. 봄·가을에 나는 것이 가장 맛있는데, 시금치는 뿌리 부분에 영양이 많으므로 뿌리째 다듬어 사용한다. 남은 시금치는 촉촉하게 적신 신문지에 싸서 비닐봉지에 넣고 냉장고의 야채 칸에 세워서 보관하고, 삶아서 보관할 경우에는 밀봉하여 냉동고나 냉장고에 넣어둔다.

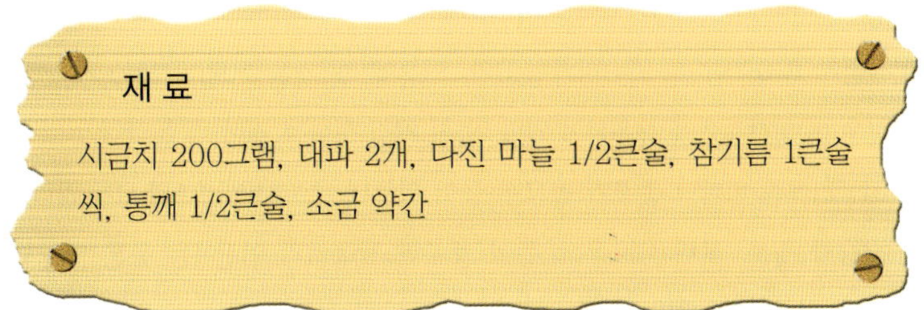

● 재료 준비와 손질 ●

1) 시금치는 윤기가 흐르고 싱싱하며 초록빛이 진한 것으로 고른다. 뿌리의 단면이 선명할수록 신선한 것으로 보면 된다.

TIP : 잎이 도톰한 것이 맛이 좋고 너무 크면 맛이 싱겁고 밍밍하다.

2) 시금치의 떡잎을 떼어내고 굵은 부분은 반으로 갈라낸 다음, 뿌리째 깨끗이 다듬어 끓는 물에 소금을 약간(농도 2~3%) 넣고 약 10초 정도 살짝 데친다.

TIP : 시금치는 소금물에 데쳐야 색깔이 예쁘다. 물 양을 넉넉하게 잡고 냄비 뚜껑을 연 채로 데친다. 그리고 '단시간에 재빨리'가 기본. 비타민 C는 물에 녹는 성질을 갖고 있는 데다 가열하면 쉽게 파괴되기 때문이다.

3) 데친 시금치를 흐르는 물에 깨끗이 씻어 물기를 꼭 짠다.

4) 대파는 흰 부분만 송송 썰어 놓는다.

● 시금치 무치기 ●

시금치를 넓은 그릇에 담고 여기에 대파·다진 마늘·참기름·통깨를 넣고 살살 무쳐낸다.

TIP : 간을 할 때는 처음엔 약간 짭짤하게 해 줘야 소금이 나물에 스며들면서 간이 적절하게 조절된다.

시금치의 영양과 효능

1) 시금치 100그램 속에는 비타민 C가, 여름에 캔 것은 20밀리그램, 겨울에 캔 것은 60밀리그램이 함유되어 있다. 역시 제철에 나는 것이 더 높다.

2) 시금치에는 비타민 종류가 골고루 들어 있는데, 특히 비타민A와 C가 많다. 또 칼슘과 철분, 그리고 요오드 등이 풍부해 발육기의 어린이는 물론 임산부에 좋은 식품이다. 다만, 수산 성분을 너무 많이 섭취할 경우 체내에 결석을 만들 수도 있기 때문에 주의가 필요하다. 이 수산은 물에 쉽게 용해되기 때문에 데치는 과정에서 대부분 빠져나간다. 이를 예방하기 위해서는 참깨를 곁들여 먹으면 좋다. 참깨에는 칼슘이 풍부한데, 이 성분이 수산의 흡수를 막아 주기 때문.

콩나물무침

어느 식단에서나 쉽게 눈에 띄는 콩나물무침. 그만큼 이 콩나물무침은 우리 가정의 식탁에서 빼놓을 수 없는 기본적인 밑반찬이다. 보기엔 아주 쉽고 간단한 요리일지 몰라도 초보에게 있어서는 결코 만만치 않은 게 이 콩나물무침 요리이다.

재 료

콩나물 200g, 꽃소금과 고춧가루 약간씩, 쪽파 3줄기, 다진 마늘 1작은술, 홍·청고추 1개씩, 통깨와 참기름 1작은술씩

● 재료 손질하기 ●

1) 콩나물은 지저분한 꼬리를 떼어내고 찬물에 흔들어 깨끗이 씻는다.

2) 씻은 콩나물을 냄비에 담고 콩나물이 잠길 정도로 찬물을 부은 다음 센 불로 삶는다.

3) 물이 끓기 시작하여 2분 정도 지나면 콩나물을 꺼내어 찬물에 2~3회 정도 헹궈 소쿠리에 얹어 물기를 뺀다.

TIP : 찬물에 씻어야만 콩나물이 아삭아삭하고 맛있다.

4) 홍·청고추와 쪽파는 송송 썰어 놓는다.

● 양념에 무치기 ●

1) 물기를 뺀 콩나물을 넓은 그릇에 담는다.

2) 1)의 콩나물에 쪽파·고춧가루·홍고추·청고추·꽃소금·다진 마늘·통깨·참기름을 모두 넣고 손으로 털 듯이 하며 가볍게 무친다.

> ### 🔺 알아두면 좋아요
>
> · 삶는 도중에 뚜껑을 열어 보는 것은 절대 금물! 먹을 때 비린내가 나기 때문이다.
> · 콩나물무침은 하루가 지나면 아무래도 물이 생기고 가늘어지게 되므로 조금씩 먹을 만큼만 요리해서 먹는 것이 좋다.

도라지나물무침

도라지는 천연산 식물로서 산나물의 일종이다. 원래는 '산도라지'로 불렸으나, 일반 재배를 많이 한 이후부터 그냥 도라지로 통칭됐다. 흰색과 연보라색 도라지꽃은 한대식물인 프리지아 꽃보다도 더 청초하고 애틋한 아리따움을 간직하고 있다. 도라지나물무침은 고비·고사리와 함께 우리의 제사 음식으로 빠뜨릴 수 없는 주요 나물로, 매운 것을 먹기 힘든 아이들이 먹기에 좋다. 파와 마늘을 많이 쓰면 지저분하므로 적당한 양만 쓰도록 한다.

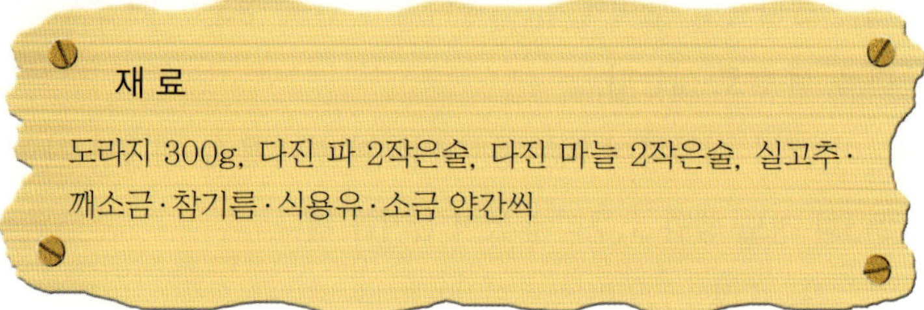

재 료

도라지 300g, 다진 파 2작은술, 다진 마늘 2작은술, 실고추·깨소금·참기름·식용유·소금 약간씩

● 재료 손질하기 ●

1) 도라지는 싱싱하고 잔뿌리가 적은 것으로 준비하여 껍질을 벗기고, 머리 부분에 칼집을 내서 잘게 찢는다. 그리고 먹기 좋은 크기로 잘라 소금물에 담가 1시간 정도 우린다.

2) 소금물에 우려낸 도라지를 다시 쌀뜨물에 4~5시간 정도 담가 쓴 맛과 아린 맛을 뺀 다음 찬물에 여러 번 헹군다.

3) 끓는 물에 살짝 데쳐 물기를 꼭 짜낸다.

● 도라지나물 무치기 ●

1) 프라이팬에 식용유를 두르고 물기를 짜낸 도라지를 볶는다.

2) 도라지가 어느 정도 볶아지면 소금으로 간하고, 다진 마늘·다진
파·깨소금·참기름을 넣어 약한 불로 뭉근히 볶는다.

3) 참기름을 넣어 마무리하고 실고추를 살짝 얹어 보기 좋게 그릇에
담아낸다.

양념꽃게장

갖은 양념과 고춧가루로 빨갛게 옷을 입힌 즉석 양념꽃게장은 누구나
좋아하는 별미 반찬! 이 양념꽃게장은 무쳐서 한나절쯤 두었다가 간이
배면 바로 먹는 것이므로 살아 있는 신선한 게로 담가야만 더욱 맛이 있
다. 따라서 되도록이면 2~3일 내에 모두 먹을 수 있을 만큼만 담가서
신선한 상태로 먹도록 한다.

재료

꽃게 4마리, 홍고추 1개, 청고추 2개, 쪽파 5뿌리, 미나리 20g,
배·양파 1/4개씩, 다진 마늘 1큰술씩, 다진 생강 1작은술, 물
엿 2큰술, 설탕 2작은술, 깨소금 1큰술, 진간장 1/2컵, 맛술 2
큰술, 김치용 고춧가루·고운 고춧가루 2.5큰술씩

● 재료 준비와 손질 ●

1) 꽃게는 묵직하고 살아 있는 것으로 골라 흐르는 물에 솔로 박박

문질러서 깨끗이 닦는다.

TIP : 양념꽃게장은 익히지 않고 무쳐서 금방 먹는 것이므로 무엇보다 신선도가 중요하다. 게를 뒤집었을 때 다리에 푸른빛이 많이 돌수록 싱싱한 것이다. 신선한 꽃게는 껍데기가 두껍고 선명한 청흑색을 띠며 배 부분이 우윳빛이고 윤기가 난다.

2) 게딱지를 열고 딱지 안의 장은 그릇에 모으고 아가미와 모래주머니는 떼어낸다.

3) 집게발은 칼등으로 몇 번 두들겨서 각질을 깨고, 나머지 다리는 뾰족한 끝마디를 잘라낸다. 그래야만 발라 먹기도 좋고 양념도 잘 밴다.

4) 몸통은 크기에 따라서 2등분 내지 4등분한다.

TIP : 가위로 자르거나 칼을 단번에 위에서 탁 내리치면 쉽게 자를 수 있다.

5) 청·홍고추는 어슷썰어 씨를 털어내고, 배와 양파는 믹서에 넣고 갈아 즙을 내고, 쪽파와 미나리는 깨끗이 다듬고 씻어 2~3cm 길이로 썰고 마늘과 생강은 곱게 다진다.

TIP : 미나리는 줄기 부분만 다듬어서 써야 음식이 깔끔하다.

● 요리하기 ●

1) 토막 낸 꽃게에 분량의 간장을 부어 간이 배도록 놔둔다.

2) 게에 간이 충분히 배면 간장을 따라내어 고춧가루에 섞고 불린다.

3) 고춧가루가 불면 오목한 그릇에 담고, 여기에 배·양파·마늘·생강·물엿·설탕·깨소금·맛술을 분량대로 넣고 골고루 섞은 뒤, 쪽파·미나리·고추를 넣고 잘 버무려 양념장을 만든다.

4) 꽃게에 3)의 양념장을 붓고 골고루 버무려 상에 올린다.

TIP : 간장게장과는 달리 오래 두고 먹으면 신선도가 떨어지므로 2~3일 내에 다 먹도록 한다.

♡ 맛내기 노하우 ♡

· 양념꽃게장은 매콤달콤한 양념장에 맛 비결이 숨겨져 있다.
  고춧가루는 맵고 굵은 태양초가루와 색이 고운 고춧가루를
  반반씩 섞어 충분히 불렸다가 사용해야 색깔이 살아나서 먹
  음직스럽다.
· 간장에 까나리액젓이나 멸치액젓, 참치액젓 등을 섞어 써도
  감칠맛이 나고 좋다. 이때는 간장의 양은 조금 줄이고 액젓
  의 양을 늘린다.
· 설탕과 물엿만 넣는 것보다 양파즙과 배즙을 넣으면 훨씬
  더 맛있다.

생선조림·생선볶음 요리

생선조림이나 볶음 요리는
김치나 된장찌개만큼이나 우리 나라 사람들이
즐겨 먹는 음식이다.
이 생선조림은 대개 무와 함께 졸이는데,
무는 어떤 식품과 조리해도 잘 어우러지고
음식 맛을 한결 더 구수하고 시원하게 해 준다.
특히, 생선을 졸일 때 도톰하게 썰어 넣어
간이 폭 밴 쫀득하고 칼칼한 감자와 물캉물캉한 무는
주재료인 생선과는 또 다른 감칠맛이 난다.
생선조림을 할 때는 간장으로 짜게만 하지 말고
물엿이나 설탕을 조금 넣어 감칠맛이 들게 하고
윤기 있게 졸여야 먹음직스럽다.
생선이나 조개에서 비린내가 나는 원인은
트릴메탈아민이라는 물질이 흡착되어 있기 때문인데,
이 점액은 물로 씻어서는 완전히 씻기지 않으므로
소금물에 씻는 게 요령이다.

갈치조림

동맥경화나 고혈압 등 성인병 예방에도 좋은 것으로 알려진 갈치는 여름에서 가을로 넘어갈 때가 제철이다. 온몸이 나른하고 입맛이 떨어질 때, 매운 고추를 송송 썰어 넣고 매콤하게 졸여 먹는 갈치조림의 맛이야말로 별미 중의 별미다. 은빛 찬란한 생갈치의 고소하고 담백한 하얀 속살을 한 점 한 점 떼어 먹다 보면 언제 밥 한 공기가 사라졌는지도 모를 정도다. 자 그럼, 이제부터 밥도둑의 대명사 갈치조림을 만들어 밥상에 올려 보자.

재 료 (4인분)

갈치 2마리, 무(또는 감자) 300g, 청·홍고추 각 3개씩, 대파 2개, 굵은 멸치 20마리, 소금·후춧가루 약간씩, 양념장(멸치국물 2컵 + 진간장 1큰술 + 고춧가루 3큰술 + 다진 마늘 1.5큰술 + 다진 생강 2작은술 + 맛술 2큰술 + 물엿 3큰술 + 참기름 1큰술 + 소금 약간)

● 재료 준비와 손질 ●

1) 갈치는 싱싱하고 살집이 두툼하며 윤기가 도는 싱싱한 것으로 준비하여, 은백색의 가루를 칼끝으로 긁어내고 꼬리와 머리를 잘라 낸 다음, 머리 자른 쪽으로 손가락을 넣고 내장을 꺼내어 흐르는 물에 깨끗이 씻는다.

2) 씻은 갈치는 5~6cm 길이로 토막 내어 1cm 간격을 두고 사선으로 칼집을 낸 다음, 소금과 후춧가루를 약간씩 뿌려 놓는다.

3) 무는 먹기 좋은 크기로 껍질째(감자를 쓸 때는 껍질을 벗긴다) 도톰하고 네모지게 썰어 열십자로 칼집을 넣은 다음, 끓는 물에 데쳐 찬물에 건져 낸다.

TIP : 무나 감자를 데칠 때 열십자로 칼집을 넣으면 속까지 잘 데쳐지고, 무나 감자를 데친 다음에 요리하면 한결 더 맛이 개운하다.

4) 굵은 멸치는 내장을 발라낸다.

5) 청·홍고추는 어슷썰어 씨를 털어내고, 대파도 씻어 어슷썬다.

● 멸치국물 만들기 ●

1) 멸치를 냄비에 담고 물 3컵 정도를 부은 다음 팔팔 끓인다.

2) 멸치는 건져내고 국물만 사용한다.

● 갈치 졸이기 ●

1) 그릇에 분량의 양념장 재료를 넣고 골고루 섞는다.

2) 냄비 바닥에 식용유를 두르고 무(또는 감자)를 깐 다음, 그 위에 양념장 만든 것을 1/2 정도 골고루 펴서 끼얹어 준다.

3) 2)의 위에 갈치를 한 겹 얹고 그 위에 양념장 1/4 정도를 끼얹은 후에 가장자리로 멸치국물을 1컵 정도(무 또는 감자가 잠길 정도) 부은 다음, 뚜껑을 닫고 센 불에서 갈치가 살짝 익을 정도로 졸인다.

4) 갈치가 살짝 익으면 양념장을 갈치 위에 발라 주고 냄비 뚜껑을 덮은 다음, 중간 불로 줄여서 다시 졸인다.

TIP : 도중에 가끔씩 냄비를 기울여 국물을 떠서 위에 끼얹어 주어야 간이 골고루 밴다.

5) 국물이 거의 졸아들면 대파와 청·홍고추를 얹고 조금만 더 졸인다.

6) 접시에 갈치와 무 또는 감자를 옆옆이 담고, 그 위에 양념장을 촉촉하게 끼얹어 상에 올린다.

고등어조림

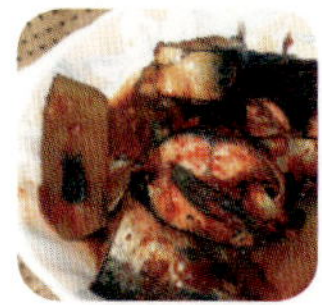 고등어는 단백질과 지방질이 풍부한 대표적인 등푸른생선으로, 고기의 크기와 계절, 어장 등에 따라 수분과 지방 함량이 달라져 그 맛도 제각기 다르다. 맛이 가장 좋을 때는 초가을부터 늦가을까지로, "가을 배와 고등어는 며느리에게 주지 않는다"는 속담이 있을 정도다. 특히 참고등어는 가을부터 겨울에 걸쳐 지방 함량이 최대치라 고소하면서도 맛깔진 고등어 맛을 보기에 더없이 좋다. 영양가 높고 가격도 저렴하여 서민들에게 친근한 생선 고등어! 그 풍부한 영양을 지닌 별미 음식 요리법을 알아보자.

재 료 (4인분)

고등어 2마리, 우거지 200g, 무(또는 감자) 70g씩, 쌀뜨물 6컵, 굵은 소금 1/2컵, 청·홍고추 각 2개씩, 양파 1/2개, 대파 1대, 진간장 2큰술, 식용유 약간, 양념장(고춧가루 1큰술 + 다진 마늘 1/2큰술 + 다진 생강 1작은술 + 된장 1큰술 + 참기름 2작은술 + 맛술·후춧가루·소금 약간씩)

● **재료 준비와 손질** ●

1) 고등어는 싱싱한 것으로 골라, 우선 머리를 자르고 찬물에 씻는다.

  TIP : 아가미는 붉고 눈동자가 선명하며, 살이 탄력 있고, 보기에 싱싱한 것을 선택한다. 그리고 자반 고등어를 직접 사다 쓸 경우에는 살이 단단하고 기름이 겉돌지 않는 것을 고른다.

2) 씻은 고등어는 꼬리와 지느러미를 잘라내고 배를 갈라 내장을 말끔히 제거한 다음 다시 찬물에 깨끗하게 씻는다.

3) 고등어를 양쪽으로 펼쳐 놓고 굵은 소금을 골고루 듬뿍 뿌려 하루 정도 절인다.

4) 고등어의 소금을 털어내고 쌀뜨물에 헹구어 씻어서 살을 부드럽게 하고 짠맛을 뺀 다음, 세 토막으로 어슷하게 썰어 놓는다.

  TIP : 쌀뜨물은 비린내도 약화시킨다.

5) 우거지는 끓는 물에 데쳐 물기를 꼭 짠 후 한 입 크기로 썰고, 무는 깨끗이 씻어서 도톰하게 썬다.

  TIP : 감자의 경우, 껍질을 벗기고 도톰하게 썰어서 찬물에 잠깐 담갔다가 건진다.

6) 청·홍고추는 어슷하게 썰어 씨를 빼내고, 양파는 채 썰며, 대파는 어슷썬다.

7) 양념장에 쌀뜨물(또는 멸치다시마 육수) 2큰술을 부어 고루 섞어 둔다.

● **고등어 졸이기** ●

1) 냄비 바닥에 식용유를 두른 다음 무(감자)를 깔고 우거지를 올린 후, 그 위에 자반 고등어를 펼쳐 올려놓고 양념장을 뿌린다.

2) 무(감자)보다 조금 높게 올라오도록 냄비 가장자리에 쌀뜨물을 돌

려 부은 다음, 뚜껑을 덮고 센 불로 끓인다.

3) 무(감자)가 어느 정도 익을 때까지 끓인 후 청·홍고추와 양파채를 골고루 뿌린 다음, 진간장을 넣고 약한 불로 줄여서 졸인다.

4) 국물이 거의 졸아들면 마지막으로 대파를 넣은 후 양념이 골고루 배도록 양념장을 몇 번 끼얹어 주고 좀더 끓여 그릇에 담아낸다.

| 고등어 비린내 없애기 |

고등어의 비린내는 지방산 때문이다. 이 지방산을 없애려면 감자와 같이 단백질이 풍부한 식품을 많이 넣고 요리하면 되는데, 그 밖에도 고등어의 비린내를 없앨 수 있는 방법 몇 가지를 소개한다.

1) 레몬즙을 뿌리면 비린내가 제거되고 살이 단단해져 씹히는 맛도 좋아진다.

2) 소금·후춧가루·청주·생강즙 등도 비린내를 없애 주며, 양파나 파·고추·마늘·깻잎처럼 향이 강한 야채나 양념을 넣으면 산뜻한 맛을 낼 수 있다. 참기름이나 들기름을 넣어도 좋다.

3) 알칼리성인 감자는 생선의 비린 맛을 모두 흡수하여 담백하고 깔끔한 맛을 내며, 무도 산성 식품인 생선을 중화시켜 영양의 균형을 이루고 맛도 더한다.

4) 먹다 남은 맥주나 바닷물 농도의 소금물에 15분 동안만 고등어를 담가 두었다 조리하면 비린내를 없앨 수 있다.

5) 튀기거나 졸일 때 된장을 조금 넣으면 특유의 비린내를 없앨 수 있다.

고등어의 효능

예로부터 고등어를 일컬어 '바다의 보리'라고 하였다. 이는 보리와 맞먹을 정도의 영양가가 있고 또 맛이 있음을 옛사람들이 표현한 말이다.

고등어는 바다 밑에 사는 다른 흰 살 생선들과는 달리 바다 표면 가까이에서 물결 따라 헤엄쳐 다니며 운동을 많이 하기 때문에 근육이 단단하고 지방 함량이 높다. 등푸른생선의 대표적인 것으로는 고등어·꽁치·정어리를 꼽을 수 있으며, 이 밖에도 청어·삼치·참치·장어·연어·방어 등이 있고 멸치도 여기에 포함된다. 이들 등푸른생선에는 불포화지방산의 일종인 EPA와 DHA가 많이 들어 있어 고혈압이나 동맥경화의 원인이 되는 혈중 콜레스테롤치를 떨어뜨려 주며, 혈액이 응고되는 것을 막고 뇌혈전을 예방해 주기도 한다.

또, 고등어에 들어 있는 비타민 B는 우리 몸의 피를 보충해 주고, 혈액순환을 좋게 하며, 피부를 아름답게 해 주는 데 효과적이며, 이 밖에도 등푸른생선은 피부질환과 심장마비·노화·골연화증·치매 예방 등 각종 성인병 예방에 효과적인 것으로 알려져 있다.

그러나 고등어는 산화·산패하기 쉬우므로 무엇보다도 신선도를 잘 유지하는 것이 중요하다. 고등어에 들어 있는 히스티딘이란 물질은 생선이 부패하기 시작하면서 히스타민이라는 독성물질로 변하는데, 이를 먹을 경우 두드러기나 복통 등을 일으키게 된다. 특히 몸이 차고 소화기관이 약한 사람은 각별히 조심할 것. 보관 시 소금과 식초를 뿌려 두면 쉽게 부패되지 않는다.

낙지볶음

술안주에 그만인 낙지볶음! 질기지 않고 오동통한 낙지볶음을 만들려면 빠른 시간에 볶아야 한다. 그렇지 않고 오래 볶으면 낙지가 질겨지고 수분이 빠져서 낙지 모양이 오그라들어 볼품없이 되어 버린다. 수분이 바깥으로 빠져나오기 전에 얼른 센 불에 볶아 준다. 오징어볶음 역시 낙지볶음과 같은 방법으로 요리하면 된다.

재 료 (4인분)

낙지 2마리, 당근 1/4개, 호박 1/6개, 쪽파 5뿌리, 썬 미나리 1줌, 양파 1/2개, 청·홍고추 2개씩, 쑥갓 20g, 통깨 1큰술, 식용유 약간, 양념장(고추장 3큰술 + 고춧가루 2큰술 + 진간장 1큰술 + 다진 마늘 1큰술 + 다진 생강 1/3작은술 + 설탕 2큰술 + 깨·참기름 약간씩)

● 재료 손질하기 ●

1) 낙지는 머리에 칼집을 넣어 속에 있는 먹통이 터지지 않도록 손끝으로 살짝 잡아 뗸 다음, 소금(또는 밀가루)을 뿌려 바락바락 문질러 해감을 제거하고, 먹기 좋은 크기로 잘라 놓는다. 다리는 손으로 훑어내리듯이 하며, 흐르는 물에 깨끗이 씻는다.

2) 당근은 길게 반으로 갈라 어슷썰고, 호박은 0.5cm 두께로 반달썰기한다.

3) 쪽파와 미나리는 깨끗이 씻어서 3~4cm 길이로 썰고, 양파는 0.5cm로 채 썰고, 청·홍고추는 0.3cm로 채 썰어 씨를 털어내고, 쑥갓은 깨끗이 씻어 먹기 좋게 길쭉길쭉하게 썰어 둔다.

4) 요리하기 몇 시간 전에 고추장·고춧가루·진간장·마늘·생강·설탕·깨·참기름을 섞어서 양념장을 만든다.

TIP : 양념장을 미리 만들어 놓고 최소 몇 시간 이상 숙성시키면 더욱 깔끔하고 칼칼한 맛이 난다.

● 요리하기 ●

1) 손질한 낙지를 끓는 물에 살짝 데친다.

TIP : 끓는 물에 낙지를 한 번 데쳐서 사용하면 물기가 많이 나오지 않는다.

2) 달군 프라이팬에 식용유를 두르고 양파·당근·호박을 넣고 볶다가 낙지와 양념장을 넣고 빠르게 볶아낸다.

TIP : 오래 볶으면 낙지가 질겨진다. 그리고 야채에서 물이 나오므로 따로 물을 넣지 않아도 된다.

3) 야채가 투명해지고 양념이 골고루 섞여 자박자박하게 볶아지면 청·홍고추와 쪽파를 넣고 센 불로 다시 한 번 얼른 볶아낸다.

4) 불을 끈 후 깻잎이나 상추를 접시에 깔고 낙지볶음을 옮겨 담은 다음, 통깨를 솔솔 뿌리고 쑥갓을 약간 얹어 상에 올린다.

TIP : 이 낙지볶음을 상에 올릴 때, 삶은 국수 사리를 작은 소쿠리에 함께 담아 내면 여름철 상차림으로 그만이다. 국수는 매운 맛도 달래주므로 볶음 요리에 곁들이면 좋다.

♡ 맛내기 노하우 ♡

· 모든 과정을 중간 불 이상으로 하여 빠른 속도로 볶아 줘야 질기지 않고 오동통한 낙지 맛을 즐길 수 있다.
· 칼칼한 낙지볶음 맛을 느끼고 싶다면 고추장의 양을 줄이도록 한다.
· 볶는 시간이 그리 오래 걸리지 않으므로 상에 올리기 직전에 팬에 볶도록 한다. 미리 볶아 두면 양념에서 물이 생겨 질퍽해질 수 있기 때문.

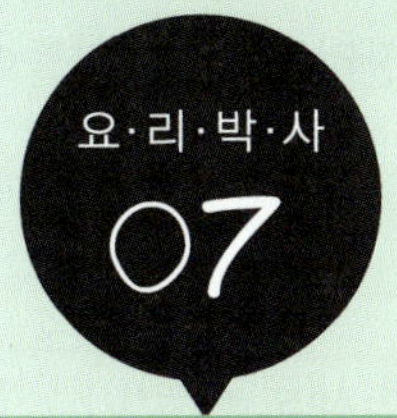

요·리·박·사
07

나만의 별미 음식 만들기

카레에 간장을 친다든가, 먹다 남은 카레에 우유를 타먹는다든가, 커피에 소금을
넣는다든가 하는, 일반 요리 상식을 초월한 별난 요리 방법 몇 가지를 소개한다.
지금부터 그 어디에서도 먹기 힘든 나만의 별미 음식을 만들어 먹어 보자.

🔺 마요네즈에 고추장을 타면 별미

우리가 보통 마른오징어를 구워 먹을 때 마요네즈 또는 마요네즈에
토마토 케첩을 섞어 찍어 먹는데, 마요네즈에 고추장을 섞어서 먹으면
별미다. 이때 마요네즈와 고추장의 비율은 각자 취향에 따라 조절하면
된다. 고추장이나 된장을 함께 섞으면 더욱 색다른 맛이 난다.

🔺 샌드위치에 카레를 발라 먹으면 별미

카레를 샌드위치에 발라 먹으면 맛이 일품이다. 카레가
너무 묽으면 불에 좀더 졸이고, 양파를 얇게 썰어서 섞어
주면 양파의 매운 맛이 스며들어 있어서 산뜻한 맛이 난다.

🔺 돈가스에 된장을 찍어 먹으면 별미

돈가스를 자그마하게 잘라 된장에 살짝 발라 먹으면 의외로 맛있다.

여기에다 파를 약 4㎝씩 잘라서 함께 곁들여 먹으면 더욱 맛이 있다. 간장이나 소스를 찍어 먹는 것보다 한결 개운한 맛이 나고 좋다.

카레에 간장을 치면 새로운 맛이 난다

서양 요리에도 간장을 약간 치면 맛이 살아난다. 예컨대, 카레 라이스의 경우, 불에서 내리기 직전에 간장을 약간 쳐 주면 카레의 독특한 맛과 함께 은은한 간장 맛이 한데 어우러져 새로운 맛이 난다.

색다른 당근 샐러드 만들기

일반적으로 당근 샐러드는 날것으로 만들어 먹는데, 당근을 얇고 짤막하게 썰어 소금물에 살짝 데친 다음 레몬을 곁들인 소스에 찍어 먹으면 맛이 있다.

먹다 남은 카레에 우유를 타서 먹으면 별미

먹다 남은 카레를 다음날 다시 데워 먹을 때 보통 물을 더 부어서 끓이기 때문에 카레의 본래 맛이 떨어진다. 카레에 물 대신 우유를 타서 끓여 먹어 보자. 맛이 훨씬 좋을 것이다. 그리고 카레는 오래 끓일수록 더욱 맛이 좋아진다.

햄을 파인애플에 넣어 먹으면 별미

통조림에 든 파인애플을 얇게 썬 다음, 그 사이사이에 햄을 끼워 먹으면 별미다. 프라이팬에 파인애플을 살짝 지져도 맛이 달라져 입맛을 돋군다.

🔶 콜라의 독특한 맛내기

끓인 물에 적당량(눈으로 보아 색깔이 예쁠 정도)의 콜라를 섞어 마시면 시큼한 맛도 나고 콜라 특유의 상큼한 맛도 끝맛으로 남는다. 특히 한 겨울에 이러한 뜨거운 콜라를 마시노라면 그 독특한 맛과 함께 한결 좋은 분위기가 연출될 것이다.

🔶 커피에 소금을 넣으면 맛이 훨씬 좋아진다

커피는 누구나 끓일 수 있다고 자부할 만큼 대중화된 기호 식품이다. 그러나 각자의 취향이 다르기 때문에 상대의 의사를 물어보고 나서 커피며 설탕이며 프리마 등을 넣어야 한다.

여기까지는 거의 모두가 알고 있는 상식. 그러나 커피에 소금을 넣으면 커피 맛이 달라진다는 것을 아는 사람은 그리 많지 않다. 커피·설탕·프리마를 넣고 난 뒤에 손가락으로 한번 집을 만한 정도의 소금을 넣어 주면 커피 맛이 훨씬 좋아진다.

색 바랜 초콜릿으로 코코아를

초콜릿을 오래 두면 색깔이 허옇게 볼품없이 변하는데, 이것을 우유에 넣으면 맛있는 코코아가 된다.

피망을 왜간장에 절이면 별미

일반적으로 피망은 튀기거나 볶거나 쪄 먹는 것이 상식처럼 되어 있지만, 씨를 빼내고 가늘게 채썰어 이것이 잠길 정도로 약 10분 정도 왜간장을 부어 두었다 먹으면 별미다. 간장에 식초를 타면 더욱 맛있다.

파인애플로 햄버거를 만들어 먹으면 별미

파인애플을 이용하여 좀더 색다른 햄버거를 만들어 먹어 보자. 프라이팬에 기름을 살짝 두르고 얇게 썬 파인애플을 양면이 노릇노릇할 때까지 익힌다. 이렇게 해서 햄버거와 함께 먹으면 색감도 좋을뿐더러 파인애플의 신맛이 고기 맛과 어울려 색다른 맛을 즐길 수 있다.

시거나 맛없는 사과로 주스를 만들어 마시면 좋다

너무 익었거나 단맛이 없고 시기만 한 사과로 주스를 만들어 먹으면 좋다. 특히, 사과와 금귤(사과 1개당 금귤 3~4개)을 적당한 크기로 썰어서 믹서기에 넣고 갈아서 주스를 만들어 마시면 맛과 향이 뛰어나다. 금귤(金橘)이란 일반 귤보다 크기가 작은 메추라기 알만 하며, 흔히 낑깡으로 더 잘 알려진 열매이다.

🔶 색다른 시금치 요리

시금치를 끓는 물에 살짝 데쳐서 물을 빼고 거기에 진간장과 조미료를 적당히 섞어서 짜지 않게 무친다. 그리고 나서 도마 위에 김 반 장을 깔고, 그 위에 시금치를 손가락 굵기 정도로 길게 펴놓는다. 그리고 생강을 채로 썰어 심지를 박고 김밥 말 듯이 돌돌 말면 시금치 김말이가 되는데, 이것을 적당히 자르면 훌륭한 반찬이 된다.

기호 식품

아마, 남녀를 불문하고 커피를 타지 못하는 사람은 없을 것이다.
그러나 모과차나 오미자차로 넘어가면 문제는 좀 달라진다.
자 그럼, 알아두면 유익한 기호식품 만드는 법 몇 가지만 알아보기로 하자.

◉ 홍차를 맛있게 끓이려면

홍차는 뭐니뭐니해도 그 향과 붉은 색깔에 매력이 있다. 그런데 만일 물에 산성 기운이 조금이라도 남아 있으면 붉은 색깔이 우러나오지 않는다. 따라서 홍차를 끓일 때는 반드시 물을 팔팔 끓여 산성을 없애 주어야만 붉은 색깔이 제대로 우러나고 맛도 좋아진다.

◉ 유자차 만들기

유자차의 재료로 쓰이는 유자는 빛깔이 고울 뿐만 아니라 향도 좋다. 이 싱싱한 유자를 4등분하여 껍질을 벗겨 내면 흰 속껍질이 보이는데, 이것을 깨끗하게 벗겨낸 다음 가늘게 썰어서 설탕이나 꿀에 버무려 재워 두었다가 나중에 찻잔에 조금씩 덜어서 끓는 물을 부으면 맛있는 유자차가 된다.

유자전과 만들기

유자 껍질을 깨끗이 씻어서 넓게 저민 다음 살짝 데친다. 이것을 꿀에 녹여 붓고 유자 속을 꼭 짜서 함께 졸이면 맛있는 유자전과가 된다.

모과차 만들기

모과를 약 2㎜ 정도로 얇게 썰어 말려 두었다가 생강 한쪽과 함께 끓이면 향기 그윽한 모과차가 된다. 싱싱한 모과를 얇게 썰어 살짝 삶은 다음, 꿀이나 설탕에 재어 두었다가 조금씩 덜어내어, 끓일 때 유자를 조금 띄워 주면 맛이 서로 잘 어울린다. 또 대추와 함께 달인 뒤 감미료를 타서 마셔도 좋다.

모과전과 만들기

모과 껍질을 벗긴 후 얇게 저며 물에 삶는다. 그런 다음, 이것을 꿀에 넣고 약한 불로 쫄깃쫄깃해질 때까지 한동안 졸이면 맛좋은 모과전과가 된다.

모과잼 만들기

모과차나 모과주 건더기를 버리지 말고 모과잼을 만들어 먹으면 좋다. 우선 건더기를 잘게 썰어 푹 삶은 다음, 약한 불로 줄여 설탕을 넣고 수저로 저으면서 서서히 졸이면 된다. 여기에 소금을 알맞게 넣어 주면 모과의 신맛과 단맛이 살아나 맛있는 잼이 된다. 이 모과잼은 근육경련·관절통·감기·기침·천식 등에 좋을 뿐만 아니라, 달콤하여 빵에 발라 먹어도 좋다.

 인삼 구기자차

커피포트에 물 8컵, 인삼 2뿌리, 구기자 5찻술, 대추 5개를 넣고 약 1~1.5 시간 정도 뭉근하게 달인 다음, 거기에 꿀이나 설탕을 넣어 맛을 조절한다.

오미자차 끓이기

허약한 몸에나 기침에 좋아 한약제로도 쓰이는 오미자를 차로 끓여 마시면 좋다. 자 그럼, 건강에 좋은 오미자차를 끓여 보자.

1) 물 5~6컵 정도를 팔팔 끓여 따뜻할 정도로 식힌 다음 깨끗이 씻어 물기를 제거한 오미자 5스푼 정도를 넣는다.

2) 8~10시간 후에 오미자 우린 물을 깨끗한 그릇에 따라낸다.

3) 물 2컵을 팔팔 끓여 다시 따뜻할 정도로 식힌 다음 오미자에 부어 우린다.

4) 2)와 3)의 물을 같이 합쳐서 반 컵 정도의 설탕을 넣고 팔팔 끓인다.

이렇게 하면 오미자차가 되는데, 뜨겁게 해서 마실 경우, 유자나 귤껍질 잰 것을 몇 개 띄우면 좋고, 반대로 차게 마실 때는 잣과 대추채를 띄워 마시면 좋다.

술을 데울 때는

 겨울철에는 술을 데워야 할 경우가 있다. 이때 어떤 술이든 간에 직접 불 위에다 주전자째 올려놓고 데우면 맛이 없어지므로 어른들께 야단맞기 십상. 일단 다른 그릇에 물을 데운 다음, 그 속에 술이 담긴 주전자를 넣고 데우는 것이 원칙이다.

 오래 된 커피를 볶으면 맛이 되살아난다

커피가 오래 되어 향이 없어졌을 때, 프라이팬을 약한 불에 올려놓고 볶으면 맛있는 커피가 된다.

MEMO

part 2
깜짝
식생활
아이디어

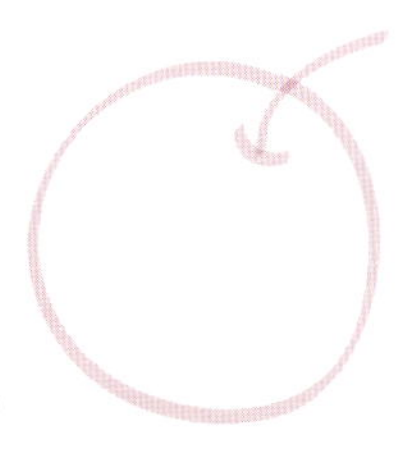

주부의 손끝 하나로 집안의 식탁과
식구들의 건강이 달라진다.
맛있는 밥짓기에서부터
육류·달걀·튀김·야채 요리,
어패류, 마른반찬, 과일,
약이 되고 건강에 좋은 식품 소개에 이르기까지
식생활에 대한 반짝반짝 노하우 총집합!

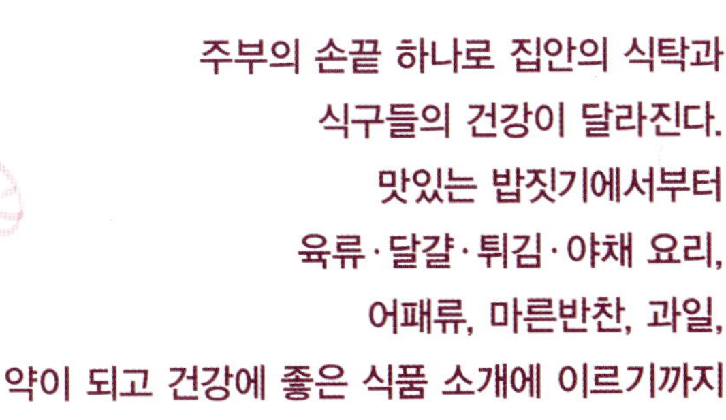

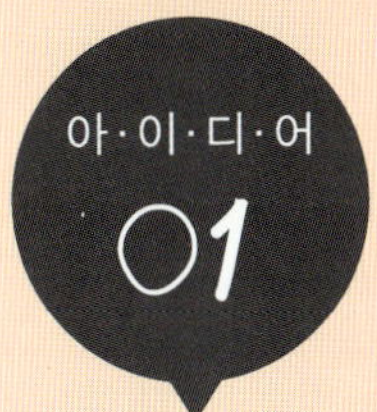

주식(主食)과 부식(副食)

쌀의 보존 기간

탄수화물이 주성분인 쌀은 그 외에도 질좋은 단백질과 지방·비타민·무기질 등도 함유되어 있어 영양적으로 매우 뛰어난 식품이다. 특히 쌀에 들어 있는 단백질은 식물성이므로 소화 흡수가 좋고 콜레스테롤의 염려도 없다.

쌀은 아무리 잘 건조된 것이라 할지라도 장기간 보존하는 것은 좋지 않다. 특히 백미는 현미보다 빨리 노화된다.

쌀의 맛을 그대로 유지하는 기간은 계절에 따라 차이가 있으나 상당히 짧은 편이다. 햅쌀의 경우, 기온이 선선한 가을에서 이듬해 봄까지는 약 2개월 동안의 보관이 가능하지만, 늦봄이나 여름철과 같이 고온다습한 계절에는 이보다 훨씬 짧다.

쌀은 날씨가 따뜻해지기 시작하는 4월 이후로 묵은쌀이 되어 가며, 기온이 올라갈수록 제 맛을 유지할 수 있는 기간도 점점 더 짧아진다.

4~5월에는 1개월, 6~7월에는 20여 일, 8월에는 15일 정도이다. 물론, 그 이상 두어도 못 먹을 정도로 상하는 것은 아니지만, 맛은 현저히 떨어진다.

따라서 갓 도정했을 때의 맛을 그대로 유지하려면 아무래도 소비량에 맞춰 알맞게 구입하는 것이 좋다. 식구가 적은데도 불구하고 귀찮다는 이유로 한꺼번에 많은 양을 구입해 놓고 먹게 되면 아무래도 맛없는 밥을 먹을 수밖에 없다.

쌀의 보관 장소로는 통풍이 잘되고 습기가 없는 어두운 곳이 적당하다. 직사광선 아래나 음식할 때 열기를 받는 장소, 또는 습기가 많은 곳은 피하는 것이 좋다. 이런 데에 두면 변색되거나 냄새가 나고 벌레가 생기기 쉬우므로 주의하도록 한다.

그리고 보관 장소 못지않게 보관 용기도 신경을 써야 한다. 한 번 누르면 쌀이 몇 인 분씩 나오도록 되어 있는 쌀통은 보이지 않는 곳에 쌀겨가 눌어붙어 벌레가 생기기 쉬우므로 주의한다. 따라서 이런 쌀통을 사용하고 있는 가정 내부를 깨끗이 청소하고 나서 다음 쌀을 붓도록 한다. 그리고 사각 쌀통 역시 네 모퉁이에 쌀겨가 쌓여 벌레가 생기기 쉬우므로 구석구석 깨끗이 청소한 뒤에 쌀을 넣도록 한다.

적은 양의 쌀이라면 밀폐 용기를 이용하는 것이 가장 좋다. 새 쌀을 넣기 전에 깨끗이 씻어서 건조시킨 후에 담는다.

● 밥을 윤기 있게 지으려면

예전에는 쌀을 씻을 때 박박 문질러서 씻으면 비타민 B_1이 손실되므로 살살 저어서 씻으라고 했는데, 사실 쌀에는 비타민 B_1이 거의 없다. 처음에는 물을 충분히 붓고 손으로 저어

쌀겨나 먼지를 씻어내고, 박박 문질러 깨끗이 씻어야 밥에 윤기가 나고 맛이 좋다. 그렇지 않고 처음부터 박박 문질러 씻으면 먼지나 쌀겨 등이 쌀에 흡수되어 밥맛이 좋지 않게 된다.

이렇게 깨끗이 씻었으면 밥물을 쌀의 1.2배 정도로 붓고 지으면 되는데, 전기밥솥으로 밥을 할 경우, 밥솥에 표시된 분량의 8할 정도만 넣어야 맛있는 밥이 된다. 햅쌀보다는 묵은쌀이 물기가 적은 점을 감안하여 물의 양을 조절한다.

그리고 밥맛은 어느 솥에 지었느냐에 따라서도 달라진다. 보통 밥솥일 경우, 두꺼울수록 밥이 맛있게 지어진다. 두꺼운 것은 열을 오랫동안 보존하기 때문이다. 뚜껑은 무게가 있고 이가 꼭 맞는 것을 사용하여, 밥이 끓어올라도 쉽게 들썩거리지 않아야 한다. 그 이유는 압력솥에 지은 밥이 왜 더 맛이 있는가를 생각하면 된다. 또 솥의 크기에 비해 쌀이 너무 많거나 적어도 잘 지어지지 않는다.

색다른 밥짓기

좀 색다르고 맛있는 밥을 지어 보자. 밥솥에 안쳐 놓은 쌀 위에 약 3㎝ 정도 크기의 다시마를 올려놓고 밥을 지으면 밥에 다시마 맛이 스며들어 한층 맛이 새롭다.

그리고 쌀에 술을 한 방울 떨어뜨리거나 소금 또는 샐러드기름을 조금 넣고 지으면 윤기가 흐르고 맛있는 밥이 된다.

찬밥을 좀더 맛있게 데우려면

먹고 남은 찬밥은 다시 데운다 해도 처음에 지었던 것처럼 그렇게 맛있지 않다. 이때 찬밥만을 별도로 찌는 것보다는 새 밥의 밥물이 잦아

들었을 때 가장자리 위에 얹어서 뜸을 들이면 새 밥처럼 되어 맛이 있다. 또 찬밥을 찔 때는 찜통의 물에 소금을 조금 넣고 깨끗한 행주로 밥을 싸서 넣고 찌면 행주가 수분을 빨아들여 알맞게 부푼 밥이 된다.

찬밥을 물에 끓여 먹기도 하는데, 이때 밥알이 풀어져 끈기가 없어지는 것을 방지하려면, 찬밥을 물에 한 번 헹구어 내고 끓이면 된다.

🌰 밥 냄새를 없애려면

뜸을 들이고 나서 밥을 푸려고 막 솥뚜껑을 열었을 때 별로 좋지 못은 냄새가 확 풍겨 비위를 상하게 할 때가 있다. 이러한 특유한 밥 냄새를 없애려면, 밥물에 소금 한 찻술을 풀고 밥을 짓는다. 물을 먼저 끓인 후 소금을 섞고 쌀을 넣으면 더욱 효과가 있다.

🌰 콩을 빨리 불리려면

갑자기 콩밥이 먹고 싶어서 냉장고에 보관해 두었던 콩을 꺼내 보니 돌처럼 딱딱하여 당장 밥을 지어먹을 수가 없다.

이런 때 전자레인지를 이용하면 간편하게 콩을 불릴 수 있다. 대접에 콩을 넣고 물을 부은 다음, 약 5~7분간 정도만 가열하면 밥하기에 알맞게 불려진다.

팥밥을 맛있게 지으려면

팥밥은 뭐니뭐니해도 그 색깔이 진해야 더욱 맛이 있어 보인다. 그런데 팥을 미리 물에 담가 두게 되면 팥의 붉은 색이 물에 녹을 뿐만 아니라 겉껍질이 부서져서 팥이 가지고 있는 독특한 향기를 잃는 수가 있다. 따라서 팥은 물에 담가 두지 말고 바로 삶되, 다 삶은 뒤에는 국자로 뒤적거려 공기와의 접촉을 많게 해 주는 것이 팥 국물을 더욱 붉게 하는 요령이다.

완두콩밥을 맛있게 지으려면

완두콩을 섞어 밥을 지을 때 더욱 맛있게 짓는 요령은, 완두콩을 미리 까 두지 말고 밥을 짓기 직전에 까서 넣도록 하는 것이다. 그리고 쌀을 절반쯤 안친 다음, 거기에 완두콩을 넣고 다시 그 위에 쌀을 덮어 밥을 짓도록 하며, 밥물은 평소보다 조금 더 많이 잡도록 한다. 또 뜸을 들일 때는 평소보다 조금 더 시간을 들이도록 한다. 이렇게 하면 맛도 좋아질 뿐만 아니라 완두콩의 빛깔도 변하지 않아 먹음직스럽다.

한 솥에 된밥과 진밥을 동시에 지으려면

가족들의 식성이 각기 달라, 된밥을 좋아하는 사람이 있는가 하면 진밥을 좋아하는 사람도 있을 수 있다. 이런 때 주부는 항시 신경이 쓰이게 마련인데, 이것을 간단히 해결할 수 있는 방법이 있다. 전기밥솥에 밥을 안칠 때, 일부 쌀을 한쪽으로 몰아 물위로 올라오게 하면 된

밥과 진밥을 동시에 지을 수 있다. 이렇게 하면 물 위에 나온 부분은 된밥이 되고, 물에 잠긴 부분은 진밥이 되어, 가족들의 두 가지 구미를 동시에 맞출 수 있다.

한 솥에서 밥과 미음을 동시에 만들려면

집안에 환자가 있을 경우, 밥도 짓고 미음도 끓이려면 여간 번거로운 일이 아니다. 이럴 때, 이 두 가지를 한꺼번에 손쉽게 만들 수 있는 방법이 있다. 안쳐 놓은 밥쌀 위에다가 밥알이 넘어들어가지 않을 정도 높이의 빈 공기 하나만 올려놓으면 된다. 밥을 다 짓고 나서 솥뚜껑을 열어 보면 그 그릇 속에 잘된 미음 한 그릇이 담겨 있게 된다. 밥을 안칠 때 물의 양이 평상시보다 조금 더 많아야 함은 물론이다.

술을 넣고 밥을 지으면 오래 보존할 수 있다

아침에 한 밥을 전기밥통 속에 넣어 두었다가 저녁에 먹으려면 밥이 변해 냄새가 나는 경우가 있는데, 이를 방지하려면 밥을 지을 때 약간의 술(쌀 2컵에 1½ 작은 술)을 넣고 지으면 된다.

또 식초 2스푼 정도를 넣고 지어도 밥이 변할 염려가 없고, 또 밥맛을 돋구어 주는 역할도 한다. 만일 식구 중에 식초를 싫어하는 사람이 있다면, 도시락에만 식초를 두어 방울 떨어뜨린 다음 식히면 된다.

찬밥을 찌려면

찬밥을 찌면 새로 지은 밥과 달라서 아무래도 특유한 냄새가 나게 된다. 찜통의 물 속에 1찻술 정도의 소금을 넣고 찌어 보자. 냄새도 나지 않고 새 밥처럼 맛도 좋다.

묵은쌀의 냄새 제거

오래 묵은 쌀로 밥을 지으면 이상한 냄새가 나서 밥맛을 잃게 된다. 이것을 손쉽게 해결하는 방법이 있다. 우선 아침밥 지을 쌀을 전날 저녁에 미리 꺼내 씻은 다음, 식초 한두 방울을 떨어뜨린 물에 얼마 동안 담가 두었다가 씻어서 소쿠리에 받쳐 물기를 빼낸다. 그리고 다음날 아침에 미지근한 물로 한 번 더 헹군 다음, 밥물에다 1찻술 정도의 소금과 샐러드기름 1큰술을 넣고 밥을 지으면 냄새가 나지 않는다. 이렇게 하면 밥이 훨씬 잘 퍼지고 윤기가 돈다.

설익은 밥 익혀 먹기

밥을 지을 때 물의 양이 잘 맞지 않거나 하여 밥이 설익을 경우가 있다. 이럴 때는 술로 뜸을 들이면 맛있는 밥이 된다. 전기밥솥일 경우, 우선 설익은 밥에 젓가락으로 구멍을 몇 개 내어 그곳에다 정종을 약간 뿌려 준 다음 다시 한 번 취사 스위치를 넣어 주면 되고, 가스 불일 경우에는 약한 불에 5분 정도 뜸을 들이면 밥이 정상적으로 된다.

먹다 남은 밥은 냉장보다 냉동 보관해야

밥은 많이 남아 있는데 며칠간 집을 비워야 할 때, 그 남은 밥을 어떻게 처리해야 할지 고민스러울 때가 있다.

이런 때는 밥을 1회분씩 나누어서 랩이나 냉동용 팩으로 밀폐한 뒤 냉동 보관하면 된다. 냉장고에 넣어 두면 탄수화물이 열화해서 밥맛이 떨어질뿐더러 오래 보존할 수도 없다. 따라서 반드시 냉동 보관해야 한다.

냉동해 두었던 밥을 꺼내 먹을 때는 냉동된 밥에 청주를 조금 뿌린 다음 전자레인지에 데우면 된다.

빵도 오래 보관해야 할 경우, 냉장보다 냉동 보관하는 것이 좋다.

밥 탄 냄새를 없애려면

솥에서 밥이 타게 되면 밥 탄 냄새가 밥 전체에 퍼지게 된다. 이럴 때는 깨끗한 종이 한 장을 밥 위에 올려놓은 다음, 거기에 숯 한두 덩이를 얹어 놓고 얼마간 뚜껑을 닫아 두면 밥 탄 냄새가 씻은 듯이 사라진다.

여름철의 밥짓기

겨울이라면 몰라도 여름에는 쌀을 미리 씻어 놓았다가 밥을 지으면 밥이 잘 쉬고, 또 비타민의 손실도 커진다. 따라서 여름철에는 되도록 쌀을 씻자마자 바로 솥에 안치고, 질지 않은 고슬고슬한 밥을 지어야 덜 쉰다. 먹다 남은 밥은 숟가락이 닿았던 부분을 걷어내고 서늘한 곳에 두도록 한다.

밀가루 반죽을 쉽게 하려면

수제비 등과 같은 밀가루 음식을 만들어 먹으려면 우선 반죽을 해야만 하는데, 이 일은 그리 만만치가 않다. 이때 반죽을 힘들이지 않고 쉽게 하는 방법이 있다. 우선 밀가루에 물을 알맞게 부은 다음, 대강 주물러 덩어리를 만들어서 깨끗한 비닐봉지에 약 20분 가량 싸 둔다. 그러면 밀가루가 부드러워져 힘 안 들이고도 반죽을 쉽게 할 수 있다.

국수가 달라붙지 않게 삶으려면

국수를 삶을 때 잘 저어 주지 않으면 서로 달라붙게 된다. 건져내서 식힐 때도 달라붙기는 마찬가지. 따라서 국수를 삶을 때는 물이 한창 끓을 때 샐러드기름이나 참기름을 한 숟갈 정도 넣고 국수를 세워서 풀어 넣는다. 그러면 국수가 서로 달라붙지 않을뿐더러 한결 부드럽고 맛이 있다.

일단 국수가 끓어 넘으려 할 때 찬물 반 컵 가량을 붓고 저어 주면 거품이 가라앉는다. 그러고 나서 다시 국수가 떠오를 때까지 끓이면 알맞게 익는다. 이때 즉시 건져내 찬물에 두 번 정도 씻으면 국수가 쫄 깃쫄깃하고 맛있게 된다.

🔸 국수는 국물 맛이 좋아야

국수는 뭐니뭐니해도 국물 맛이 좋아야 한다. 국물 맛을 내려면 우 선 멸치의 대가리와 내장을 제거한 뒤, 멸치국물 4컵에 멸치 20마리의 비율로 하여 중불에 올려놓고 끓인다. 그런 다음, 설탕과 술을 조금씩(3 인분에 각각 1/2찻술) 넣고 다시 약한 불로 줄여 약 10~15분 정도 뭉근하 게 끓여서 체로 걸러내면 맛있는 국물이 된다. 여름철에 이러한 국물 을 만들어 냉장고에 넣어 두었다가 사용하면 시원하고 맛좋은 냉국수 가 된다.

🔸 냉콩국수 만들기

냉콩국수는 시원한 맛과 고소한 콩 맛이 생명이다. 콩 맛을 제대로 내려면 콩을 잘 삶아야 한다. 잘못하면 비린내가 나기 때문이다. 흰콩 을 약 10시간 정도 물에 불려 살짝 삶은 다음, 볶은 흰깨 또는 땅콩과 함께 곱게 갈아서 알맞게 소금간을 하면 된다. 소금이 너무 적게 들어 가 싱거우면 고소한 맛이 덜하다.

🔸 맛있는 칼국수 만들기

밀가루 반죽을 할 때, 밀가루에다 콩가루와 멸치가루를 넣고, 거기 에다가 소금과 조미료 등을 적당히 넣어 반죽해서 끓이면 맛도 한결 좋을뿐더러 단백질과 칼슘이 함유된 영양가 높은 식품이 된다. 또, 여 기에다 파란 콩가루를 넣으면 색도 푸르스름해서 이색적이며, 그 위에 노란 달걀과 김을 보기 좋게 얹으면 색도 어울려 맛있는 칼국수가 된다.

 라면에 치즈를 넣고 끓이면 맛이 좋다

물이 팔팔 끓을 때 그 속에 치즈 한 장을 넣고, 다 녹으면 라면을 넣고 끓인다. 그러면 라면 맛이 아주 고소하고 좋다.

또 라면을 다 끓인 다음에 술을 서너 방울 넣어 주면 지금까지 먹던 것과는 아주 다른 독특한 맛과 향을 즐길 수 있다.

미역을 조금 넣고 끓여도 느끼하지 않고 맛이 한결 좋아진다.

당면이 퍼지지 않게 하려면

잡채를 만들 때 가장 중요한 것은 삶은 당면이 붙지 않게 하는 것이다. 당면이 퍼지지 않게 하려면, 삶아내자 마자 곧바로 찬물에 헹궈 소쿠리에 담아 물기를 뺀다. 그런 다음, 기름을 발라 두거나 프라이 팬 등에 적당히 기름을 두르고 달달 볶아야 한다. 그리고 간을 맞출 때 간장을 사용하면 물기가 흥건하게 되므로, 야채를 볶을 때 미리 소금으로 간을 맞추는 것도 잡채를 맛있게 만드는 요령이다.

 색다른 만두 만들기

우리는 보통 '만두' 하면 흰색으로 생각하지만, 빨강·파랑·노랑 만두를 만들어 먹을 수 있다. 빨강은 고추 만두, 파랑은 시금치 만두, 노랑은 당근 만두이다. 이처럼 자기 취향에 맞는 야채를 갈아 밀가루에 섞어서 만두피를 만드는 것이다. 가족들이 모인 명절에 이와 같은 색색의 만두를 만들어 내놓으면 시각적인 효과뿐만 아니라, 여러 가지 만두 가운데서 자기의 입맛에 맞는 만두를 골라 먹을 수 있어 좋다. 물론, 만두 속은 일반 만두와 똑같이 만들면 된다.

빚은 만두를 붙지 않게 하려면

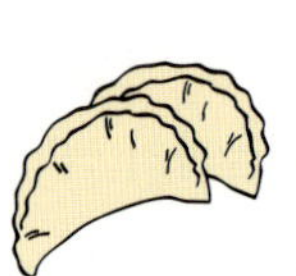

만두를 미리 빚어 두었다가 하루나 이틀 뒤에 사용하려고 하면, 아무리 상 위에 밀가루를 뿌려 놓고 그 위에 올려놓았다 해도 만두가 상에 달라붙어 버려서 그걸 손으로 떼어내다 보면 만두가 터지는 수가 있다. 상 위에다 갱지 한 장을 깔아 놓고 그 위에 밀가루를 뿌린 다음 만두를 올려놓아 보자. 그러면 하루나 이틀쯤은 상에 달라붙지 않아 다음에 쓸 때 편하다. 이와 같은 방법은 칼국수와 같은 다른 밀가루 음식에도 이용될 수 있다.

만두를 풀어지지 않게 끓이려면

만두를 잘못 끓이게 되면 껍질이 풀어지게 되는데, 이를 방지하려면 밀가루를 반죽할 때 5인분을 기준으로 하여 달걀 2개와 참기름 1찻술을 섞는다. 그러면 끈기가 있어서 반죽하기도 좋고 끓일 때 잘 풀어지지도 않는다.

군만두를 타지 않게 요리하려면

군만두를 프라이팬에 넣고 찔 때 자칫 잘못하면 만두가 너무 타게 되거나 껍질이 프라이팬에 달라붙게 되어 보기 싫게 되므로 주의해야 한다. 이를 막으려면 다음과 같이 하면 된다.

1) 중불로 달군 프라이팬에 기름을 둘러 골고루 묻힌 다음 만두를

넣고 5~6분 정도 굽는다.

2) 만두가 노릇노릇해질 무렵, 미리 준비해 둔 뜨거운 물을 프라이팬에 약 5~6㎜ 정도 올라오게 부은 다음, 뚜껑을 닫고 그대로 약 6~8분 동안 찐다.

3) 뚜껑을 열고 센 불로 조절해 나머지 수분을 모두 증발시킨다. 이 때 만일 수분이 조금이라도 남아 있으면 만두 껍질이 프라이팬 바닥에 눌어붙어 흉하게 된다.

🔘 카레를 만들 때 요구르트를

카레를 만들 때 요구르트를 넣어 주면 요구르트의 신맛이 야채 모양을 고정시켜 주는 효과가 있다. 그리고 간을 잘못하여 카레가 너무 짜면 사과즙이나 토마토 케첩을 넣으면 짠기가 없어지며, 카레에 설탕을 많이 넣어 너무 달면 레몬즙이나 마늘즙을 넣어 주면 좋다.

🔘 떡에 곰팡이가 피지 않게 하려면

떡은 조금만 방심해도 곰팡이가 잘 핀다. 이것을 막으려면, 보관할 통에 술을 조금 뿌린 뒤 그곳에 떡 담은 그릇을 넣고 공기가 통하지 않도록 비닐로 잘 밀봉해 두면 된다.

🔘 딱딱한 카스텔라엔 위스키를

커다란 카스텔라를 미처 다 먹지 못하고 냉장고에 보관해 둘 때가 있는데, 잘못하면 카스텔라가 딱딱하게 굳어 버린다. 이런 때는 물 한 컵에 설탕을 타서 따뜻하게 데운 다음, 거기에 위스키를 2스푼 정도 넣고 카스텔라에 뿌리면 된다. 그러면 카스텔라가 물을 빨아들여 다시 부드럽게 되고, 위스키의 향에 젖어 한결 맛있게 된다.

갓 뽑아낸 흰떡을 쉽게 썰려면

흰 가래떡을 굳혀서 썬다는 것은 여간 힘든 게 아니다. 그렇다고 방금 뽑아낸 것을 썰자니 그것도 그리 쉬운 일이 아니다. 칼에 떡이 진득진득 달라붙기 때문이다. 이런 때는 토막 낸 무에 칼을 문질러가면서 썰어 보자. 그러면 아무리 갓 뽑아낸 떡이라 해도 전혀 달라붙지 않는다.

부드러운 빵을 매끈하게 자르려면

부드러운 빵을 잘못 자르면 부서지거나 볼품없이 되어 버린다. 이럴 때 칼을 불에 달구어 잘라 보자. 그러면 부서지지 않고 깨끗하게 잘 잘라진다. 식빵의 경우, 빵의 세로 면을 위로 향하게 한 뒤 안쪽에서부터 바깥쪽을 향해 자르면 깨끗하게 잘라진다.

빵가루 만들기

식빵을 키친 타월 위에 나란히 놓고 전자레인지로 약 2분 정도 가열한 다음 손으로 비비면 결이 고운 빵가루가 된다.

빵에 곰팡이가 피지 않게 하려면

빵은 조금만 방심해도 곰팡이가 잘 핀다. 그러므로 먹고 남은 빵을 보관할 때는 랩에 잘 싸서 냉장고에 보관하든가 냉동하면 된다. 냉동에 보관할 경우, 약 10일 정도는 보존이 가능하다.

옥수수 삶기

옥수수가 잠길 정도로 냄비에 물을 부은 다음, 인공 감미료인 신화당을 옥수수 5개에 1큰술 정도 넣고 삶는다. 인공 감미료가 싫으면 소금으로 적당히 간을 맞춰 삶는다.

샌드위치에서 수분이 나오지 않게 하려면

샌드위치를 만들고 나서 시간이 좀 지나게 되면 흐물흐물하게 된다. 이를 방지하려면, 만들 때 식빵의 안쪽에 버터를 발라 주면 된다. 빵의 기포까지 메꾸며 바른다. 그러면 수분이 밖으로 스며나오지 않아 샌드위치가 질펀해지지 않는다.

샌드위치의 빵 껍질이 굳지 않게 보관하려면

먹다 남은 샌드위치나 곧바로 먹지 않을 샌드위치는 깨끗한 행주에 싸 두면 빵껍질이 굳지 않는다.

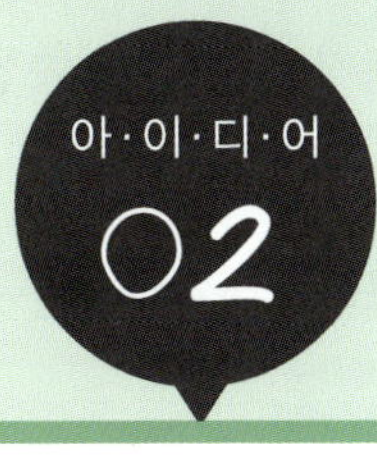

육류 요리

🔶 질좋은 고기를 사려면

고기는 자른 데가 공기에 닿게 되면 산화되어 맛이 변하거나 썩기 쉬우므로 가급적 공기에 닿는 부분이 없어야 좋다. 그러므로 고기를 살 때는 덩어리 고기를 사는 것이 품질 면에서 안심할 수 있다. 쇠고기라면 자른 면이 선홍색을 띠는 것이 좋고, 돼지고기는 연분홍빛이 나면서 표면에 광택이 있고, 또 비계 부분도 만져보아서 끈끈한 느낌이 드는 것이 좋다.

🔶 맛있는 쇠고기 고르기

1) 고기의 색깔을 살펴본다. 전체적으로 선홍빛을 띤 고기가 신선하다. 검붉은 쇠고기도 지장은 없으나, 갈색 쇠고기는 이미 한물 간 고기이다.

2) 냄새를 맡아본다. 신선한 고기에서는 아무런 냄새도 안 난다.

3) 마블링을 살펴본다. 고깃살 사이에 좁쌀 모양의 지방질이 골고루 퍼져 있는 고기가 가장 맛이 있다.

4) 지방의 색을 보아도 고기 맛을 짐작할 수 있다. 지방질이 흰 것이 맛있는 쇠고기.

감칠맛 나는 쌈장 만들기

고기 맛은 역시 쌈장이 맛있어야 제 맛이 난다. 다음과 같이 맛있는 쌈장을 만들어 보자.

1) 고추장 2스푼과 된장 2스푼을 섞는다.

2) 양파 1/2개를 다진다.

3) 참기름·깨소금·설탕·조미료, 그리고 잘게 썬 마늘과 고추 등을 입맛에 맞도록 약간씩 섞는다.

4) 위의 1) 2) 3) 모두를 섞어 수저로 비빈다.

이렇게 만든 쌈장을 고기에 발라 상추에 싸 먹으면 맛있게 먹을 수 있다.

질긴 고기를 연하게 하려면

질긴 고기를 연하게 요리해 먹을 수 있는 몇 가지를 소개한다.

첫째, 파인애플을 이용하면 돼지고기를 보다 연하고 부드럽게 요리해 먹을 수 있다. 파인애플에는 단백질을 분해하는 효소가 들어 있기 때문이다. 따라서 요리하기 전에 파인애플을 적당한 크기로 잘라 돼지고기 위에 몇 시간 동안 얹어 놓았다가 요리하면 고기가 부드럽고 연하게 된다.

둘째, 고기 1근에 과일 키위를 8분의 1쪽만 넣어서 한동안 재웠다가

요리하면 아주 연한 고기가 된다. 키위의 양이 많을수록 고기는 더욱 연하게 되므로 취향에 맞게 양을 조절할 것. 그러나 너무 많이 넣으면 고기가 너무 물러져서 못 먹게 된다는 것도 참고할 것.

셋째, 사용하기 전에 술(청주나 포도주 또는 맥주와 같이 알코올 농도가 낮은 것이 좋다)을 약간 붓고 약 한 시간쯤 후에 요리하면 유연해진다. 술에 샐러드유를 섞으면 더욱 효과가 있다.

넷째, 도마 위에 깨끗한 헝겊을 깔고 고기를 놓은 다음, 그곳에 주스 종류를 떨어뜨려 빈 병으로 두드려 주면 고기의 힘줄이 파괴되어 고기가 한결 유연해진다. 너무 세게 두드리면 육즙이 새어나와 맛을 잃을 수 있으므로 적당하게 손으로 두드려야 한다.

다섯째, 돼지고기를 삶아서 먹을 경우, 물에 소금을 한 줌 정도 넣고, 끓기 바로 직전에 고기를 넣은 다음, 불을 약간 줄이면 유연하게 삶아진다.

여섯째, 질긴 쇠고기를 요리하기 한두 시간 전에 식초로 씻어 두거나 샐러드 기름을 뿌려 두면 부드러워진다.

돼지고기의 누린내 없애기

다른 고기와 마찬가지로 돼지고기에서도 독특한 냄새가 난다. 이 독특한 냄새로 인해 돼지고기를 안 먹는 사람들도 있는데, 이럴 때는 약 5분쯤 끓이다가 다진 생강을 조금 넣어 주면 신기하게도 누린내가 없어진다. 그리고 또 한 가지, 돼지고기를 삶을 때 된장을 조그만 헝겊에 싸서 넣어 주면 누린내가 없어진다.

돼지고기의 기름을 빼려면

돼지고기 기름을 빼고 싶으면 조리하기 전, 생고기에 소금을 뿌린 다음 손으로 문질러 씻어내면 된다. 또, 찌개를 끓일 때는 초벌로 삶아 기름기를 빼내고 사용하면 적당한 양의 지방분이 단백질을 도와 음식을 부드럽게 한다. 제육은 초벌로 삶은 후에 찬물에 저어 씻어내고 나서 한 번 더 삶으면 느끼한 맛이 줄어든다.

돼지고기를 맛있게 구우려면

불고기 따위를 구울 때 고르게 굽고 싶어서 고기를 자주 뒤집는 예가 많은데, 너무 자주 뒤집으면 겉이 굳어져서 맛이 덜해지므로 반드시 한 번만 뒤집도록 한다. 고기를 올려놓고 굽다가 핏물이 나오면 뒤집고, 그 상태에서 또 한번 핏물이 나오면 그 때가 가장 알맞게 구워진 것으로 보면 된다.

그리고 오븐에 고기를 구울 때에는 불이 위아래에서 가해지므로 반드시 기름이 붙은 쪽을 위로 놓고 구워야 한다. 그래야만 지방분이 아래쪽으로 고르게 스며들어 고기가 맛있게 익는다. 기름기가 적은 살코기일 경우엔 위쪽에다 샐러드 기름을 조금 발라 주는 것이 좋다.

프라이팬에 고기를 구울 때에는 먼저 프라이팬을 뜨겁게 달군 다음에 기름을 넣고, 조금 있다가 그곳에 고기를 얹는다. 이때 처음에는 불을 강하게 하였다가 차츰 줄이는 것이 좋다.

이렇게 해서 고기가 구워지기 시작하면 고기에서 기름이 흘러나와 고이게 되는데 그것은 따라 버리고, 마지막 고기를 꺼낼 때쯤 해서 물을 약간 부으면 고기 맛이 한결 좋아진다.

돼지고기는 가능한 한 빨리 속까지 완전히 익혀야 제 맛이 난다. 그러므로 되도록 살점은 얇게 썰고, 철판을 미리 달구었다가 불을 강하게 해서 굽는 것이 좋다. 그래야만 맛이 새어나가지 않는다.

소금은 기름이 튀는 것을 막아 준다

야채와 고기를 프라이팬에 볶아 요리할 때 불이 너무 세면 기름이 여기저기 튀어 옷이며 주방이 엉망이 되어 버리고, 살갗에 닿으면 화상을 입을 수도 있다. 따라서 기름에 볶아 요리할 때에는 프라이팬에 소금을 한 줌 넣고 나서 야채와 고기를 넣어야 한다. 그러면 절대로 기름이 튀는 일이 없으므로 안심하고 요리할 수 있다. 이런 방법으로 요리할 때는 양념에 소금을 약간 적다 싶게 넣어야 음식의 간이 맞는다.

고기를 맛있게 끓이려면

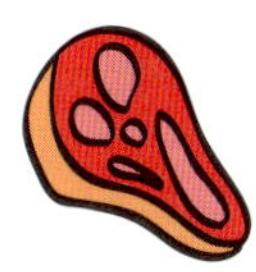

무슨 고기든 저마다 독특한 냄새가 있다. 그래서 고기를 잘못 끓이게 되면 국물에서 냄새가 나기도 한다. 따라서 고기를 찬물로 씻은 다음 물기를 완전히 빼고 조리하면 냄새도 없어지고 국물 맛도 좋아지며 고기 맛도 변하지 않아서 좋다.

 버터로 스테이크를 굽는 요령

스테이크를 버터로만 구우면 고기가 프라이팬에 달라붙기가 쉽다. 이것을 방지하려면, 우선 프라이팬에 식물성 기름을 부어 데운 다음 버터 덩어리를 넣는다. 그러면 버터가 기름 표면에 뜬 채 서서히 녹아서 기름과 섞이게 되는데, 이때 스테이크용 고기를 넣으면 고기가 프라이팬에 달라붙지 않고 버터의 풍미도 알맞게 스며들어 아주 맛있는 스테이크가 된다.

고기 맛을 살려 주는 겨자

겨자는 고기 속에 들어 있는 독특한 맛을 밖으로 끄집어내 주는 역할을 한다. 고기 중에서도 특히 비계와 기름기가 많은 돼지고기를 삶았다든가 요리했을 때 겨자에 찍어 먹으면 겨자의 톡 쏘는 맛과 함께 한결 고기 맛이 좋아진다.

고기의 간 냄새를 없애려면

1) 행주로 간을 깨끗이 닦아 얇게 썰어서 우유에 담가 놓는다.
2) 연한 소금물에 옮겨 담아 피를 제거한다.
3) 마늘·양파·샐러리 등 향내가 강한 야채를 넣고 끓인 물에 간을 넣은 다음, 다시 미지근한 물로 씻어낸다.

고기의 간을 맛있게 구우려면

동물의 간은 독특한 냄새로 인해 싫어하는 사람이 많다. 따라서 간은 요리하거나 굽기 전에 냄새를 제거하도록 한다. 우선 간을 반으로 쪼개어 잘게 골고루 칼자국을 낸 다음, 끓는 물에 살짝 데치듯 삶든가 우유에 담가 두었다가 사용한다. 또 한 가지 방법은, 간의 껍질을 벗겨 내고 소금으로 문질러 씻은 후 생강즙을 넣은 물에 담가서 핏물을 빼 내고 사용하면 되는데, 그러면 연하고 맛도 좋아진다.

간을 맛있게 구우려면 간이 타지 않도록 해야 한다. 간에 포함된 독특한 맛이 타 버리면 맛 또한 없어지기 때문이다. 따라서 이를 방지하려면, 간의 안쪽에 소맥분을 충분히 발라서 구워야 한다.

그리고 간은 구우면 구울수록 맛이 떨어지므로 칼로 찍어 보아서 피가 나오지 않을 정도로만 굽는 것이 좋다.

🔸 콩팥의 독특한 냄새를 없애려면

1) 콩팥을 반으로 잘라서 냄새의 근원인 흰 부분을 들어낸다.

2) 물에 콩팥을 담가 피를 빼낸다.

3) 마늘·양파·샐러리 등과 같은 향이 강한 야채를 넣고 끓인 물에 콩팥을 적당한 크기로 잘라서 담갔다가 다시 미지근한 물로 씻는다.

🔸 돼지고기 지방을 싫어하면

만일 지방을 싫어하더라도 지방 부분을 떼어내지 말고 그대로 삶았다가 먹을 때 떼어내는 것이 좋다. 그리고 고기를 느끼하지 않고 칼칼하게 구워 먹고 싶으면, 붉은 포도주나 설탕·소금 등을 조금 넣고 15분 정도 구우면 된다.

🔸 고기 찜 만들기

고기 찜은 간을 하지 않고 익히면 감칠맛이 덜하다. 따라서 처음에는 간장·기름·다진 마늘을 필요량의 1/3쯤만 넣고 푹 익힌 다음, 설탕·후추와 함께 나머지를 넣으면 좋다.

🔸 쇠고기 국을 맛있게 끓이려면

굳은 쇠고기를 연하게 하기 위해 오랫동안 삶으면 오히려 부피가 줄어들고 맛이 없어지게 된다. 우선 덩어리 쇠고기를 뜨거운 물에 살짝 데친 다음, 쇠고기에 진한 홍차를 붓고 약한 불에서 삶으면 부드러워진다.

🔸 맛있는 장조림 만들기

장조림을 만들 때, 처음부터 고기를 국물에 넣고 끓이면 고기 맛이 빠져나가게 되어 맛이 없어진다. 그러므로 처음부터 국물에 고기를 넣어 졸이지 말고, 졸이는 국물이 한소끔 끓어오른 뒤에 고기를 넣도록 한다. 그리고 졸이는 국물에도 처음부터 간장을 붓고 끓이면 짠맛으로 인해 고기 속에 있는 단백질이 굳어지고 고기의 표면도 굳어져서 맛이 덜해진다. 한참 끓이다가 간장을 넣는 것이 질긴 고기도 연해지고 맛 또한 좋아진다.

🔸 쇠뼈를 고는 요령

가정에서 곰탕을 만든다든가 만두국을 만들기 위해 쇠뼈를 사다가 골 때, 우선 그 쇠뼈를 차가운 물에 한 시간쯤 담가 두었다가 고아야 국물이 맛있게 우러난다. 펄펄

끓는 물에다 뼈를 넣어서 삶아내는 것이 요령. 뼈는 첫 번째보다 그 다음에 우려낼 때가 진국이 나오므로, 버리지 말고 반드시 재탕하도록 한다.

고기를 냉장고에 보관하려면

먹고 남은 고기를 냉장고에 보관하는 방법 몇 가지를 소개한다.

1) 쇠고기나 돼지고기를 막론하고 고기는 얇게 썬 것보다 덩어리째 보관하는 것이 보존하기도 쉽고 맛도 떨어지지 않는다.

2) 1회 사용할 만큼씩 나누어서 깨끗한 비닐봉지나 랩으로 포장하여 냉동실에 넣어 둔다. 포장할 때는 가능한 한 공기가 들어가지 않도록 한다.

3) 냉장고의 냉장실에 보관할 수 있는 기간은 돼지고기 또는 얇게 썬 고기가 3일, 쇠고기가 4일 정도다. 얇게 썬 고기는 약한 불에 그을려서 보관하면 좀더 오래 보관할 수 있다.

4) 스테이크 등에 사용하는 두꺼운 고기는 소금·후추를 뿌린 다음 랩에 싸서 냉동실에 보관한다.

5) 고기 표면에 샐러드유나 식용유, 또는 방부 작용이 강한 마요네즈를 발라 밀폐 용기에 넣어 보존하면 더욱 신선하게 보존할 수 있다. 닭고기라면 청주를 뿌리고 밀폐된 용기에 넣거나 양배추 잎에 싸서 냉장고에 넣어 두면 맛이나 빛깔이 변하지 않는다.

6) 야외에서와 같이 냉장고가 없는 곳이라면, 고기를 간간한 소금물에 담가 둔다. 그러면 2, 3일은 충분히 보관할 수 있다.

만일 고기가 상하지 않았는데도 냄새가 많이 난다면 식초물로 씻어서 요리를 하면 냄새가 없어진다. 그렇게 씻었는데도 냄새가 없어지지 않았다면 완전히 썩은 것이다.

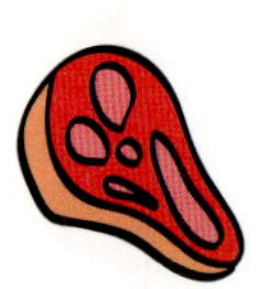 냉동된 고기를 녹이려면

냉동된 고기를 뜨거운 물 등으로 무리하게 빨리 녹이면 모양이 흐트러져 볼품없이 될 뿐만 아니라, 흐느적거려 요리하기도 불편하고 맛도 떨어진다.

따라서 냉동된 고기를 녹일 때는 신문지 대여섯 장에 고기를 둘둘 말아 알맞게 녹을 때까지 몇 시간 동안 상온에 놓아둔다. 이렇게 하면 썰어서 요리하기도 편하고, 고기즙이 흘러내리지 않아서 맛도 변하지 않는다.

 해동을 잘 시키려면

냉동된 생선이나 육류를 녹일 때는 냉장실에서 서서히 녹여야 신선도를 유지할 수 있다. 생선회일 경우, 완전히 녹이지 않고 반 해동 상태에서 잘라야 자르기도 쉽고 먹기에도 좋다.

그리고 급히 녹이고자 할 때는 비닐봉지에 넣어 공기를 뺀 후 입구를 봉해 흐르는 물에 담그면 빨리 녹는다.

전자레인지로 녹일 때는 100g에 20초가 해동의 기준인데, 녹인 것을 다시 얼리면 좋지 않다.

닭고기가 돼지고기보다 지방분이 많다

오늘날의 돼지고기는 옛날에 비해 지방분이 7분의 1이나 감소하고, 닭고기는 오히려 옛날보다 3배 가까이나 증가했다고 한다. 그 이유는, 돼지는 사람들의 취향에 따라서 지방분이 적고 살코기가 많은 돼지로 품종이 개량되었기 때문이며, 닭고기의 경우, 1평당 60~70마리가 수용되어 움직이지도 못한 채로 사육되어 팔리고 있기 때문에 그만큼 피하지방이 많아진 것이라고 한다.

닭고기 고르기

다른 고기도 마찬가지지만, 특히 닭고기의 경우, 잡은 지 얼마 안 된 것일수록 더욱 맛이 있다. 닭고기를 고를 때는 담황색에 윤기가 있으며, 살이 많고 탄력이 있는 것이 좋다. 닭은 살코기와 껍질 사이에 지방이 적당히 붙어 있는 것이 맛이 있는데, 어린 닭일수록 부드러우며 살 색깔이 연하다. 목이나 다리 부분의 잘린 곳이 누렇거나 적갈색인 것은 좋지 않다.

닭고기의 냄새를 없애려면

닭의 독특한 냄새를 없애고 싶으면 밑간을 하기 전에 닭 껍질에 레몬즙을 짜서 발라 주면 된다. 그리고 그릇에 술을 부어 그곳에 고기를 15분 정도 놓아두어도 냄새가 사라지는데, 냄새가 많이 나면 술에 무즙을 섞어서 뿌려 주면 된다.

닭고기를 잘 구우려면

닭고기는 다른 고기에 비해 상하기가 쉬우므로 신선한 것을 골라 빨리 조리하는 것이 좋다. 날개나 대퇴 부분을 구울 때는 껍질이 벗겨지지 않도록 주의해야 한다. 닭고기를 굽기 전에 포크로 껍질에 구멍을 내어 주면 열이 잘 통해 껍질이 수축되지 않고 잘 구워진다.

백숙은 찹쌀과 함께

백숙은 솥에 물을 충분히 넣고 뚜껑을 덮지 않은 채 삶아야 국물이 맑아지고 좋다. 깨끗이 씻은 찹쌀 두어 주먹을 가제에 싸서 닭의 뱃속에 넣고 함께 푹 삶는다. 이렇게 하면 닭고기가 한결 연해질 뿐만 아니라, 찹쌀의 찰기가 닭고기에 작용하여 고기 맛을 훨씬 돋군다.

삼계탕 만드는 법

스태미너 음식의 하나로 삼계탕이 있는데, 이 삼계탕을 만들 때 대개는 닭의 내장을 꺼내고 그 속에다가 찹쌀과 인삼을 넣고 함께 삶는다. 그러나 이렇게 하면 닭의 뼈가 인삼의 진액을 흡수하기 때문에 효험이 줄어든다. 삼계탕을 만들 때는 먼저 닭을 삶아서 뼈를 발라낸 다음, 거기에다 인삼을 넣고 다시 삶는 것이 비법이다.

닭고기 보관 요령

닭고기를 보관할 때는 가능한 한 자르지 않고 통째로 랩에 꼭 맞게 포장하여 냉장고에 넣어 두는 것이 좋다. 나중에 끓여서 요리할 것이라면, 소금과 후추를 술에 타서 닭고기에 뿌린 다음 냉동한다.

달걀 요리

달걀은 최대의 영양품

단백질은 조개의 6배, 지방은 뱀장어의 2배, 철분은 시금치의 2배, 칼슘은 우유보다 5할이나 많고, 비타민 B_1은 메주콩의 2배 반, 비타민 B_2는 빙어 정도, 비타민 A는 버터와 같다고 하는 영양 만점의 달걀! 여기에 부족한 것이 있다면 비타민 C 정도이다.

그런데 이 달걀의 노른자에는 다른 동물성 식품에 비해 콜레스테롤을 많이 함유하고 있어서 많이 먹을 경우 콜레스테롤을 높여 동맥경화 등을 일으키는 원인이 되기도 한다. 따라서 하루 2개 이상은 먹지 않는 것이 좋다.

물론, 여기에도 개인차가 있어서, 20대가 하루에 6, 7개의 달걀을 먹었는데도 콜레스테롤의 수치가 올라가지 않았다는 조사 보고도 있다. 그러나 성인병이 많이 발생하는 40대 이후나, 특히 폐경 후의 여성은 주의할 필요가 있다. 여성의 경우, 이 콜레스테롤의 수치를 조절하는 여성 호르몬이 있는데, 폐경기가 되면서부터 이 호르몬이 감소되어 그 움직임이 둔화되기 때문이다.

신선한 달걀 고르기

신선한 달걀을 고르려면 다음의 세 가지를 살펴보아야 한다.

첫째, 껍질을 보고 고른다. 껍질 표면이 매끄러운 것보다는 석회질 알갱이가 붙어 있는 꺼칠꺼칠한 것이 신선하고 좋다. 유통 과정이 복잡하고 또 그 운반 시일이 오래 걸린 것일수록 껍질이 매끄럽기 때문이다.

둘째, 달걀을 흔들어 보고 고른다. 만약 흔들어서 소리가 난다거나 속이 흔들리는 것은 이미 한물 간 것이므로 흔들리지 않는 것으로 고른다.

셋째, 햇빛에 비추어 보아서 투명한 것이 신선한 것이다.

넷째, 달걀을 물 속에 넣었을 때 옆으로 누워 가라앉으면 신선한 달걀이고, 물에 떠오르며 곤두서면 상한 달걀이다.

그러나 냉장고에 넣어 두었던 달걀은 그 신선도를 알아보기가 어려

우므로 반드시 달걀이 실내 온도를 유지했을 때 시험해 보아야 한다. 만일 상한 달걀을 샀는데 깨었을 때 그 속에서 피가 섞여 있으면 달걀의 '디스토마'이므로 날로 먹지 말고 반드시 삶아 먹어야 한다.

그리고 달걀은 보통 그 무게의 1할이 껍데기, 3할이 노른자, 나머지 6할이 흰자로 되어 있다. 그리고 달걀 노른자의 크기는 달걀의 크기에 비례해서 큰 것이 아니므로 노른자만 쓰려고 할 때는 필요 이상의 큰 달걀을 비싸게 주고 살 필요가 없다.

또, 달걀은 생명체이기 때문에 껍질에 무엇이 묻었다고 해서 물로 씻으면 호흡작용이 잘 안 되어 쉽게 상하게 된다.

오래 된 달걀에는 표시를

먼저 사 온 달걀과 새로 사 온 달걀을 함께 놓아 둘 때는 반드시 먼저 사 온 달걀에 연필로 표시를 해 두자. 그렇지 않으면, 먼저 사 온 달걀이 뒤로 처질 경우 상한 것을 먹게 될 수가 있기 때문이다. 이때 사인펜 같은 것으로 표시하면 잉크가 속까지 배일 염려가 있으므로 반드시 연필을 사용하도록 한다.

달걀 프라이를 예쁘게 부치려면

달걀 프라이를 부칠 때 동그랗고 예쁘게 부치려면 양파를 이용한다. 먼저 양파의 중앙 부분을 약 1.5㎝ 두께로 잘라 바깥쪽 테두리를 잘라 낸다. 그러고 나서 그것을 달궈진 프라이팬에 놓고 그 속에 달걀을 부어 부치면 모양이 양파 모양과 같이 동그랗고 예쁘게 부쳐진다. 접시에 옮길 때마다 프라이에서 양파를 떼어내 다시 사용하면 두께와 모양이 일정해 예쁘다.

달걀말이

2인분을 기준으로 할 때, 달걀 4개와 설탕 2큰술을 잘 섞어서 달걀물을 만든 다음 아래와 같은 순으로 요리한다.

1) 중간 불에 프라이팬을 올리고 종이 타월에 식용유를 묻혀 프라이팬에 골고루 얇게 바른다.

2) 달걀물의 1/4을 프라이팬에 붓고 가장자리까지 골고루 퍼지도록 프라이팬을 흔들어 준다.

3) 가장자리가 익어 건조되기 시작할 때 젓가락으로 가장자리를 조심조심 떼어 가면서 위로 말아올린다. 이때 반숙인 상태로 프라이팬의 앞쪽을 약간 들어 뒤로 기울여 주면서 말아올려야 쉽게 말리고, 또 완성된 후에도 모양이 깨끗하다.

4) 이렇게 말아 놓은 달걀을 프라이팬의 앞쪽 가장자리로 옮긴 후, 식용유를 묻힌 종이 타월로 다시 프라이팬에 골고루 기름을 바른다.

5) 남은 달걀물의 1/3을 프라이팬에 흘려 붓고 골고루 퍼지도록 천천히 흔들어 준다. 이때 가장자리에 옮겨 놓은 달걀말이에도 달걀물이 묻도록 한다. 나머지도 이와 같은 방법으로 만든다.

6) 완성된 달걀말이를 대나무 발에 놓고 말아 모양을 잡는다.

삶은 달걀과 날달걀 구분법

삶은 달걀인 줄 알고 깨뜨렸다가 날달걀이 주르르 쏟아지는 바람에 당황한 적이 한 번쯤은 있을 것이다. 삶은 달걀과 날달걀을 손쉽게 구분하는 방법이 있다. 평평한 장소에 달걀을 세워 돌려 보아서 계속 돌면 삶은 것이고 그렇지 않은 것은 날달걀이다.

달걀을 터지거나 금이 가지 않게 삶으려면

주부라면 누구나 한 번쯤 달걀을 삶아 본 경험이 있을 것이다. 쉬운 것 같지만 결코 쉽지만도 않은 것이 이 달걀 삶기이다.

달걀을 삶으면 껍질이 터져 흰자위가 흘러나와 볼품없이 되어 버리는데, 이는 달걀을 삶을 때 흰자위와 노른자위의 응고되기 시작하는 온도가 다르기 때문에 일어나는 현상이다.

따라서 달걀을 삶을 때 소금이나 식초를 약간 물 속에 넣어 주면 흰자위를 단단하게 해 주는 역할을 하므로 터지거나 금이 가지 않고 깨끗하게 삶아진다. 화력은 중간보다 약간 약하게 삶는다.

그리고 냉장고에서 꺼내 곧바로 삶으면 쉽게 금이 가므로 미리 얼마쯤 상온에 내놓았다가 삶아야 한다. 급격한 온도 변화는 달걀 껍질을 갈라지게 하기 때문이다.

또 한 가지 방법은, 달걀의 둥근 쪽에 바늘구멍을 내고 삶으면 달걀이 터지거나 금이 가는 것을 막을 수 있다.

 막 삶아낸 달걀 껍질을 벗기려면

달걀을 삶고 나서 바로 찬물에 넣으면 껍질이 잘 벗겨진다. 그러나 달걀을 식지 않은 상태에서 따뜻하게 먹고 싶으면 삶은 달걀을 소금에 잠시 묻어 두었다가 꺼내어 벗기면 잘 벗겨진다.

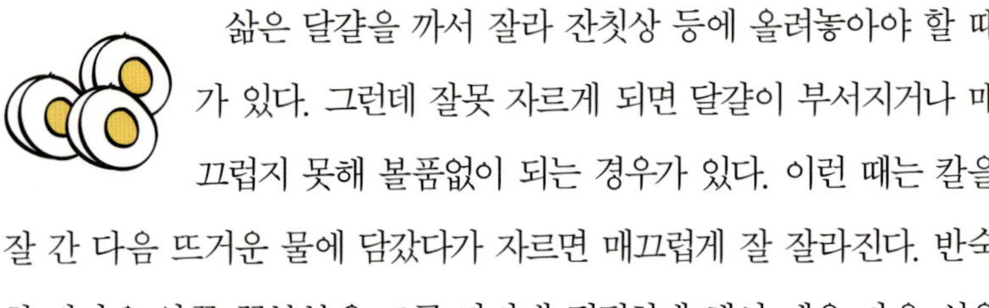 삶은 달걀을 자를 때

삶은 달걀을 까서 잘라 잔칫상 등에 올려놓아야 할 때가 있다. 그런데 잘못 자르게 되면 달걀이 부서지거나 매끄럽지 못해 볼품없이 되는 경우가 있다. 이런 때는 칼을 잘 간 다음 뜨거운 물에 담갔다가 자르면 매끄럽게 잘 잘라진다. 반숙한 달걀은 양쪽 끝부분을 조금 잘라내 평평하게 해서 세운 다음 실을 이용하여 자르면 잘 잘라진다.

달걀을 반숙으로 삶으려면

팔팔 끓는 물에 달걀을 넣은 다음 불을 끈다. 그러고 나서 약 6분쯤 지나면 이상적인 반숙이 된다.

지단을 깨끗하게 잘 부치려면

달걀을 깨어 그릇에 넣고 거품기로 노른자위와 흰자위를 천천히 휘저어 섞는다. 이때 주의할 것은 거품이 일지 않도록 해야 한다. 거품이 일면 프라이팬의 열로 인해 공기가 팽창하게 되고, 그렇게 되면 지단이 우툴두툴하여 보기 싫게 되기 때문이다. 그러고 나서 꺼지지 않을 정도로 불을 아주 약하게 한 상태에서(불을 너무 강하게 하면 달걀이 두껍게 된

다) 프라이팬에 기름을 살짝 두르고, 휘저은 달걀을 붓는다. 이렇게 하면 시간은 좀 걸리지만 아주 깨끗하게 지단이 부쳐진다.

또 달걀에 식초를 조금 넣고 개어서 부치면 잘 펴지고 찢어지지도 않는다. 그리고 달걀이 프라이팬에 붙어서 잘 떨어지지 않을 때는 젖은 행주 위에 프라이팬을 잠깐만 내려놓았다가 불에 얹으면 잘 떨어진다.

달걀 프라이에 김 가루를 얹어 먹으면 별미

달걀 프라이는 대개 노른자위를 깨지 않은 상태로 소금을 뿌려서 먹곤 하는데, 왜간장을 붓고 그 위에 김 가루를 얹어 먹으면 별미다. 이때 김 가루는 손으로 부숴 만드는 것보다 가위로 잘라 만들어야 보기가 좋다.

감기엔 된장국에 달걀을

감기에 걸려 식욕이 떨어지면 환자에게 얼큰한 된장국에 달걀을 깨 넣어 반숙 정도가 되었을 때 먹이면 밥과는 달리 잘 먹는다. 속도 얼큰하고 시원해져 환자가 좋아한다.

🥚 달걀 냄새를 없애려면

달걀에서 좋지 않은 냄새가 날 때가 있다. 이런 때는 달걀을 요리할 때 파슬리를 얇게 썰어 넣으면 신기하게도 냄새가 사라진다.

🥚 달걀은 하루에 두 개 정도가 가장 좋아

달걀은 완전한 영양 식품으로 평가받을 정도로 갖가지 영양분을 골고루 듬뿍 지니고 있으나 하루에 두 개 이상은 먹지 않는 것이 좋다. 달걀의 흰자에는 작은창자의 소화 효소인 트립신의 활동을 억제하는 물질이 들어 있어서 다량 섭취하게 되면 소화불량을 일으키기 때문이다. 찐 달걀을 여러 개 먹고 나면 한동안 속이 답답하게 느껴지는 이유가 바로 여기에 있다.

그리고 노른자 속에는 고혈압이나 동맥경화증의 원인이 되는 콜레스테롤이 상당량(달걀 한 개에 보통 3백㎎ 정도가 함유되어 있다) 들어 있는데, 이 중 장관 내에서 흡수되는 것은 30% 정도로 알려져 있다.

지나친 콜레스테롤이 건강과 장수를 저해하는 성분임은 두말할 나위가 없다. 특히 40대에 접어들면서 성인병에 차차 관심을 두어야 할 사람들이나 고혈압 환자의 경우 달걀을 많이 섭취하면 몸에 해로운 결과를 초래한다.

🥚 달걀과 질병

달걀은 영양가도 좋고 조리해 먹는 방법도 간단하여 많이 소비되는 식품 중의 하나이다. 그렇지만 외국에서처럼 위생적으로 잘 세척되지 않은 채 시판되는 달걀이 많은 우리 나라에서는 달걀을 생식하는 것이 위험할 때가 있다. 더구나 날달걀 양쪽에 구멍을 뚫고 빨아먹는 것을 가끔 볼 수 있는데, 이때 달걀 껍데기에 묻은 세균 때문에 식중독을 일으키는 수가 있다. 달걀 껍데기에는 살모넬라라는 세균이 묻어 있는 경우가 많기 때문에 이것이 장내에 들어가면 살모넬라증이라는 무서운 식중독을 일으키게 된다.

달걀은 뾰족한 곳이 아래를 향하게 보관한다

달걀의 둥근 쪽에는 호흡하는 공간이 있다. 따라서 달걀의 둥근 쪽을 위로 향하게 하고, 뾰족한 쪽이 아래를 향하도록 해야 오래도록 신선하게 보존할 수 있다. 그리고 달걀은 호흡하며 살아 있는 생물이므로 주위에 자극성이 강한 냄새의 식품을 놓지 않는 것이 좋다.

어패류

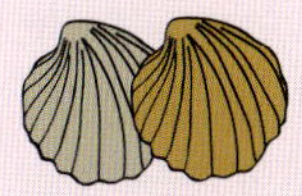

신선한 생선 고르기

신선한 생선을 고르려면 다음과 같은 점에 유의해야 한다.

1) 우선 배를 눌러 봐서 탄력이 있고, 항문이 닫혀지고, 눈알이 선명하고 밖으로 튀어나온 것이 좋다.

2) 생선을 들어보아서 탄력이 없고 흐느적거린다든지 머리나 표피가 표백된 것처럼 보이면 변질된 것이다.

3) 생선을 잘랐을 때 칼 자리가 선명하게 나면 싱싱한 것이다.

4) 지느러미가 본래의 아름다운 색상을 지니고 있으며, 아가미는 선명한 색깔을 띠고 점액질이 적은 것이라야 하며, 아가미 쪽과 비늘을 손으로 문질러 보아서 색소가 묻어나면 상한 것이므로 피하는 것이 좋다.

5) 손가락으로 비늘을 가볍게 긁어 보아서 비늘이 쉽게 빠지면 상한 것이다. 또, 아가미는 신선도가 꽤 오래 지속되는 곳인데, 검은 색

이 감돌기 시작하면 완전히 썩은 것이다. 그리고 눈에는 붉은 줄이 몇 개 생길 때까지가 구입할 수 있는 한계가 된다.

6) 바닷조개류는 바다 냄새가 나는 것이 신선도가 높다.

생선을 종류별로 구분해 보면 다음과 같다.

·문 어 : 문어는 수컷이 살이 부드럽고 맛이 좋은데, 수컷과 암컷을 구별하는 요령은 흔히 입이라고 하는 다리에 붙어 있는 빨판의 크기가 일정하게 배열되어 있으면 수컷이고, 불규칙적으로 배열되어 있으면 암컷이다.

·오징어 : 표면에 푸른 기운과 짙은 회색 기운이 감돌고 광택이 나는 것이 싱싱한 것이다. 색깔이 거무죽죽한 것은 오래 된 것이다.

·조 기 : 눈알에 생기가 있고, 하복부에 있는 비늘이 황색을 띠고 있으며, 눈에 생기가 돌고, 아가미가 빨간 것이 좋다. 특히 봄철 산란기 직전의 것이 맛이 있으므로, 가급적 배부분이 불룩한 암컷을 고르는 것이 좋다.

·고등어 : 배에 탄력이 있고, 몸집이 단단하고 미끈미끈하며, 아가미가 불그스름한 것이 좋다.

·게 : 살아 있다면 더할 나위 없이 좋고, 죽은 것이라면, 딱지나 발을 보아서 윤기가 흐르고 등이 껄끄러운 것은 죽은 지 얼마 안 되는 것이므로, 이런 것들 가운데 들어 보아서 묵직한 것을 고르도록 한다. 또, 딱지를 살짝 들고 속살을 손끝으로 살살 눌러 보아서 탄력이 있으면 더욱 좋은 것이다. 고리타분한 냄새가 나면 상한 것이므로 피한다.

·낙 지 : 몸통에 윤기가 흐르고 미끈하며, 눈이 툭 튀어나온 것이 싱싱하다.

·도 미 : 우선 비늘에 광택이 있고, 눈알이 맑으며, 머리가 쭉 뻗고 몸이 꼿꼿한 것이 좋다.

·굴 비 : 전남 영광, 부산, 인천산으로서 살이 찌고 색깔이 뽀얗고 잘 말려진 것이 좋다. 거기에 알까지 배었다면 금상첨화다.

·냉동어 : 냉동어는 요리하기 직전에 녹여서 사용해야만 싱싱하고 맛도 좋다. 따라서 어물전에서 미리 녹여 물을 뿌려 놓은 것은 신선도가 떨어져 맛이 덜하므로 피하는 것이 좋다.

·생 굴 : 굴은 유백색이 선명하고 미끈미끈하며 알이 통통한 것으로서 탄력이 있어야 하며, 주위에 거무스름한 테가 둘린 것을 고른다. 굵은 것보다는 작은 것이 더욱 맛이 있다. 전체가 희끄무레하거나 탄력이 없는 것은 깐 지 오래 된 것이다.

수족관에 있는 고기와 바닷가의 고기

바다에서 갓 잡아 올린 고기와 그것을 수족관에 며칠 넣어 두었다가 먹는 고기의 경우, 그 맛은 한결 다르다. 얼른 생각하여, 똑같이 싱싱하게 살아 있는 고기인데 맛이 다를 이유가 있겠느냐고 반문할지 모르지만 그건 그렇지가 않다. 수족관 고기의 경우, 운반 과정이나 좁은 수족관에서 사는 동안 생선 근육 속에 있는 글리코겐이 감소하게 된다. 생선 본래의 맛은 이 글리코겐인데, 그것이 감소하게 되면 맛이 떨어지는 것은 당연하다.

토막 내어 포장된 생선을 고를 때

팩에 포장되어 있는 토막생선을 고를 때는 몇 가지 유의해야 할 점이 있다. 이런 경우에는 우선 살에 투명감이 있고, 탄력이 있으며, 단면이 단단하며 빨간색을 고르도록 한다. 그리고 팩의 밑바닥에 국물이 고이지 않은 것이 좋다. 국물이 있다는 것은 신선하지 않다는 증거이다.

포장지에 표시된 날짜는 고기를 얼마 동안이나 보관했느냐에 상관없이 팩을 포장한 날짜에 불과하므로 믿을 것이 못 된다. 예컨대, 포장지에 나타난 날짜가 하루밖에 지나지 않았어도 국물이 생겼다면 신선하다고 볼 수가 없다.

이런 젓갈들은 피하는 것이 좋아

조개젓의 색깔이 짙은 노란색이거나 명란젓의 색깔이 유난히 붉은색을 띠고 있으면 색소를 사용한 것이므로 피하고, 또 꼴뚜기젓의 경우, 내장을 빼지 않은 채로 썰어서 무친 것은 불량품이므로 피한다. 그리고 조개젓의 경우, 국물이 많고 희뜩희뜩하며 비린내가 나는 것은 담은 지 얼마 안 되는 것이므로 피하는 것이 좋다.

🔺 신선한 조개 고르기

조갯살을 만져 봐서 연하면 한물 간 것이다. 싱싱한 것은 탄력이 있고 단단한 반면, 오래 된 것일수록 탄력이 없고 물컹하다.

껍질째로 있는 조개의 경우, 입을 벌리고 조갯살을 빼물고 있는 것이 싱싱하다. 오래 된 것은 입을 다물고 있다. 또 한 가지 방법은 조개를 양손에 하나씩 들고 서로 두들겨 보는 것이다. 이때 만약 투명한 소리가 나면 신선한 것이고, 둔탁한 소리가 나면 오래 되었거나 죽은 조개로 보면 틀림없다.

🔺 어패류의 모래를 빼려면?

어패류 속에 들어 있는 모래를 빼낼 때는 조개를 소쿠리에 담아 소금물이 담긴 큰 그릇에 넣어 두면 나중에 조개를 꺼낼 때 모래와 섞이지 않아 편하다. 모래는 소쿠리를 빠져나가 밑에 있는 큰 그릇에 가라앉게 되므로 조개가 담겨 있는 소쿠리만 건져내면 된다.

🔶 바지락과 모시조개의 해감내를 없애려면

살아 있는 조개의 해감을 토해내게 하려면 우선 물 속에서 조개가 입을 벌리고 호흡할 수 있는 상태를 만들어 주어야 한다. 그래서 대부분의 주부들은 민물조개나 바닷조개나 간에 모두 맹물에다 담가 두는데, 이는 잘못된 방법이다. 담수에 살고 있는 바지락은 맹물에 담가 놓아야 하지만, 모시조개는 바다에서 자라 온 점을 감안하여 바닷물과 비슷한 농도의 염분, 즉 물 10컵에 소금 4큰술의 소금을 넣고 조개가 약간 잠길 정도로 하여 약간 어둡고 조용한 장소에 두어야 한다. 그래야만 조개가 이완되어 호흡을 하게 된다. 소금물에 식칼이나 못을 함께 담가 두면 철분 작용으로 인해 한층 더 효과가 있다. 그리고 대합같이 큰 것은 주둥이를 아래로 향하게 하면 모래가 깨끗이 잘 빠진다.

🔶 맛있는 조개국 끓이기

조개는 입을 열었을 무렵이 제일 부드럽고 맛이 있다. 따라서 조개국을 맛있게 만들려면, 조개국을 끓이다가 조개가 입을 열면 조개만 건져서 다른 그릇에 옮겨 놓는다. 그렇게 하고 남은 국물만 양념을 해서 다 끓인 다음에 조개를 다시 넣어 먹으면 한결 맛이 좋다.

🔶 생선을 보관하려면

아무리 신선하다 할지라도 생선은 배를 갈라 소금물에 씻어 보관하는 것이 좋다. 새우의 경우, 등내장을 빼서 연한 소금물에 흔들어 씻고, 게는 수세미에 소금을 묻혀 씻고 물기를 닦아낸 다음 밀폐 용기에 담

아 냉장고에 보관한다. 염분이 많은 생선은 소금물을 연하게 타서 담
가 놓으면 되고, 송어나 연어 등은 잘라서 무즙에 담가 두면 된다.

🔸 생선의 비린내를 없애려면

생선은 오래 된 것일수록 비린내가 더 난다. 생선에서 비린내가 나는
이유는 생선의 신선도가 떨어지면서 생기는 트리메칠아민이라는 물질
때문이다. 이 비린내를 없애는 방법 몇 가지를 소개한다.

1) 생선을 된장이나 우유에 담가 놓거나 삶으면 비린내가 사라진다.
   단백질은 냄새를 흡수하는 성질이 있기 때문이다.

2) 생선 요리시에 생강이나 파를 넣는다.

3) 소금을 뿌려 냄새나는 물질을 빠져나가게 한다.

4) 생선에 레몬즙이나 식초를 발라 준다.

5) 생선을 포도주나 청주에 적셔서 냄새나는 성분을 굳힌다.

6) 바닷물 정도로 간간한 소금물에 생선을 약 20분 정도만 담가 두
   면 비린내가 가신다.

🦐 새우 손질법

새우의 등에 있는 내장을 빼내지 않으면 모래가 씹히거나 비린내가 나서 맛도 없다. 싱싱한 새우의 경우, 천천히 머리를 잡아당기면 내장까지도 함께 따라나온다. 일단 가열을 하게 되면 내장이 절대로 빠져나오지 않으므로 반드시 처음 손질할 때 빼내도록 한다.

🦐 새우를 요리할 때

새우는 껍질에 윤택이 있고, 만져 보아서 탄력이 있으며, 수염이나 다리가 늘어지지 않은 것이 싱싱하고 좋다. 새우를 요리할 때는 새우에다 레몬을 몇 방울 떨어뜨리면 비린내가 나지 않아 좋다. 만일 레몬이 없으면 식초로 대용해도 좋다.

🦐 갓 구워 낸 생선에 마늘가루를 뿌리면 별미

생선은 갓 구워 낸 뒤에 바로 먹어야 제 맛이 난다. 이때 생선에 마늘가루를 살짝 뿌려서 먹으면 생선구이의 맛이 한결 두드러진다. 마늘가루는 슈퍼에서 쉽게 구입할 수 있는데, 생마늘과는 또 다른 맛을 느낄 수 있다.

🦐 생선을 조릴 때

생선을 조릴 때 프라이팬 바닥에 생선 껍질이 눌어붙어서 벗겨지게 되면 요리가 볼품없이 된다. 이럴 때는 프라이팬 바닥에 양배추 잎 하나를 펼쳐 놓은 뒤에 요리하면 눌어붙지 않는다. 그렇게 한다고 해서 맛이 변하는 것도 아니다.

또 정어리나 전갱이 같은 생선을 조리다 보면 살이 잘 부서진다. 이와 같은 생선은 생선이 잠길 만큼 국물을 넉넉히 붓고 뚜껑을 덮은 다음 약한 불에 조려야 살이 부서지지 않는다.

또한 붕어 같은 민물고기나 작은 생선은 직접 조리기보다는 양념을 하지 않고 살짝 구워서 국물에 넣어 조리면 부서지지 않고 맛이 있다.

비린 생선은 끓기 시작했을 때 생강을 잘게 썰어 넣으면 비린내가 없어진다. 그리고 물을 붓고 조릴 때는 반드시 뚜껑을 꼭 닫고 끓는 국물이 냄비 속 전체에 퍼지도록 하는 것이 좋다.

생선을 맛있게 조리려면

대부분 생선을 조릴 때, 생선을 담은 냄비에 먼저 간장을 붓고 조리다가 그 다음에 갖은 양념을 치곤 하는데, 이렇게 하면 제 맛도 나지 않을뿐더러 비린내가 나기도 쉽다.

우선 조리기 전에 생선의 아가미를 떼어낸다. 그런 다음, 맹물에 설탕이나 소금을 넣은 물에 그 생선을 넣고 끓이다가 나중에 간장을 넣어야 생선 맛이 전체에 골고루 퍼져 맛있게 조려진다.

프라이팬에서 생선 기름이 튀는 것을 막으려면

프라이팬에 생선을 구울 때 기름이 튀고 냄새가 나는 경우가 많다. 이것을 막으려면 프라이팬 크기에 알맞게 신문을 덮고 생선을 굽는다. 그러면 신문이 기름과 냄새를 흡수하여 깨끗하게 맛있는 생선을 구울 수 있다.

생선은 소금물에 담가 두었다가 굽는다

생선을 구울 때, 흔히 소금간을 미리 해 두었다가 소금을 생선 위에 조금씩 뿌리면서 굽는데, 이보다는 10배로 묽게 한 소금물에 생선을 10분쯤 담가 두었다가 구우면 소금기가 고기 속까지 골고루 배어 더욱 맛있고 살도 단단하다.

살이 유난히 잘 부서지는 생선은 30분쯤 묽은 소금물에 담갔다가 굽기 직전에 냉수로 씻어낸다. 그리고 행주로 표면의 물기를 닦아내고 살짝 소금을 뿌려 구우면 살이 부서지지 않는다.

또, 기름기가 많은 생선은 기름이 타면서 생선이 까맣게 그을리기 쉬우므로, 부채질을 하여 연기가 생선에 스며들지 않게 한다.

생선을 석쇠에 구울 때

생선을 석쇠에 올려놓고 굽다 보면 껍질이 철사에 눌어붙어 생선이 볼품없게 되어 버리는 경우가 있다. 이럴 때는 석쇠에 식초를 바르고 나서 구워 보자. 신기하게도 생선이 눌어붙지 않고 깨끗하게 구워진다. 또 석쇠를 충분히 달구고 나서 구워야 생선 껍질이 철사에 눌어붙지 않는다.

생선을 구울 때는 여러 번 자주 뒤집지 말고 한쪽을 충분히 구워서 익힌 다음에 뒤집어 다른 쪽을 한 번에 익히는 것이 좋다. 오징어·새우·조개류와 같이, 익으면 살이 오그라드는 것은 굽기 전에 소금을 쳐 주면 된다.

짜게 절여진 생선을 구울 때

너무 짜게 절여진 생선을 조리하려고 한다면, 엷은 소금물에다가 담가서 간을 빼는 방법이 좋지만, 구울 때 그렇게 하면 맛이 나빠져서 좋지 않다. 짜게 절여진 생선을 구울 때는, 굽기 전에 술을 바르고, 구울 때 다시 약간의 술을 발라 주면 짠맛이 덜하다.

새로운 생선 구이법

생선을 직접 불에다 구우면 불내가 날 뿐만 아니라, 버너를 쓸 경우 불이 부분적으로 강하기 때문에 익기도 전에 타 버리기 알맞다. 시장에서 파는 알루미늄 은박지를 준비했다가 이것으로 생선을 돌돌 말아 불 속에 넣고 구워 보자. 그러면 타지도 않고 또 재 같은 것도 묻지 않아 아주 좋다. 낚시터에서 잡은 물고기를 즉석에서 구워 먹는 데 이용하면 편리하다.

생선에 참기름을 발라 두면 파리가 안 꾄다

파리가 꾀는 것을 막으려면 생선에 참기름을 조금씩 발라 두자. 파리는 기름을 아주 싫어하기 때문에 이렇게 하면 파리가 꾀지 않는다.

콩을 깔고 요리하면 생선이 뼈째 익는다

생선은 뼈째 먹도록 조리하는 것이 좋다. 생선을 뼈째 조리하기 위해서는 냄비 밑에 콩을 깔고 콩 위에 생선 토막을 얹어 조리하면 생선이 충분히 익어 뼈째 먹을 수 있게 된다. 이렇게 하면 콩에도 양념의 간이 적당히 배여 콩을 따로 요리할 필요가 없게 된다.

한편 간장이나 술 등에 미리 절여 둔 고기를 튀길 때에는 기름이 많이 튄다. 이것을 막기 위해서는 기름에 소금을 조금 뿌려 두면 기름이 튀는 듯하다가 곧 사라지기 때문에 쉽게 요리할 수 있다.

절인 생선의 소금기 빼기

소금은 소금으로 빼낸다는 속담이 있듯이, 좀 덜 짜게 먹고 싶다면, 이미 소금에 절여진 생선이나 식품을 그냥 맹물에 담가 두기보다는 소금을 조금 탄 물에 담가 두는 것이 훨씬 잘 빠진다. 식품 속의 염분과 소금물의 염분간에 서로 같은 농도가 되려는 작용이 일어나기 때문이다.

색다른 생선회 만들기

보통 생선회는 생선을 날로 썰어서 겨자장에 찍어 먹지만, 좀 색다른 생선회를 만들어 보자.

생선살을 식초물에 잠시 담갔다가 꼭 짜서 고추장에 무쳐 먹으면 비린내도 없고 생선살도 꼬들꼬들하여 맛있다. 특히 싱싱한 고등어를 초절이하여 기름기를 빼내고 고추장에 무쳐 먹으면 연한 살이 감칠맛난다. 회 쳐 먹기 전에 생선에 소금을 뿌려 두면 수분이 빠지면서 살이 단단해지고 맛도 오래 간다.

생선찌개를 맛있게 끓이려면

반드시 물이 끓고 난 뒤에 생선을 넣어야 단백질이 굳어져 고기 맛이 밖으로 빠져나가지 않는다. 물의 양은 생선의 표면이 밖으로 약간 나올 정도면 된다.

붕어를 뼈까지 무르게 요리하려면

붕어로 매운탕을 끓여 놓고 보면 억센 가시가 많아서 생각처럼 그렇게 맛있게 먹을 수가 없다. 이 붕어뼈를 무르게 하는 방법이 있다. 술과 물을 반씩 섞은 다음 약한 불로 조리면 뼈까지 무르게 된다. 술이 없으면 식초를 넣어 조려도 되며, 다 익힌 다음에 설탕과 간장을 넣어 간을 맞춘다.

 민물고기의 비린내 없애기

붕어나 잉어와 같은 민물고기를 잘못 요리하게 되면 비린내가 심하여 맛을 잃게 된다. 식초를 엷게 탄 물에 살아 있는 물고기를 얼마 동안만 넣어두어 보자. 그러면 물고기의 몸 속에 있는 비린 것이 모두 토해지고, 또 피부의 비린 지방분이 중화되어 비린내가 나지 않는 맛있는 요리가 된다.

 생선비늘을 수저로 벗기면 편하다

일반적으로 생선비늘은 칼로 벗기는데, 그보다는 수저가 편하다. 수저를 생선의 몸통에 대고 밀면 칼로 하는 것보다 훨씬 비늘이 깨끗이 잘 벗겨진다.

오징어나 문어의 색깔을 좋게 데치려면

삶은 오징어나 문어는 색깔에 따라서 구미가 달라질 수 있다. 오징어나 문어의 색깔을 좋게 데치려면, 우선 팔팔 끓는 물에다가 무를 얇게 적당히 썰어 넣고 한동안 끓인 다음 오징어나 문어를 넣어서 데친다. 그러면 싱싱하고 구미를 돋구는 색깔이 될 뿐만 아니라 맛도 훨씬 좋아진다.

물오징어를 맛있게 조리려면

물오징어를 조리거나 볶을 때는 별도의 물을 사용하지 않고 오징어가 가지고 있는 수분을 그대로 이용해야 오징어 본래의 짙은 맛을 느낄 수가 있다.

마른오징어를 구울 때

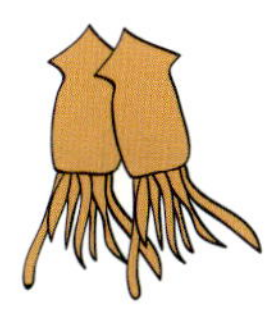

마른오징어를 구워서 술안주로 내놓을 때는 마른 채로 그냥 굽지 말고, 물에 살짝 씻어내고 소금을 발라 구우면 깨끗하고 맛도 있다. 너무 딱딱해진 오징어는 술에 하룻밤 정도 적셔 다음날에 먹으면 부드럽고 좋다.

조갯살은 소금물로 헹구어 씻는다

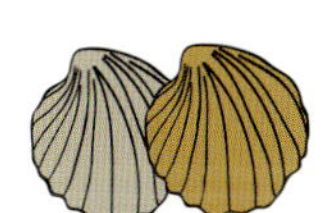

미리 까놓은 조갯살은 상하기가 쉽다. 따라서 조개를 살 때는 좀 귀찮지만 껍질째 사다가 까서 사용하는 것이 좋다. 조갯살은 연하기 때문에 잘못 씻으면 상하기가 쉽다. 그러므로 짬이 가는 소쿠리에 담아서 소금물에 흔들면서 헹구어야 맛도 잃지 않고 모양도 상하지 않는다.

굴을 신선하게 씻으려면

굴을 씻기 위해 손으로 주무르면 약하디약한 굴의 형태가 망가질 수 있다. 따라서 굴을 씻을 때는 굴이 담겨 있는 그릇에 무를 갈아넣고 가볍게 손으로 저으면 굴의 끈끈한 즙이 모두 빠져나온다. 그런 다음, 체에 받친 굴을 소금물에 담갔다 꺼냈다 하며 두세 번 씻어내면 된다. 굴을 씻을 때는 가급적 손을 사용하지 말고 물에만 헹궈내는 것이 좋다.

◑ 여름철의 별미, 추어탕

추어탕은 보양 식품으로 알려진 여름철의 별미다. 이 추어탕을 맛있게 요리하는 방법을 소개한다.

1) 미꾸라지 50g과 소금 약간, 고사리 100g, 숙주 100g, 붉은고추 100g, 풋고추 3개, 깻잎 10장, 대파 1뿌리, 마늘 2쪽, 생강 2쪽, 후춧가루 약간, 된장 1큰술, 물 3컵, 산초가루 1/2큰술, 우거지 3장을 준비한다.

2) 우선 살아 있는 미꾸라지에 소금을 넣고 손으로 비벼 끈끈한 액을 제거하고, 거품이 완전히 사라질 때까지 물에 헹군 다음, 팔팔 끓는 물에 넣고 푹 삶는다.

3) 삶은 미꾸라지를 체에 으깨어 뼈와 살을 분리한다.

4) 숙주는 깨끗이 다듬고, 고사리도 손질하여 5㎝ 길이로 썬다. 붉은 고추와 풋고추도 씨를 뺀 다음 3~4㎜ 되게 송송 썰어 놓는다. 또 우거지는 끓는 물에 적당히 삶아서 적당한 크기로 쓸고, 깻잎은 깨끗이 씻어서 가늘게 채 썬다. 대파도 가늘게 어슷썰기하고, 마늘과 생강은 곱게 다진다.

5) 냄비에 물을 붓고 된장을 풀어 넣은 다음 4)의 것들을 넣고 불에 올려 미꾸라지의 깊은 맛이 우러나도록 푹 끓인다.

6) 소금과 후춧가루로 간을 맞추고 그릇에 담은 후 산초가루로 맛을 낸다.

◑ DNA

참치·삼치·전갱이 등의 등푸른생선에는 DNA라는 불포화지방산이 들어 있다. 최근, 사람과 동물의 뇌를 구성하는 주요 물질이 이 DNA라는 사실이 밝혀져 화제가 되고 있다.

뇌를 구성하는 지방산 가운데 DNA의 함량은 11% 정도로 한정되어 있기 때문에 많이 섭취한다고 해서 무한대로 머리가 좋아지는 것은 아니다. DNA는 머리를 좋게 하는 것이라기보다는 본래의 두뇌 기능을 최대로 강화시킨다고 볼 수 있다.

뇌의 조직이 한창 만들어지고 있는 유아나 어린이의 경우, DNA를 통해 뇌의 용량을 충분히 향상시킬 수 있다. 그리고 뇌의 퇴화가 진행 중인 노인들에 있어서도 같은 효과를 기대할 수 있다.

등푸른생선의 DNA 함량은 다음과 같다.

참　치＝29.9㎎　삼　치＝15.6㎎　전갱이＝14.5㎎
방　어＝14.3㎎　고등어＝13.2㎎　도　미＝11.0㎎
정어리＝10.7㎎　꽁　치＝10.6㎎.

아·이·디·어 05

마른반찬

🔶 좋은 김 고르기

눈으로 봐서 좋은 김을 고르기란 그리 쉬운 일이 아니다. 이럴 때 좋은 김을 좀더 정확히 고르는 방법이 있다. 우선 김을 조금 잘라서 물에 넣어 보자. 그러면 좋은 김은 흐물흐물하게 녹는 반면에 좋지 않은 김은 녹지 않는다. 또 김을 넣었던 물이 탁하지 않은 것일수록 좋은 김이다.

🔶 김이나 과자가 눅눅해졌을 때

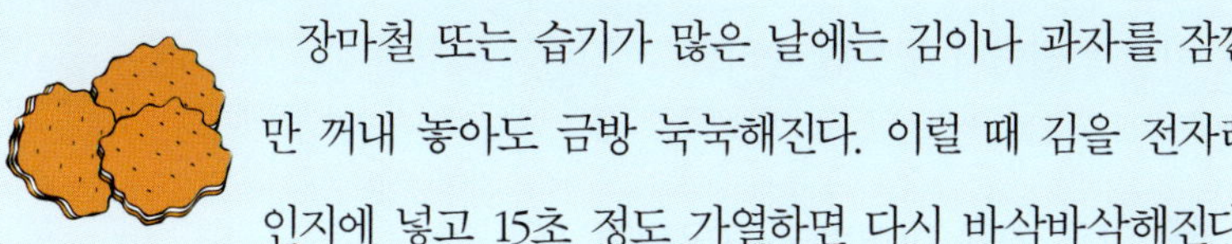

장마철 또는 습기가 많은 날에는 김이나 과자를 잠깐만 꺼내 놓아도 금방 눅눅해진다. 이럴 때 김을 전자레인지에 넣고 15초 정도 가열하면 다시 바삭바삭해진다. 과자도 마찬가지고, 소금도 눅눅해질 경우 접시에 담아 랩을 씌우지 말고 전자레인지에 1~2분 정도 넣고 가열하면 다시 고슬고슬해진다.

김을 맛있게 구우려면

김을 너무 센 불에 구우면 타서 좋지 않을 뿐만 아니라 맛과 향기가 없어지게 된다. 또한 김에 기름을 너무 많이 바르면 구울 때 오그라들고 너무 조금 바르면 쉽게 타게 된다.

따라서 김을 맛있게 굽기 위해서는 기름을 알맞게 골고루 발라 약 30분 가량 놓아두었다가 약한 불에 알맞은 간격을 유지하여 골고루 바삭바삭하게 굽는 것이 좋다.

한 장씩 구울 때는 김의 꺼칠꺼칠한 면만을 가볍게 굽고, 두 장을 함께 구울 때는 매끈한 면을 가운데로 합치고, 꺼칠꺼칠한 부분을 밖으로 향하게 해서 구우면 김의 향이 달아나지 않는다. 한 장을 구울 때도 이렇게 접어서 구우면 좋다.

많은 김을 한꺼번에 구우려면

여러 장의 김을 한꺼번에 굽는 방법이 있는데, 이렇게 하면 일일이 손으로 뒤집어서 굽는 것보다 훨씬 간편하고 맛도 있다. 그 순서는 다음과 같다.

1) 기름에 소금을 섞어 골고루 김에 바른다.
2) 김을 적당한 크기로 잘라서 알루미늄 도시락 속에 차곡차곡 넣고 뚜껑을 덮는다.
3) 알루미늄 도시락을 약한 불에 올려놓고 2~3분 가량 굽는다.

이렇게 구우면 김이 조금도 쭈그러지지 않고 곱게 구워진다.

구운 김을 맛있게 간수하려면

맛있는 김을 먹으려면 무엇보다도 잘 구워야 하겠지만, 구운 김을 어떻게 간수하느냐에 따라서도 맛이 달라진다. 늦게 귀가하는 식구들을 위해서, 또는 많은 손님을 치르기 위해서 미리 김을 구워 둘 때에는 그냥 접시에 담아 두지 말고 뚜껑 있는 그릇에 담아서 따뜻한 이불 속에 묻어 두면 나중까지도 바삭바삭한 김을 먹을 수가 있다.

구운 김을 비벼 놓을 때

구운 김을 비닐봉지에 넣어서 비비면 김 조각이 여기저기 흩날리지 않을 뿐만 아니라 그대로 보관할 수 있어 좋다.

김, 어떻게 저장해야 하나?

우리가 다량의 김을 선물받거나 하여 저장해야 할 때가 있다. 이 김을 잘못 저장하면 맛이나 영양가는 물론 퇴색되어 맛없고 볼품없이 되어 버린다.

김은 녹색의 엽록소와 붉은 색소인 피코에리스린이라는 물질이 섞여 있어 흑자색을 띠고 있으나, 불에 구우면 엽록소가 퇴색되어 청록색으로 변하게 된다. 이것은 김 속에 있는 피코에리스린이라는 붉은 색소가 청색의 피코시안으로 바뀌기 때문이다. 그러나 김이 물에 젖거나 햇볕에 장시간 노출되면 이들 색소는 붉게 변하게 되고, 구워도 고운 녹색으로 되지 않고 향기가 소실되어 맛이나 영양가를 잃게 된다.

따라서 마른 김을 보관할 때는 건조하고 어둡고 서늘한 곳에 두어야 한다. 특히 장마가 있는 여름철에는 잘 밀봉하여 냉동실에 보관해야 오래 보관할 수 있다.

 마른반찬을 씻으려면

마른버섯은 조심스럽게 씻어 설탕을 약간 탄 뜨거운 물에 담가 둔다. 이 뜨거운 물은 나중에 찌개 등을 끓일 때 사용하면 좋다.

그리고 무말랭이는 물에 씻어 약 한 시간 정도 물에 담가 두고, 마른 미역은 물에 불려 하나씩 떼어내 먼지 등을 씻어내고, 콩 종류는 쌀을 씻듯이 문질러 씻으면 된다.

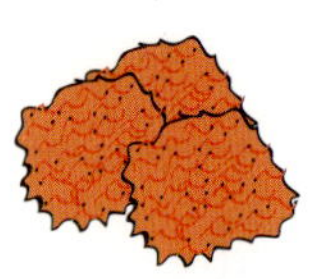 뱅어포를 맛있게 구우려면

뱅어포는 뼈째 먹는 생선류로, 고추 양념장을 골고루 발라 매콤하고 짭짤하게 구워 밥반찬 또는 도시락 반찬으로 하면 좋다. 뱅어포는 하얗고 구멍이 많지 않으며 도톰한 것을 고르고, 노랗게 변한 것은 오래 된 것이므로 피하는 것이 좋다.

뱅어포를 양념할 때 고추 양념장이 너무 데면 바르기가 힘들고, 또 너무 묽으면 빛깔이 흐려지므로 물엿을 넣어 농도를 조절하는 것이 좋다. 설탕을 넣어도 되겠지만, 그러면 버석버석해져 오래 두고 먹기가 곤란하므로, 그보다는 물엿을 사용하는 것이 좋다.

구울 때는 양념장을 바르자 마자 굽는 것보다는 햇볕에 잠시 널어 말렸다가 어느 정도 양념장이 굳은 다음에 구워야 잘 구워진다. 석쇠에 두 장을 겹쳐 놓고 불에서 멀리 뗀 상태에서 천천히 타지 않게 구워야 제 맛이 난다.

양념장을 매번 준비하기가 번거로우면 한꺼번에 양념해 습기가 없는 곳에 보관하였다가 먹을 때마다 몇 장씩 꺼내어 구워 먹어도 좋다. 구운 것을 냉장고에 넣어 두었다가 먹으면 구이의 구수한 냄새와 맛이 사라지게 되므로 필요한 만큼만 꺼내 그때그때 구워 먹어야 제 맛이 난다.

좋은 미역 고르기

생미역을 고를 때는 줄기가 가늘고 잎이 넓으며 손으로 만져 보아 촉감이 부드러운 것이 좋다. 그리고 색깔은 녹색에 가까운 자주색이어야 하며, 지나치게 자라서 질긴 것은 맛도 없고 먹기에도 나쁘다.

마른미역은 줄기보다도 잎의 비중이 크고, 검은색에 가까운 색깔을 띠고 윤기가 도는 것을 골라야 한다. 그리고 마른미역을 물에 담갔을 때 잎이 조각조각 풀어지지 않는 것이 좋다.

미역이나 다시마에 곰팡이가 슬면

미역이나 다시마를 습기 찬 곳에 보관하게 되면 곰팡이가 슬게 되는데, 이때는 진한 소금물에 담가서 곰팡이를 깨끗이 씻어낸 뒤에 다시 그늘에 바삭바삭할 때까지 말리면 된다.

🔸 미역이나 다시마 색깔을 푸르게 하려면

뜨거운 물에 살짝 데쳐서 즉시 찬물로 헹궈내면 된다.

🔸 마른다시마를 본래의 모양으로 만들려면

마른다시마를 식초물에 담가 두면 깨끗해지고 본래 모양으로 돌아온다. 그러나 너무 오래 담가 두면 맛이 우러나 제 맛을 잃게 되므로 주의해야 한다. 물에 담갔다가 바로 사용하고자 할 때는 이 물을 그대로 끓여 쓰면 좋다.

🔸 미역 색깔을 곱게 하려면

미역 100g에 물 2컵 정도를 그릇에 담아 전자레인지에 약 3분 정도 가열하면 색깔이 고와진다.

🔸 말린 식품을 빨리 요리하려면

말린 표고버섯이나 미역·무말랭이 따위를 요리할 때는 일단 물에 담가 불려서 사용해야 한다. 그런데 시간의 여유가 얼마 없을 때는 설탕을 약간 넣고 담가 두면 좋다. 물에 그냥 담가 두는 것보다는 훨씬 빨리 불려진다.

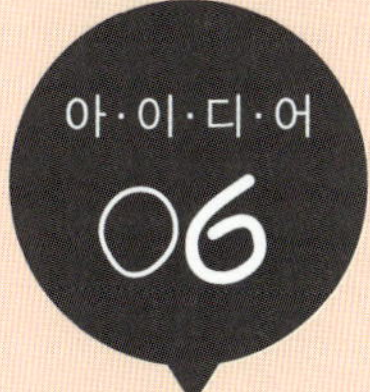

튀김 요리

튀김용 냄비

냄비의 높이가 적어도 약 7㎝ 정도는 되어야 튀김기름이 밖으로 튀어나가지 않는다. 따라서 프라이팬은 튀김용 그릇으로서 부적합하다.

튀김기름 온도 측정

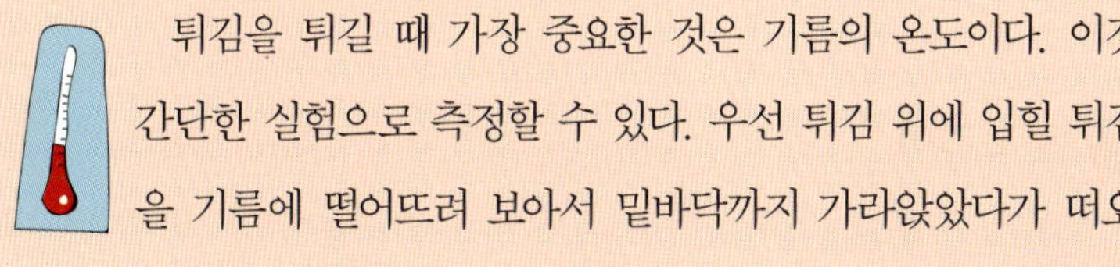
튀김을 튀길 때 가장 중요한 것은 기름의 온도이다. 이것을 간단한 실험으로 측정할 수 있다. 우선 튀김 위에 입힐 튀김옷을 기름에 떨어뜨려 보아서 밑바닥까지 가라앉았다가 떠오르면 140~150℃이고, 중간쯤 가라앉았다가 떠오르면 170~180℃이며, 기름 위에서 흩어지면 200℃이다. 또 육안으로 보아 기름 표면에서 연기가 일기 시작할 때가 튀김 요리의 적정 온도인 170~180℃이다.

튀김 요리를 할 때 적정 온도는 재료에 따라 다르다. 즉, 두꺼운 고구마류는 120~130℃이고, 프라이나 고로케 등은 160~170℃, 그리고 일반 튀김은 대부분 170~180℃에서 튀기면 이상적이다.

튀김옷 만들기

튀김옷은 튀김을 하기 바로 직전에 만들어야만 전분이 생기지 않는다. 튀김옷을 만들 때는 우선 고운 체로 가루를 쳐 내고 냉장고에 보관했던 찬물을 넣어 버무려야만 밀가루의 끈기가 나오지 않아 덩어리가 생기지 않는다. 가루에 달걀을 섞을 경우, 흰자는 제거해 내고 노른자만 사용하도록 한다. 흰자가 섞이면 튀김옷이 부풀어올라 볼품없이 되어 버리기 때문이다.

튀김옷이 벗겨질 때

재료에서 수분이 충분히 빠져나가지 않으면 튀김옷이 벗겨진다. 따라서 튀길 재료는 충분히 물을 제거한 뒤에 가루를 발라야 한다. 냉동된 재료일 경우, 가루를 보통 때보다 두껍게 발라 준다.

그리고 튀기는 도중에 튀김옷이 벗겨지면 얼른 젓가락으로 집어올려 그곳에 튀김옷 반죽을 떨어뜨려 주면 된다.

굴 프라이

굴은 본래 수분이 많아서 다른 것에 비해 튀김옷이 잘 벗겨진다. 따라서 깨끗한 마른행주로 잘 닦아낸 뒤에 튀김옷을 입혀야 한다.

육류는 얼린 다음에 튀긴다

닭이나 쇠고기 같은 육류를 기름에다 튀길 때에는 우선 재료의 잔

손질을 끝낸 다음, 기름 속에 넣기 직전까지 냉동실에 얼리는 것이 좋다. 그러면 맛있게 튀겨질 뿐만 아니라 뜯어먹기에도 아주 알맞게 된다.

쇠고기 튀김

쇠고기 튀김은 160℃의 기름에 빨리 튀겨내는 것이 좋다. 튀기는 시간이 오래 걸리게 되면 고기가 질겨지기 때문이다.

돼지고기 튀김

돼지고기 튀김은 160℃의 기름에서 천천히 튀겨내는 것이 좋다. 모양을 부풀리고 싶으면 튀김옷에 베이킹 파우더를 조금 넣어 주면 된다.

닭고기 튀김

비닐봉지에 튀김 가루를 넣은 다음 그 속에 닭을 넣고 흔들어 주면 닭에 튀김가루가 골고루 잘 묻는다. 닭고기는 냉장고에 넣어 두었다가 바로 꺼내 튀겨야 좋다.

작은 생선 튀기기

작은 생선은 내장을 발라내지 않고 그냥 튀기는 것이 좋다. 내장을 발라내면 신선도가 떨어지기 때문이다. 180℃의 기름에 빨리 튀겨낸다.

큰 생선 튀기기

덩치가 큰 생선을 튀길 때는 몸통에 약 3~4부분 칼집을 내어 두 번에 나누어 튀긴다. 처음에는 약 140℃, 그 다음에는 약 180℃의 기름에 튀긴다. 표면이 노릇노릇해질 때까지 튀기는 것이 좋다.

🥘 베이컨을 튀기려면

우유에 소맥분을 타서 고기에 발라 튀기면 형태가 보존되고 베이컨의 맛과 즙을 보존해 준다. 그리고 쓰고 남은 베이컨을 보관할 때는 팩을 3~4등분하여 랩에 싸서 냉동시키면 좋다.

🥘 비린내 나는 생선을 프라이할 때

비린내 나는 생선을 프라이하려면 우선 배를 갈라 내장과 가시를 발라낸 다음, 식초를 알맞게 뿌려 약 30분 정도 놔두면 식초가 몸통에 스며들면서 얇은 막이 벗겨진다. 이때 빵가루와 튀김옷을 발라 프라이하면 비린내가 없어진다.

🥘 튀길 때는 재료를 적당히 넣어야

재료를 한꺼번에 너무 많이 넣으면 기름의 온도가 떨어지게 되므로 적정량씩 넣어야 한다. 한 번에 넣을 수 있는 적정량은 기름 표면의 절반 정도이다. 좁쌀만한 방울이 기름 표면에 일면 기름 온도가 떨어지기 시작하는 것으로 보면 된다.

🥘 튀기는 도중에 기름을 더 넣고자 할 때

많은 양의 튀김을 튀기다 보면 기름이 지저분하게 되므로 한 번 더 새 기름을 넣어 주는 것이 좋다. 그 양은 본래 기름의 1/4 정도가 적당하다.

기름이 튀어오를 때

기름에 물이 들어가게 되면 기름이 사정없이 냄비 밖으로 튀어오른다. 이런 때는 얼른 식빵을 잘게 부서뜨려 기름 속에 넣어 주면 멈춘다.

튀김을 보기 좋게 튀기려면

기름에 넣은 재료를 젓가락으로 잡고 가볍게 흔들어 주면 튀김옷의 모양이 잡혀 보기 좋게 된다.

여러 가지 재료를 섞어서 튀김을 만들 때

여러 가지 재료를 섞어서 튀김을 튀기고자 할 때는 익는 시간이 서로 같은 것끼리 섞는 것이 좋다. 이를테면, 소시지·감자·양파 등은 같이 섞어 튀겨도 무난하다.

튀김기름에 불이 붙었을 때

튀김을 튀기다 보면 기름에 불이 붙는 경우가 있다. 이런 때는 얼른 넓적한 채소 잎사귀를 불이 붙은 곳에 넣어 주면 꺼진다. 그것이 없을 경우에는 우선 가스 불을 끈 다음, 옆에 있는 행주 등을 그곳에 넣으면

된다. 기름에 물을 붓는 것은 절대 금물이다.

튀김기름 찌꺼기 냄새 없애기

생선 등을 튀겨내고 나서 그 기름에 다른 것을 튀기게 되면 냄새가 옮아 쓰기 곤란한 경우가 있다. 이런 때는 무나 감자·양파 가운데 어느 한 가지를 그 기름에 넣고 튀기면 그 속에 포함된 수분이 기름에 녹아 있는 냄새를 증발시킨다.

생선을 튀긴 뒤에 나는 냄새는 파슬리를 약 3개 정도만 그 기름에 튀기면 깨끗이 제거된다.

또, 식은 튀김은 맛이 덜하므로 데워야 할 때가 있다. 이때 프라이팬에 기름을 둘러 데우면 느끼한 기름 냄새가 겉돌아 제 맛을 내지 못하는데, 여기에 청주나 소주 등의 술 한두 방울만 떨어뜨리고 나서 데우면 기름 냄새가 빠져 산뜻한 맛을 즐길 수 있다.

튀김냄비의 기름때를 씻으려면

냄비에 물을 가득 부은 다음 밀가루를 우윳빛보다 약간 엷게 타서 약 3분 정도 팔팔 끓인다. 그래야만 밀가루가 냄비 안에 붙어 있는 기름기를 용해시켜 깨끗이 씻어낼 수 있다. 국수나 스파게티 삶은 물로 설거지를 해도 전분이 기름기를 제거해 주므로 효과적이다. 또, 소금물에 술을 부어 하룻밤 정도 두었다가 다음날 아침에 세제를 묻혀 수세미로 닦아도 기름때가 깨끗이 없어진다.

쓰고 난 튀김기름 재활용하기

쓰고 난 기름은 버리지 말고 볶음 요리할 때 다시 사용하면 기름 속에 재료의 맛이 녹아 있기 때문에 맛있는 요리가 된다.

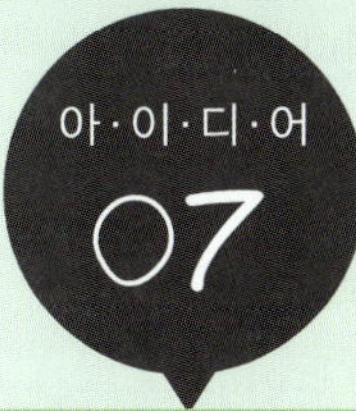

야채 요리

🎯 야채를 삶을 때

쑥갓이나 미나리·시금치 등은 물이 끓기 시작할 때 넣어 얼른 살짝 데쳐내야 비타민 손실이 적고 씹히는 맛도 좋다. 그러나 고구마·감자·무 등과 같은 뿌리 채소일 경우는 찬물에 넣고 처음부터 삶아야 한다. 물이 끓은 다음에 넣게 되면 속은 익지 않은 상태에서 겉이 타 버릴 수가 있다.

🎯 야채의 영양가 손실을 막으려면

야채는 날로 먹는 것이 좋다는 게 일반적인 상식이다. 익혀 먹으면 비타민 C가 파괴된다는 게 그 이유인 것이다. 그러나 야채는 물 속에 오래 담가 두거나 오래 삶기 때문에 영양가가 손실되는 것이지, 끓는 물에 살짝 데치거나 기름에 얼른 튀겨내는 그런 짧은 시간의 열처리로써는 영양가에 아무런 영향을 미치지 않는다. 맛과 영양은 물론이려니와 소화 면에서도 도움이 된다.

무를 맛있게 삶으려면

무를 삶으면 부드럽고 독특한 단맛이 난다. 그 맛을 보다 좋게 하려면 쌀 한 줌을 씻어서 가제로 만든 주머니에 넣고 무와 함께 삶으면 된다. 그러면 쌀의 녹말이 무의 쓰고 매운 맛을 흡수하므로 단맛이 늘어난다.

연근이나 가지의 떫은맛을 제거하려면

연근의 떫은맛을 제거하고 싶으면, 우선 커다란 접시에 물 1컵과 식초 2큰술의 비율로 넣고 그 속에 연근을 담근 다음, 손으로 휘휘 저어 준다. 그리고 나서 헹궈내면 떫은맛도 제거되고, 흰 색깔도 그대로 유지되며, 씹을 때에 생기는 거미줄 같은 실도 없어진다. 또, 씹을 때 아삭아삭하여 입맛을 돋구어 준다. 조림이나 볶음 요리를 할 때 식초 몇 방울만 떨어뜨려 주면 아삭거리는 맛이 한층 좋아진다. 그리고 가지의 경우, 소금물(물 1컵에 소금 1큰술의 비율)에 담가 두면 떫은맛이 사라진다.

냉이의 고유한 향기를 유지하려면

냉이를 국으로 하든 나물로 하든, 냉이가 지닌 고유의 향기를 잃지 않게 하기 위해서는 된장을 많이 쓰지 말고, 또 데칠 때에도 살짝 익힐 정도로 해야 한다. 국을 끓일 때는 조선간장과 참기름 외의 양념은 쓰지 않는 것이 좋다.

🔶 토란을 끓일 때

냄비에 토란을 끓일 때는 냄비 뚜껑을 사용하지 말고 창호지나 파라핀지를 덮어 뚜껑으로 사용해야 토란의 원형을 그대로 유지할 수 있다. 이때 뚜껑에 작게 구멍을 내 주어야 끓어 넘치지 않는다. 여기에 다시마를 넣고 끓이면 끓이는 시간을 단축할 수 있다.

🔶 토란 껍질을 쉽게 벗기려면

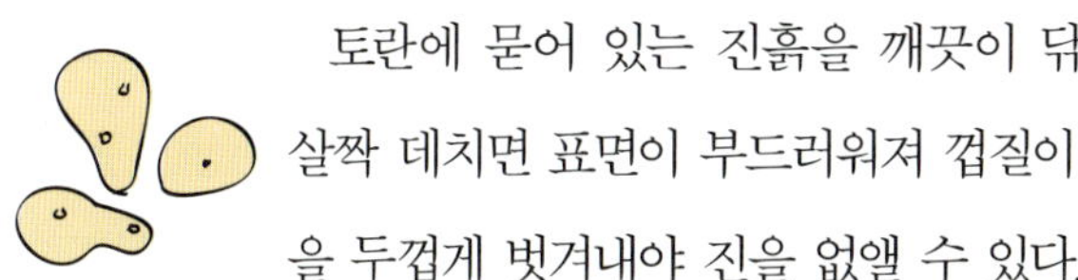

토란에 묻어 있는 진흙을 깨끗이 닦아내고 끓는 물에 살짝 데치면 표면이 부드러워져 껍질이 잘 벗겨진다. 껍질을 두껍게 벗겨내야 진을 없앨 수 있다.

토란 껍질을 벗기고 나면 손에 토란 진이 묻어 가려운데, 이런 때 손에 식초를 바르면 가려운 증상이 없어진다.

🔶 우거지를 연하게 삶으려면

우거지를 좀 연하게 삶고 싶으면, 삶을 때 소다를 조금 넣으면 된다. 또 콩을 볶을 때도 조금 볶다가 물에 소다를 조금 타서 넣고 볶으면 콩이 곱고 연해진다.

🔶 호박조림을 할 때엔 홍차를

호박찌개나 호박조림을 잘못하게 되면 너무 익어서 모양이 흐트러지기가 쉽다. 호박 요리를 할 때 홍차를 약간만 넣고 조리해 보자. 호박 특유의 풍미가 살아나면서 모양도 흐트러지지 않아 맛좋은 호박 요리가 된다.

🏷️ 마늘과 소금은 콩나물의 비린내를 없애 준다

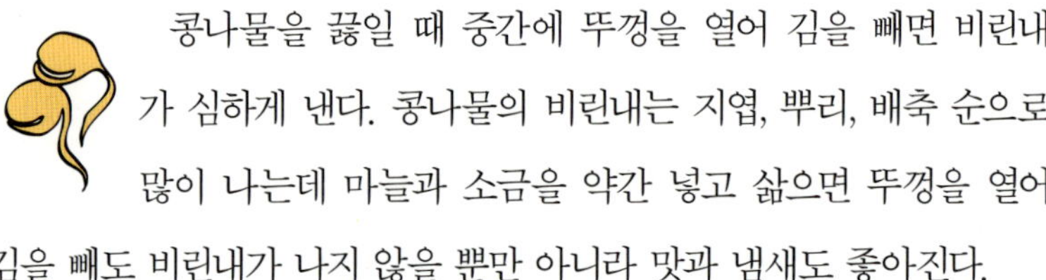

콩나물을 끓일 때 중간에 뚜껑을 열어 김을 빼면 비린내가 심하게 낸다. 콩나물의 비린내는 지엽, 뿌리, 배축 순으로 많이 나는데 마늘과 소금을 약간 넣고 삶으면 뚜껑을 열어 김을 빼도 비린내가 나지 않을 뿐만 아니라 맛과 냄새도 좋아진다.

🏷️ 마늘 간장 만들기

마늘 한 통을 깐 뒤 낱개를 반씩 잘라서 커피 병 등에 담고, 그곳에 간장 한 컵을 붓고 약 1주일 정도 두면 마늘 냄새가 밴 간장이 된다. 마늘 냄새가 너무 강하게 나면 불고기 요리할 때 고기를 재거나 혹은 고기를 구워 찍어 먹으면 좋다.

🏷️ 마늘 냄새와 매운 맛 없애기

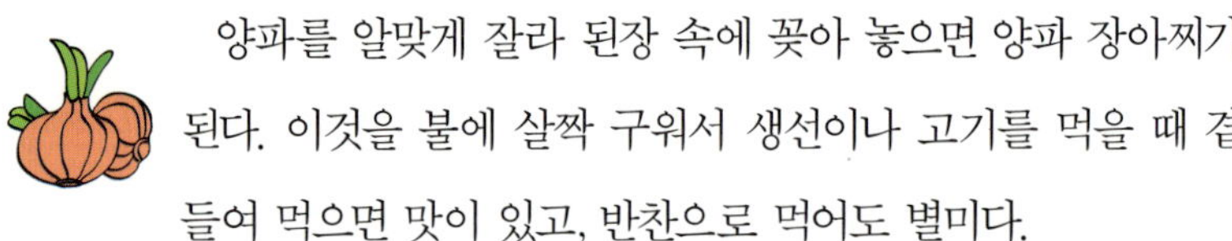

깐 마늘을 설탕과 소금이 조미된 식초물에 한 일주일 정도 푹 담가 두었다가 소쿠리에 건져내 물기를 완전히 제거한 뒤에 사이다에 담가 두면 거북한 마늘 냄새와 매운 맛을 없앨 수 있다. 사이다에 담가 둔 채 그때그때 꺼내 먹으면 된다.

🏷️ 양파 장아찌 만들기

양파를 알맞게 잘라 된장 속에 꽂아 놓으면 양파 장아찌가 된다. 이것을 불에 살짝 구워서 생선이나 고기를 먹을 때 곁들여 먹으면 맛이 있고, 반찬으로 먹어도 별미다.

🔴 독특한 맛을 내는 시금치국 끓이기

 아주 새로운 맛을 내는 시금치국 끓이는 법을 소개하겠다. 재료도 적고 끓이는 법도 간단하다.

1) 찬물에 다시마와 멸치를 넣고 끓여 국물을 만든다.

2) 깨끗이 씻은 시금치를 다진 마늘 1작은술과 파 1큰술, 참기름 약간, 후춧가루 약간, 밀가루 약간(재료가 엉길 정도), 달걀 1개 등을 섞어 시금치를 넣고 버무린다. 그러면 마치 부침개 재료같이 진득하게 된다.

3) 마지막으로, 수제비를 떼어넣듯이 끓는 국물에 시금치 한 포기씩을 국물에 넣고 한소끔 더 끓이면 된다. 이때 주의할 것은 재료를 넣은 다음 젓지 말아야 한다.

이렇게 하여 끓인 시금치 국은 입맛이 없을 때 식사를 대신할 수도 있다.

🔴 야채를 볶을 때

야채는 강한 불에서 단시간에 볶아내야만 재료의 맛도 녹아 나오지 않고 영양분이나 색깔, 향이 그대로 살아나 산뜻하고 맛있게 조리된다. 그러기 위해선 미리 재료를 손질해 놓아야 한다. 프라이팬 등에 기름을 충분히 두르고 충분히 달구어지면 볶기 시작한다.

🔴 감자를 맛있게 찌려면

감자는 껍질째 쪄야만 물기도 적고 포실포실하여 맛도 좋다. 감자의 껍질에는 비타민 C가 많다. 따라서 껍질을 벗기거나 썰어서 찌면 영양분이 그만큼 손실되므로, 우선 통째로 삶은 뒤에 껍질을 벗기고 적당한 크기로 썰어서 요리해야 맛과 영양이 동시에 살아난다.

또한 감자를 삶을 때는 물이 끓을 때 넣고 삶는 것보다 찬물에 넣고 삶아야 감자의 전분이 흘러나오지 않는다. 감자가 익은 뒤에도 솥뚜껑을 그대로 오래 덮어두면 감자가 질척해지게 되므로 주의해야 한다.

삶아 으깬 감자에다 우유나 버터·소금 등을 넣고 버무리면 매시드 포테이토가 되는데, 이는 이유식이나 어린이 간식용으로 좋다.

◐ 감자튀김을 맛있게 만들려면

감자튀김을 맛있게 만들려면, 감자를 손질하여 물에 담갔다가 살짝 삶은 다음, 감자가 식기 전에 튀겨내야 바삭바삭하여 맛있다. 감자를 채 썰어 볶을 때도 찬물에 헹구어 센 불에서 재빨리 볶아내야 깨끗하고 윤기가 돈다.

◐ 감자 껍질 벗기기

감자는 겉면이 울퉁불퉁해 수저 등으로 껍질을 벗기다 보면 여간 힘들지 않다. 이럴 때는 끓는 물에 감자를 살짝 데쳐서 겉면이 부드러워진 뒤에 나일론 수세미 등으로 문질러 벗기면 껍질만 얇게 벗겨진다. 그러나 햇감자는 껍질이 얇으므로 삶지 않고 그대로 문질러도 잘 벗겨진다.

◐ 야채의 색깔에 따라 데치는 방법도 달라야

색이 푸른 야채는 야채가 잠길 정도의 충분한 물에 소금 한 줌을 넣고 뚜껑 없이 빨리 데치는 것이 좋다. 그래야만 데쳐진 야채에서 윤기가 난다.

그러나 진이 없는 하얀 야채의 경우, 냄비에 물을 조금만 넣고 뚜껑을 덮은 채 데치는 것이 좋다. 그런 다음, 데친 야채를 소쿠리에 담아 실온에서 식히면 맛이 달아나지 않는다.

고구마가 익었는지 알아보려면

우리가 보통 고구마를 찔 때 익었는지 어떤지를 알아보기 위해 젓가락으로 찔러 보는데, 그것만으로는 충분하지 못하다. 우선 냄비 뚜껑을 열고 찐 고구마 옆에다가 성냥불을 그어 대 보자. 이때 성냥불이 꺼지지 않고 끝까지 타면 고구마가 완전히 익은 상태이다.

고구마를 삶을 때는 다시마와 함께

고구마를 통째로 삶을 때는 시간이 꽤 오래 걸린다. 다 익었는가 싶어서 젓가락으로 찔러 보면 아직도 멀었다.

고구마를 삶을 때 다시마를 이용해 보자. 고구마를 삶을 때 다시마를 조금 넣고 함께 삶으면 놀라울 정도로 짧은 시간에 고구마가 맛있게 삶아지는데, 이는 다시마에 있는 성분이 고구마를 부드럽게 하는 구실을 하기 때문이다.

샐러드기름 보존 방법

기름이 공기와 접촉하게 되면 산화하여 변질된다. 따라서 쓰다 남은 샐러드기름은 빈 캔에 넣어 비닐로 밀봉해 두어야 오래 보관할 수 있다.

샐러드의 안 좋은 냄새를 없애려면

접시에 다진 마늘을 바르고 난 뒤에 샐러드를 담으면 마늘에서 나는 향내가 샐러드에 스며들게 되어 효과가 있다.

샐러드는 목제나 유리 종류에 담아야

금속제 그릇에 샐러드를 담으면 안 좋으므로 피하고, 목제 그릇이나 유리 그릇을 사용한다.

진이 있는 야채를 데치려면

토란 등과 같이 진이 있는 야채를 데치고 나면 진이 냄비에 들러붙어 설거지할 때 좀처럼 닦아지지 않아 애를 먹게 된다. 따라서 야채를 넣기 전에 샐러드 기름을 냄비에 두르고 나서 데치면 냄비에 진이 들러붙지 않는다.

냉동된 야채를 데칠 때

특히 잘게 썰어서 얼려 둔 야채나 콩류를 데치고자 할 때는 덩어리를 부순 다음에 데쳐야 좋다.

🍊 당근 냄새를 없애려면

당근 냄새가 싫어서 당근 요리를 먹지 않는 사람들이 있다. 이럴 때는 당근을 냉장고에 넣어 두거나 물 속(당근의 머리 부분이 약간 위로 올라올 정도의 물)에 약 2일 정도 담가 두면 냄새가 없어진다.

🍊 채소는 삶지 말고 쪄야 맛있다

채소는 물에 넣어 삶는 것보다 수증기로 쪄야 훨씬 맛있다. 특히 양배추처럼 잎이 흰 채소의 경우 더더욱 그러하다. 그리고 채소를 찔 때는 물과 채소의 사이를 약 3㎝ 정도 유지되도록 해 주어야 좋다.

🍊 양배추를 소금에 절이기 전에 식초를 친다

양배추를 잘게 채 썰어 식초를 약간 치고 나서 소금절이를 한다. 그리고 하루쯤 지나게 되면 보통 소금절이와는 다른 좋은 맛이 난다. 이 것에 그대로 간장을 치면 겉절이가 되고, 드레싱에 버무리면 샐러드가 되며, 또 고기 요리에 사용해도 좋다.

과일

🍎 깎아 놓은 사과의 변색을 막으려면

사과를 깎아 놓고 손님을 기다리다 보면 얼마 안 있으면 색깔이 불그스름하게 변해 볼품없이 되어 버린다. 이러한 변색을 막으려면 깎은 사과를 연한 소금물에 담가 두었다가 손님이 왔을 때 접시에 담아 내면 변색될 우려가 없다. 소금물은 사과가 산화하는 것을 억제하는 효과가 있기 때문이다.

샐러드나 샌드위치용으로 잘게 자른 사과일 경우, 레몬즙을 조금 탄 레몬수를 사과에 뿌려 주면 역시 변색되지 않는다.

🍊 과일에 설탕을 치면 영양가가 파괴된다

과일을 깎아 내올 때 보면, 단맛을 돋구기 위해 설탕을 치는 경우가 더러 있다. 원래 과일은 몸 속에 들어가면 알칼리성 반응을 보이게 된다. 그런데 설탕을 치게 되면 그 반응이 변해서 산성 반응을 일으키므로 섭취한 과일이 전혀 소용없게 된다. 설탕은 적게 먹을수록 좋은데, 구태여 과일에까지 넣어서 영양가를 떨어뜨릴 필요는 없는 것이다.

바나나 고르기

바나나가 각이 져 있고 긴 것은 중남미 산이고, 둥글고 작은 것은 대만 산이다. 그리고 껍질에 푸른빛이 도는 것은 덜 익은 것이고, 껍질에 반점이 있는 것이 가장 잘 익은 것이다. 덜 익은 것은 요리용으로 사용하거나 더운 곳에 놔 두어 익혀 먹으면 되고, 익은 것은 그날로 먹어야 맛있다.

맛없는 바나나를 맛있게 만들어 먹으려면

오래 되어 속이 검게 변한 바나나는 볼품도 없을뿐더러 맛도 없다. 그럴 때는 우선 껍질을 벗겨 서너 토막으로 자른 다음 대나무나 버드나무 꼬챙이로 끼워 우유에 반죽한 달걀을 살짝 입혀 데친다(달걀 반죽은, 우유 반 병에 달걀 노른자 한 개를 풀어 섞은 다음, 거기에 밀가루 1큰술과 달걀 한 개 분의 흰자를 넣어 거품을 일구어 섞으면 된다). 그리고 여기에 설탕과 향료를 약간 뿌려 먹으면 아주 맛이 좋다.

바나나가 변색되는 것을 막으려면

바나나는 껍질을 벗겨 놓고 나서 얼마 안 있으면 금방 색이 거무스름하게 변한다. 이것을 방지하려면 벗긴 바나나에 레몬즙을 떨어뜨려 주면 된다.

 바나나를 보관하려면

먹고 남은 바나나를 그대로 방치해 두면 너무 익거나 상하여 먹을 수 없게 된다. 바나나를 상하지 않게 보관하려면, 껍질을 벗겨 하나하나 랩에 싸서 냉동하면 좋다.

레몬즙의 활용

 레몬즙을 야채 요리에 넣으면 야채의 맛을 살려 내고, 육류에 사용하면 고기 냄새를 제거하여 맛을 돋군다.

딸기를 씻을 때

딸기는 꼭지를 안 뗀 상태로 씻는 것이 좋다. 꼭지를 떼어 내고 씻으면 꼭지 자리에 물이 들어가게 되어 단맛이 떨어지기 때문이다. 또한 딸기는 소금물로 씻어야 살균도 되고, 소금의 짠맛에 의해 단맛도 증가되어 맛있다.

딸기에 설탕과 양주를 치면 별미

한물 간 딸기는 아무래도 제 맛이 나지 않는다. 이럴 때는 딸기에다 설탕을 친 다음 위스키나 브랜디 등의 양주를 살짝 뿌려 놓으면 아주 새로운 맛으로 변한다.

밀크 사과 만드는 법

햇사과가 나오기 전에 수확한 사과는 별 맛이 없다. 이 맛없는 사과를 맛있게 만들어 먹는 방법이 있다.

먼저 사과를 깎아 네 토막으로 자른 다음, 속에 있는 씨와 뼈대를 도려내고 먹기 좋게 잘게 자른다. 그런 다음, 이것을 냄비에 담아 물을 약간 붓고 설탕을 많이 넣어 사과가 아주 연하게 될 때까지 수저로 저어 가면서 충분히 찐다. 그러고 나서 이것을 과일 접시에 담아 크림을 듬뿍 친 다음에 먹으면 아주 맛있는 밀크 사과가 된다.

🌑 물에 담가 둔 수박을 골고루 시원하게 하려면

수박을 집에서 먹을 경우에는 냉장고에 넣어 두었다가 먹으면 시원하게 먹을 수 있겠지만, 낚시나 등산을 갔을 때는 냉장고가 없으니 찬물에 담갔다가 먹을 수밖에 없다. 그러나 수심이 얕을 경우, 일부만 가라앉고 일부는 물 위에 솟아올라 골고루 시원하지가 않다. 이런 때는 물에 담가 둔 수박 위에 수건 한 장을 덮어 놓으면 전체가 골고루 시원하게 된다.

🌑 수박을 소금에 찍어 먹는다?

서로 다른 종류의 맛이라도 두 가지 양념을 섞으면 맛의 상승 효과가 일어난다. 이를테면, 설탕물에 소금을 약간 넣으면 단맛이 강해지고, 화학 조미료를 넣은 국물에 소금 간을 하면 훨씬 강하게 느껴진다. 수

박을 소금에 찍어 먹으면 더 달고, 육수장국에 소금을 넣으면 맛이 더
해진다. 또 단팥죽은 끓일 때 소금을 조금 넣으면 더 달게 느껴진다.

과일 샐러드의 물기를 제거하려면

사과·배·파인애플·감 등 각종 과일을 섞어 만든 샐러드는 과일에서
나오는 수분으로 인해 샐러드 드레싱이 묽어지기가 쉽다. 이럴 때는 샐
러드에 땅콩을 갈아넣으면 과일의 수분을 흡수해 물기가 생기지 않고
땅콩의 고소한 맛이 과일과 한데 어우러져 한결 더 맛이 좋아진다. 샐
러드에 넣는 과일은 얇게 썰어야 드레싱이 골고루 묻어 더욱 맛이 있다.

포도의 맛을 볼 때는 이렇게

보통 주부들이 시장에서 포도를 살 때, 한 알 떼어내 맛을 본 다음
에 사는 경우가 많은데, 이런 때는 포도송이 끝부분 것으로 맛보지 말
고 꼭지 쪽의 것을 맛보아야 전체의 맛을 가늠할 수가 있다. 포도는 본
래 포도송이 끝부터 익어 들어가기 때문이다.

뻣뻣해진 건포도를 부드럽게 하려면

건포도를 오래 놓아두게 되면 뻣뻣해져 맛이 덜하다. 이럴 때는 건
포도에 포도주나 물을 뿌려 랩을 씌운 다음 전자레인지에 넣어 약 30
초 정도 가열하면 연하고 부드러워진다.

감의 떫은맛 없애기

감은 크게 단감과 떫은감으로 나눌 수 있다. 단감은 따서 그대로 먹
으면 되지만 떫은감은 떫은맛을 없애야 먹을 수 있다. 이 떫은 맛을 없

애려면, 감을 두꺼운 종이에 싸서 약 10일 간만 놓아두면 된다. 또 쌀 속에 20일 정도 묻어 두어도 떫은맛이 사라지고 단맛만 남게 된다.

그리고 감 껍질에는 비타민이 많이 함유되어 있다. 이 감 껍질을 된장에 넣어 두면 된장에 담가 둔 다른 음식의 맛을 돋구어 주는 효과가 있다.

아·이·디·어 09

약이 되고 건강에 좋은 식품

가지

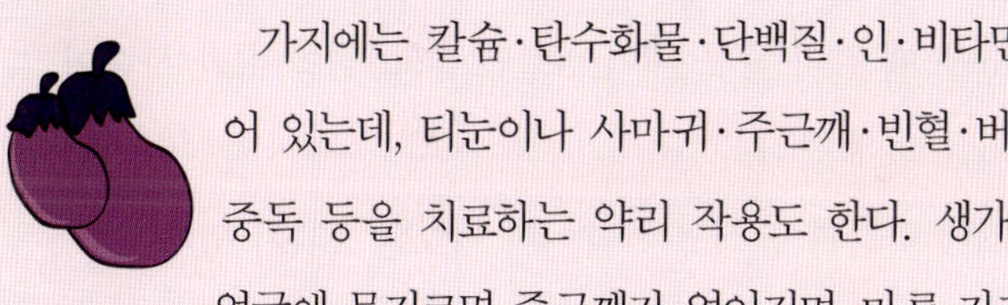

가지에는 칼슘·탄수화물·단백질·인·비타민 A, C가 들어 있는데, 티눈이나 사마귀·주근깨·빈혈·버섯으로 인한 중독 등을 치료하는 약리 작용도 한다. 생가지를 잘라서 얼굴에 문지르면 주근깨가 없어지며, 마른 가지 잎을 갈아서 따뜻한 술이나 소금물로 마시면 빈혈을 치료하기도 한다.

가지는 그 밖에도 다음과 같은 효능이 있다.

1) 가지 뿌리를 찧어 즙을 내거나 태워서 충치에 바르면 좋다.

2) 자궁의 하수(下垂)로 인해 음호(陰戶)가 돌출되었을 때, 가지 뿌리를 태워 재를 만든 다음, 참기름에다 개어서 탈지면에 발라 음도 내에 삽입시키면 효과가 있다.

3) 입안이 헐고 잇몸이 부었을 때 가지 껍질을 태워 꿀에 개어서 바르면 좋다.

4) 음부의 가려움증은 가지 한 개를 불에 태워 가루를 만들어 참기름에 갠 다음, 탈지면에 묻혀 음부 속에 삽입시키면 좋다.

5) 고혈압 환자가 가지를 많이 먹으면, 모세혈관이 파열되어 출혈하는 일이 없다.

6) 파상풍에는 마른 가지 꼭지+가짓대, 또는 뿌리+파뿌리를 삶아서 자주 씻어 주면 좋다.

🟠 감

감의 용도는 여러 가지가 있는데, 그 중 몇 가지를 소개하면 아래와 같다.

1) 야뇨증이 있을 때 곶감 서너 개를 물에 넣고 달여서 잠자기 전에 마시면 효과가 있다. 이는 또 설사를 멎게 한다.

2) 뱀에 물렸을 때 감의 즙을 내어 바르면 좋고, 술에 취한 사람이 먹으면 취기를 없애 준다.

3) 만성 임질에 곶감과 등심초를 달여서 먹으면 효과가 있다.

4) 치질에는 곶감을 태워 가루를 만들어 먹으면 좋고, 치통이 올 때 그 가루를 잇몸에 바르면 통증이 가라앉는다.

5) 갓 나온 감잎을 쪄서 말린 다음 차를 만들어 마시면 고혈압을 예방할 수 있다.

6) 딸꾹질이 심할 때 곶감 4개를 물에 넣고 삶아서 그 물을 천천히 마시면 곧 멎는다.

7) 소변에 피가 섞여 나올 때 곶감 3개를 구워 가루를 낸 다음 밥물로 복용하면 좋다.

8) 심한 구역질이 나고 속이 뒤집힐 때, 감꼭지 7개를 태워 가루를

만든 다음 3.75g씩 술에 풀어 매일 3번씩 식사 후 1시간 뒤에 복
용하면 효과가 있다.

9) 어린아이에게 혓바늘이 섰거나 목이 아플 때 곶감에 묻어 있는
흰 가루를 자주 발라 주면 좋다.

🔹 감자

감자에는 단백질·지방·비타민 B, C·섬유질·당질 등이 함유되어 있
어서 변비 예방에 좋다. 주식이 감자인 미국 남대서양의 트리스반 섬
주민들은 충치를 앓는 사람이 없는 것으로 알려져 있다. 또 감자 수프
는 유아의 영양식으로 좋으며, 고혈압이나 심장병·구내염·피부병을 예
방하기도 한다.

🔹 구기자

가지과에 속하는 구기자는 예로부터 정을 늘리고 양을 돕는다 하여
강장·강정제로 알려져 왔다.

옛날 선술(仙術)과 선도(仙道)를 행하던 사람에게 구기자는 귀한 영양원이었다. 구기자를 일상적으로 복용하면 두뇌가 명석해지고 시력도 좋아지며 근기도 강해진다.

복용 방법은 차로 달여 마시거나 수프로 먹을 수도 있고, 볶아서 먹어도 좋다. 매일 또는 1주일에 2~3회 조금씩 먹도록 한다. 우수한 뇌세포를 만들고 혈액을 깨끗이 유지시켜 준다.

구기자는 이 밖에도 다음과 같은 효능이 있다.

1) 구기자로 술을 담아 매일 한두 잔씩 먹으면 혈색이 좋아질 뿐만 아니라 건강에도 좋다.

2) 구기자는 폐를 윤택하게 하고, 간을 맑게 하며, 신장을 보호한다. 특히 구기자 술과 구기자차는 예로부터 불로장수의 명약으로 알려져 왔다.

3) 각혈이나 이가 쑤실 때 구기자 뿌리를 진하게 달여서 마시면 효과가 있다.

🔺 오미자

날씨가 변덕스러울 때는 감기에도 걸리기 쉽다. 그리고 감기는 나았어도 기침이 멎지 않아 고생을 하는 경우를 흔히 본다. 이럴 때, 오미자를 끓여서 엽차 마시듯 자주 마시면 어느 틈엔가 기침이 멎게 된다.

이 방법은 특히 어린이에게 좋은 효과가 있으며, 여기에 생강을 넣고 끓이면 더욱 좋다. 맛이 새큼하고 빛깔도 앵둣빛이라 아이들이 즐겨 마실 수 있어 좋다.

🔺 매실

사람이 나이가 들게 되면 위의 노화현상으로 말미암아 위산의 분비가 나빠지게 된다. 위산의 분비가 적어지게 되면 위에 많은 잡균이 생기게 되고, 뱃속에서 소리가 난다. 이런 때 매실을 먹게 되면 매실에 함유되어 있는 산이 위산의 역할을 대신해 주어 단백질의 소화를 돕는다. 특히 아침에 일어나서 매실을 먹으면 간밤에 작용하지 않았던 위에 위산 분비를 촉진시켜 식욕을 증진시켜 준다. 매실 한 개에는 보통 1.5g의 염분이 함유되어 있다. 하루의 적량 염분이 10g이라고 볼 때, 매일 두 개를 먹게 되면 하루 양의 3분의 1에 가까운 수치가 되므로 고혈압 환자의 경우 주의해야 한다.

🔺 양파

양파에는 생각지 못하던 여러 가지 약효가 있다. 아기들이 경풍을 일으킬 때 양파를 잘라 입에 대어 주면 씻은 듯이 가라앉는다. 코가 막혔을 때 즙을 내어 조금씩 마시면 트이고, 충치로 이가 아플 때 양파를 갈아서 충치 안에다 넣어 두면 통증이 멎는다. 또, 너무 신경이 긴

장될 때에도 양파를 생으로 먹으면 안정이 된다.

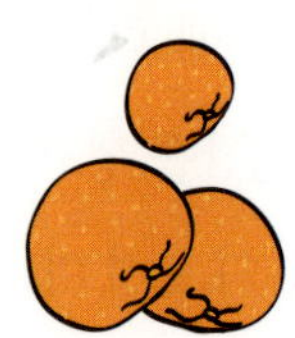

현재 우리 나라의 제주도에서 많이 재배되고 있는 이 귤은 각기병이나 동맥경화 예방약으로 이용된다.

귤껍질을 진하게 달여서 마시면 어류 중독의 해독제가 되고, 코감기에 걸렸을 때 귤 한 개를 구워서 먹거나 귤껍질로 차를 끓여 먹으면 특효가 있다. 여기에 생강을 조금 넣어 마시면 구토가 멎고 소화를 돕는다.

그 외에도 귤의 효능은 다음과 같다.

1) 과음 또는 과식하여 토하거나 입 안이 마를 때, 귤껍질 속에 있는 흰 부분을 구워서, 끓인 물과 함께 마시면 좋다.

2) 입술이 부르트거나 피부에 부스럼이 났을 때, 푸른 귤껍질을 태워 재를 만든 다음 돼지기름에 개어서 바르면 좋다.

3) 변비가 있을 때, 삶아 건져낸 귤껍질을 불에 태우거나 말려 가루를 만든 다음, 매일 아침 식전에 따뜻한 물이나 밥물로 7g씩 복용하면 좋다.

4) 감기 몸살·두통·기침 등의 증세가 있을 때, 귤껍질 3.75g에 14조각의 생강을 넣고 삶아서 한 그릇 마신 다음 땀을 내면 잘 낫는다.

5) 구토와 멀미가 있는 사람이 귤껍질 15g과 생강 3.75g을 삶아서 그 물을 차처럼 자주 마시면 효과가 있다.

참깨

참깨는 단백질 19.5, 지방 45.35, 섬유 12.10, 수분·회분·당질 등으로 이루어져 있다. 특히 이 참깨는 비타민이 전혀 들어 있지 않고 세사민과 세사물이 들어 있다는 것이 특징이다.

참깨의 주요 효능은 다음과 같다.

1) 만성 피로에 참깨나 들깨를 오랫동안 먹으면 드링크제나 신경안정제를 먹는 것보다 효과적이다.

2) 혈관 장애나 고혈압·심장병 등에 좋다.

3) 검은 참깨로 쑨 지마죽은 병으로 인해 약해진 몸을 회복시키고 정력을 강하게 하는 효과가 있으며, 아기를 낳은 산모로 하여금 젖을 많이 나오게 한다. 검은 참깨와 쌀 한 홉을 깨끗이 씻어서 물에 불린 다음 햇볕에 말렸다가 가루를 내어 물 다섯 홉에 설탕 40g을 넣고 끓이면 된다. 가루를 내기 전에 참깨는 살짝 볶는다.

4) 위점막을 보호해 주므로 위암이나 위궤양 환자에게 좋다.

5) 버짐이나 주근깨가 났을 때 참깨 기름과 달걀 흰자위를 함께 개어서 발라 주면 특효가 있다.

6) 머리가 빠지거나 흰머리가 날 때 참기름을 발라 주면 효과가 있다.

7) 벌레나 독충에 물렸을 때 재빨리 검은깨나 참깨를 씹어서 상처에 발라 주면 독을 제거할 수 있다.

8) 갑자기 속이 쓰리고 위가 아플 때 참기름을 찻숟갈로 한 스푼 퍼서 마시면 효과가 있다. 그래도 계속해서 아프면 한 스푼 더 마신다. 그러면 설사를 하게 되고 통증이 곧 멎게 된다.

9) 산모가 젖이 모자랄 때, 참깨나 검은깨를 볶아서 잘 으깬 다음, 매일 3회씩 식전에 찻숟갈로 하나씩 복용하면 상당한 효과를 볼 수 있다.

10) 팔다리가 차갑고 저리며 아플 때, 잘 볶아낸 검은깨 한 되를 가

루 내어 항아리에 담고, 그곳에 뜨거운 술 한 되를 부어서 1주일 간 두었다가 매일 식전 또는 식후에 3차례씩 한두 잔씩 따끈히 데워서 마시면 효과가 있다.

이 외에도 깨를 매일 먹으면, 혈청 내에 있는 콜레스테롤을 조절해 주어 변비를 예방할 수 있고, 또한 아미노산이 많이 함유되어 있어서 스테미너 강화와 성인병 예방에 도움을 준다.

들깨

옛날에 '딸을 시집보낼 때는 깻국을 먹여 보냈다'고 할 정도로 들깨는 피부 미용에 좋은 효과가 있다. 또한 들깻잎은 채소 중에서 영양가가 단연 으뜸으로서 강한 알칼리성 식품이다. 특히 비타민 A와 C가 많이 함유되어 있다.

들깨와 찹쌀을 물에 담가 불렸다가 갈아서 만든 들깨죽은 노인의 보신과 병후 몸조리에 좋고, 학생에게 먹이면 머리가 맑아져 공부가 잘된다.

또, 변비 환자가 들깨를 날것으로 씹어 먹으면 효과를 볼 수 있으며, 벌레나 독충에 물렸을 때 상처에 들깨기름을 바르면 독이 제거된다. 들깨기름이 없으면 들깨를 날로 씹어서 발라도 효과가 있다.

검은 참깨

참깨에는 뇌세포를 비롯한 전신 세포의 중요한 재료인 지질이 45~55%나 함유되어 있다. 또 양질의 단백질이 19.9%나 함유되어 있고, 필수 아미노산도 거의 모두 균형 있게 들어 있다.

🔸 창포

창포는 방향성(芳香性)이 있는 식물로, 한방에서는 주로 위를 튼튼히 하는 약재로 사용되어 왔다. 중국에서는 창포를, 정신을 맑게 하여 기분을 안정시키고 두뇌 활동을 좋게 한다고 하여 성신건뇌약(醒神健腦藥)으로 불려 왔다. 창포의 뿌리와 줄기를 물에 달여서 자주 마시면 건망증과 기억력 감퇴를 예방하는 데 효과가 있다.

🔸 꿀

예로부터 만병통치·불로강정에 좋다고 하여 많이 애용해 왔던 이 꿀은, 벌이 꽃에서 따 온 단물을 침으로 분해해서 포도당과 과당으로 바꾸어 놓은 것이다. 당질이 주성분인 이 꿀은 단백질·회분·판토텐산·젖산·사과산·비타민 B_1, B_2, B_3 등이 함유되어 있는데, 그 효능은 다음과 같다.

1) 변비·기침·딸꾹질에 특효가 있다.

2) 피부 미용에 좋다.

3) 고혈압을 예방하고, 피로회복에 탁월한 효능의 있으며, 위궤양·심장병·간장병·신경통 등의 치료에 좋다.

4) 꿀에 대나무 잎을 태워 섞어 먹으면 지속성 만성 기침에 효과가 있다. 대나무 잎은 열을 내리고 마른기침을 멎게 하는 효과를 지니고 있다.

5) 밤에 오줌을 잘 싸는 아이에게 식사 때마다 한 숟갈씩 먹이면 효과가 있다.

6) 꿀에 칡뿌리 가루를 섞어 먹으면 숙취에 좋다.

7) 자주 짜증을 부리는 사람이나 불면증 환자에게 탁월한 효과가 있다.

8) 꿀과 감초 가루를 섞어 먹으면 간염이나 간장질환, 또는 위궤양이
   나 복통 치료에 효과적이다.

9) 꿀에 무를 넣고 삶아서 먹으면 빈혈에 좋다.

10) 꿀에 인삼가루를 넣어 두었다가 체력이 떨어질 때 먹으면 전신쇠
    약, 소화기능 저하, 복부와 손발의 냉증, 집중력 감퇴 등에 좋다.
    공복에 마신 다음 냉수를 마시면 된다.

11) 꿀과 도라지 뿌리를 가루 내어 섞어 먹으면 인후염이나 편도선염
    에 좋다.

🔆 유자

유자를 껍질째 썰어서 꿀이나 설탕에 재어 두었다가 뜨거운 물에 서
너 조각씩 넣어 장기간 마시면 뇌졸중이나 고혈압을 예방할 수 있다.
그리고 기관지가 안 좋은 사람은 이 유자 건더기를 물에 넣고 조청처
럼 조려서 마시면 효과가 있다.

또 각종 신경통이나 류머티즘 환자의 경우, 유자 껍질 40~50g을 헝

겊 주머니에 담아 목욕물에 20~30분 담가 두었다가 그 물로 목욕하면 혈액순환이 원활하게 이루어지면서 효과를 볼 수 있다.

🔶 율무

물 5컵에 율무 50g을 넣고 푹 삶아서 헝겊 주머니에 싼 다음, 삶은 물과 함께 욕조에 넣고 목욕하면, 신경통·관절염·근육통 등에 효과가 있다. 이렇게 하면, 기미·주근깨·물사마귀를 없애는 데에도 효과가 있다.

또 율무를 곱게 갈아서 차로 끓여 마시면서 율무 팩(우유를 따뜻하게 데워 율무가루와 함께 반죽한 뒤 꿀을 적당히 섞어 얼굴에 골고루 발라 문지른다)을 하면 더욱 효과적이다.

그러나 율무는 본디 성질이 차고, 임산부의 경우 낙태의 위험이 있으므로, 몸이 냉한 사람이나 임산부는 마시지 않는 것이 좋다.

🔶 녹두

녹두는 해독 작용을 제일로 꼽을 수 있다. 각종 질병으로 인한 독성분이나 약물 중독을 없애는 데 효과가 탁월하다. 그런데 만일 약을 복용할 때 녹두로 만든 음식을 먹게 되면 어떻게 되겠는가? 두말 할 것도 없이 녹두의 강력한 해독 작용이 약 성분을 희석시켜 효과를 크게 떨어뜨리게 된다. 그래서 한약을 먹을 때 녹두 음식을 먹지 말라는 것이다.

녹두는 다음과 같은 효능이 있다.

1) 지나친 음주로 인해 간기능이 나빠져 숙취가 잘 가시지 않을 때, 그늘에 말린 녹두꽃을 가루 내어 따뜻한 물에 4g씩 타서 하루 한 번씩 복용하면 효과를 볼 수 있다.

2) 당뇨 환자의 경우, 녹두 삶은 물을 자주 복용하면 좋고(이때 설탕은 넣지 말아야 한다), 소변을 시원하게 볼 수 없는 사람이나 갈증을 해소시키는 데 이 물을 마시면 효과적이다. 그러나 녹두는 본디 성질이 차가우므로 냉증이 있는 사람은 피하는 것이 좋다. 또한 혈당과 혈압을 떨어뜨리는 작용을 하므로 고혈압인 사람에게는 좋으나 저혈압인 사람이나 빈혈이 있는 사람에게는 좋지 않은 식품이다. 특히 고혈압인 사람의 경우, 녹두 껍질로 베개를 만들어 사용하면 혈압이 내려가면서 머리가 가벼워진다.

3) 식중독에 걸렸을 때 생녹두 가루 2스푼을 냉수로 복용하면 좋다. 그래도 듣지 않으면 다시 복용하고, 토사가 있으면 쌀과 녹두를 반반씩 섞어서 미음을 쑤어 먹으면 효과가 있다.

4) 여름철 전염병이 유행할 때 녹두 1되를 5배의 물에 넣고 녹두가 다 풀어질 때까지 삶아 즙을 내어 마시면 좋다. 이때 약간의 설탕을 넣어 마셔도 된다.

메밀

메밀은 메밀국수·메밀묵·메밀부침·메밀수제비 등의 여러 가지 요리 재료로 쓰이며, 특히 냉면으로 많이 사용된다. 메밀가루는 너무 흰 것보다는 약간 검은 색을 띠는 것이 영양분도 많고 향기도 좋다. 메밀에는 전분의 함량이 많고, 조단백질·지방·회분·섬유·비타민 B_1, B_2, D 등의 성분이 함유되어 있으며, 지아미노산이 풍부하여 우수한 단백질 식품이다.

메밀은 예로부터 변비와 혈압에 좋은 식품으로 널리 알려져 왔다. 특히 이 메밀에는, 혈압을 내리게 할 뿐만 아니라 혈관 벽을 튼튼하게 해 주고, 동맥경화·폐출혈·동상·감기 치료에 효과가 뛰어난 루틴(비타민 P 의 일종)이라는 물질이 함유되어 있어서 뇌졸중이나 고혈압 환자가 먹을 경우 확실히 효과를 볼 수 있다.

이 루틴이라는 물질은 뜨거운 물에 들어가게 되면 쉽게 녹는 성질이 있다. 따라서 메밀국수의 경우, 그 삶은 물까지 먹는 것이 좋다. 처음 메밀국수를 삶을 때 이 루틴이 듬뿍 용해되어 있기 때문이다. 특히 혈압이 높은 노인의 경우, 이 삶은 물을 마실 때 간장이나 소금을 넣고 마시면 안 좋다.

이 루틴은 비타민 C와 함께 섭취했을 때 더욱 효과를 볼 수 있으므로, 식후에 귤 한 개 반 정도를 먹으면 한층 더 효과를 기대할 수 있다.

 김

 김에는 단백질과 비타민·무기질 등이 많이 함유되어 있는데, 특히 비타민 A의 모체격인 카로틴이 식품 가운데 가장 많이 함유되어 있어서 감기 예방에 효과가 있다.

김 한 장에 들어 있는 단백질은 달걀 1개와 같고, 비타민 A는 달걀 3개와 같으며, 무기질은 쇠고기의 100배 정도가 들어 있다고 한다. 또 이 김과 같은 해조류에는 칼슘이 많이 함유되어 있어서 산(酸)을 중화하는 데 큰 역할을 담당한다. 김 속에 포함된 비타민은 위궤양이나 십이지장궤양 치료제로 알려져 있다.

해조류에는 알긴산이라고 하는 미끈미끈하고 쫄깃쫄깃한 것이 있다. 이 알긴산이 콜레스테롤의 흡수를 방해하여 모세혈관을 보호해 주고 높아진 혈압을 내려 주는 역할을 하므로 고혈압이나 동맥경화증의 예방에 좋다.

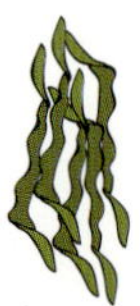 미역

칼슘·요오드·인 등이 함유되어 있는 미역은 피를 맑게 하고 산후 지혈 작용과 자궁 수축 작용을 하기 때문에, 예로부터 아기를 낳은 산모에게 있어 선약으로 알려져 왔다.

이 미역은 고혈압이나 심장병 환자가 오랫동안 먹으면 좋으며, 또 미역에 붙어 있는 미끈미끈한 알긴산 성분은 변비 치료에 효과가 있다. 말린 미역을 살짝 볶아서 가루 내어 한 숟갈씩 먹으면 편도선염 예방에 좋다.

다시마

칼슘·라미닌·알긴산·회분·비타민 A, B_1 , B_2 가 함유되어 있는 다시마는 요오드가 다량으로 함유되어 있어서 비만증과 고혈압을 예방한다. 그리고 이 다시마는 좋은 알칼리성 식품으로서 산성 체질화되어 가는 현대인들에게 권장할 만한 식품이다. 산성 체질화가 되면 고혈압이나 당뇨병 등을 유발할 수 있기 때문이다.

또, 다시마차는 자양식품이며 동맥경화 예방에 효과가 있다.

당근

 당근은 대부분 수분으로 되어 있으며, 당질·칼슘·나트륨·인·비타민 A, B_1 , B_2 , C 등이 함유되어 있다. 이 당근은 옛날 일본인들이 인삼 대신 애용할 만큼 영양분이 풍부한 식품이다.

당근의 주요 효능들을 살펴보면 다음과 같다.

1) 비타민 A가 많이 함유되어 있어서 야맹증 치료에 좋다.

2) 당근 1개와 사과 1개를 강판에 갈아서 벌꿀을 섞어 매일 아침에
   한 잔씩 마시면 온몸이 따뜻해지고 기운이 솟구친다.

3) 생식하면 여성의 피부 미용에 좋다.

4) 당근+양파+감자로 수프를 만들어 먹으면 폐병이나 만성 피로에
   효과적이다.

5) 당근+연뿌리+시금치로 수프를 만들어 마시면 저혈압이나 빈혈,
   여성의 냉증 치료에 효과가 있다.

말에게 당근을 먹이면 원기를 회복하여 달리는 힘이 세어진다는 사
실을 보더라도, 당근에는 무엇인가 신비의 물질이 들어 있음이 틀림없
다. 따라서 병후의 회복기에 있는 사람들에게 생당근을 자주 권하는
것이 좋다.

도라지

단백질·지방·탄수화물·칼슘·인·철분·비타민 A_1, B, B_2, C·나이
아신 등이 포함되어 있는 도라지는 뿌리 외에도 어린잎과 줄기를 데쳐
나물로 만들어 먹어도 좋다.

그 효능을 살펴보면 다음과 같다.

1) 도라지는 호흡기 질환에 좋다. 특히 기침감기에 걸렸을 때 기침을
   멈추게 하거나 가래를 없애 주는 효능이 있다. 감기가 심할 때 도
   라지 뿌리와 율무쌀을 섞어 만든 가루를 뜨거운 물에 타서 마시
   면 특효가 있다.

2) 갑자기 오한이나 더위로 인한 위복통이 일어났을 때 도라지 40g
   과 생강 5조각을 삶아 그 물을 자주 마시면 좋다.

3) 폐병이나 심한 기침, 담혈 등에 마른 도라지 40g(생것은 10뿌리)과

감초 80g을 3되의 물에 넣고 물이 1/3로 줄어들 때까지 삶아서 식후에 한 번씩 계속해서 복용하면 좋다.

인삼의 신비한 효능

인삼은 '오가피과'에 속하는 다년생 약초인 삼(蔘)의 뿌리이다. 원래는 그냥 '삼'이라고만 불렸으나 삼의 모습이 사람과 비슷하다 하여 인삼으로 불렀다고도 하고, 또 자연에서 자생하는 산삼에 비해 사람이 재배해서 얻는다고 해서 인삼이라고 했다고도 한다.

인삼은 수삼·백삼·홍삼으로 나뉜다. 수삼은 가공하지 않은 상태의 것, 백삼은 물에 씻은 다음 겉껍질을 벗겨내어 햇볕에 말린 것(육안으로 볼 때 흰색을 띤다), 그리고 홍삼은 수삼을 물에 씻어 수증기로 쪄서 말린 것(수증기로 찌는 동안 색깔이 빨갛게 변한다)을 말한다.

시장에서 직접 인삼을 살 때는 사용할 용도에 따라 고르도록 하고, 되도록 4년생 이상인 것을 구입하여야 약효를 볼 수 있다. 우리 나라 인삼일 경우, 보관 상태나 가격에 따라 적당한 것을 고르면 별 문제가 없지만, 외국산 인삼은 농약 문제도 심각하고, 그 효능도 우리 인삼에 훨씬 못 미친다는 것을 고려하도록 한다. 근래에는 비교적 원산지 표기를 정확하게 하고 있지만, 외국산 인삼과 우리 인삼의 차이점을 알아 두면 구입할 때 편리하다.

외국산 인삼은 향이 나지 않는 것이 많고, 백삼일 경우, 우리 나라 인삼보다 훨씬 가볍다. 또 인삼의 뇌두(머리꼭지 부분)가 약해서 가늘고 길며 쉽게 부서진다. 아예 뇌두가 없는 것도 많고, 우리 나라 인삼은 뇌두가 몸통에 붙어 있는 것이 특징이다. 가격이 비싼 홍삼 제품일 경우, 우리 나라 제품은 반드시 캔에 압축 포장되어 있고, 특히 담배인삼 공사에서 나온 홍삼은 '정관장'이란 글자와 담배인삼공사 마크가 함께 새겨진 금속성 형광 테이프가 붙어 있음을 유의해서 살펴보면 된다. 백삼은 되도록 품질 인증이 붙어 있는 것을 사는 것이 좋다.

인삼을 달일 때는 가급적 금속 용기를 사용하지 않아야 인삼의 깊은 향을 느낄 수 있다. 인삼을 끓일 때는 인삼에 들어 있는 사포닌이라는 성분 때문에 거품이 많이 나므로, 끓어 넘치지 않게 주의하는 것이 좋다. 인삼만을 끓여서 농축액을 마시려면 장시간 서서히 끓이도록 한다. 전기 약탕기(안이 유리나 자기로 된 것)를 쓰면 끓어 넘을 염려가 없다. 12시간 가량 끓여 농축액을 복용한다.

예로부터 보약 중의 보약으로 전해져 내려오는 인삼의 효능에 대해 알아보고, 인삼을 이용한 건강식품 몇 가지를 소개해 보도록 하겠다.

● 인삼의 효능 ●

1) '다이옥신' 제거 효과가 있다

최근 한국 홍삼이 환경 호르몬 중에서 가장 피해가 큰 물질인 '다이옥신'의 독성에 대한 방어 효과가 있다는 것이 임상 실험을 통해 입증되었다. 또 한국인삼연초연구원의 인삼효능부가 실험 동물들에게 1주일간 다이옥신을 투여한 실험을 했는데, 그 결과 다이옥신에 노출된 실험 동물은 12일 만에 죽었지만, 노출 1주일 전이나, 노출 1주일 후부터 홍삼 추출물 100, 200mg/kg b.w.d을 투여한 동물들에게서는 다이옥신의 피해가 눈에 띄게 줄었고, 그 중 70%가 제 수명이 다할 때까지 생존했음이 밝혀졌다.

이 실험 결과, 한국홍삼 추출물은 다이옥신의 유도 독성, 특히 생식 독성에 대하여 예방 및 치료 효과를 나타내며, 이런 홍삼의 효과는 환경 호르몬 때문에 생긴 정자 결핍증 환자들의 치료제로 개발될 가능성이 크다는 것을 알 수 있다. 다이옥신의 피해를 예방하거나 치료 효과를 보기 위해서는, 홍삼을 끓여서 매일 꾸준히 마시거나 홍삼 진액을 복용하는 것이 좋다고 한다.

2) 당뇨병에 좋다

일본·불가리아·한국은 각각의 임상 실험을 통해 인삼이 당뇨병에 효과가 있음을 밝혀냈다. 인삼에 있는 혈당 강화 성분은 인슐린 분비 촉진 기능을 가지고 있고, 인삼 사포닌은 혈당치를 떨어뜨리고 다식(多食)·다음(多飮)·다뇨(多尿)·요당(尿糖) 등의 당뇨 증상을 크게 개선시킨다. 또 당뇨병 환자에게 홍삼을 투여하면 환자에 따라 혈당량이 저하되고, 인슐린 치료 환자의 인슐린 투여를 줄일 수 있으며, 현기증·어깨 결림·흉부 압박감·갈증·전신 권태감·머리가 무거운 증상 등이 크게 개선되었다는 임상 보고가 1982년을 전후로 발표되었다.

당뇨병에는 주로 수용성 진액을 복용하는데, 홍삼과 백삼 중 홍삼의 수용성 진액이 당뇨병 예방에 좋은 것으로 밝혀졌다. 홍삼 분말이나 진액을 3개월 이상 복용하면 당뇨병 예방에 좋다.

3) 암 예방에 효과가 있다

고려인삼의 항암 효과는 1961년 일본의 우에키를 시작으로 지금도 많은 학자들에 의해 밝혀지고 있다. 동물을 대상으로 한 인삼의 항암 실험이 사람에게도 유효한가를 알아보기 위한 실험에서도 역시 그 효능이 입증된 바 있다. 인삼은 암세포에만 선택적으로 작용해 암세포의 증식을 억제하고 암 조직을 파괴한다고 한다.

담배를 피우는 사람이 인삼을 복용하면 인삼을 복용하지 않는 사람에 비해 폐암·입술·구강 및 후두암과 간암에 걸릴 위험이 뚜렷하게 줄어든다는 것도 입증된 바 있다. 암 예방 비율은 수삼 열탕을 복용하는 사람의 위험 비율이 0.37%, 백삼 열탕을 복용할 경우 0.7%, 백삼 분말을 복용했을 경우 0.30%, 홍삼을 복용했을 경우 0.20%로 암 발생 비율이 떨어진다고 한다.

4) 동맥경화, 고혈압에 좋다

미국 등 구미 선진국의 가장 높은 사망률을 차지하는 질환의 하나인 동맥경화는 우리 나라에서도 식생활의 서구화로 인해 빠르게 늘어나고 있는 질환이다. 인삼의 사포닌은 지질대사 관련 효소 활성을 늘려 혈중 콜레스테롤 증가를 막아 준다. 이는 인삼 성분이 지질 분해 효소를 활성화시키기 때문이라고 한다.

또 홍삼 캡슐을 투여한 사람들에게서는 동맥경화 예방의 효과를, 홍삼 분말을 투여한 사람에게서는 혈중 콜레스테롤과 트리글리세라이드 및 혈소판 점착이 줄어들었고, 고밀도 지질 단백질이 늘어나는 것을 볼 수 있었다.

인삼은 또한 간 기능장애 환자에게 부작용이 없는 것으로 나타나 인삼 성분이 고(高)콜레스테롤 혈증 예방 및 치료제로 훌륭하게 작용한다는 것을 알 수 있다. 고려홍삼 분말을 장기간(평균 10개월 정도) 1일 3~6g 정도, 3회 식전에 복용하면 고혈압에 좋은 효과를 볼 수 있다.

● 인삼을 이용한 건강식품 ●

1) 삼계탕

땀을 많이 흘려 몸의 기가 허약해지는 여름 삼복 더위에 기운을 돋우고 입맛을 되살리는 데 있어서 삼계탕만한 음식은 없다. 밤과 대추·찹쌀을 함께 넣어서 조리하면 소화 기능을 도와준다. 삼계탕에 쓰이는 닭은 영계가 좋다.

대부분 인삼과 닭·찹쌀 등을 함께 끓여 먹지만, 닭을 먼저 삶아 먹고 그 국물에다 인삼을 넣어 달여 먹기도 한다. 삼계탕 1인분을 만들 때 수삼은 15~20g, 백삼이나 홍삼은 4~5g이 적당하고, 찹쌀 1~1.5홉과 대추와 밤을 적당량 곁들이는 것이 좋다.

2) 인삼주

인삼주는 혈액순환을 촉진시키고 원기와 식욕을 돋우며 소화를 도와준다. 인삼주를 만들 때는 주로 수삼을 쓴다. 수삼은 말린 것이 아니라서 알코올 농도가 27%보다 낮은 술에 담그면 부패하기 쉬우므로 주의해야 한다. 인삼주는 한꺼번에 많이 마시는 것은 좋지 않고, 밥을 먹을 때마다 1~2잔 정도 곁들여 먹어야 그 효과를 볼 수 있다.

3) 인삼 정과

인삼과 꿀로 만든 인삼정과는 전신의 기능을 활발하게 한다. 특히 위장이 약하거나 소화불량인 사람에게는 소화를 돕고 식욕을 되살아나게 하는 효능이 있다. 하지만 위궤양과 같은 염증이 있는 사람은 복용을 피하는 것이 좋다.

인삼정과를 만들 때는 수삼을 쓴다. 꿀이나 과당의 당도가 60%보다 낮으면 수삼에서 물이 나와서 상하기 쉽다. 수삼을 먹기 좋게 썰어 꿀에 담그되, 꿀의 양은 수삼이 잠길 정도가 적당하다. 수삼을 썰 때는 반드시 금속 칼 대신 대나무 칼을 이용해야 한다. 수삼을 빻거나 갈아서 넣을 때도 믹서를 쓰지 말고 나무 방망이로 빻는 것이 좋다. 인삼정과는 집에 만들어 두고 식후나 식간에 수시로 먹어도 좋다.

4) 인삼 분말

백삼이나 홍삼을 가루로 만들거나 분말로 파는 것을 사서 한 컵에 2~3g씩 우유나 더운물, 꿀물에 타서 마신다. 꿀과 인삼 분말을 3대 1의 비율로 잘 섞어 일정한 양을 만들어 두고 필요할 때마다 더운물에 타서 마시는 방법도 있다. 소화를 촉진시키고 기를 도와 기분을 상쾌하게 한다.

5) 독삼탕

독삼탕은 탈진하거나 기절했을 때의 응급 조치로, 그리고 병을 앓고 난 후 식욕이 떨어진 환자에게 생기를 되찾게 하는 효능을 가지고 있다. 탈진해서 위급할 때는 100g 정도까지 마시게 해도 된다.

독삼탕을 만들 때는 수삼 300~400g(백삼이나 홍삼은 70~80g), 대추 10~12개, 생강 5~6개, 밤 10~12톨, 오미자 7~8개, 녹각(녹용) 10~15g, 귤 껍질 1개분, 찹쌀 1홉이 필요하다. 이 재료를 2l의 물에 넣어 전체 양이 2/3 정도가 될 때까지 1~1시간 30분 정도 서서히 끓인다. 독삼탕 물을 하루 한 잔씩 3~4회 마신다. 다시 처음과 같은 정도로 물을 채워 여러 번 끓여서 마실 수 있다.

6) 생맥산

여름에 온몸이 나른해지면서 일의 능률이 떨어질 때, 또 머리가 무겁고 입이 마르며, 식후에 맥을 못 출 정도로 피곤하고 졸릴 때는 '생맥산'으로 기운을 되찾을 수 있다.

생맥산은 인삼·오미자·맥문동을 각 20g씩 물 2l에 넣고 약한 불로 2시간 정도 달여서 만든다. 냉장고에 넣어 두고 물 대신 마시면 여름철 청량 음료로는 이보다 좋은 것이 없다.

7) 수삼즙

수삼 10~15g을 곱게 갈아서 우유나 물 2/3에 충분히 푼 뒤, 설탕이나 꿀을 타서 마신다. 특히 여름철에는 얼음을 갈아넣어 시원하게 마시는 것도 좋다. 시장에 흔히 나와 있는 수삼 1년생은 약효가 거의 없으므로 4년생 이상을 쓰는 것이 좋다. 수삼의 뿌리에는 기생충이나 알이 붙어 있는 경우도 있으므로 만들기 전에 흐르는 물에 흔들어 충분히 씻도록 한다.

딸기

딸기에는 신경통이나 류머티즘에 특효를 발휘하는 메틸 살리실레이트가 다량 함유되어 있을 뿐만 아니라, 모든 과일 가운데 비타민 C를 가장 많이 함유하고 있기도 하다. 흔히 비타민 C 하면 제일 먼저 밀감을 떠올리지만, 사실 비타민 C는 딸기에 훨씬 많이 함유되어 있다. 보통 밀감에는 40mg%가 함유되어 있는 데 비해 딸기에는 그 2배인 80mg%가 들어 있다. 성인의 경우, 하루에 필요로 하는 비타민 C가 10mg에 불과하므로, 하루에 딸기 2개 정도면 충분하다.

이 딸기는 신경통 환자에게 좋다. 위에서 밝힌 영양소 외에 비타민 A, B_1, B_2, 니코틴산 등 각종 비타민과 무기질을 골고루 지니고 있기 때문이다.

한편, 딸기의 신맛은 주로 사과산의 작용인데, 이는 입맛을 돋구어 주는 역할을 하기 때문에 일반적으로 식욕이 떨어지는 오뉴월에 식욕 증진제 역할을 하기도 한다.

또 딸기에는 부신 피질의 기능을 왕성하게 하는 성분이 함유되어 있다. 따라서 딸기를 많이 먹으면 피부가 아름다워지고, 혈액이 맑아지며, 체력이 증진된다.

밤

특별한 이유도 없이 설사하는 사람에게 이 밤을 흙설탕과 함께 달여 먹이면 좋다. 겉껍질과 속껍질을 벗긴 밤 30알을 물 속에 하룻밤 정도 담가 두었다가 건져서 냄비에 넣고 밤의 1.5배 정도 되게 물을 붓고 푹 삶는다. 그런 다음, 물과 흙설탕의 비율을

2:1의 비율로 타서 밤의 1.2배 정도 되게 붓고 약한 불로 20분 정도 조려 하룻밤 정도 그대로 두었다가 몇 알씩 꺼내 먹으면 된다.

그리고 밤 껍질을 물에 푹 삶아 그 물을 차처럼 마시면 술 마신 뒤의 갈증 해소에 좋고, 위장 보호에도 좋다. 또 약에 체했다거나 인삼을 먹고 몸에 부작용이 일어났을 때 이 밤 껍질을 물에 달여 마시면 효과적이다.

이외에도 밤은 다음과 같은 효능이 있다.

1) 허리와 다리에 힘이 없고 신장이 약할 때 생밤을 몇 개씩 장기 복용하면 효과를 볼 수 있다.

2) 설사할 때 구운 밤 20~30개를 먹으면 효과가 있다.

3) 낫이나 칼 등과 같은 쇠붙이에 의해 다쳤을 때 생밤을 씹어 바르면 좋다.

4) 고기 뼈가 목구멍에 걸려 내려가지 않을 때, 밤의 안껍질을 불에 태워 가루를 낸 다음, 그 가루를 볼펜대 등에 넣고 목구멍에 불어 넣으면 신기하게도 내려간다.

🌰 땅콩

땅콩은 지방·단백질·당질·섬유·회분·비타민 E 등이 함유되어 있는데, 특히 이 가운데 지방은 불포화 지방산이기 때문에 고혈압 예방에 좋다.

땅콩은 열량이 아주 높아 추위를 막는 데도 도움이 되는 식품이다. 땅콩을 너무 많이 먹게 되면 설사를 하게 된다. 따라서 변비로 고생하는 사람은 이 땅콩을 매일 조금씩 먹으면 효험이 있고, 또 폐를 튼튼하게 하는 약효도 있어 좋다. 또 심한 기침감기에 걸렸을 때, 껍질 벗긴

날땅콩 반 근을 물에 넣어 끓인 다음, 물 위에 뜬 기름을 따라내고 다시 끓여 하루 한 컵씩 일주일 동안 마시면 낫는다. 특히 당뇨병 환자에게 좋은 간식거리다.

오래 된 땅콩은 독성이 있으므로 반드시 구워서 먹도록 한다. 그리고 1년쯤 묵어서 곰팡이가 핀 것은 아주 해로운 것이므로 버리는 것이 현명하다.

마늘

마늘은 '피로 예방에 있어 단연 으뜸'이라는 학자들의 발표가 있으면서부터 지금까지 주요 관심거리가 되어 오고 있다.

예로부터 불가에선 이 마늘을 수도승들에게 못 먹게 했는데, 그 이유는, 마늘을 먹게 되면 중추신경이 흥분되고 내분비선의 기능이 왕성하게 되어 스테미너를 증진시켜 색정이 샘솟기 때문이다. 그만큼 마늘은 특히 남성에게 있어 정력을 샘솟게 하는 식품이라 할 수 있다.

마늘에는 다음과 같은 효능들이 있다.

1) 감기가 잘 걸리는 겨울철에 마늘을 잘게 썰어 꿀이나 설탕물에

약 10일 동안 재어 두었다가 토스트 등을 만들어 찍어 먹으면 맛도 좋고 감기 예방에도 효과가 있다. 그리고 감기 환자에게 이것을 먹이면 식도와 기관지가 마늘 자극을 받아 섬모 활동이 활발해지므로 가래가 생기지 않는다.

2) 코막힘이 와서 답답할 때 다진 마늘을 가제에 싸서 목에 걸고 있으면 마늘 자극으로 인해 코가 시원하게 뚫린다.

3) 유화 알린이 주성분인 마늘은 살균 작용과 더불어 체내 대사를 활발하게 하는 작용을 한다.

4) 게를 먹고 식중독에 걸렸을 때 껍질 벗긴 마늘을 삶아 그 물을 마시면 해독 효과가 있다.

5) 발에 티눈이 박혀 아플 때 껍질 벗긴 마늘을 찧어서 바르면 2~3번으로 듣는다.

6) 악성 변비가 있을 때, 참깨 100g을 볶아 찧어서 마늘 3뿌리와 함께 저녁 먹을 때 다 먹는다. 이렇게 며칠을 반복하면 효과를 볼 수 있다.

7) 충치나 풍치로 인해 통증이 심할 때, 마늘 한 쪽을 불에 뜨겁게 하여 아픈 이로 물고 있으면 통증이 멎는다.

8) 설사가 계속될 때 마늘 한 통을 구워 놓고 하루 3번, 식전에 한 쪽씩 먹는다. 그래도 안 들으면 2~3일간 계속 복용한다.

 무

수분이 대부분을 차지하고 있는 무는 당질·단백질·칼슘·인·철·비타민 B, C 등이 함유되어 있으며, 특히 잎에는 비타민 A가 많이 들어 있다. 그리고 무 껍질에는 비타민 C

가 많이 들어 있으므로 껍질까지 요리해 먹는 것이 좋다.

옛날에는 속병이 있을 때 이 무를 많이 먹었는데, 이는 무 속의 디아스타아제·글리코시다제 등이 소화를 도와주는 중요한 역할을 하기 때문이다.

무의 효능은 다음과 같은 것들이 있다.

1) 무를 날로 씹어 먹으면 갈증이 가시고 소화가 잘된다.

2) 무를 삶아서 먹으면 담즙과 식적(食積)을 제거해 준다.

3) 빨간 무 삶은 물을 마시면 위장의 불순물을 제거해 주고, 가슴의 신경통을 완화시켜 주며, 방광염과 배뇨(排尿)에도 좋다.

4) 무즙을 만들어 먹으면 지열·해열·소독이 된다.

🔶 배추

대부분 수분으로 이루어진 배추는 단백질·지방·탄수화물·칼슘·인·비타민 A, B_1, B_2, C·나이아신 등의 영양소가 함유되어 있다. 배추는 오랫동안 저장해도 거의 영양소 손실이 없고, 특히 섬유질이 많아 변비 예방에 좋으며, 비타민 C가 풍부해 소화 기능을 돕는다.

또 배춧잎이나 줄기를 삶아서 화상을 입은 데 붙이면 효과가 있다. 배추를 너무 많이 먹으면 냉병이 유발될 수 있는데, 이때 생강을 먹으면 낫는다.

🔶 위궤양에는 생배추를

지금으로부터 약 20여 년 전, 미국의 한 연구진에서는 생배추로부터 위궤양 발생을 막는 물질을 빼내어 '비타민 U'라 명명하였다. 이 비타민 U는 바로 생배추에 풍부히 들어 있는데, 이는 열에 약하고, 또 신선도가 떨어지면 급속도로 파괴되어 버리므로 배추를 날것으로 먹어야만 효력이 있다.

김치는 세계적인 건강 식품

우리의 식탁을 살펴볼 때, 김치를 제외하면 거의가 산성 식품들이다. 잠시라도 우리 몸의 체액이 산성 쪽으로 기울어지게 되면 노곤함과 불쾌함을 느끼게 되는데, 이러한 상태가 만성적으로 지속되다 보면 결국 우리는 병에 걸리고 만다. 건강은 체액이 약알칼리성을 유지하고 있을 때이다. 김치의 가치는 바로 산성화한 체액을 약알칼리성으로 되돌려 주는 역할에서 찾을 수 있다.

배추와 무에 함유되어 있는 갖가지 영양 성분을 생각할 때 김치는 참으로 영양가가 풍부한 식품이다. 이를 요약하면, 김치에는 첫째, 칼슘을 비롯한 각종 미네랄이 들어 있고, 둘째, 비타민 A, B_1, B_2, C가 골고루 함유되어 있으며, 셋째, 단백질과 아미노산, 그리고 산소가 농축되어 있고, 정장(整腸) 작용을 하는 유산균과, 변비를 예방해 주는 섬유질이 다량 들어 있다. 우리의 김치는 그야말로 세계적으로 자랑할 만한 이상적인 건강 식품이라 할 수 있다.

배추뿌리

몸이 오싹거리며 떨리고 열이 나며 두통이 오는 감기에 배추뿌리를 깨끗이 씻어 생강과 흙설탕을 넣고 차를 끓여 마시면 효과가 있다. 이 배추뿌리차는 아무 때나 물 마시듯 마셔도 되는데, 찬바람을 쏘이지 않아야 치료가 빠르다.

🔆 보리

알칼리성 식품인 보리는 장을 튼튼하게 하고 소화를 돕는 작용을 하므로 옛날부터 적극 장려해 온 식품이다. 보리에는 단백질·지방·섬유·회분과 다량의 전분·비타민 B_1, B_2, B6·판토텐산 등이 함유되어 있어서 당뇨병이나 변비 등을 예방하는 데 효과가 있다. 성질이 온(溫)하고, 기를 보호하며, 설사를 멎게 한다.

🔆 생강

생강의 주성분은 녹말이며, 진저에일·쇼가올·철분 등이 함유되어 있다. 생강에 들어 있는 매운 맛은 침 속에 들어 있는 다이스타아제 작용을 촉진시켜 소화 흡수를 도우며 위액 분비를 왕성하게 한다.

생강을 날로 씹어 먹고 땀을 내면 감기가 치료되는데, 생강즙 반 홉에 술 한 스푼을 넣고 달여서 공복에 먹으면 더욱 효과가 크다. 토란에 중독되었을 때 이 생강즙을 마시면 제독된다.

이 밖에도 생강은 다음과 같은 효능들이 있다.

1) 부부가 동침하다 복통이 왔을 때 소주에 생강차를 많이 타서 뜨겁게 데워 마시면 통증이 멈춘다.

2) 겨드랑이에서 냄새가 날 때 생강즙으로 자주 문질러 주면 효과가 있다.

3) 각종 식중독에 걸렸을 때 생강즙에 소금을 조금 넣어 한 잔씩 자주 마시면 풀린다.

4) 국부가 가려울 때 생강을 썰어 소주에 담가 두었다가 붙이면 효과

가 있다.

5) 월경시에 복통이 있거나 사지가 찬 여성은 생강차를 매일 3회 식 전에 한 잔씩 마시면 효과를 볼 수 있다.

6) 코피가 날 때, 마른생강 껍질을 벗겨낸 다음 불에 태워서 콧구멍 에 맞도록 잘라 콧속에 넣어 주면 코피가 멎는다.

7) 치루증이 있을 때, 생강을 썰어서 백반가루를 발라 불에 구운 다 음 다시 말렸다가 가루 내어 참기름에 개어 바르면 효과가 있다.

샐러리

샐러리에는 철분과 비타민 B, C가 다량으로 함유되어 있다. 샐러리 한두 줄기를 믹서에 갈아, 거기에 우유와 달걀 노른자를 휘저어 섞은 다음 꿀과 포도주를 약간 넣으면 주스가 되는데, 이것을 잠자리에 들 기 전에 먹으면 중년기의 권태감이나 양기 부족에 탁월한 효과가 있다. 특히 샐러리는 여성의 생리불순을 치료하는 동시에 흥분제 역할을 하 기도 한다.

미나리

미나리는 비타민이 많은 알칼리성 식품이다. 따라서 정신을 맑게 하고 혈액을 보호하며, 여성의 대하에 효과가 있다. 미나리 잎은 류머티즘 치료에 쓰인다.

미나리는 대장과 소장의 활동을 원활하게 해 주므로 변비에 효과가 있다. 또 어린이가 급체하여 구토하거나 설사를 할 때 달여 먹여도 좋고, 황달이나 소·대장 질환, 신경쇠약·치질·설사 환자의 경우, 생즙을 내어 마시면 효과가 있다. 싱싱하고 연한 미나리 한 단을 깨끗이 씻어 분마기에 넣어 찧은 다음 가제에 걸러 즙을 받으면 된다.

술을 마셔서 열이 나고 머리가 아플 때 이 미나리와 홍당무를 생즙 내어 한두 잔 가량 마시면 풀어지고, 여성에게 대하증이 있을 때 날마다 한 컵씩 마시면 효과가 있다.

또 감기몸살 기운이 있을 때 미나리 국으로 몸을 덥여 주면 땀이 나면서 거뜬해지며, 아침·점심·저녁으로 미나리 삶은 물을 한 컵씩 마시면 비만을 예방하는 데 효과가 있다. 또 혈압이 높고 신열이 날 때 미나리즙을 내어 먹으면 특효다.

이 밖에도 미나리는 다음과 같은 효능들이 있다.

1) 고혈압이나 심장열병·위장병 등이 악화되었을 때 생미나리즙을 1회에 한 잔씩 1일 3~5차례씩 계속해서 마시면 효과를 볼 수 있다.

2) 소변에 피가 섞여 나올 때 생미나리즙을 만들어 식간 한 잔씩 3회 정도 복용하면 효과가 있다.

3) 월경이 앞당겨 오거나 빛깔이 자주색일 때, 중국미나리 한 묶음을 적당히 썰어서 냄비에 넣은 다음 물 2되를 넣고 삶는다. 물이 1/3 정도로 줄어들 때까지 푹 삶아서 하루 3회로 식전에 한 잔씩

마시면 효과를 볼 수 있다.

그러나 여름철에 나는 독미나리를 주의해야 한다. 이 독미나리를 잘못 먹을 경우 식중독에 걸릴 수 있고, 심할 때는 목숨까지도 잃을 수 있기 때문이다.

 양배추

현대인들에게는 업무로 인한 스트레스나 심한 음주 습관 등으로 인해 위염이나 위궤양을 앓고 있는 사람이 많은데, 이러한 위염이나 위궤양에는 양배추를 날로 썰어서 먹거나 주스로 만들어 약 15일간 먹으면 효과가 있다.

은행의 효능

감기의 증상에는 여러 가지가 있지만, 그 가운데 기침감기는 환자에게 심한 괴로움을 안겨 준다. 이럴 때는 물 3컵에다 겉껍질만 벗긴 은행 20알 정도를 설탕과 함께 넣고 물이 1컵 정도로 줄어들 때까지 끓여 아침저녁으로 며칠 동안 거르지 않고 마시면 효과가 있다.

또 은행은 폐결핵 등의 치료제로도 쓰인다. 아직 덜 익은 은행을 꼭지째 따서 씻지 않은 채로 항아리에 넣고 대두유를 반 정도 부은 다음, 공기가 통하지 않도록 비닐 등으로 잘 봉해 약 100일 이상 보관했다가 아침·점심·저녁으로 꺼내 먹으면 좋다. 이때 손으로 꺼내 먹지 말고, 대나무 젓가락으로 집어내 대나무 칼로 잘게 썰어서 먹도록 한다. 아침에는 식전에, 점심과 저녁에는 식후에 따뜻한 물과 함께 먹는다. 증세가 심한 환자일 경우, 한 알 정도 더 먹도록 하고, 어린아이일 경우 양을 조금 줄인다.

파래는 니코틴을 중화시킨다

파래는 인체에 해로운 각종 산(酸)을 없애 주기도 하지만, 특히 담배의 니코틴을 중화시키는 데 탁월한 효과가 있다. 따라서 하루 종일 쉴 새 없이 담배 연기를 뿜어 대는 애연가들에게 있어서 파래는 보약 이상이라 할 수 있겠다. 파래는 지속성 비타민 식품이므로 날마다 먹지 않고 가끔씩 먹어도 효과가 있다.

해산물은 수명을 길게 한다

일반적으로 어촌 지방에서 신선한 해산물을 많이 먹고 사는 사람들이 수명이 긴 것으로 알려져 있다. 생선·조개·굴·김 같은 것은 매우 질이 좋은 고급 단백질을 갖고 있어 건강에도 이롭고, 고혈압이나 동맥경화증 같은 것도 잘 일으키지 않는다. 그러므로 비싼 쇠고기보다는 식탁에 값싸고 맛있는 해산물이 자주 오르도록 노력하는 것이 바람직하다.

🌰 녹즙, 바로 알고 먹자

근래에 들어 각종 성인병 환자가 급격히 늘어나게 되면서 녹즙에 대한 관심도가 점점 높아 가고 있다. 특히 대부분의 성인병이 영양의 불균형으로 인해 생긴다는 것을 감안할 때, 단백질과 지방 위주의 식습관으로 인해 결핍되기 쉬운 비타민·미네랄·칼슘 등과 같은 영양소를 반드시 공급해 줄 필요성이 있다.

녹즙에는 현대인들에게 부족하기 쉬운 식이성 섬유·비타민·무기질·엽록소 등의 영양소를 골고루 가지고 있다. 그러나 이 녹즙도 올바른 방법으로 마실 때 비로소 좋은 효과를 볼 수 있다.

녹즙을 만들어 마실 때 주의 사항 몇 가지를 소개한다.

1) 녹즙의 재료로서 좋은 채소들로는 오이·당근·쑥갓·미나리·솔잎·감잎·부추·케일·신선초·샐러리·파·컴프리·양상추·민들레 등이 있는데, 이 가운데 오이나 당근에는 비타민 C를 파괴하는 효소가 들어 있으므로 다른 채소와 함께 섞어 사용하지 않는 것이 좋다.

2) 간혹 녹즙에 맛을 더하기 위해 설탕을 넣는 경우가 있는데, 이는 비타민을 파괴시킬 수 있으므로 피하는 것이 좋다.

3) 녹즙을 만들 때는 가급적 믹서기를 사용하지 말고 재료를 절구에 찧은 다음, 삼베에 싸서 즙을 내는 것이 영양소와 섬유소의 손실을 최소화할 수 있다.

4) 채소와 과일은 소화 또는 흡수되는 시간이 서로 달라 배탈을 일으키기 쉬우므로 채소는 채소끼리, 과일은 과일끼리 즙을 내도록 한다.

5) 녹즙에는 보통 비타민 A와 C가 많은데, 이 중 비타민 C는 A에 비해 예민해서 산화 또는 파괴되기가 쉽다. 따라서 녹즙을 만들 때 산성(사과·유자·매실·레몬 등은 알칼리성 식품이지만 산성을 띠고 있다. 식

초를 넣어도 좋다)을 첨가해 주면 비타민 C를 파괴하는 아스코르비나제라는 산화 효소의 활동이 억제되므로 어느 정도 산화되는 것을 막을 수 있다.

녹즙을 마실 때

1) 녹즙은 오래 두지 말고 곧바로 마셔야 효과가 있다.

2) 1일 1컵(200*ml*)씩 아침 공복에 마시는 것이 가장 좋지만, 밤늦도록 공부하거나 일할 때 야식 겸해 마셔도 좋다.

3) 취향에 따라 메론·파인애플·사과·레몬 등과 같이 단맛 향기가 강한 과일을 함께 갈아 마셔도 좋다.

녹즙의 효능

케   일 : 고혈압·변비·위궤양에 좋다.
당   근 : 자양 강장·빈혈·심장·간장·신장·변비에 좋다.
신 선 초 : 간의 회복, 당뇨·고혈압에 좋다.
비   트 : 간염·저혈압·혈액 정화에 효능이 있다.
샐 러 리 : 천식·각기병·위궤양·피부 미용에 좋다.
시 금 치 : 빈혈·소화불량·변비·신경통에 좋다.
파 슬 리 : 신장·백내장·당뇨·황달·신경쇠약에 효능이 있다.
양 상 추 : 신경과민·불면증·혈액 정화에 좋다.
민 들 레 : 강장·위산과다·치아·뼈·신경쇠약에 좋다.
솔   잎 : 고혈압·동맥경화·모발·회춘에 좋다.
돌미나리 : 해열·혈액 정화에 좋다.
토 마 토 : 심장·신장·당뇨·저혈압·빈혈에 효과가 있다.
컴 프 리 : 급만성 간염·빈혈에 효과가 있다.
감   자 : 구충·해독에 좋다.
포   도 : 간장·변비·결핵·치질에 효과가 있다.
무 : 소화 촉진·강장·해독, 담배 니코틴 제거에 효과가 있다.
적양배추 : 위궤양·십이지장궤양에 좋다.

늙은호박 : 위장장애·당뇨·비만·회복기 환자에게 좋다.
수　　박 : 이뇨·신장병·피로 회복에 좋다.
레　　몬 : 동맥경화·고혈압·뇌일혈에 좋다.
양 배 추 : 발육기의 어린이, 위궤양에 좋다.
오　　이 : 부종·이뇨에 좋다.

동상이나 류머티즘에 좋은 파

류머티즘 환자의 경우, 물 한 되에 파 500g, 후춧가루, 보리를 헝겊 주머니에 넣고 물이 반으로 줄어들 때까지 달여서 통증이 있는 곳에 찜질하면 효과가 있다.

또 손발에 동상이 걸렸을 때, 뿌리째 달인 물에 아침저녁으로 한 번씩 사흘 정도만 손발을 담가 두면 치료가 가능하며, 감기로 인해 기침이 심할 때 파의 흰 줄기 부분을 잘게 썰어 헝겊에 싼 다음 코에 대고 숨을 쉬면 신기하게도 기침이 멎는다. 가래가 있고 목이 아플 때는 물과 청주의 비율을 1 대 1로 하여 끓여 마시면 효과가 있다.

🔸 결명자차

뽕나무 가지를 말린 것 10g과 결명자 5g을 물 1되에 넣고 달여서 따뜻하게 자주 마시면 부기에 효과적이다.

🔸 대싸리술

산후 조리와 몸매 관리에 효과적인 술이다. 이뇨 작용을 돕고, 건강에도 좋은데, 하루 3회 식후 30분마다 따뜻하게 데워서 10~40cc씩 복용하면 좋다.

만드는 방법은 대싸리를 잘 씻어서 말린 것 300g에 각설탕이나 꿀 600g, 소주 2되를 합하여 밀봉한 후 2개월간 저장하면 된다.

🔸 잉어·가물치

잉어나 가물치를 적당량의 물에 푹 고아서 그 액을 산모에게 먹이면 좋다.

감잎차

감잎에는 비타민 C가 풍부하게 함유되어 있다. 따라서 감잎을 쪄서 그늘에 잘 말려 두었다가 차를 끓여 마시면 좋다.

5, 6월의 푸르고 싱싱한 감잎을 따서 3㎝ 정도로 썰어 찜통에 약 1분 정도 찐 다음 그늘에 잘 말려 두었다가 하루에 약 500g씩 뜨거운 물 1.8ℓ에 우려내 마시면 된다.

감잎을 물과 함께 끓이면 비타민 C가 쉽게 파괴되므로 녹차처럼 끓는 물에 우려서 마시는 것이 좋다.

뽕나무가지

비만으로 고민하는 사람은 뽕나무가지로 차를 끓여 두세 달 동안 장기 복용해 보자. 아주 약효가 뛰어나다. 어린 뽕나무가지 20g을 얇게 썰어 찻잔에 넣고 끓는 물을 부어 마시면 된다.

솔잎

혈압이 높아 걱정하고 있는 사람에게는 솔잎을 권해 본다. 예로부터 솔잎과 혈압과는 끊으려야 끊을 수 없는 관계로 알려져 있다. 그러므로 고혈압이 있는 사람은 이 솔잎으로 즙을 내어 먹어 볼 것을 권한다. 솔잎을 깨끗이 씻어서 짧게 자른 다음, 이것을 절구에 찧어 즙을 내어 매일 식전에 한두 스푼씩 먹으면 부작용이 염려되는 어떤 약보다도 안심할 수가 있어 좋다.

또, 솔잎 요구르트를 아침 공복에 한 잔씩 꾸준히 마시면 위장을 편안하게 다스려 준다. 솔잎의 은은한 향이 식욕을 자극해, 입맛을 잃은 사람들에게도 좋다. 돋아난 지 얼마 안 되는 연한 솔잎을 골라 깨끗하게 씻은 다음 꼬들꼬들할 정도로 햇볕에 말린다. 이 솔잎 한 줌에 요구르트 두 병을 부어 믹서에 갈면 한 번 먹기에 알맞은 양이 된다.

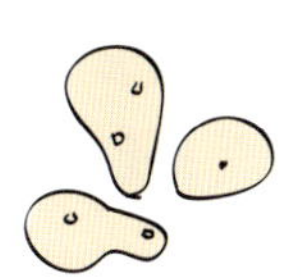 토란

토란의 전분에는 매운 성질이 있어서 토란 찜질을 할 경우 혈액순환을 도와 류머티즘이나 신경통, 타박상으로 인한 통증과 염증을 가라앉힐 수 있으며, 냉대하증을 비롯한 부인병이나 폐렴, 신장병 등에도 효과가 있다.

우선 두껍게 껍질을 벗겨낸 토란을 강판에 갈고, 같은 분량의 밀가루와 함께 생강을 조금 갈아 섞은 다음 절구에 넣고 찧는다. 그리고 이것을 붕대에 고르게 펴서 바르고 환부에 감아 주면 되는데, 겨울철에는 환부를 따뜻하게 해 준다.

여성의 경우, 토란 삶은 물을 목욕물에 섞어 목욕하면 피부가 고와지고, 관절염이나 신경통의 증상이 가벼워지며, 질에서 분비되는 대하가 없어진다.

쑥

쑥은 단백질·지방·당질·칼슘·인분·철분·나이아신·비타민 A, B_1, B_2, C 등이 함유되어 있다. 특히 이 가운데 비타민 C가 풍부하게 함유되어 있기 때문에 호흡기 질환이나 피부 건조증, 알레르기성 질환, 위장병 등을 예방하는 데 좋은 효과가 있다.

쑥은 식욕을 돋구고, 위장을 튼튼히 하며, 소화를 잘되게 하는 작용이 뛰어나므로, 배가 아플 때 쑥을 생즙 내어 공복에 마시면 통증이 한결 덜하다. 또 구토가 심할 때 이 쑥즙을 마시면 낫고, 해독 작용과 혈압을 내리게 하는 작용을 한다.

한방에서는 몸을 따뜻하게 하고 월경불순을 치료하는 데 이 쑥을 많이 이용하고 있다. 월경불순으로 인해 고통을 겪고 있을 때 쑥즙을 내어 마시거나 쑥잎을 달여서 마시게 되면 한결 증세가 호전된다.

또 신경통이나 요통·부인병 등이 있는 사람의 경우, 말린 쑥 50g 정도를 헝겊 주머니에 담아 따뜻한 목욕물에 넣고 우려내어 목욕을 하면 좋다. 쑥 주머니로 통증 부위를 마사지해 주면 더욱 효과적이다. 부인의 대하증에는 쑥에 달걀을 넣고 삶아 먹으면 효과가 있다.

오약차

출산 후의 부기를 내려 주고 부인병에 좋은 오약차는 가슴이 답답하고 아플 때 마시면 좋다. 얇게 썬 오약 600g을 꿀 1.8kg과 함께 항아리에 재어 밀봉한 뒤 약 1개월간 저장하였다가 뜨거운 물 한 사발에 한 스푼씩 풀어 마시면 된다.

옥수수수염

옥수수수염을 깨끗이 씻어서 물에 넣고 삶은 뒤에 그 물을 마시면 웬만한 부기는 가라앉는다.

🛡 홍차

홍차에는 어혈을 풀어 주는 성분이 있다. 따라서 홍차를 매일 두 번 2g 정도 달여서 복용하면 어혈로 인해 생긴 몸의 부기를 뺄 수 있다. 특히 생리시 생리통으로 인한 몸의 부기에 좋다.

🛡 구기자차

진시황제가 불로장생의 명약으로 사용하였다는 구기자차는 오늘날에도 자연 강장액으로 애용되고 있다. 말린 구기자를 물에 넣고 끓여서 차로 만들어 연속적으로 복용하면 호르몬 분비를 왕성하게 하므로 산후 여성에게 좋다.

🛡 대추차

몸에 부기가 있는 사람이 대추 10개, 감초 8g, 밀 한 공기를 7공기의 물에 넣고 끓여 차처럼 자주 마시면 좋다. 또 말린 대추를 가루로 만들어서 1회에 약 10g씩 술에 타서 마시면 효과적이다.

🛡 표고버섯

표고버섯에는 뇌의 자율신경을 안정시키고 혈액 속의 콜레스테롤을 낮추는 성분이 들어 있으므로 표고버섯 우린 물을 차처럼 마시면 좋다.

🛡 차조기잎+검정콩

차조기잎은 그윽한 향기가 있어 식욕을 돋구는 야채가 될 뿐만 아니라 소화를 촉진시키며 위를 튼튼하게 한다. 그리고 검정콩의 비타민 B는 단백질의 소화를 촉진시킨다. 따라서 차조기잎+생강 4g+불린 검정콩 1컵＋물 180ml를 넣고 삶아서 그 국물을 자주 마시면 좋다.

산초 껍질

산초 껍질을 가루 내어 물에 타 마시면 위가 튼튼해지고 식욕이 좋아진다.

미꾸라지

예로부터 미꾸라지는 강장·강정 식품으로 알려져 왔다. 하루에 20여 마리를 달여 마시면 남자의 양기 부족에 특효이다.

미꾸라지는 양질의 단백질이 주성분이며, 소량의 지방·칼슘·철분·인분·회분·비타민 A, B$_2$, D 등이 함유되어 있는데, 이 가운데 지방은 불포화 지방산으로서 고혈압이나 동맥경화, 비만증 환자에게 좋다.

미꾸라지에는 다른 동물성 식품에서 보기 드문 비타민 A가 많이 함유되어 있는데, 이는 세균의 저항력을 높여 주고, 호흡기의 점막을 튼튼하게 해 주며, 피부를 튼튼하게 보호해 주는 역할을 한다.

미꾸라지의 대명사처럼 쓰이는 '추어탕'은 늦여름과 가을철의 것이 제 맛이 나고 좋다. ('추어탕 요리법'에 대해선 앞장 256쪽을 참고할 것.)

뱀장어

예로부터 정력 식품으로 알려진 뱀장어에는 비타민 A가 쇠고기의 200배 이상이나 들어 있고, 단백질·지방·칼슘·회분·인분·비타민 A, B_1, B_2, 나이아신 등이 함유되어 있다.

요리로는 뱀장어회·뱀장어탕·뱀장어 구이 등이 있는데, 정력에는 구워서 먹는 것이 좋다. 또 푹 고아서 따뜻할 때 먹으면 어린아이의 야뇨증 치료에 좋다.

굴

굴은 가을부터 겨울 동안 맛이 좋아지며 이때가 영양가도 제일 높은데, 이 굴에는 글로코겐과 양질의 단백질·칼슘·철분·동·옥소·망간 등의 무기질과 비타민 B_1, B_2, C 등이 많이 함유되어 있고, 소화 흡수가 좋기 때문에 어린이나 노인, 병약자에게 좋다.

새우

새우에는 양질의 단백질과 다량의 칼슘이 함유되어 있는 반면 지방이 적게 들어 있어서 현대인들의 성인병 예방에 특효로 알려지고 있다.

또 새우는 신장을 강하게 하고 혈액순환을 도와줌으로써 체내의 양기를 왕성하게 해 준다. 중풍에 걸렸을 때, 새우 한 근에 파·된장·생강을 넣고 푹 끓여 먹으면 좋다.

궁합이 안 맞는 음식

영양학에서는 옥수수와 대합, 문어와 참깨, 쇠고기와 시금치, 돼지고기와 메밀국수, 새우와 버섯, 게와 빙수, 게와 감, 뱀장어와 매실 등을 같이 먹으면 거의 의미가 없다고 한다.

MEMO

알아두면 정말
편리하고 유익한

깜짝 살림 지혜

아직 볼펜에 잉크가 많이 남아 있는데도
잉크가 나오지 않아 글씨가 쓰이지 않고,
먹다 남은 소주나 맥주를 꼭꼭 봉해 두었는데도
나중에 보면 언제나 김이 빠져서 먹을 수가 없고,
마늘을 먹고 나서 외출을 하자니 냄새가 걱정된다.
이런 것들을 해결할 수 있는 기발한 아이디어는 없을까?
주부가 알아두면 정말 편리하고 유익한
반짝반짝 살림 지혜들을 알아보기로 한다.

깜짝 살림 지혜

📍 병 속에 손가락이 끼여서 안 빠질 때

아이들이 병을 가지고 놀다가 손가락이 병 속에 들어가서 빠지지 않을 때가 있다. 이런 때는 당황하지 말고 따뜻한 물에 비누를 풀어 손과 병을 함께 담그고 병을 천천히 돌리면서 잡아당기면 잘 빠진다.

📍 볼펜이 잘 안 씌어질 때

볼펜을 오래 사용하지 않고 놓아두면 잉크가 굳어서 잘 씌어지지 않게 된다. 이런 때는 볼펜심 부분을 뜨거운 물에 담가 데웠다가 곧바로 찬물에 담가 여러 번 종이에 문지르면 웬만히 굳은 것은 잘 씌어진다.

조화를 세척하려면

천이나 플라스틱으로 된 조화를 잘못 세척하게 되면 조화가 변색되거나 상해서 미관상 좋지가 않다. 조화가 변색되거나 흠집이 생기지 않도록 세탁하는 간단한 방법을 소개한다.

우선 비닐봉지에 소금을 한 줌 넣은 다음 그곳에 조화를 넣고 잘 흔들어 주면 조화에 묻어 있는 먼지가 소금에 묻어나 새것처럼 깨끗해진다. 그런 다음에 물로 헹구어 주면 세탁 끝!

카펫을 청소할 때

진공 청소기로 카펫을 청소할 때, 미리 그 위에다가 소금을 골고루 뿌려 두었다가 빨아들이면 먼지가 소금에 묻어서 깨끗이 제거되고, 카펫의 빛깔도 한층 더 선명하게 살아난다.

카펫 밑에는 신문지를

카펫 밑바닥에 신문지를 몇 장씩 포개어 깔아 두면 신문지가 카펫의 습기를 빨아들여 쾌적하게 지낼 수 있다.

맥주나 사이다의 병마개를 딸 때는 45° 기울여서

맥주나 사이다의 병마개를 잘못 따게 되면 거품이 넘쳐나는 경우가 있다. 병을 45° 정도 기울인 상태에서 마개를 따 보자. 상부의 압력이 뚜껑 부분에 덜 몰리게 되어 거품이 훨씬 덜 넘친다.

쓰다 남은 햄을 오래 보관하려면

조리하고 남은 햄을 잘못 보관하면 칼로 잘린 부분이 변색되기 쉽다. 그 단면을 정종으로 닦아 랩에 싸서 보관해 보자. 그러면 오랫동안 변색되지 않을 뿐만 아니라 잡균의 번식도 막을 수 있어 오래 보관할 수 있다.

먹다 남은 맥주나 사이다의 보관

먹다 남은 맥주나 사이다를 아무리 꼭꼭 봉하여 두어도 어찌된 일인지 하루만 지나도 김이 빠져 맛이 없어져 버린다. 병을 거꾸로 세워서 보관해 보자. 김이 빠져나가지 않아 본래의 맛을 그대로 즐길 수 있다. 맥주를 마실 때 거품을 너무 많이 내면 탄산가스가 나가 버려 맛이 덜하다.

쓰고 남은 탈지면은 유리병에 보관한다

비닐봉지에 담긴 탈지면을 쓰고 나서 남은 걸 비닐봉지째 그대로 보관하게 되면, 비닐봉지 속으로 먼지 등이 들어가게 되어 탈지면이 쉽게 더러워진다. 따라서 인스턴트 커피병이나 유리병을 깨끗이 씻어 말린 다음 그 속에 넣고 뚜껑을 닫아 보관해 보자. 이렇게 하면 탈지면이 쉽게 더러워지지도 않을뿐더러 사용할 때에도 편리하여 좋다.

반창고 붙였던 자리가 헐고 가려우면

반창고나 파스 따위를 바르고 나면 접착 부분의 찌꺼기가 피부에 붙어서 좀처럼 떨어지지 않는다. 특히 얼굴이나 손톱 같은 데에 붙어 있으면 찌꺼기가 다 떨어질 때까지 보기에 흉할 뿐만 아니라, 반창고가 붙어 있던 자리가 헐어서 가렵게 되기도 한다. 이럴 때 탈지면에다 벤젠을 조금 묻혀서 닦아 보자. 반창고 흔적도 깨끗이 제거되고 가려운 기운도 씻은 듯이 없어진다.

말라붙은 귓밥을 파려면

말라붙은 귓밥을 귀이개로 억지로 후벼파다 보면 귓속에 상처가 생길 수 있다. 이런 때는, 밤에 잘 때 약솜에다 참기름을 묻혀 귀를 막아 두었다가 다음날 아침에 솜을 빼고 귀이개로 후비면 아프지도 않고 쉽게 잘 떨어진다.

한쪽 올만 풀린 팬티스타킹

팬티스타킹의 경우 한쪽 올만 풀려도 못 신고 그냥 버리게 되는데, 이는 여간 낭비가 아니다. 이런 경우 조금만 신경 쓰면 버리지 않고 다시 신을 수 있다.

만일 팬티스타킹의 오른쪽 올이 나갔을 경우, 이를 버리지 말고 보관해 두었다가 다음 번 팬티스타킹의 다른 왼쪽 올이 나갔을 때 짝을 맞추어 신으면 된다. 요령은 아주 간단하다. 두 스타킹의 올 풀린 쪽 허

벅지 윗부분을 각각 잘라내고 그대로 입으면 된다. 다시 말하면, 엉덩이 부분만 두 겹이 되는 것이다. 이렇게 하면 버리지 않고 다시 입을 수 있어 경제적이고, 겨울에는 따뜻해서 좋다.

야외에서 촛불이 꺼지지 않게 하려면

바람이 부는 실외에서 양초를 켜야 할 때, 어떻게 하면 촛불을 꺼뜨리지 않고 주위를 밝힐 수 있을까? 맥주병 바닥을 깨뜨려 들쭉날쭉하게 한 다음에 양초를 덮어 놓으면 아무리 바람이 불어도 꺼지지 않는 훌륭한 등불이 된다.

안경이 흐려지는 것을 막으려면

더운 음식을 먹거나 추운 곳에 있다가 더운 곳으로 들어가면 안경에 김이 서리게 되어 흐려진다. 이를 막으려면 렌즈에 세숫비누를 발라 두었다가 잠시 후에 마른수건으로 잘 닦아 주면 된다.

🔘 건전지를 오래 쓰려면

회중전등이나 라디오에 건전지를 오랫동안 끼워 두면 사용하지 않아도 저절로 방전된다. 따라서 건전지는 되도록 시원한 곳에 두고, 사용하지 않을 때는 전기기구에서 빼어서 보관해야 한다. 다 쓴 건전지는 깨끗한 종이에 싸서 10여 일 동안 땅 속에 묻어 두었다가 꺼내 쓰면 며칠은 더 사용할 수 있다.

🔘 꽃을 말려 보관하려면

생일날 등에 받은 화환을 그대로 둘 경우, 꽃이 말라비틀어지게 되어 볼품없이 되어 버린다. 이것을 막으려면, 꽃을 거꾸로 매달아 놓고 말려도 되지만, 그것보다는 분무기로 꽃에 물을 살짝 뿌려서 전자레인지에 넣고 약 3분 정도 가열하면 모양이 좋게 말려져 반영구적으로 보관할 수 있다.

🔘 꽃의 줄기가 꺾여졌을 때

꽃의 줄기가 꺾여졌을 때 이를 바로 세워 맞추고 스카치 테이프로 고정시켜 두면 다시 생기를 얻게 된다. 나무의 작은 가지가 부러졌을 때에도 이 방법을 이용하면 다시 살릴 수 있다.

🔘 꽃을 싱싱하게 오래 볼 수 있는 꽃꽂이 센스

화병이나 꽃꽂이의 꽃을 오래 가게 하려면 다음과 같은 조건이 필요하다.
1) 꽃병에 담겨 있는 물은 항상 맑고 차가운 것이어야 한다. 특히 기온이 높을 때에는 물을 더욱 자주 갈아 주어야 한다. 물 속에 얼음을 넣어 주는 것도 좋은 방법.

2) 꽃꽂이용으로 가장 많이 쓰이는 장미의 경우, 물 속에 담근 채 가지를 쳐내는 '물 속 자르기'를 해야 꽃을 싱싱하게 오래 볼 수 있다. 시일이 지나 꽃이 고개를 숙이는 경우에도 살짝 이 물 속 자르기를 해 주면 다시 싱싱해진다. 줄기를 자를 때에는 물과의 접촉면이 크도록 비스듬히 자르고 그 자리를 소금으로 문질러 준다.

3) 잎사귀가 많은 꽃일 경우, 잎을 떼어내고 가지만 물 속에 잠기도록 한다.

◑ 꽃병이 미끈거리면 락스나 표백제로 살균해 주어야

꽃병에 꽃을 오래 꽂아 놓다 보면 미생물의 번식으로 인해 꽃병이 미끈거리게 되는데, 이를 그냥 방치해 두면 꽂아 놓은 꽃이 물과 함께 미생물을 빨아올려 꽃이 일찍 시들게 된다. 따라서 꽃병이 미끈거리면 곧바로 락스나 표백제 등으로 살균해 주어야 꽃의 수명이 오래 간다.

◑ 달걀 용기 재활용

쓰고 난 달걀 용기를 버리지 않고 보관해 두었다가 원예용으로 사용하면 좋다. 이곳에 흙을 담아 꽃씨나 채소 씨앗을 뿌려 두었다가 싹이 어느 정도 자라게 되었을 때 화분에 옮겨 심으면 좋다.

마늘을 화분 거름으로

화분 식물이 시들시들하면서 잘 자라지 않을 때 마늘을 거름으로 사용하면 효과적이다. 마늘 한 통을 으깨어 5컵 정도의 물에 타서 화분에 조금씩 뿌려 주면 마늘의 독특한 성분으로 인해 식물이 원기를 회복하여 잘 자란다. 그러나 지나치게 많은 양을 주는 것은 오히려 해로우므로 주의하도록 한다.

집을 오래 비우게 될 때, 화분의 물 주기

오랫동안 집을 비워 두었다가 돌아오게 되면, 그 동안 애지 중지하면서 키우던 화초가 아깝게 말라죽어 있는 경우가 있 는데, 이는 여간 속상한 일이 아니다. 부득이한 사정으로 여 러 날 집을 비우게 될 때는, 물을 가득 채운 양동이를 화분 옆에다가 두고 젖은 수건을 화분의 흙과 양동이의 물 속에 연결해 두어 보자. 이렇게 하면 수건이 양동이의 물을 옮겨 나르는 심지 역할을 하게 되 어 며칠간은 물을 주지 않아도 된다.

식품 오염을 줄이는 조리법

농약 성분 등과 같은 유해 물질로 인한 식품 오염이 심각한 수준에 이르고 있는 요즈음, 가족의 건강을 위해서라도 그 식품 오염을 줄이 는 저공해 조리법을 생활화할 필요가 있다.

쌀

쌀에 잔류하는 농약이나 제초제는 수용성이므로, 쌀을 씻어 담가 놓았던 물은 버리고 다시 새 물을 부어 밥을 짓도록 한다. 특히 묵은

쌀이나 현미는 지방분이 산화되어 몸에 해로운 독성 물질이 나올 수 있으므로 더욱 주의해야 한다.

콩, 팥

유통 과정에서 벌레 방지용 훈증제를 사용했을 수 있으므로, 깨끗하게 씻어서 하룻밤 정도 물에 담가서 불린 뒤 애벌삶기를 한 다음, 그 물을 버리고 새 물에서 거품을 걷어내며 삶으면 독성이 줄어든다.

야채류

 배추나 양배추는 겉잎을 떼어내고 조리한다. 배추 우거지를 삶을 때에는 반드시 끓는 물에 소금을 넣어 데쳐낸 뒤 맑은 물에 헹구고, 30분 정도 물에 담가 두었다가 줄기를 짜서 보관하는 것이 좋다. 그리고 양배추는, 날것으로 쓸 때는 묽은 식초물에 살짝 담갔다가 꺼내 쓰고, 가능한 한 쪄서 요리하는 것이 좋다.

고구마

특히 고구마 색깔이 선명한 빨간색이라면 인산염에 담갔을 수도 있으므로 솔로 박박 문질러 깨끗이 씻어낸다.

감자

싹이 튼 감자에는 솔라닌이라는 자연적인 독성물질이 있으므로 그 부분을 깊이 도려내고 껍질을 두껍게 벗겨낸다.

통조림 콩과 옥수수

여기에는 빛깔을 살려 주는 발색제가 들어 있다. 이 성분은 물에 녹으므로 조리하기 전에 미리 물에 헹군 다음에 쓰도록 한다.

과일

흐르는 물에 깨끗이 씻은 뒤, 묽은 식초물에 담갔다가 건진다.

육류

특히 지방 부분에 오염물질이 가장 많이 잔류하므로, 가능하면 지방을 제거하고 요리하는 것이 좋다.

조개류

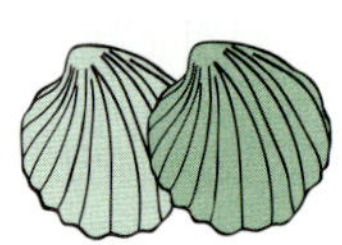

껍질째 요리할 경우, 소금물에 담가 박박 문질러 여러 번 씻어낸다. 조갯살은 묽은 소금물에서 씻어내고, 생굴은 식초를 탄 물에 씻거나 무즙을 탄 물에 담갔다가 헹궈 준다.

햄, 소시지

끓는 물에 살짝 데친 다음에 조리하는 것이 안전하다. 햄이나 소시지는 붉은 색상을 내기 위해 아질산염을 쓰는데, 이 성분이 생선에 들어 있는 데메틸아민 성분과 반응하여, 사람의 위 속에서 디메틸 니트로스아민이라는 발암 물질로 변할 수 있다. 이 성분은 특히 어린이에게 해롭다 하여 국제보건기구는 이것을 유아식에 넣는 것을 금하고 있다.

어묵

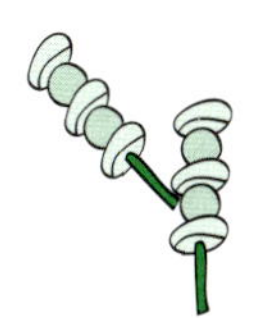

어묵에는 방부제가 많이 들어 있는데, 미지근한 물에 어묵을 한동안 담가 두면 방부제가 어느 정도 빠져 나온다. 이 성분은 열을 가하면 70% 정도가 파괴되므로 열로 조리하는 게 좋다.

무첨가 식품의 안전도는 어디까지?

식품의 포장에 '무첨가'라고 표시되어 있는 것은 그렇지 않은 것보다 안심할 수 있다. 하지만 무첨가라고 해서 무조건 좋은 면만 있는 것은 아니다. 예컨대, 햄이나 소시지의 발색제에는 식중독 균을 예방하는 작용이 있지만, 그것을 사용하지 않은 무첨가물은 그보다 빨리 부패한다. 또 곰팡이 속에는 식품 첨가물의 100배나 되는 발암성을 함유하는 것도 있다.

따라서 무첨가 식품이라고 해서 무조건 냉장고에 오랫동안 보관해 두는 것은 위험하기 짝이 없다. 무첨가 식품의 경우, 식품 보존 기간을 잘 지키고 바르게 사용해야 한다.

냉동 식품 취급법

흔히 냉동 식품은 맛이 없는 것으로 알고 있다. 그러나 0℃보다 조금 낮은 온도에서 천천히 얼린 식품은 맛이 없지만, 영하 30℃ 정도의 저온에 냉동시킨 것은 녹일 때 조심하면 맛의 변화가 별로 없다. 그리고 통째로 냉동한 것이 가장 맛있고, 잘게 썰어서 주머니에 포장하여 재냉동한 것은 맛이 없다.

냉동 식품을 녹일 때는 서늘한 곳에서 오랫동안 자연히 녹도록 해야만 제 맛이 난다. 또, 흐르는 물에 자연히 녹이거나, 급할 때에는 비닐 봉지에 넣어 미지근한 물에 넣어 녹이도록 한다.

표고버섯은 물에 담가야

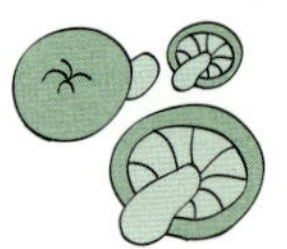 표고버섯은 그 특유한 향기가 생명이다. 말린 버섯일 경우, 물에 담가야만 향기가 되살아난다. 따라서 마른 표고는 물에 하룻밤 정도 담가 두었다가 사용하도록 한다. 가을에 표고버섯이 한창일 때, 줄기에 실로 꿰어 바람이 잘 통하는 곳에 말려 두었다가 그때그때 요리해 먹으면 경제적이다.

그러나 생버섯류는 물로 씻어 요리하면 맛이나 향이 떨어지고 모양도 볼품없이 일그러져 버리게 된다. 우산 같은 머리 부분을 손으로 툭툭 쳐 주면 안쪽 주름 사이에 있는 먼지나 흙 등의 잡티가 모두 떨어진다. 그런 다음 젖은 행주로 깨끗이 닦아서 그대로 요리에 사용하도록 한다.

오래 된 된장을 맛있게 하려면

오래 된 된장은 맛도 떫고 퀴퀴한 냄새가 난다. 이럴 때 제 맛을 내게 하려면, 멸치 대가리와 고추씨를 곱게 갈아 몇 군데 드문드문 넣어 준다. 그리고 한 열흘쯤 지나서 열어 보면 냄새가 가시고 색깔도 노르스름해지게 되는데 맛도 한결 좋아진다. 고추씨 때문에 매운맛이 돌기도 하지만, 오히려 새로운 맛을 느낄 수가 있다.

고추장의 신맛을 없애려면

고추장의 경우, 간이 짜면 잘 시어지지는 않으나 맛이 없고, 반대로 싱거우면 여름 동안에 잘 괴고 맛이 변해서 시어진다.

이럴 때는 소다를 고추장 한 공기에 콩알 두 개 정도의 비율로 넣고 골고루 섞어 주면 신맛이 없어진다. 고추장의 양이 많으면, 이렇게 한 다음에 한 번 볶아 두는 것이 좋다.

너무 짠 음식에는 감자를 넣는다

카레나 수프 등을 만들었는데 간이 너무 짤 때는 손질한 감자 두어 개를 굵직하게 썰어서 넣어 주면 감자가 익으면서 소금기를 흡수하게 되어 간이 맞춰진다. 이때 쓰고 난 감자는 샐러드나 크로켓을 만들어 먹으면 된다.

두부를 타지 않게 부치려면

가정에서 두부전을 부칠 때, 두부의 물기를 빼고 구워도 잘 되지 않고 프라이팬에 눌어붙어 두부살이 처지는 경우가 많은데, 이럴 때는 먼저 냄비에다 소금물을 약간 끓이고, 두부를 적당한 크기로 잘라서 이 끓는 물에 잠시 담갔다가 꺼내어 부치면 프라이팬에 눌어붙지도 않고 아주 잘 부쳐진다. 간이 짭짤하게 맞아 먹기에도 좋으며, 하루 이틀쯤 보관했다가 먹어도 맛이 변하지 않는다.

보리차에 소금을 넣으면 일품

끓는 물에 보리를 넣고 소량의 소금을 넣으면 향기가 좋아지며 맛도 부드러워진다. 이렇게 10분쯤 끓이고 주전자째 물에 담가 식힌다.

레몬을 곁들이면 우유 냄새가 없어진다

우유를 잘 마시지 않는 사람들은 우유 그 자체보다도 우유에서 나는 냄새가 싫기 때문인 경우가 많다. 이런 사람들에게는 그냥 우유를 마시라고 강요하기보다 우유에다 레몬을 조금 타서 권하면 된다. 우유 냄새가 없어지는 대신 향긋한 레몬 향기가 구미를 돋구어 쉽게 마실 수 있다.

우유를 데울 때는 60℃ 이하로

우유에다가 설탕을 타서 마시면 설탕이 체내에서 분해되어 산이 생기게 되는데, 그러면 우유 속에 있는 양분이 이 산을 중화시키기 위해 쓸데없이 소모되어, 결과적으로 영양 손실을 가져오게 된다. 따라서 우유는 설탕을 타지 않고 마시는 것이 좋다.

그리고 우유는 60℃ 이하로 따뜻이 데우는 것이 가장 좋으며, 마실 때에도 벌컥벌컥 마시지 말고 음미하듯이 천천히 마시는 것이 좋다.

마요네즈와 샐러드를 도시락 반찬으로 싸 줄 때

마요네즈는 먹기 전에 섞어 주어야 제 맛이 난다. 그런데 이 마요네즈를 샐러드와 함께 도시락 반찬으로 넣어 줄 때 잘못하면 서로 뒤섞여 반찬 그릇이 지저분하게 된다. 이를 막으려면 우선 마요네즈를 랩에 싸고 거기에 이쑤시개를 함께 넣어 주면 좋다. 이렇게 하면 서로 뒤엉켜 지저분할 염려가 없을뿐더러 먹을 때 랩에 구멍을 내고 짜 먹을 수 있어 편리하다. 또한 신선한 샐러드를 먹을 수 있어서 좋다.

바퀴벌레 잡기

잡아도 잡아도 끝이 없는 바퀴벌레…….

시중에도 이미 바퀴벌레 약이 많이 나와 있으나 집 안에서도 간단하게 그 대체 용품을 만들어 쓸 수가 있다. 집 안에 붕산을 뿌려도 되지만, 함정을 만들어도 바퀴벌레를 잡을 수 있다. 우윳병 입구에다 기름을 바르고 그 속에 생감자나 김빠진 맥주를 넣어 두면 바퀴벌레가 유인되어 빠지게 된다.

농이나 선반 위에 월계수잎이나 고춧가루를 올려놓는 것만으로도 어느 정도 바퀴벌레의 극성을 막을 수 있다.

또, 집 안 구석구석에 겨자가루나 마늘가루를 뿌려 두어도 효과적이다. 서랍이나 선반 주위에 가루를 뿌려 두고 그 위에 종이를 덮어 두면 그릇 등에 묻지 않아 좋다.

한밤중에 음식물을 내놓거나 그릇 등에 물기를 남겨 두면 바퀴벌레에게 음식을 제공하는 것이 되므로, 음식물은 바퀴벌레가 들어가지 못하도록 냉장고 등에 잘 넣어 두고, 식기의 물은 깨끗이 닦아 수납장에 넣어 두어야 한다. 수납장이나 싱크대 등의 물기도 잠자리에 들기 전에 마른걸레로 깨끗이 닦아 준다.

개미가 집 안에 들어오는 것을 막으려면

개미가 집안에 들어와 여기여기 돌아다니게 되면 여간 신경 쓰이는 것이 아니다. 그러다가 살갗을 물리기라도 하면 왜 그리 따가운지……. 간단한 개미 퇴치법 몇 가지를 소개한다.

1) 현관문 밖에다 박하나무 몇 그루를 심어 놓으면 그 냄새로 인해 개미가 들어오지 못한다. 한번 시험 삼아서 박하잎을 떼어다가 개

미 앞에 놓아 보자. 박하 냄새로 인해 개미가 부들부들 떨면서 도망가는 것을 볼 수 있을 것이다.

2) 개미가 돌아다니는 통로에 소금이나 고춧가루를 뿌려 둔다.

3) 설탕과 붕산을 반씩 섞어 입구에 뿌린다.

4) 개미 구멍을 찾아내어 그곳에 끓는 물을 붓는다.

5) 개미 구멍에 석유 몇 방울을 떨어뜨린다.

옷장의 좀벌레를 예방하려면

옷장의 좀벌레에는 삼나무가 특효이다. 따라서 옷장 등에 삼나무 조각이나 삼나무 기름 등을 넣어 두면 좀벌레를 막을 수 있다. 그리고 라벤더와 박하의 혼합물로도 이를 제거할 수 있다.

담배꽁초를 살충제로

담배꽁초를 우려낸 물은 여러 곳에 살충제로서 요긴하게 쓰인다. 예컨대, 화장실이나 쓰레기장 같은 데에 뿌려 두면 벌레가 생기지 않고 악취도 어느 정도 제거된다. 그런데 이것은 화초에 끼는 벌레나 애벌레를 없애는 데에도 농약에 버금가는 효과가 있다. 특히 장미 같은 꽃나무는 벌레가 많이 끼는데, 이 물을 붓으로 찍어서 바르면 전멸시킬 수 있다.

입에서 마늘 냄새가 나면 녹차로 해결

마늘 냄새의 원인은 아리나제라고 하는 효소 때문. 마늘을 먹은 뒤에 냄새가 나면, 녹차 잎을 씹고 나서 양치질을 하면 효과적이다. 녹차 안에는 후라보노라이드라는 물질이 있는데, 이것이 마늘 냄새를 흡수해 주기 때문이다.

 전자제품 구석구석의 먼지는 붓으로 떨어낸다

오디오나 비디오, 컴퓨터 등의 구석구석에 끼인 먼지는 그림붓으로 청소한다. 컴퓨터나 워드프로세스의 키보드를 청소할 때도 붓을 사용하면 효과적이다.

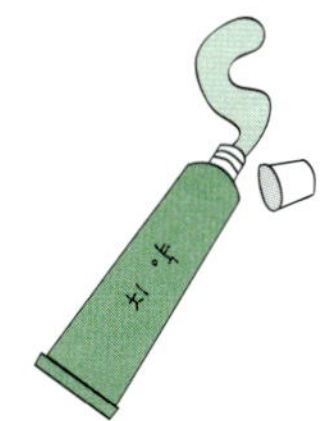 피아노나 오르간 건반의 때는 치약으로

피아노나 오르간의 때는 먼지나 손때가 주원인이다. 건반에 끼인 먼지나 손때 등은 부드러운 천에 치약을 발라서 잘 닦아낸다. 주거용 세제나 알코올을 사용해도 잘 닦이고 건반도 상하지 않는다. 피아노는 습기나 열을 싫어하므로, 습한 곳이나 난로 등과 같은 열기가 있는 곳은 피하도록 한다.

이끼 낀 수족관엔 다슬기를

수족관에 이끼가 끼면 산뜻하게 보이질 않는다. 이런 때 개울가에서 다슬기를 몇 마리만 잡아다가 수족관 속에 넣어 보자. 이끼뿐만 아니라 물고기의 배설물까지 다슬기가 말끔히 먹어 치운다.

방바닥에 본드가 묻었을 때

방바닥이나 플라스틱에 본드 등과 같은 접착제가 묻었을 때에는 화장지에 콜드크림을 묻혀서 문지르면 잘 닦인다.

촛불을 안전하게 끄려면

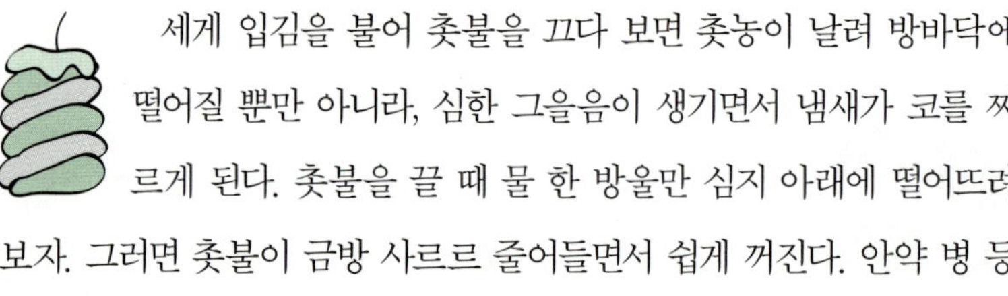

세게 입김을 불어 촛불을 끄다 보면 촛농이 날려 방바닥에 떨어질 뿐만 아니라, 심한 그을음이 생기면서 냄새가 코를 찌르게 된다. 촛불을 끌 때 물 한 방울만 심지 아래에 떨어뜨려 보자. 그러면 촛불이 금방 사르르 줄어들면서 쉽게 꺼진다. 안약 병 등에 물을 담아 두었다가 사용하면 좋다.

촛농이 흘러내리지 않게 하려면 소금을

촛불을 켜 놓게 되면 양초 둘레에 촛농이 흘러 지저분하게 된다. 이를 막기 위해선 촛불 심지 밑에 고운 소금을 약간 뿌려 두면 된다. 그러면 촛농이 훨씬 덜 흘러내릴 뿐만 아니라 촛불도 한층 더 밝아진다. 또 양초를 물에 한동안 담가 두었다가 사용해도 효과가 있다.

전구를 안전하게 보관하려면

비상시를 대비해 집 안에 전구 한두 개쯤은 보관해 두어야 한다. 그런데 이 전구를 잘못 보관하게 되면 깨질 우려가 있어 위험하다. 전구를 보관할 때 유리컵 안에 담아 보관하면 구르지도 않고 깨질 염려도 없어서 좋다.

포장지에 붙은 셀로판테이프를 깨끗이 떼어내려면

선물 포장지가 예뻐서 흠집 나지 않게 잘 뜯어 두었다가 나중에 다시 사용하고 싶은데, 포장지에 붙어 있는 테이프가 잘 떨어지지 않아 말썽이다. 이런 때, 따뜻하게 데운 다리미를 테이프에 갖다 대면 잘 떨어진다.

🔘 매니큐어 병뚜껑이 잘 안 열리면

매니큐어가 굳어서 병이 잘 안 열리면 억지로 열려 하지 말고 얼마 동안 병을 거꾸로 세워 두면 잘 열린다.

🔘 고풍스러운 초인종

과거엔 서구 문화를 추구하던 사람들이 요즘에 들어서면서 점점 우리 것을 선호하는 경향이 늘고 있다. 쇠방울이나 작은 종을 초인종으로 사용하면 고풍스러우면서도 운치가 있을뿐더러 유지비도 안 들고 고장날 염려도 없어 좋다.

🔘 새 구두를 신을 때 발뒤꿈치가 아프면

구두를 새로 사서 신으면 가죽이 뻣뻣하여 뒤꿈치 등이 까져 아픈 경우가 있다. 이런 때는 아픈 곳에 밴드나 반창고 등을 붙이고 양말을 신으면 아프지 않다. 또 한 가지 방법은, 뒤꿈치가 닿는 부분에 비누질을 해서 신어도 효과적이다.

🔘 손가락에 묻은 담배 니코틴 없애기

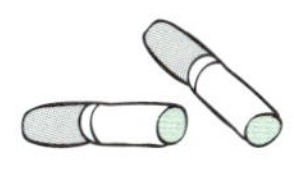

담배를 많이 피우게 되면 손가락에 니코틴이 묻어 누렇게 되는데, 이는 좀처럼 지워지지 않는다. 이럴 때는 레

몬즙에 옥시풀을 약간 섞어서 계속 문질러 보자. 니코틴이 벗겨지면서 색깔이 엷어진다. 레몬즙만으로도 효과를 볼 수 있다.

헌 스타킹 재활용

헌 스타킹도 버리지 않고 보관해 두면 다음과 같이 여러 가지로 요긴하게 사용할 수 있다.

1) 스타킹에 스펀지를 채워 넣으면 행주로 사용할 수 있다.

2) 적당한 크기로 잘라서 머리 빗는 브러시에 끼워 놓으면 나중에 머리칼을 제거할 때 편리하다.

3) 오래 써서 잘게 부서진 비누 조각을 넣고 사용하면 비누를 버리지 않고 끝까지 사용할 수 있어서 경제적이다.

4) 옷을 개어서 보관할 때 접힌 자리에 못 쓰는 스타킹을 끼워 두면 옷의 접힌 자국이 나지 않는다.

5) 겨울철 수도관에 친친 감아 놓으면 수도관이 어는 것을 방지할 수 있다.

6) 많이 모아서 쿠션 및 베갯속으로 사용할 수 있다.

7) 모피 목도리를 넣어 보관하면 털이 망가지지 않는다.

8) 자른 스타킹을 몇 겹으로 겹쳐서 재봉질을 해 두면 가구나 신발을 닦는 걸레로 안성맞춤이다.

그림을 오래 보관하려면

그림을 오랫동안 벽에 걸어 두면 탈색되어 보기 흉하게 되어 버리는 경우가 있다. 이를 막으려면 그림에 미리 살짝 왁스를 칠해 두면 된다. 그리고 그림을 붙일 때 사용한 접착제가 밖으로 새어 나왔을 때에는 마르기 전에 신나로 살짝 닦아내면 깨끗해진다.

몹시 갈증이 나면

여름에 땀을 많이 흘리게 되면 자연히 물을 많이 찾게 된다. 이런 때 음료수나 물을 많이 마시게 되면 위의 부담도 커지고 식욕도 떨어지게 된다. 무더위에 갈증을 참을 수 없을 때는 더운물을 마시거나 냉수에 레몬이나 식초를 몇 방울 떨어뜨려 마셔 보자. 그러면 해갈도 되고 건강에도 좋다.

테니스 공 재활용

못 쓰는 테니스 공을 책상이나 의자 다리의 받침대로 사용하면 좋다. 테니스 공의 윗부분을 책상이나 의자 다리 굵기에 맞춰 적당한 위치에서 잘라내어 색색으로 끼워 두면 보기에도 좋고 장판이 긁히지 않아서 좋다.

볼펜 깍지 재활용

다 쓰고 난 볼펜 깍지를 모아 두면 유용하게 사용할 수 있다. 철사로 된 빨랫줄에 끼워 두면 빨래에 녹이 묻는 것을 방지할 수 있으며, 벽에 옷걸이용으로 못을 박을 때 못에 끼워 함께 박아 두면 옷에 녹이 묻지 않아서 좋다.

립스틱 통 재활용

립스틱 통은 디자인이 예쁠 뿐만 아니라 핸드백이나 호주머니에 잘 들어가므로 휴대용 인주갑으로 사용하면 좋다.

귤껍질 이용법

귤껍질은 감기나 동상에도 좋지만, 말려 두었다가 차를 끓여 먹으면 향긋한 냄새가 일품이다.

또 귤껍질 삶은 물로 집 안의 가구나 밥상 등을 닦으면 반짝반짝 윤이 나며, 돗자리를 닦으면 누렇게 변색되는 것을 막을 수 있어 좋다.

잡초 씨 말리기

잡초는 아무리 뽑아도 끈질기게 돋아난다. 이런 때 빨래 삶은 물이나 국수 삶아낸 물을 잡초에 뿌려 주면 쉽게 말라죽는다. 뿐만 아니라, 다음에 돋아날 새싹까지도 전멸시킬 수 있다.

살갗에 페인트가 묻으면

손이나 얼굴에 콜드 크림을 바르고 나서 페인트칠을 하면 페인트가 묻는다 하더라도 휴지로 닦아내면 금방 지워진다.

그런데 만일, 콜드 크림을 바르지 않은 상태에서 페인트칠을 하다가 페인트가 묻었다면, 페인트가 묻은 곳에 버터를 발라 잘 문지른 다음 타월로 닦아내고 비눗물로 씻어내면 말끔히 닦인다.

딱딱하게 굳은 셀로판테이프는

셀로판테이프를 오래 놓아두면 딱딱하게 굳어서 사용할 수 없게 된다. 이런 때는 테이프를 끓는 물 속에 잠시만 담가 놓았다가 꺼내어 사용해 보자. 그러면 테이프가 본래처럼 부드러워져 사용이 가능하다.

진짜와 가짜 꿀 구별하기

집에 있다 보면 허름한 옷차림의 시골티 나는 사람이 보따리를 풀어 헤치며 제주도에서 직접 채취한 꿀이니 어쩌니 하면서 너스레를 떨어 댈 때가 있다. 이때 진짜 꿀인지 어떤지를 알아내는 방법이 있다.

우선 그 꿀을 숟가락에 따라서 아래로 떨어뜨려 보자. 이때 물엿처럼 주르르 흘러내리면 가짜이고, 응축력이 있어 또박또박 잘려서 떨어지면 진짜가 틀림없다. 그리고 꿀을 살 때는 봄에 따낸 첫 꿀과 가을에 따 낸 것은 피하는 것이 좋다.

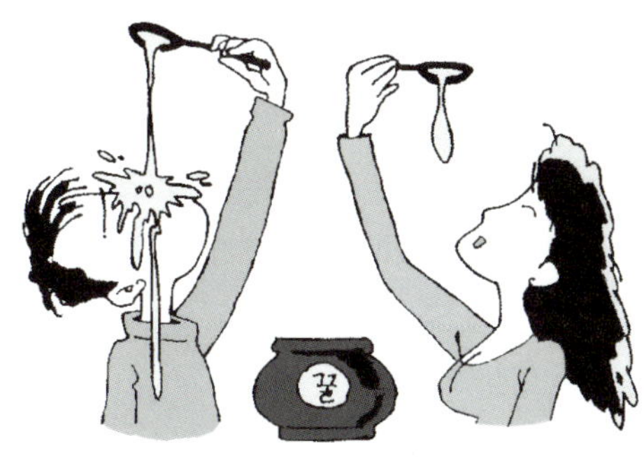

◑ 꿀병 마개가 잘 안 열릴 때

꿀병 마개를 한동안 닫아 두었다가 나중에 열려면 마개 부분이 꿀과 함께 굳어 붙어서 좀처럼 열리지 않는다. 이런 때, 뜨거운 물에 마개 부분을 잠시만 담갔다가 열어 보자. 굳었던 꿀이 녹으면서 쉽게 열리게 된다.

◑ 병마개를 너무 세게 잠가서 잘 안 열릴 때

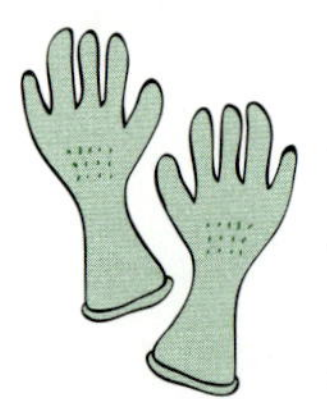

위의 경우와 같이 액체가 병마개에 굳어서 안 열리는 경우가 있는가 하면, 병마개를 너무 세게 돌려 놔서 잘 안 열릴 때가 있다. 이런 때 수건으로 마개 부분을 감싸고 힘주어 돌려보지만 안 돌아가는 것은 마찬가지. 이런 때 손에 고무장갑을 끼고 돌리면 쉽게 열린다. 고무줄을 병마개에 단단히 몇 겹 감고 돌려도 잘 열린다.

◑ 작은 물건을 찾을 때

바늘 등과 같이 작은 물건을 찾고자 할 때는 플래시를 위에서 비추지 말고 측면에서 비춰야만 그림자가 방바닥에 드리워서 찾기가 쉽다.

◑ 먹다 남은 맥주 활용하기

먹다 남은 맥주를 버리지 않고 보관해 두면 요긴하게 사용할 수 있다. 그 몇 가지를 소개한다.

1) 가스레인지나 환풍기의 더러움을 제거할 수 있다. 행주에 맥주를 적셔 더러워진 부분을 문질러 주면 의외로 잘 닦인다. 김 빠진 맥주라도 상관없다.

2) 냉장고 안의 더러움과 냄새를 제거할 수 있다. 행주에 맥주를 적셔 냉장고 안을 닦으면 더러움뿐만 아니라 냄새까지도 깨끗이 제거할 수 있다.

3) 화분의 식물 잎에 낀 먼지를 닦아주면 윤기는 물론 신기할 정도로 잎사귀가 싱싱해진다.

 남편의 비망 바구니를 만들자

남편의 바쁜 출근 시간! 남편이 옷을 갈아입기라도 할라치면 이 옷 저 옷에서 소지품을 챙기느라고 바쁜 출근 시간이 더욱 더 바빠진다.

"내 손수건, 내 지갑, 내 수첩, 내 휴대폰……."

이렇게 챙기느라고 챙겼건만 막상 회사에 가서 보면 꼭 뭔가 한 가지가 빠져 있다. 아내가 빨래라도 한 날이면 그것이 모두 아내의 책임으로 돌아간다.

이런 때를 대비하여 남편의 비망 바구니를 준비해 두면 편리하다. 조그맣고 예쁜 남편 전용 바구니 하나를 준비해 두었다가 남편이 옷을 갈아입는다든지 할 때 자신의 소지품을 무조건 거기에 담아 두게 하는 것이다. 그렇게 되면 출근 시간에 부산을 떨지 않아도 되고, 또 빠짐없이 소지품을 챙길 수 있어서 좋다. 남편뿐만 아니라 다른 사람의 것도 이렇게 전용 바구니를 만들어 두면 편리하다.

 우산 손잡이가 빠졌을 때는

우산 손잡이가 자꾸 빠질 때는 손잡이가 끼워질 부분에다 무명실로 친친 감고 그곳에 접착제를 듬뿍 발라서 꽂아 두면 두 번 다시 빠지지 않는다.

 젖은 우산은 손잡이가 아래로 향하게 세워 둔다

젖은 우산을 세워 놓을 때는 보통 우산의 꼭지 부분이 아래로 향하도록 하는데, 그렇게 하면 그 부분에 빗물이 고여서 우산살이 쉽게 녹슬게 된다. 따라서 우산을 세워 둘 때는 항상 손잡이 부분이 아래로 향하도록 하는 습관을 들이도록 하자.

 양산과 비치파라솔의 손질과 보관

큰 그릇에 세제를 풀어 넣은 다음, 그 속에 양산이나 비치파라솔을 넣고 휘저으면서 빤다. 그래도 얼룩 등이 남아 있으면 솔로 문지르면 된다. 그런 다음 햇볕에 바짝 말려 실리카겔을 넣고 비닐 팩에 넣어 보관한다. 또 낡은 스타킹 속에 넣어 보관해도 좋다. 그러면 아주 잘 맞는 케이스가 될뿐더러 먼지도 타지 않고 쉽게 알아볼 수 있어서 편리하다.

양산살이 녹슬었을 때는 더운물에 수산을 묽게 타서 닦은 뒤 재봉틀 기름을 발라 둔다.

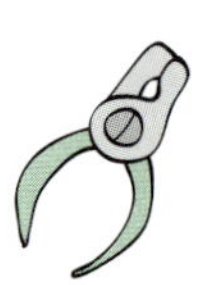 펜치가 녹슬어 뻑뻑할 때

오랫동안 쓰지 않아서 펜치가 빨갛게 녹슬어 잘 움직이지 않을 때가 있다. 이런 때는 펜치의 교차 부분에 비눗물을 떨어뜨려 헐겁게 움직일 때까지 여러 번 움직여 녹을 떼어낸다. 그런 다음, 물기를 닦아내고 재봉틀 기름이나 식용유를 칠해 두어야만 또다시 녹이 슬지 않는다.

송곳 끝에는 코르크 마개를

어느 가정에나 있을 송곳은 아이들에게 있어 위험하기 짝이 없다. 송곳 끝에 코르크 마개를 꽂아 두어 보자. 이렇게 하면 자칫 다치기 쉬운 위험으로부터도 벗어날 수 있고, 송곳 끝이 무뎌질 염려도 없다.

공구함 속에 건조제를

쇠망치나 못 등이 들어 있는 공구함 속에 건조제를 넣어 두면 습기를 제거하여 연장이 녹스는 것을 방지할 수 있다.

역겨운 발 냄새를 없애려면

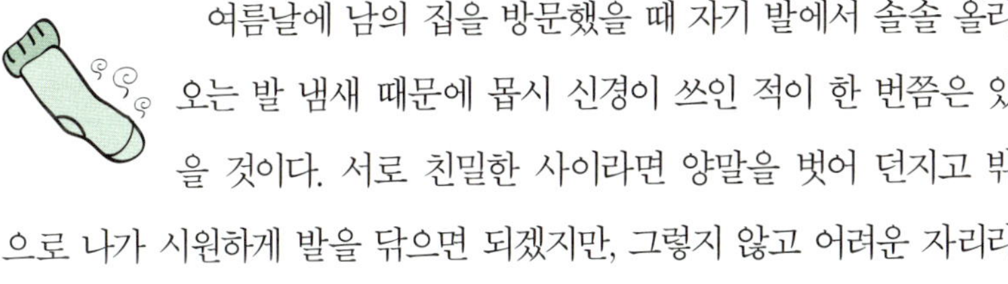

여름날에 남의 집을 방문했을 때 자기 발에서 솔솔 올라오는 발 냄새 때문에 몹시 신경이 쓰인 적이 한 번쯤은 있을 것이다. 서로 친밀한 사이라면 양말을 벗어 던지고 밖으로 나가 시원하게 발을 닦으면 되겠지만, 그렇지 않고 어려운 자리라면 그럴 수도 없는 일이다.

이런 곤란을 미리 예방하는 간단한 방법이 있다. 그 집을 방문하기 전에 신발에 소다를 뿌렸다가 신으면 해결된다. 그리고 양말에도 뿌려 두면 역겨운 발 냄새 걱정으로부터 해방될 수 있다.

신발의 악취를 제거하려면

도회지식 건물의 경우, 대개가 현관의 신발장에 신발을 넣어 두도록 되어 있는데, 특히 무더운 여름철에 여러 켤레의 신발에서 한꺼번에 올라오는 악취는 무더위와 함께 사람을 더욱 짜증나게 한다. 이것을 막으려면, 냉장고에 사용하는 탈취제를 신발마다 약간씩 넣어 두거나 숯을 넣어 두면 된다. 한번 사용한 탈취제는 다음에 또 사용할 수 있으므로 항시 신발장 안에 넣어 두었다가 그때그때 사용하면 편리하다.

발이 잘 부르트는 사람은

발에다 마른 비누질을 하고 양말을 신으면 아무리 많이 걸어도 좀처럼 발이 부르트지 않는다. 비누는 미끄럽기 때문에 양말과 발이 착 달라붙지 않고, 걸을 때마다 유동적이기 때문이다. 따라서 먼길을 걸어야 할 때나 등산할 때 이용하면 좋다.

무명실을 질긴 실로 만들어 쓰려면

때때로 아이들 장난감 목걸이의 실이 끊어져 구슬들이 여기저기 제멋대로 흩어져 돌아다닐 때가 있다. 마땅히 질긴 실이라도 있으면 좋으련만 그렇지 않아서 구슬을 주워 그냥 서랍 등에 넣어 두는 경우가 있다. 이때 무명실을 질긴 실로 만들어 사용할 수 있는 손쉬운 방법이 있다. 무명실에 공장용 접착제를 발라 주는 것이다. 바르는 방법은, 우선 집게손가락과 엄지손가락으로 무명실을 잡고 그곳에 접착제를 발라 주면서 훑어내리면 된다. 이렇게 해서 말린 다음 구슬을 꿰어 주면 좀처럼 실이 끊어지지 않고 오래 사용할 수 있다.

🔘 바늘을 안전하게 보관하려면

쓰고 난 바늘을 잘못 보관하면 이불이나 베개 등에 숨어 버려 위험하기 짝이 없다. 이것을 방지하려면, 빈 화장품 통의 바닥에 조그마한 자석 하나를 접착제로 붙여서 그 안에 넣어 두고 쓰면 좋다. 이렇게 하면 잃어버릴 염려도 적어지고, 쓰다가 못 찾는 바늘을 더듬어서 쉽게 찾을 수도 있다.

🔘 자물쇠가 뻑뻑하면

자물쇠가 뻑뻑하여 열고 잠글 때 애를 먹는 경우가 있다. 이런 때 자물쇠 안에 연필 가루를 넣어 보자. 그리고 열고 잠갔다를 여러 번 반복하면, 자물쇠 안에 연필 가루가 골고루 퍼지면서 아주 부드럽게 여닫힌다.

🔘 도장을 청소하려면

도장을 오래 사용하다 보면 글자의 획과 획 사이에 인주가 가득 끼게 되어 도장을 찍어도 글자가 불분명하게 된다. 그렇다고 해서 칫솔 등과 같이 거친 것으로 쓱쓱 문지르면 글자 획이 떨어져 나갈 염려가 있다. 이런 때, 씹고 있던 껌으로 그곳에 대고 꾹꾹 눌렀다 뺐다를 여러 번 반복해 보자. 인주 찌꺼기가 아주 깨끗이 제거된다. 그리고 양초를 녹여 도장에 떨어뜨렸다가 굳은 다음에 떼어내도 효과적이다.

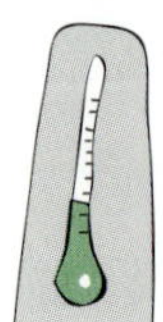 온도계의 알코올이 토막토막 끊어졌을 때

온도계 안에 있는 빨간 알코올이 토막토막 끊어져 못 쓰게 된 경우, 온도계의 하단에 촛불을 쪼여 주면 간단히 이어진다. 체온계의 경우, 더운물에 담가 두면 수은이 하나로 합쳐진다.

방 안의 담배 연기를 없애려면

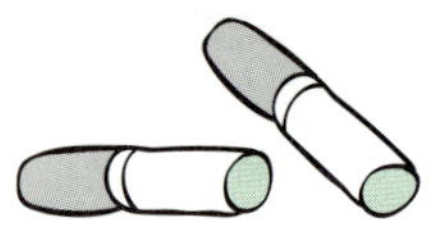 방 안에서는 가급적 담배를 피우지 않는 것이 좋지만, 집안에 무슨 행사라도 있다 보면 사람들이 모여 여기저기서 담배를 피워 대곤 한다. 이런 땐 환기를 시키는 것이 가장 좋겠지만, 그렇지 못할 상황이라면 방 안에 촛불을 켜 두면 효과적이다. 촛불은 주위의 연기를 흡수하는 성질이 있기 때문이다. 이때 유리컵 등에 모래를 담아 초꽂이로 이용하면 보기에도 좋고 촛농도 간편하게 처리할 수 있어서 좋다.

소음이 심한 곳에서 통화할 때

시내의 도로 옆과 같이 소음이 심한 곳에서 전화 통화를 하려면 상대의 말소리가 잘 들리지 않아서 짜증스러울 때가 있다. 이런 때 사람들은 상대방의 목소리를 듣기 위해 보통 한쪽 귀를 손으로 막고 큰 소리로 통화하곤 하는데, 이보다는 자신의 송화기를 손으로 막고 듣는 것이 상대방의 말소리를 훨씬 잘 들을 수 있다.

머리칼에 붙은 껌을 떼려면

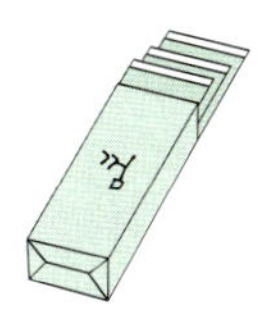

옷에 껌이 붙었을 때는 얼음으로 껌을 굳게 만들어 떼어내면 되지만, 머리칼에 붙은 껌을 그런 식으로 빼내려 한다면 머리칼이 아파 견딜 수 없게 된다. 이럴 때는 껌을 포함한 주변의 머리칼에까지 헤어 크림을 비벼 바르고 나서 마른헝겊으로 떼어내면 잘 떨어진다.

손톱 깎을 때 손톱이 튀는 것을 막으려면

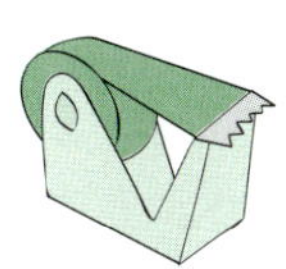

재래식 손톱깎이로 손톱을 깎으려면 손톱이 여기저기 제멋대로 튀어서 신경이 쓰인다. 이때 손톱깎이의 양쪽 측면에 스카치 테이프를 붙이고 깎으면 손톱이 튀는 것을 막을 수 있다.

요즘에는 이 원리를 이용, 손톱깎이에 케이스를 부착하여 손톱이 튀는 것을 원천적으로 막을 수 있는 새로운 제품이 시중에 나와 있다.

편지 봉투의 주소를 번지지 않게 하려면

편지가 배달되는 중에 비가 온다거나 해서 봉투에 쓰인 글씨가 물에 번져 제 집을 못 찾는 경우가 있다. 만일 중요한 편지라도 되면 여간 낭패가 아닐 수 없다. 이럴 때를 대비해 주소를 쓴 곳에 양초를 칠해 두거나 스카치 테이프를 붙여 두면 지워질 염려가 없어 안전하다.

관엽식물의 잎은 우유로 닦는다

고무나무 등과 같이 잎사귀의 모양이나 빛깔을 보고 즐기는 관엽식물의 잎을 헝겊에 우유를 묻혀서 닦아 주면 번들번들 윤이 나서 보기에 좋다. 우유로 닦기 전에 붓에 물을 묻혀 잎사귀를 쓸어 주면 더욱 효과가 있다.

급할 땐 신문지가 잣대

신문지의 대각선 길이는 96㎝로서 거의 1m에 가깝다. 따라서 자가 없을 때 물건의 길이를 재려면, 주위에 흔하게 널려 있는 신문지를 대각선으로 접어서 재어 보자. 눈대중으로 짐작하는 것보다 훨씬 정확하고 좋다.

자기의 신체 길이를 알아두면 편리하다

물건을 사거나 할 때, '과연 길이가 얼마나 될까?' 하고 고개를 갸우뚱해 본 경험은 누구에게나 한 번쯤 있을 것이다. 이런 때, 손으로 한 뼘씩 재어 보기도 하지만, 자기의 한 뼘 길이가 정확히 얼마나 되는지 알 수가 없으니 답답하기만 하다.

이런 때를 위해 자기 손의 한 뼘 길이나 발바닥의 길이가 얼마나 되는지 미리 재어서 기억해 두면 편리하다. 자가 없을 때 좀 긴 물건을 재려면 자기 키와 똑같은 길이로 실이나 포장끈 등을 잘라서 재어도 좋다.

깨지기 쉬운 도자기 속에는 모래를 채워 둔다

누구나 장식용으로 한두 점 정도는 보관하고 있을 도자기. 자칫 잘못하면 이 값비싼 도자기가 넘어져 깨질 수가 있다. 특히 아랫부분이 좁은 도자기의 경우 더욱 그러하다. 이런 때, 도자기 속에 모래를 반쯤만 채워 두어 보자. 모래의 무게로 인해 도자기가 중심을 잡아 잘 넘어지지 않는다.

 카메라 필름통을 조미료통으로 활용

카메라 필름통을 버리지 말고 모아 두었다가 깨끗이 씻어서 여행용 조미료통으로 사용하면 간편하고 좋다.

 콘텍트렌즈를 찾을 수 없을 때는 진공청소기로

투명한 콘텍트렌즈가 방바닥에 떨어지게 되면 눈에 잘 안 띄어서 좀처럼 찾기가 힘들다. 이런 때 진공청소기를 이용해 보자. 진공청소기의 흡입구에 헌 스타킹 조각을 덮어씌우고 윗부분을 고무줄로 단단히 묶는다. 그런 다음, 렌즈가 떨어졌다고 생각되는 주변을 청소하듯이 왔다갔다하면서 흡입시키면 렌즈가 스타킹에 달라붙어 쉽게 찾을 수 있다.

보석 손질법

몸에 항상 지니고 다니는 보석 액세서리는 땀이나 기름때로 인해 쉽게 더러워지는데, 이것을 어떻게 손질하느냐에 따라 보석의 수명이 달라진다.

목걸이나 반지는 가끔씩 소다수로 닦아 주어야 하는데, 그래도 때가 빠지지 않을 경우, 부드러운 헝겊에 중조를 약간 발라 손가락으로 문질러 보자. 순식간에 흐림이 없어지면서 본래와 같은 아름다운 빛이 되살아난다.

그리고 보석의 뒷면은 화장 비누를 녹인 액체나 중성세제를 칫솔에 묻혀서 문지르면 때가 잘 닦인다. 그러고 나서 물로 씻든지, 그림붓 등에 벤젠을 묻혀서 문지른 다음 물로 씻고 부드러운 헝겊으로 잘 닦아 주면 된다. 그러나 산호, 터키 식 오팔, 진주 등과 같은 보석은 흡수성이 있으므로, 물이나 세제 액으로 씻을 경우, 마를 때 금이 가는 수가 있으므로 주의해야 한다.

◐ 대나무 자리, 왕골 제품 손질 및 보관

대나무를 쪼개어 만든 대나무 자리나 왕골로 만든 돗자리 등은 사용할 때보다 보관할 때가 더욱 중요하다. 잘못 보관할 경우, 자리가 꺾이거나 곰팡이가 슬고 변색될 우려가 있기 때문이다.

우선 물걸레를 꽉 짜서 얼룩진 곳을 깨끗이 닦아낸 다음, 통풍이 잘 되는 그늘에서 충분히 말린다. 햇볕에 말리면 모양이 뒤틀리거나 변색될 우려가 있기 때문이다. 잘 지워지지 않는 얼룩은 부드러운 솔에다 중성세제를 묻혀서 살살 문지르면 깨끗이 지워진다.

대나무 자리의 경우, 겉면이 밖으로 나오도록 둥글게 말아서 가운데에 신문지를 끼워 넣은 다음, 통풍이 잘되고 습기가 없는 곳에 눕혀서

보관한다. 세워서 보관하면 모양이 뒤틀리기 때문.

그러나 아래쪽에 천을 붙여 만든 것은 천이 겉으로 오게 말아야 한다. 그렇지 않고 반대로 말게 되면 대나무와 천의 접착 부분이 떨어질 우려가 있다.

왕골 제품의 경우, 무늬 있는 겉면이 안으로 들어가도록 말아 신문지로 잘 싸서 묶은 뒤에 눕혀서 보관한다.

아이들의 고무 보트를 보관할 때

겉부분의 때나 얼룩은 부드러운 천으로 깨끗이 닦고, 공기 주입구를 통하여 튜브 속에 있는 물을 완전히 제거한 뒤에 잘 접어서 보관한다. 접을 때는 서로 맞닿는 곳에 베이비용 파우더를 뿌려 준다. 그래야만 고무가 서로 달라붙는 것을 방지할 수 있다.

머리빗이나 헤어브러시를 세척하려면

머리빗이나 헤어브러시를 자주 세척해 주지 않으면 그곳에 머릿기름이나 먼지 등으로 인해 찌든 때가 생기게 된다. 이런 때는 물에 샴푸를 풀어 거품을 일으킨 다음, 그곳에 담가 두었다가 물로 헹구면 신기할 정도로 때가 깨끗이 빠진다.

갈 빗자루는 소금물에 담가 둔다

방에서 사용하는 갈 빗자루를 오래 사용하다 보면 갈 꽃이 한쪽으로 쏠려서 비질하기가 불편할 때가 있다. 이런 때는 물과 소금을 10 대 1로 섞어 그곳에 약 20분 정도 담가 두었다가 충분히 말리면 모양이 원래 상태로 되돌아올 뿐만 아니라 오래 사용할 수 있다.

전등의 밝기를 2.5배까지 높이는 전등갓

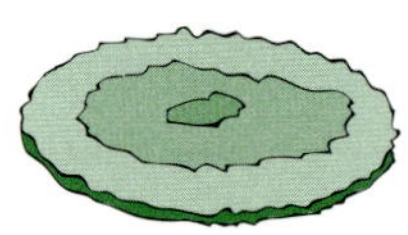

전등갓은 모양과 깊이, 그리고 내부 반사경의 면적에 따라, 전등알만 소켓에 꽂고 사용하는 것보다 1.5배 내지 2.5배까지 밝기를 증대시킬 수 있다. 그리고 전등갓의 안쪽에 담뱃갑 속에 들어 있는 은박지나 요리할 때 쓰이는 은색의 알루미늄 호일 등을 발라 두면 역시 밝기를 2배 정도 늘려 준다. 갓의 반사 면적이 넓고 깊어서 전등을 푹 가릴 수 있는 것은 갓 없이 사용할 때에 비해 2~2.5배나 밝기를 더해 준다.

카펫 고르기

거실에 까는 카펫은 털이 길고 밀도가 짙은 것이 좋은데, 고를 때는 그냥 눈으로 확인하는 것으로만 그치지 말고, 발로 직접 밟아 보아서 감촉을 확인하는 것이 중요하다.

빛깔이나 무늬는 천장이나 벽의 빛깔과 무늬에 잘 조화되는 것이 좋겠지만, 짙은 색상은 거실을 좁게, 연한 색상은 넓게 보이게 하므로 이 점도 고려해야 한다. 햇볕이 잘 드는 방에는 청색 계통이 좋고, 잘 들지 않는 방은 다른 밝은 색 계통이 좋다.

헌 안경 케이스의 이용

못 쓰게 되어 이리저리 굴러다니는 안경 케이스에 자잘한 도구를 넣어 두면 좋다. 자주 쓰는 족집게나 손톱깎이, 귀이개 따위를 그 속에 넣어 두고 쓰면 실내에서도 좋지만 휴대용으로도 좋다. 그리고 바늘이나 실, 단추 등의 간단한 바느질 도구를 넣어서 여행할 때 가지고 가도 아주 편리하게 사용할 수 있다.

🌀 쑥은 소다수로 끓여 햇볕에 말려 보관한다

봄에 많이 나는 쑥, 잘만 보관하면 제철이 아닌 때에도 쑥국을 맛볼 수 있다. 쑥을 오래 보관하려면, 끓는 물에 소다를 조금 넣은 다음, 그곳에 깨끗이 씻은 쑥을 넣고 너무 무르지 않을 정도로 삶아서 햇볕에 잘 말린다. 햇볕에 말린 쑥은 비닐봉지 속에 보관해 두었다가 필요할 때마다 꺼내어 더운물에 푹 불려서 사용한다.

🌀 잡지의 생활 정보 스크랩 요령

반짝반짝하는 생활 정보들로 가득한 월간지. 읽고 나서 얼마쯤 시간이 지나고 보면 잊혀지기가 쉽다. 나중에 생각이 나서 다시 찾아보려고 하면 도무지 어디에서 보았는지 기억할 수가 없다.

그러므로 잡지를 볼 때는 붉은 연필 같은 것을 들고 있다가 그때그때 목차 한 귀퉁이에다 페이지를 따로 적어 두는 습관을 들이도록 하자. 그랬다가 그 달이 지난 후에 그 부분을 오려 분야별로 스크랩해 두면 아주 편리하게 이용할 수 있다.

깜짝 의(衣)생활 아이디어

알뜰주부의 손끝 하나로
집안 식구들의 옷맵시가 달라지고
가정 경제가 달라진다!
각종 의류의 선택 요령에서부터
의류의 세탁·손질·다림질·보관·얼룩빼기·
가죽제품의 세탁과 손질법에 이르기까지
깜짝 의생활 아이디어 총집합!

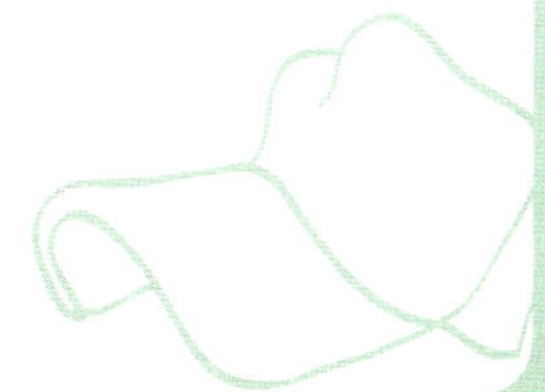

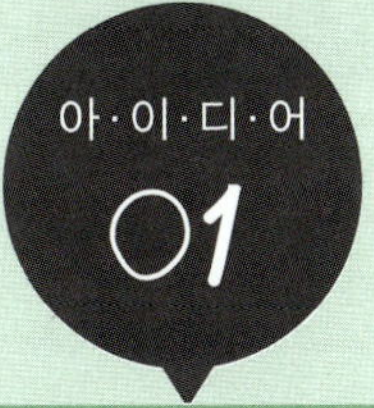

의류의 선택 요령

✎ 좋은 옷감을 선택하려면

옷감을 고를 때는 보통 그 색상이 자기와 어울리는지 어떤지를 알아보기 위해 자기 몸에 옷감을 걸쳐 보곤 하는데, 이때 한쪽 어깨에만 걸친 상태에서 거울을 보게 되면 현재 입고 있는 옷이 다른 쪽 어깨에 나타나서 그 색상이 자기와 어울리는지 어떤지 정확한 감을 잡을 수가 없다. 따라서 이런 때는 반드시 양쪽 어깨에 옷감을 걸쳐서 현재 입고 있는 옷이 감춰지도록 한 뒤에 거울을 보아야 한다.

그리고 또, 그 옷감이 세탁을 해서 줄지 어떨지를 알아볼 필요가 있는데, 옷감을 가로와 세로로 잡아당겨 보아서 신축성이 없고 뻣뻣이 저항하는 느낌이 들면 줄기 쉬운 것이다.

색깔은 햇빛 아래에서 볼 때보다 백열등 아래에서 보면 붉은빛이나 누런빛이 더 있어 보인다. 또, 형광등 아래에서는 불그스름한 빛이 거무스름한 보랏빛으로, 그리고 노랑 무늬는 푸른빛을 띠어 보이는 수가 있음을 참고하고 골라야 한다.

 스웨터를 고를 때

좋은 질의 스웨터를 고르려면 우선 스웨터를 들어서 밝은 곳을 향해 비쳐 본다. 그렇게 하면 스웨터에 흠이 있거나 구멍이 뚫린 곳을 쉽게 찾아낼 수 있다. 다음엔 목이나 어깨, 허리 부분을 잡아당겨 보아서 바느질이 고르고 튼튼하게 되었는가를 살펴본다. 또, 스웨터는 신축성이 좋아야 하는데, 눈으로만 보아서는 잘 알 수가 없으므로 반드시 팔목·어깨, 그리고 목 부분을 잡아당겨 보아서 잘 늘어나고 원상 회복이 빠른 것일수록 좋다.

 좋은 털실 고르기

날씨가 쌀쌀해지면 털실 가게를 찾는 주부가 많아지는데, 순모 털실은 촉감이 부드럽고 윤택이 나며, 또 쥐면 푹신한 탄력성이 있고 가벼운 것이 좋다. 그리고 꼬인 정도가 너무 센 것은 딱딱한 느낌이 들고, 느슨한 것은 실이 약하고 재생할 때 잘 풀리지 않으므로, 적당히 꼬이고 실의 굵기가 일정한 것을 골라야 한다. 앙고라, 모헤어, 드레스산과 같은 특수 털실은 바탕 실로는 안 좋다.

 블라우스와 와이셔츠 고르기

와이셔츠 타입의 블라우스를 맞출 때에는 목둘레의 크기를 바짝 죄어 잰 다음, 거기에다가 1~1.5㎝ 정도를 더 보태는 것이 가장 정확한 치수가 된다. 이때 컬러의 모양은 말로만 주문할 것이 아니라, 견본이나 사진 등에 나온 모양을 보고 주문하면 자기 취향대로 만들 수 있어서 좋다.

와이셔츠는 품질이 같더라도 파는 장소에 따라 가격에 많은 차이가 있다. 와이셔츠를 싼 곳에서 사면서도 좋은 것을 고를 수 있는 요령은, 우선 박음눈이 3㎝ 안에 22개 가량 들어 있는 것을 골라야 한다. 박음눈이 이보다 적으면 터지기 쉬울 뿐만 아니라, 세탁하고 나면 주름이 잡힐 수가 있다.

구두 구입 요령

구두는 디자인과 색상이 무난한 것을 선택하면 2,3년은 무난히 신을 수 있다. 자기 개성과 취향에 맞고 옷이나 백에 적당히 조화가 이루어지면 된다. 구두는 특히 발에 부작용이 오거나 지장이 있으면 안 되고, 신어서 편해야 한다. 합성 피혁은 땀 등과 같은 습기를 흡수하지 못해 발에 곰팡이 균(무좀)을 번식시킬 수 있으므로 흡수성이 좋은 천연 피혁을 선택하는 것이 좋다.

구두는 저녁때 사는 게 좋다

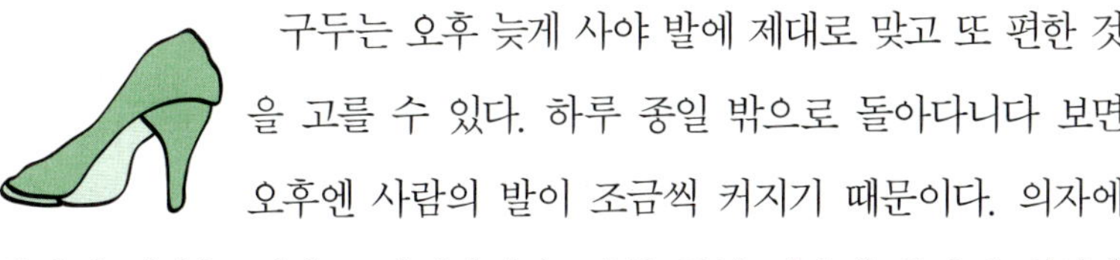

구두는 오후 늦게 사야 발에 제대로 맞고 또 편한 것을 고를 수 있다. 하루 종일 밖으로 돌아다니다 보면 오후엔 사람의 발이 조금씩 커지기 때문이다. 의자에 앉아서 일하는 사람도 마찬가지다. 하루 종일 의자에 앉아서 일하게 되면 피가 아래로 몰려 약간씩 붓게 되기 때문이다. 그리고 저녁때가 되면 적당히 피로를 느끼게 되기 때문에 구두를 신어 볼 때의 느낌도 더욱 예민해진다. 구두를 맞출 때도 마찬가지이다.

기성복을 살 때

기성복을 살 때는 안감과 옷 속, 그리고 주머니 안과 바느질 등의 순서로 살펴보아야 한다. 안감은 매끄럽고 톡톡한 것이 좋고, 옷 속은 늘어지거나 주름살이 있으면 좋지 않으므로 피하도록 한다. 웃옷의 경우, 겨드랑 밑과 소매, 호주머니 밑부분 등이 튼튼하게 박음질되어 있는 것을 고른다. 어쨌든 기성복의 경우, 겉모양만 보고 사는 것은 절대 금물!

좋은 운동화를 고르려면

우선 천과 고무가 이어진 부분이 튼튼하게 붙어 있는지 어떤지를 살펴본다. 특히 밑창과 뒤축, 안창고무 부분의 접착테이프가 잘 붙었는지 여부를 살핀다. 손끝으로 잡아떼는 정도의 힘으로 접착 부분이 떨어져서는 안 된다. 또, 밑창이 너무 물렁물렁하거나 딱딱한 것은 좋지 않으며, 꺾어 보아서 탄력성이 있고 연한 느낌이 들면 합격품!

모피 고르기

우선 만져 보아서 살아 있는 짐승의 털을 만질 때처럼 부드럽고 윤기가 흐르는 것이 좋으며, 털을 손으로 뽑았을 때 잘 뽑히지 않는 것이라야 한다. 또, 염색한 것보다는 자연 그대로가 질긴 것이며, 털에서 나쁜 냄새가 나지 않고, 전체의 털이 고르게 박혀 있는 것이 좋다. 특히 염색된 것을 고를 때에는 반드시 젖은 수건으로 닦아 보아서 묻어나지 않는가를 살펴보아야 한다.

탈색되는 천의 판별법

옷을 세탁하고 보면 색이 빠져서 다른 옷까지 버리게 되는 경우가 있다. 색이 빠지는 옷감인지 어떤지를 알아 보려면, 먼저 옷 귀퉁이를 흰 천에 싸서 따뜻한 비눗물 속에 넣고 비벼 보면 된다. 탈색되는 옷의 경우 흰 헝겊에 물이 든다.

탈색되는 옷감을 세탁할 때는 물 한 되에 중성세제 두 스푼을 타고, 거기에다 식초 두 스푼을 넣어서 빨면 탈색 방지에 도움이 된다.

쇠가죽과 양가죽의 차이

요즘 가죽장갑의 경우, 그 대부분이 쇠가죽과 양가죽으로 되어 있다. 쇠가죽은 질긴 반면에 좀 뻣뻣한 것이 흠이며, 양가죽은 보드라운 대신 쇠가죽만큼 질기지 못한 것이 흠이므로, 살 때에는 용도에 따라 이러한 점을 유의해야 한다. 때때로 쇠가죽은 인조가죽으로 대용되는 수가 있는데, 가죽을 만져 보아서 촉감이 좋고, 손가락으로 눌러 보아서 잔주름이 많이 생기면 진짜 쇠가죽이다.

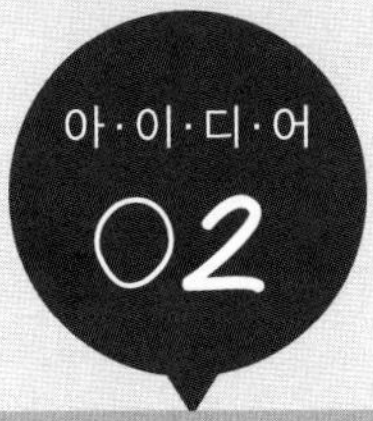

의류의 세탁

◑ 빨래의 기본 4가지

1) 세탁하기 전에 주머니를 뒤집어서 솔로 먼지를 떨어낸다.

2) 먼저 물에 세제를 풀고 나서 빨래를 나중에 넣는다.

3) 세제 탄 물에 30분 정도 담가 때를 불려 준다.

4) 손빨래시 빨래를 꼭 짜고 나서 헹구면 헹구는 횟수를 줄일 수 있다.

◑ 먼저 넣은 세제 액에 세제를 더 넣는 것은 금물

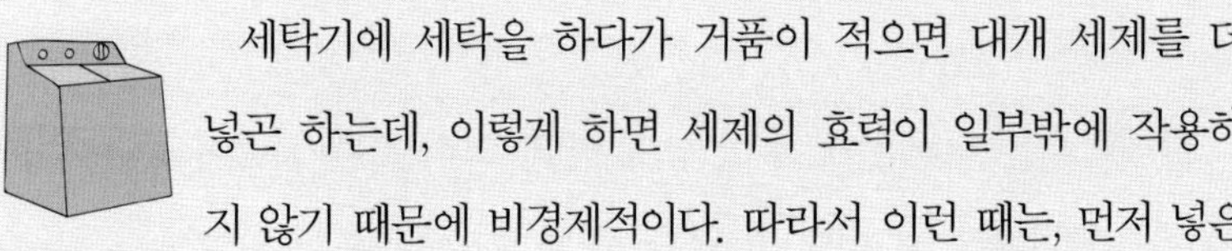

세탁기에 세탁을 하다가 거품이 적으면 대개 세제를 더 넣곤 하는데, 이렇게 하면 세제의 효력이 일부밖에 작용하지 않기 때문에 비경제적이다. 따라서 이런 때는, 먼저 넣은 세제 액을 완전히 버린 다음에 다시 깨끗한 물을 받아 새로운 세제를 넣어 주어야 한다.

효과적인 가루비누의 이용

가루비누를 미지근한 물에 녹여서 사용하면 세제를 20~30%나 절약할 수 있다. 세제의 생명력은 거품에 있는 것이지 양에 있는 것이 아니기 때문이다. 따라서 무조건 세제를 많이 넣는다고 해서 그만큼 때가 더 잘 빠진다고 생각하는 것은 잘못이다. 찬물일 경우에는 우선 세제만을 넣고 세탁기를 한 번 돌려 거품을 일으킨 다음에 빨래를 넣는 것이 좋다.

효율적인 세탁기 빨래

세탁기 사용시 전력·물·세제를 아끼는 요령이 있다.

1) 세탁이나 탈수시에 운전 시간을 필요한 만큼만 사용한다. 오래 사용한다고 해서 세탁 효과가 높아지는 것은 아니며, 6~10분 정도면 세탁 효과가 가장 크고, 그 이상 지나도 효과는 더 커지지 않는다. 섬유의 종류에 따른 세탁 시간은 다음과 같다.

·화학 섬유와 인견 → 3분
·목면과 마 제품 → 7분
·더러움이 심한 목면과 마 제품 → 10분
·작업복류 → 12분

2) 세탁물은 더러움이 덜 탔을 때 빤다. 그리고 때가 많이 묻은 부분은 일단 손으로 비벼 빤 다음 세탁기에 넣도록 한다.

3) 1회의 세탁 분량을 너무 많이 넣거나 적게 넣으면 전력의 낭비를 가져오게 되므로 적당량을 넣도록 한다.

4) 세제는 세탁물 중량의 1백분의 3, 또는 사용하는 물의 1천분의 3

정도가 가장 좋다. 그러나 세제에 따라 조금씩 다를 수 있으므로, 세제 사용 설명서를 꼭 읽어보고 사용하도록 한다.

5) 세탁물의 온도는 섭씨 20~40℃로 미지근하게 한다. 손을 넣어 보아서 차지 않을 정도라야 때가 잘 빠진다.

6) 쓰고 난 세탁기는 잘 닦아서, 금속이나 모래, 끈 등이 세탁기 안에 있는 프로펠러에 끼인다거나 배수관이 막혀 있지 않도록 유의한다.

7) 세탁기로 세탁을 할 때, 면바지나 진바지 등과 같이 무거운 것을 가장 먼저, 운동복이나 잠옷 등과 같이 비교적 가벼우면서 부피가 좀 큰 것을 그 위에 넣는다. 그리고 양말이나 블라우스, 셔츠 등과 같이 가볍고 작은 것은 마지막에 넣고 세탁한다. 그래야만 세탁기의 균형이 잘 잡혀 깨끗하게 세탁된다.

빨래를 깨끗이 하려면

가정에서 세탁할 때 대개 처음에는 더운물로 빨다가 나중에 헹굴 때는 찬물을 쓰는 경우가 있는데, 이렇게 하면 섬유의 보호는 물론 때도 제대로 빠지지 않는다. 그래서 이를 아는 주부들은 세탁 시작에서부터 마칠 때까지 30~40℃ 가량을 유지해 주는데, 요즘의 섬유는 20℃ 가량을 유지해 주는 것이 좋다.

질 좋은 세탁 비누 고르기

비누의 선택은 옷감의 보존에 중요한 역할을 한다. 질좋은 세탁 비누를 고르려면, 우선 물컵에 뜨거운 엽차를 부은 다음, 그 속에 비누를 넣고 휘저어 보아서 엽차의 색깔이 변하지 않는 것이 좋다. 이때 엽차의 색깔이 전보다 진해지면 유리 알칼리 성분이 많이 들어 있는 비누이므로 모직물이나 견직물 세탁에는 사용하지 말아야 한다.

속치마나 슬립 등은 큰 물통에 넣어서 세탁한다

속치마나 슬립 등은 옷감이 약해서 세탁기에 넣어 빨기엔 좀 불안하다. 이럴 땐 큰 병에 빨랫감을 넣고 세제 푼 물을 부어 흔들면 때가 빠진다.

흰 운동화의 때는 치약으로 닦아낸다

여러 번 빨아서 누렇게 변색된 흰 운동화는 칫솔에 치약을 묻혀 골고루 문질러 준 다음, 조금 있다가 물로 씻어낸 후 빨면 새하얗게 된다.

운동화 끈은 병 속에 넣고 빤다

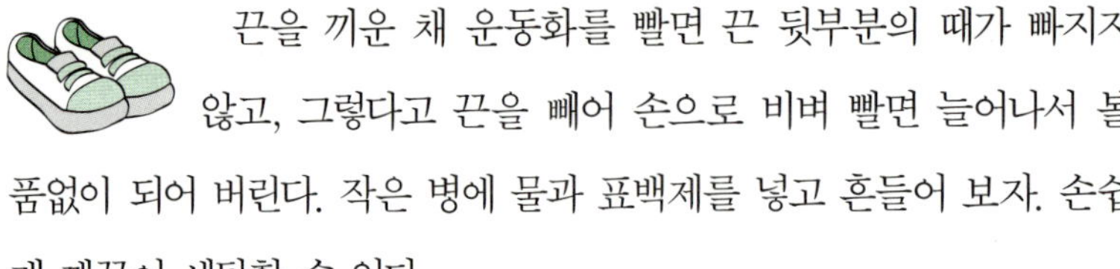

끈을 끼운 채 운동화를 빨면 끈 뒷부분의 때가 빠지지 않고, 그렇다고 끈을 빼어 손으로 비벼 빨면 늘어나서 볼품없이 되어 버린다. 작은 병에 물과 표백제를 넣고 흔들어 보자. 손쉽게 깨끗이 세탁할 수 있다.

수영복은 손빨래를

수영복에 소금기가 남아 있으면 고무줄이 삭게 되거나 탈색되게 되므로 바닷가에 다녀온 뒤에는 반드시 깨끗이 빨아 둔다.

그리고 선탠 오일이나 자외선 차단제 등이 수영복에 남아 있지 않도록 주의해야 한다. 그러기 위해서는 세탁기 빨래보다는 손빨래를 하는 것이 좋다. 그러고 나서 음지에서 말린 다음 보관한다.

코트나 양복 깃의 때는 식빵으로

코트나 양복 깃의 때는 식빵으로 문질러 보자. 간단하게 제거된다. 벤젠을 묻혀 살살 닦아내도 좋다. 찌든 때는 식초 물에 비벼 빨면 OK!

물 빠질 염려가 있는 세탁물은 소금물에

검정이나 빨간색 옷과 같이 물 빠질 염려가 있는 빨래는 소금물(물 한 대야에 소금 2스푼 정도를 넣는다)에 담갔다가 세탁하면 색상이 그대로 유지된다. 소금은 색깔이 빠지는 것을 막아 주는 작용을 하기 때문. 또 세탁할 때, 중성세제를 탄 물에 식초 2스푼 정도를 넣어 주면 탈색을 방지할 수 있다.

지퍼가 달린 옷은 반드시 지퍼를 잠그고 세탁

지퍼가 달린 추리닝이나 잠바 등을 세탁기에 넣고 빨 때는 반드시 지퍼를 잠그고 빨아야 한다. 세탁기에서 옷이 돌아가면서 다른 옷들을 상하게 하기가 쉽기 때문이다. 특히 플라스틱 지퍼는 변형이 잘되고, 금속 지퍼는 다른 옷들을 심하게 손상시킬 우려가 있다.

샴푸로 세탁하면 좋은 향기가

손수건이나 베개커버, 커튼 등을 샴푸물로 빨면 좋은 향기가 난다. 줄어든 스웨터의 경우, 샴푸물에 담가 두면 엉긴 것이 풀려 제 모양을 찾게 된다.

◐ 수 장식이 있는 세탁물은 양초를 칠한다

식탁보나 매트에 놓인 수 장식은 자주 빨게 되면 엉망이 되어 버린다. 수놓인 부분에 양초를 칠하고 세탁하는 것이 요령!

◐ 세탁기에 요구르트 병을 넣으면 빨래가 덜 엉킨다

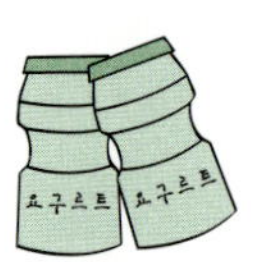

특히 구형 세탁기로 세탁할 경우 빨래가 잘 엉키곤 하는 데, 이런 때는 세탁기 속에 빈 요구르트 병을 몇 개 깨끗이 씻어서 세탁물과 함께 넣어 보자. 안 넣었을 때보다 빨래가 훨씬 덜 엉켜서 좋다.

◐ 브래지어 세탁

브래지어를 다른 빨래와 함께 세탁기에 넣고 돌리면 와이어 부분이 손상될 우려가 있으므로 손빨래를 하는 것이 좋다. 우선 미지근한 물에 중성세제를 엷게 풀어 브래지어를 담가 둔다. 그리고 캡 부분을 양손으로 마주 잡고 서로 살살 비벼 주면 된다. 주물러서 빨면 와이어나 캡의 형태가 망가지므로 주의!

◐ 셔츠의 애벌 빨래는 샴푸로

셔츠의 소매나 컬러 등과 같이 때가 많이 타는 부분은 반드시 애벌빨래를 한 다음에 세탁기로 돌려야 한다. 이때 물에 샴푸를 풀어 얼마간 담가 두면 찌든 때가 쏙 빠진다.

◐ 집에서 해결하는 양복 세탁 요령

1) 양복 밑에 타월을 깔고 드라이 클리닝제를 칫솔에 묻혀서 살살

문지른다.

2) 대야의 물에 중성세제 2스푼 정도를 타서 약 10분 동안 양복을 담가 둔다. 너무 오래 담가 두면 양복이 줄어들므로 주의!

3) 겉과 안쪽을 골고루 솔질한 후, 새물에 식초 2스푼을 넣고 헹군다.

4) 옷걸이에 걸고 그늘에서 말리면서 모양새를 다듬어 준다.

다림질은 안감 부분부터 시작해야 형태가 잘 잡힌다.

 셔츠나 스타킹은 세탁 망에 넣어 세탁

셔츠와 남방셔츠, 속옷, 스타킹 등은 세탁 망에 따로 넣어 세탁해 보자. 소매가 엉킬 염려도 없고, 옷감도 덜 상하게 된다. 스타킹은 세탁 망에 넣은 채로 널어도 잘 마른다.

 색상 옷과 흰옷을 함께 삶는 방법

붉은색이나 검정색과 같은 색상 옷을 흰옷과 함께 삶으면 흰옷에 얼룩얼룩 색깔이 배게 되는 수가 있는데, 이를 막으려면, 먼저 하얀 비닐봉투 속에 세제 푼 물을 부어 색상 옷을 넣고 단단히 묶어 준다. 그리고 세제 푼 물이 담겨진 냄비에 흰옷을 먼저 넣고, 비닐로 포장된 색깔 옷을 그 위에 올려놓으면 흰 빨래가 산화되는 것도 막을 수 있고, 색상 옷과 흰옷을 함께 삶을 수도 있어 일석이조이다. 센 불로 푹푹 끓이다가 약한 불로 줄여서 천천히 삶아 준다.

세탁물을 빨리 말리려면

급히 외출하려 할 때 세탁한 옷이 미처 마르지 않아서 당황한 적이 있을 것이다. 이럴 때 옷을 빨리 말리는 방법이 있다.

우선 세탁하여 탈수된 옷을 큰 비닐봉지 속에 넣고 입구에다 헤어 드라이어로 뜨거운 바람을 불어넣으며 뒤적거려 주면 마치 머리칼이 마르듯이 잘 마른다.

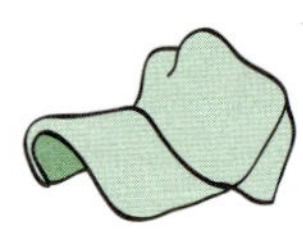 물세탁한 모자는 둥근 그릇을 이용해 말린다

모자를 물세탁했을 경우, 부엌에서 쓰는 둥근 바가지 나 바구니를 엎어놓고 그곳에 모자를 씌워 말리면 빨리 마르고 형태 변형도 막을 수 있어 좋다.

빨래 삶을 때, 세제와 함께 설탕 한 스푼을

세제를 많이 넣는다고 해서 빨래가 깨끗이 삶아지는 것은 아니다. 적당량의 세제와 함께 설탕 한 스푼만 넣어 보자. 그러면 빨래가 훨씬 깨끗하고 말끔하게 삶아진다.

흰 양말의 찌든 때는 소다로 뺀다

때가 심하게 탄 양말의 발꿈치 부분에 소다를 조금 묻혀 비벼 빨면 때가 잘 빠진다. 그래도 남은 때가 있으면 물에 레몬을 넣고 삶는다.

레몬 껍질을 이용하면 흰색을 되찾을 수 있다

 흰색 면양말을 오래 신게 되면 아무리 삶아 빨아도 본 래의 새하얀 색상을 되찾을 수 없다. 이런 때 레몬 껍질 2~3조각만 물에 넣고 삶아 보자. 양말이 거짓말처럼 새하얗게 된다.

밀감 껍질로 표백 빨래를

팬티와 러닝 등과 같은 흰 속옷을 빨 때 밀감 껍질을 이용하면 표백 약품 없이도 깨끗하고 희게 빨 수 있다. 우선 바싹 말린 밀감 껍질을 물과 함께 끓인 다음, 그 속에 깨끗이 빤 속옷을 약 5분 정도 담갔다 꺼내어서 깨끗한 물로 헹궈내면 표백 빨래한 것과 같이 새하얗게 된다. 표백제를 쓰면 옷감이 상할 염려도 있으나 이와 같은 방법을 이용하면 그럴 염려가 없어진다.

자수(刺繡) 의상을 세탁하려면

편직물이나 블라우스, 스커트 등에 수가 놓인 옷을 세탁할 경우, 잘못하면 수놓은 실이 끊기거나 늘어나서 볼품없이 되어 버리기가 쉽다. 이를 방지하려면, 수놓인 부분에 얇은 손수건이나 천을 대고 대충 시쳐 놓은 다음에 빨면 수가 손상되지 않는다.

◔ 레이스가 달린 커튼을 세탁할 때

레이스가 달린 커튼을 그대로 세탁기에 넣고 돌리면 상하기가 쉽다. 따라서 우선 먼지를 잘 떨어낸 다음, 서너 군데 고무줄로 묶어 세탁기에 넣는다. 그러면 몇 장을 넣어도 서로 엉키지 않고, 꺼내기도 좋다.

◔ 커튼은 세탁 후 원위치에 달아서 말린다

도회지와 같이 집이 협소한 곳에서 커튼을 세탁하여 말린다는 것은 여간 번거로운 일이 아니다. 이런 고민은 '빨래는 반드시 말려서 사용해야 한다'는 고정관념 때문. 세탁한 커튼을 탈수하여 그대로 원위치에 달아 보자. 그리고 잘 다듬어 주면 구김도 없고 형태도 바로잡혀 다림질할 필요도 없다.

◔ 커튼을 빳빳하게 하려면

나일론이나 테트론, 유리섬유로 된 커튼을 풀먹인 것처럼 빳빳하게 만들고 싶다면, 세탁 후 분유나 탈지분유 1/2컵을 물에 풀어 헹궈 주면 된다.

◔ 모시 삼베로 된 의류와 침구

예로부터 삼베나 모시 제품은 '처서가 지나면 풀먹인 올이 상한다' 하여 8월 중순이 지나게 되면 바로 세탁을 하여 넣어 두었다. 식기 세제와 같은 약한 중성세제를 사용하여 세탁한다.

특히 모시 제품 세탁시에는 꺾이지 않도록 가볍게 주물러 빨아야 한다. 세탁하기 전에 풀기를 완전히 제거해야 하는데, 쌀뜨물이나 비눗물에 하룻밤 정도 푹 담가 두면 모두 빠진다. 합성 세제를 사용하면 염색된 무늬가 빠지므로 주의한다.

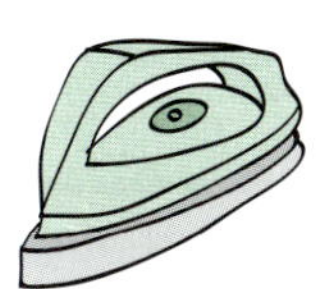 여름철 의류의 세탁과 보관

특히 여름철에는 목·겨드랑이·앞판 등에 땀이 많이 배어서 세탁 후에도 때 자국이 그대로 남아 있을 수가 있는데, 이때는 미지근한 물에 고급 알코올 세제 2~3%의 수용액을 만들어 브러시로 찍어 몇 번 두드리면 대개 없어진다. 그래도 없어지지 않으면, 옷이 충분히 잠길 정도의 물에 표백제를 1작은 스푼 가량 타서 한 차례 가볍게 주무른다. 그러고 나서 5~10분쯤 있다가 다시 한 번 주무르면 깨끗해진다.

세탁한 옷과 침구는 '풀을 먹이지 않은 상태에서' 다림질을 한 후 창호지에 싸서 보관한다. 옷이나 침구에 풀기가 있으면 곰팡이가 슬기 때문이다.

여름 의류는 단 한 번밖에 안 입었더라도 반드시 빨아서 보관해야 한다. 여름철인만큼 옷에 조금이라도 땀이 배었을 것이고, 그렇게 되면 곰팡이가 생겨 옷이 상할 수 있기 때문이다.

남방이나 와이셔츠는 칼라에 딱딱한 종이를 넣어 모양을 바로 잡고 나서 상자에 넣어 보관한다.

 옷감의 탈색 여부를 확인하려면

색깔이 있는 새 옷을 세탁기에 넣고 세탁하려면 우선 그 옷감의 탈색 여부를 알아보아야 한다. 그렇지 않고 무턱대고 흰 와이셔츠 등과 함께 세탁할 경우, 흰 와이셔츠에 물이 들게 되는 낭패를 초래할 수 있다.

탈색 여부를 확인하려면, 옷의 끝부분을 흰 천에 싸서 따뜻한 비눗물로 비벼 보면 알 수 있다. 만약 흰 천에 물이 들면 따로 구별하여 세탁해야 한다.

집에서 손쉽게 할 수 있는 양복의 간이 세탁

날마다 입는 양복도 종종 간이 세탁을 하여 입는 것이 좋다.

우선 양복 안쪽의 먼지를 깨끗이 떨어낸 뒤에 솔질을 한다. 목둘레나 소매의 찌든 때, 기름 얼룩 등은 벤젠으로 두드려 뺀다. 그런 다음, 더운물에 알코올과 주거용 세제를 5~6 방울 떨어뜨린 액(또는 더운물 1l에 암모니아 5cc를 넣은 액)에다가 타월을 담갔다가 꼭 짜서 재빨리 닦아낸다. 그 뒤에 스프레이를 뿌리고 다림질을 하면 끝!

집에서 손쉽게 할 수 있는 한복의 간이 세탁

일 년에 겨우 한두 번밖에 안 입는 한복을 매번 드라이 클리닝한다는 것은 알뜰 주부가 할 일이 아니다. 우선, 때가 쉽게 타는 동정과 소매, 치맛단 등은 헝겊에 벤젠을 묻혀 두드리듯이 살짝 문질러 준다. 군데군데 작은 얼룩도 마찬가지. 옷걸이에 걸어 바람이 잘 통하는 곳에 두면 벤젠 냄새가 없어진다.

간단한 클리닝은 집에서

요즘같이 힘든 세상에 드라이 클리닝 값도 무시할 수 없다. 다림질이라도 자주 하면 미관상에도 물론 좋지만, 옷을 해치는 벌레의 알을 없애 주므로 옷의 수명을 길게 하는 이점도 있다. 그러나 옷의 때를 그

대로 둔 채 다림질을 하면 나중에 클리닝을 해도 때가 잘 빠지지 않는
다. 따라서 때가 많이 탄 부분을 벤젠이나 휘발유로 닦아내고 나서 다
림질하면 클리닝한 것과 비슷한 효과를 볼 수 있다. 한 철에 몇 번밖에
안 입는 옷은 이런 식으로 세탁해서 챙겨 넣으면 좋다.

 물세탁이 안 되는 옷에 흙탕물이 묻었을 때

물세탁을 할 수 없는 옷에 흙탕물이 묻게 되면 당황하지
않을 수 없다. 섣불리 잘못 손질했다간 오히려 옷에 흙물이
들어 버릴 수 있기 때문이다. 이런 때는 우선, 헤어 드라이
어로 그곳을 완전히 말린 다음, 청소기로 빨아들여 흙 자국
을 제거한다. 그러고 나서 젖은 타월이나 양복솔을 이용하여 두드리듯
이 닦아주면 깨끗해진다.

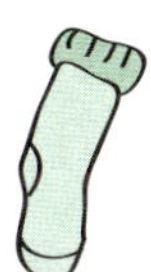 때가 잘 빠지지 않는 옷은 소금물에 삶는다

양말이나 흰옷을 아무리 빨아도 깨끗해지지 않는 경우가 있
다. 이런 때는 물 1ℓ에 소금 1큰술 정도를 넣고 삶아 보자.
기름때까지도 말끔히 제거된다.

세탁기에 세제가 너무 많이 쏟아졌을 때

잘못하여 세탁기에 세제가 너무 많이 쏟아져 버리게 되면 거품이 부
글부글 위로 치솟으며 세탁 시간이 필요 이상으로 길어지게 된다. 이
럴 때는 세탁기 안에 소금을 조금만 집어넣어 보자. 부글거리던 거품
이 단숨에 가라앉으면서 때도 말끔히 빠진다.

쌀뜨물에 빨래를 헹구면 효과 만점

빨래를 삶게 되면, 제아무리 좋은 세제를 사용했다 하더라도 잿물기가 완전히 빠지지 않아 빨래가 윤기를 잃게 된다. 이럴 때, 쌀뜨물을 이용해 보자. 빨래를 쌀뜨물(쌀을 씻고 첫 번째 나오는 쌀뜨물은 잡티가 많으므로 화초에 주거나 버리고, 두 번째 나온 쌀뜨물을 이용하는 것이 좋다)에 담가 몇 번 주물러 헹궈내면 한결 윤이 나고 새하얘진다.

데트론 와이셔츠는 따로 세탁

데트론은 더러워진 때를 흡수하는 성질이 있으므로 다른 빨래와 함께 섞어서 빨면 오히려 더 더러워질 수가 있다. 따라서 데트론 와이셔츠는 섞지 말고 따로 빨아야 깨끗하게 빨 수가 있다. 만일 빨아도 깨끗하지 못할 때는 세제 속에 표백제를 약간 섞으면 다시 색깔이 나게 된다.

타월을 오래 사용하려면

타월을 오래 쓰려면 빨아서 짜는 데 그 비결이 있다. 타월은 수시로 세탁해야 하므로 아무래도 손빨래를 하는 경우가 많은데, 그 때문에 해지고 올이 터져 보기 흉하게 되는 일이 많다. 흔히 타월을 세탁해서 짤 때, 무의식 중에 편한 대로 긴 쪽을 반으로 접어서 비틀어 짜게 되는데, 이렇게 하면 늘임코가 늘어나거나 올이 터져서 못 쓰게 되기 쉽다. 따라서 그렇게 하지 말고, 가로로 넓게 편 것을 주름잡듯이 접어서 쥐고 짜면 비틀어도 상하지 않아 오래 쓸 수 있다.

찌든 때로 더러워진 옷 세탁법

아이들의 운동복에 묻은 찌든 때는 아무리 빨아도 잘 지지 않는다. 부분적으로 더러워진 것이라면 벤젠과 같은 약품을 사용하여 지울 수 있지만, 전체가 더러워진 것이라면 세제만으로는 깨끗해지지 않는다. 이런 때는 미지근한 소금물로 비벼 빤 다음, 맑은 물에 헹구면 깨끗이 빠진다.

옷 색깔을 오래 보존하려면 그늘진 곳에서 말린다

나일론이나 폴리에스테르로 된 옷의 경우, 햇볕에 말리면 흰 것은 누렇게 변색되고 색깔 옷은 바래게 되기 때문에 그늘진 곳에서 말리도록 한다. 모직과 순모로 된 것이나 그 밖의 옷감도 역시 통풍이 잘되는 그늘에서 말리는 것이 좋다.

도금된 단추가 달린 옷을 세탁하려면

도금된 금속 단추가 달린 옷을 세탁할 때는 단추를 떼어놓고 나서 세탁하는 것이 원칙이나, 이것이 번거로우면, 단추마다 두세 겹 랩을 싼 다음, 고무줄로 묶고 나서 세탁하면 도금된 금속 단추가 알칼리나 산에 부식되어 상하는 것을 막을 수 있다.

고무줄이 들어 있는 옷을 세탁할 때

아무래도 속옷은 자주 세탁하게 된다. 그런데 속옷 가운데서도 팬티 등과 같이 고무줄이 들어 있는 것을 세탁할 때는 철저하게 헹궈서 세제 성분이 남아 있지 않도록 해야 한다. 세제 성분이 남게 되면 고무줄이 삭아 못 입게 될 수 있기 때문. 간혹, 팬티 등의 고무줄 넣은 부분이 늘어나서 축 처진 것을 볼 수 있는데, 대부분의 원인이 여기에 있다. 말릴 때도 고무줄이 햇볕에 직접 노출되지 않도록 그늘에서 말리도록 한다.

◉ 흰 면장갑을 세탁할 때

흰 면장갑은 한 번만 사용해도 쉽게 더러워지며 빨아도 때가 쉽게 지지 않는다. 그러나 이 면장갑을 끼고 머리를 한 번 감아 보자. 그러면 신기할 정도로 면장갑의 때가 말끔히 빠진다. 그리고 면장갑을 헹굴 때 물에 풀을 약간만 풀어 주면, 사용시에 때가 쉽게 타지 않을 뿐만 아니라, 때가 섬유 속까지 배어들지 않으므로 다음 세탁시에 쉽게 깨끗이 세탁할 수 있어 좋다.

◉ 스카프 세탁법

견직물로 된 스카프를 물로 잘못 세탁하게 되면 못쓰게 되기 십상이다. 따라서 견직물로 된 스카프의 경우 물세탁은 절대 금해야 한다.

스카프의 한쪽 귀퉁이에 벤젠을 묻혀 봐서 색깔이 변하지 않을 경우,

인스턴트 커피 병과 같은 빈 병에 벤젠과 스카프를 넣고 여러 번 흔들어 주면 때가 잘 빠진다.

실크 옷의 변색은 우유로 예방

하얀 실크 블라우스나 스카프의 경우, 세탁을 잘못하게 되면 누렇게 변색되기가 쉬운데, 이를 예방하는 방법이 있다. 세탁하기 전에 잠시 실크 옷을 우유에 담가 두면 변색을 방지할 수 있다. 또, 헹굼물에 우유를 조금 넣어 헹궈도 똑같은 효과가 있다.

화장 퍼프, 중성세제로 빨면 곰팡이 걱정 끝!

날마다 사용하게 되는 퍼프는 자주 빨아서 청결하게 관리해야 한다. 단, 비누보다는 중성세제를 사용하는 것이 훨씬 효과적이다. 대부분의 비누는 알칼리성이라 곰팡이가 번식하기 쉽기 때문.

넥타이 세탁법

넥타이를 잘못 세탁하면 다시 사용할 수 없게 되므로 세탁할 때 주의해야 한다.

넥타이가 한 군데만 더러워졌을 경우, 벤젠을 솜에 찍어 더러운 곳을 가볍게 문지른 다음, 그 위에 수건을 놓고 두드려 주면 아주 깨끗해진다. 그리고 넥타이 전체를 빨 때에는 벤젠이 담겨진 그릇에 넥타이를 넣고 흔들어 빨면 된다. 벤젠에 담그기 전에 넥타이 색깔이 변하는지 어떤지를 확인해야 함은 물론이다.

그리고 만일 물빨래가 가능한 넥타이일 경우, 다른 빨래처럼 넥타이를 주무르거나 빨래판에 문지르거나 세탁기에 넣고 돌려서는 안 된다.

반드시 도마같이 평평한 곳에 펴놓고 부드러운 옷솔 등으로 세탁해야 한다. 그리고 나서 이것을 가볍게 흔들어 헹구고, 짜지 말고 그대로 펴서 말려야 한다.

그리고 다림질할 때는 안쪽부터 솔기를 따라 다리고, 바깥쪽을 다릴 때는 솔기를 피해 다려야만 한다. 넥타이 속에 신문지 등과 같은 종이를 넥타이 모양으로 접어 넣고 다려야만 양면이 납작하게 눌리지 않는다.

🌀 오리털이나 거위털 파카는 세탁 후 두들겨 주어야

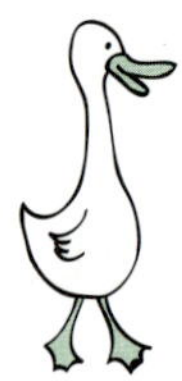

내부에 오리털이나 거위털이 들어 있는 의류는 처음에만 드라이 클리닝하고, 두 번째부터는 물빨래를 해도 무방하다. 단, 마르면 옷걸이에 걸어놓고 손이나 막대기로 골고루 두들겨 줘야만 안에서 뭉쳐 있던 털이 풀리면서 모양이 제대로 살아난다.

🌀 밖에 널은 겨울 빨래가 얼지 않게 하려면

추운 날에 빨래를 하여 밖에다가 널어놓으면 빨래가 꽁꽁 얼어, 접히거나 하면 상할 우려가 있다. 따라서 약간의 소금을 탄 물에 마지막 빨래를 헹구어 널어 보자. 얼지 않고 그대로 말라서 옷이 상할 염려가 없다.

🌀 여름철에는 빨래를 밤에 널지 않는다

여름철에 빨래를 밖에다 널어 두면 모기나 하루살이 등과 같은 벌레들이 달라붙게 되어, 빨래를 다시 해야 하는 수고가 뒤따르게 된다. 따라서 빨래를 밤에 빨았다 하더라도 물을 짜서 개어 두었다가 다음날 아침에 너는 것이 좋다.

옷에 빨랫줄 자국이 나지 않게 하려면

세탁한 옷을 빨랫줄에 널어서 생긴 자국은 다리미로 다려도 잘 없어지지 않는데, 두루마리 화장지 안에 들어 있는 마분지 통이나 못쓰는 볼펜 깍지 등을 빨랫줄에 여러 개 끼우고 널면 자국이 생기지 않는다. 또 빨래를 걸 때에도 마분지 통이나 볼펜 깍지가 바퀴 구실을 하므로 편하다.

여러 켤레의 스타킹을 엉킴 없이 쉽게 빨려면

스타킹을 잘못 세탁하게 되면, 손톱이나 다른 옷감 등에 긁혀 올이 나가기가 쉽다. 스타킹을 안전하게 세탁하려면, 큼직한 커피 병에 미지근한 물을 반쯤 넣고 그곳에 가루비누 한 스푼을 풀어 스타킹을 담근 후 병마개를 닫고 흔든다. 그런 다음, 다시 헹구어 타월에 말아서 물기를 빨아내고 그늘에다 널어 두면 빨리 마르고, 또 긁히거나 퇴색될 염려가 없다.

또 스타킹을 여러 켤레 모아서 빨다 보면 서로 뒤엉켜서 곤란한 경우가 있다. 이런 때는 스타킹을 장갑처럼 양손에 나눠 겹쳐 끼고 손을 씻듯이 빨아 보자. 스타킹이 엉키지도 않을뿐더러 손톱으로 인해 올이 나가는 일도 방지할 수 있어서 좋다. 그리고 그대로 빼내어 말리면 장소도 많이 차지하지 않아서 좋다. 스타킹 하단에 동전 한 개씩을 넣어서 말리면 바람에 날리지 않아서 좋다.

🔅 와이셔츠의 목과 소매 안쪽의 찌든 때를 빼려면

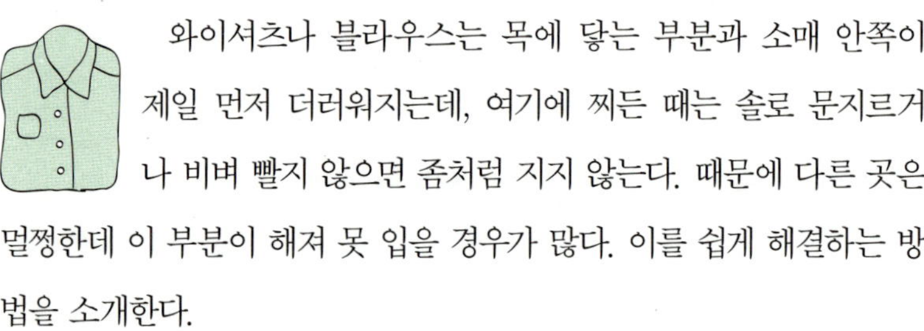

와이셔츠나 블라우스는 목에 닿는 부분과 소매 안쪽이 제일 먼저 더러워지는데, 여기에 찌든 때는 솔로 문지르거나 비벼 빨지 않으면 좀처럼 지지 않는다. 때문에 다른 곳은 멀쩡한데 이 부분이 해져 못 입을 경우가 많다. 이를 쉽게 해결하는 방법을 소개한다.

우선 목과 소매 안쪽에 샴푸를 발라 두었다가 세탁을 하면 찌든 때가 깨끗이 빠진다. 그리고 빨래가 마른 뒤 그 부분에 분말로 된 땀띠약을 뿌려 놓으면, 땀띠약 입자에 때가 묻어나 옷에 찌들지 않으므로, 다음에 세탁할 때 힘들게 솔질을 한다거나 비벼 빨지 않아도 된다. 따라서 옷의 수명도 길어지게 된다.

🔅 와이셔츠를 세탁기에 넣을 때

소매가 긴 와이셔츠를 세탁기에 넣어 돌리게 되면 소매가 다른 빨래와 엉키게 되어 불편할 때가 많다. 이것을 막으려면, 긴 소매를 앞가슴 쪽으로 접어서 소매의 단추나 단춧구멍을 이용, 앞가슴에 있는 단추나 단춧구멍에 채우면 된다. 이렇게 하고 세탁기에 넣어 돌리면 빨래끼리 서로 엉키거나 꼬일 염려가 없다.

🔰 빨래 삶는 요령

흰색 면직물의 경우 삶으면 더욱 하얘지게 되는데, 그 요령은 다음과 같다.

1) 기본 세탁을 마친 후 얼룩진 곳에 비누질을 한다.

2) 삶는 용기 가운데에 구멍을 만들면서(끓어 넘치는 것을 방지하기 위함 이다) 빨랫감을 차곡차곡 넣는다.

3) 빨랫감이 잠길 정도로 물을 자작하게 부은 다음, 세제나 표백제, 조각비누 등을 조금 넣고 삶아 준다. 이때 주의할 것은 반드시 용기 뚜껑을 닫아야 한다는 것. 그래야만 옷감이 상하지 않는다.

🔰 빨래 삶을 때 세탁물을 보호하려면

우선, 냄비 바닥에 헌 타월을 깔아 준다. 잘못해서 빨래를 태울 경우, 맨 밑의 타월이 먼저 타게 되므로 다른 옷들을 보호할 수 있다. 또, 빨랫감 위에는 흰 천을 덮어 주어야 산화로 인한 옷감의 손상을 막을 수 있다.

🔰 녹슨 대야 등을 이용하여 빨래를 삶을 때

빨래를 삶을 때는 대개가 헌 솥이나 대야 등을 이용하는데, 이때 솥이나 대야에 녹이 슬어 있거나 그 밖의 다른 때가 묻어 있어서 삶으려고 하는 빨래에 옮겨질 우려가 있을 때에는 그 바닥에다 신문지를 깔고 삶으면 안심할 수 있다. 혹시 빨래에 신문지의 글자가 묻어나지 않을까 염려할지 모르지만, 전혀 그렇지가 않다.

비닐봉지를 이용한 빨래 삶기

작은 그릇에다 빨래를 삶으려면 물이 끓어 넘쳐 곤란할 때가 있다. 이럴 때는 비누질한 빨랫감을 비닐봉지 속에 넣어서 삶으면 물이 넘치지도 않고, 또 따로 뚜껑을 덮지 않아도 된다.

세탁물을 삶지 않고도 깨끗하게 세탁하는 법

옷을 삶지 않고도 삶은 것과 비슷하게 색깔을 내는 방법이 있다. 세탁할 옷에 가루비누를 칠해서 투명한 비닐봉지에 넣어 햇볕에 20~30분 정도 놓아두었다가 빨면 삶았을 때와 비슷하게 색깔이 희고 깨끗해진다.

섬유에 따라 표백제도 달라야

옷감을 표백할 때는 섬유에 따라 표백제도 달라야 한다. 표백제를 용도별로 살펴보면 다음과 같다.

· **아염산 소다** : 나일론 전용으로 좋다. 표백력이 강력하다.
· **옥시풀** : 어느 섬유든 상관없다. 표백력은 좀 약한 편이지만, 원단이 상할 염려는 없다.
· **과붕산 소다** : 나일론, 비단, 털, 아세테이트 등에 적합하다. 표백력은 약한 편이지만, 원단이 상할 염려는 없다.
· **차아염소산 소다**(하이타이) : 나일론, 비단, 털, 아세테이트, 스판덱스 등이 아니면 어떤 원단이라도 좋다. 대개 부엌용 표백제로 쓰이는데, 표백력이 썩 좋다.
· **하이로드 설파이드** : 나일론, 비단, 털, 스판덱스 등에 적합하다. 표백력은 많이 떨어진다.

표백제 냄새 제거는 식초로

세면장이나 부엌 등의 소독이나 세탁물의 표백에 락스와 같은 표백제를 자주 사용하게 되는데, 이때 표백제의 지독한 냄새가 코를 찌른다. 이럴 때, 표백제를 뿌렸던 곳에 식초 몇 방울씩만 떨어뜨려 주면 냄새가 사라진다. 또, 그릇이나 옷에서 나는 냄새도 마지막 헹굼시에 식초 몇 방울을 물에 풀어서 잠시 담갔다가 꺼내면 냄새가 제거된다.

세탁물을 물에 오래 담가 놓으면 안 좋다

흔히 세탁할 때는 오랫동안 물에 담가 두고 나서 해야 때가 잘 빠지는 것으로 알고 있지만, 그렇게 하면 사실 오히려 때가 깊숙이 스며들게 된다. 또, 세탁용 세제에는 보통 표백제가 포함되어 있기 때문에 오래 담가 두게 되면 색상 옷의 경우 변색될 우려조차 있다. 따라서 세탁물을 물에 담가 두는 시간은 찬물일 경우 20분, 더운물일 경우 10분이면 족하고, 합성 세제 액의 경우 30~40℃의 물에 5분 정도 담가 놓았다가 빨면 된다. 특히 모직물일 경우, 오래 담가 두면 수축이나 탈색될 염려가 있으므로 주의해야 한다.

아주 심한 기름때는 백반액으로

부엌일을 할 때 두르는 앞치마는 음식을 요리할 때 기름 등이 묻어 쉽게 더러워질 수 있고, 이렇게 더러워진 얼룩은 아무리 빨아도 좀처럼 지워지지 않는다. 이럴 때는 팔팔 끓는 물 200cc에 백반 5큰술의 비율로 타서 그 속에 앞치마를 담갔다가 꺼내어 그늘에 말리면 깨끗이 빠진다. 백반은 주위의 한

약방에서 쉽게 구할 수 있다.

형광 염료는 때가 완전히 제거된 뒤에 사용해야

흰 와이셔츠를 다른 빨래와 함께 빨면 오히려 더욱 더러워질 수 있으므로 가능한 한 다른 빨래와 섞어 빠는 것을 피하는 것이 좋다. 그리고 흰 와이셔츠를 어느 정도 입다 보면 누렇게 변해 아무리 빨아도 색이 살아나지 않는데, 그렇다고 해서 형광 염료를 사용하면 오히려 해롭다. 형광 염료는 염색성을 가진 물질이므로 잘못 사용하면 오히려 와이셔츠가 더러워질 수가 있다. 때문에 때가 말끔히 제거된 뒤에 사용해야 한다.

검은 옷에 풀먹일 때는 커피를 섞는다

빨랫감 중에는 반드시 풀을 먹여야 하는 것이 있다. 때때로 검정색이나 감색 옷 등에 풀을 먹이게 되면 마른 후에 흰 반점 같은 것이 많이 생겨 곤란해진다. 이런 경우는 풀에 커피를 조금 섞어 먹이면 된다. 검은 옷뿐 아니라 색상이 짙은 옷에는 모두 효과가 있다.

양말의 냄새 제거

특히 무더운 여름날에 땀과 먼지 등에 잡균이 퍼져 양말에서 심한 악취가 날 때가 있다. 이런 때는 우선 양말을 깨끗이 빤 다음, 이를 헹구어 낸다. 그리고 잡균 억제에 효과가 있는 붕산을 물에다 조금만(찻숟갈 5개 분량의 붕산에 1컵 분량의 온수를 섞어 만든다) 풀고 거기에다 양말을 담가 두었다가 말리면 냄새가 말

끔히 제거된다. 식초를 사용하기도 하나, 그러면 마른 다음에 약간의
식초 냄새가 나는 단점이 있다.

 늘어나기 쉬운 스웨터 세탁법

늘어나기 쉬운 털스웨터를 잘못 세탁하면 목이며 소매
부분이 늘어나서 볼품없이 되어 버리기가 쉽다. 세탁시
늘어남을 방지하기 위해선 늘어나기 쉬운 부분을 안으로
접어 넣고 세탁하면 된다. 세탁물의 온도도 너무 뜨겁지 않게 처음부
터 끝까지 35℃ 정도를 유지시켜 주는 것이 좋고, 너무 오랫동안 물에
담가 놓거나 오래 빠는 것도 옷을 늘어나게 하는 원인이 되므로 세탁
기 빨래나 손빨래 모두 2~3분 정도로 짧게 하는 것이 좋다. 물의 양은
옷의 10~15배, 세제의 양은 물의 0.2% 정도가 적당하다.

 흰색 스웨터는 뒤집어 말려야 변색되지 않는다

니트는 직사광선이 들지 않는 곳에서 말려야만 처음 색상을 오래 유
지할 수 있다. 특히 흰색 스웨터의 경우 햇볕을 받게 되면 누렇게 변색
되므로 반드시 뒤집어서 말려야 한다. 실내에서 말리는 것도 좋은 방법.

니트류를 말릴 때

니트류는 잘못 말리게 되면 물의 무게로 인해 소매가
늘어나거나 어깨가 처질 염려가 있다. 따라서 옷을 어깨
부분이 둥근 옷걸이에 걸어 소매를 위쪽으로 접어 올려
서 무게를 줄여 주는 것이 좋다.

또, 플라스틱으로 만든 발이나 대나무 발을 이용해 보자. 이것들을

빨랫줄과 빨랫줄 사이, 또는 그 외의 적당한 곳에 걸쳐 고정시키고 그 위에다 빨래를 펼쳐 놓고 말리면 전혀 늘어나거나 상할 염려가 없어서 좋다.

🔘 거꾸로 말리면 별도의 다림질이 필요없다

합성섬유로 된 와이셔츠나 블라우스의 경우, 빨아서 말릴 때 조금만 신경을 쓰면 다리지 않아도 입을 수 있는 것들이 많다. 이러한 재질의 빨래를 말릴 때는 윗부분, 즉 칼라 부분이 아래로 향하도록 하고 옷단을 위로 가게 하여 빨랫줄에 펴서 집게로 물어 두면 물이 아래로 쏠려 그 무게로 인해 주름이 펴지므로 별도의 다림질이 필요없다. 그리고 다림질을 한다 해도 조금만 다리면 되므로 편하다.

🔘 옷을 세탁소에 맡길 때는 주머니 점검을

코트나 양복 등을 세탁소에 맡길 때는 반드시 주머니를 뒤집어 지저분한 먼지 등을 깨끗이 떨어낸다. 주머니 속에는 의외로 솜먼지나 담뱃가루 같은 것이 많이 들어 있는데, 그것을 떨어내지 않고 그대로 세탁하면 주머니 속에 있는 먼지가 단단하게 엉겨 붙어 버리는 수가 있다. 그리고 겨울옷을 세탁소에 맡겼다가 찾아올 때는 반드시 잘 살펴보아야 한다. 얼룩이나 때가 잘 지워지지 않았을 뿐만 아니라, 새로운 얼룩이 생기는 수가 있기 때문이다.

오랫동안 챙겨 둘 옷의 세탁

오랫동안 보관할 옷은 세탁하고 나서 풀을 먹이지 말고 그 섬유에 맞는 표백제로 표백해 두면 곰팡이가 피거나 누렇게 변할 염려가 없다. 그런데 세탁물에 표백제를 쓰면 한동안 냄새가 나게 되는데, 이럴 때 식초를 이용하면 다소 냄새를 없앨 수 있다. 즉, 세탁시 마지막 행구는 물에 식초 몇 방울을 떨어뜨리면 된다. 부엌에서 사용하는 식기나 행주 등에서 나는 냄새도 이 방법으로 제거할 수 있다.

세탁 및 손질시 의류제품 취급 표시

1. 물세탁 방법

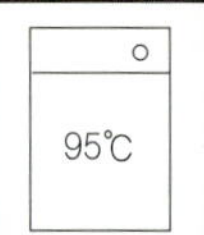

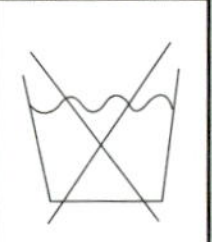

세탁기에 세탁.세제의 종류에 따라 제한 받지 않음(삶을 수 있음).

물의 온도 30℃를 표준으로 하여 세탁기에 세탁할 수 있음. 세제의 종류에 세탁을 받지 않음.

물의 온도 30℃를 기준으로 함. 약하게 손세탁을 함(세탁기 사용 불가). 중성세제를 사용함

물세탁 안 됨.

2. 짜는 방법

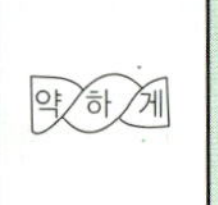

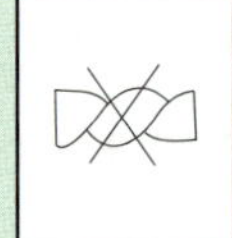

손으로 짜는 경우 약하게 짜고. 원심 탈수기의 경우는 단시간에 짜도록 함.

짜면 안 됨.

3. 건조 방법

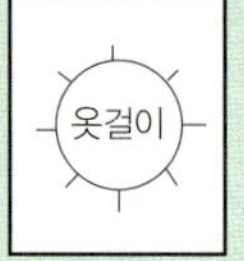

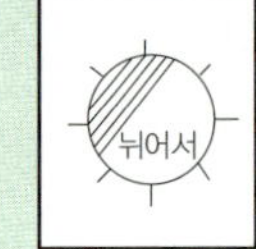

옷걸이에 걸어서 건조.

그늘에 뉘어서 건조.

4. 드라이 클리닝

드라이 클리닝 할 수 있음.

드라이 클리닝 할 수 없음.

5. 염색 표백의 가부

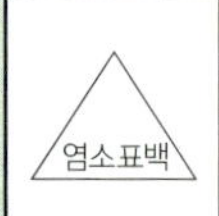

염소계 표백제로 표백할 수 있음.

염소계 표백제로 표백할 수 없음.

6. 다림질 방법

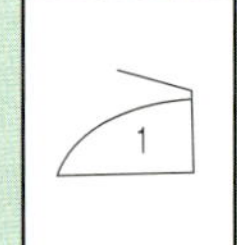

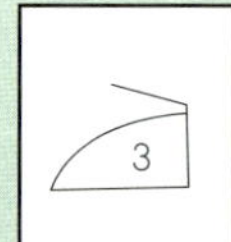

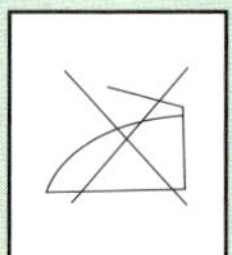

다리미 온도 80~120℃로 다릴 수 있음.

헝겊을 덮고 다림. 다리미 온도 140~160℃로 다릴 수 있음.

180~210℃로 다림질을 할 수 있음.

다림질할 수 없음.

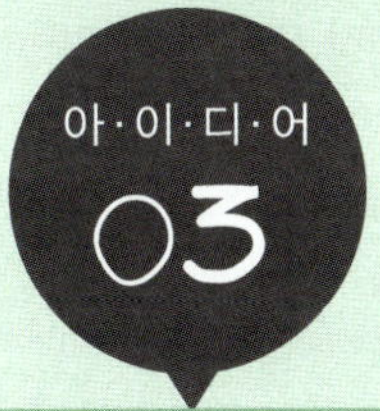

의류의 얼룩 빼기

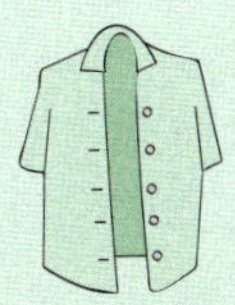

얼룩 빼기의 기본 요령

얼마 되지 않은 얼룩을 빼려면 얼룩 위에 흰 타월을 올려놓고 위에서 톡톡 두드린다. 타월에 스며들게 하기 위함이다.

이렇게 해서 얼룩이 빠지면 타월에 약제분을 찍어 그곳에 발라 준다. 그런 다음, 마른수건으로 그 약제의 수분을 꼭 찍어내 완전히 없앤 후에 빨리 말린다. 그렇다고 해서 다리미로 말리는 것은 절대 금물!

강조하지만, 얼룩은 재빨리 빼는 것이 최상이다.

옷에 묻은 얼룩은 일반적으로 여러 가지가 있고, 또 그 종류에 따라 약제가 달라야 하는데, 약제를 대별하면, 기름 얼룩에는 기름기를 용해시키는 휘발성 용제를 사용해야 하고, 산성 얼룩에는 알칼리성 용액, 반대로 알칼리성 얼룩에는 산성 용액을 써서 중화시키는 것이 기본적인 방법임을 알아두자.

얼룩을 빼기 위해선 다음과 같은 약제가 필요하다.

· **암모니아** : 과즙이나 차, 간장 등, 음식의 얼룩을 제거하는 데 효과가 있다. 휘발성이 아니므로, 사용하고 나서는 냄새를 완전히 제거하도록 한다.
· **수산** : 녹물을 빼는 데 효과가 있다. 강산(强酸)이므로 보관에 주의해야 한다.
· **벤젠** : 주로 유성 얼룩을 제거하는 데 필요하다.
· **신나, 사염화탄소** : 위험하므로 아이들의 손에 안 닿는 곳에 보관한다.
· **에칠렌그리골브칠에텔** : 기름 얼룩을 빼는 데 효과가 있다.
· **효소가 들어 있는 세제** : 암모니아가 없는 주거용 세제이다.
· **에탄올** : 소위 소독용 알코올을 말한다. 알코올성의 주류, 향수, 립스틱, 잉크 등의 색소가 들어 있는 얼룩, 또는 곰팡이를 제거하는 데 효과가 있다.

이러한 용제로 얼룩을 제거할 때는 얼룩이 번지지 않도록 아래에 깨끗한 천 등을 깔고 위에서 두드리거나 문질러서 얼룩이 그 천에 옮겨지도록 해야 한다.

약물을 사용할 때 주의할 점은, 사용 전에 우선 눈에 띄지 않는 옷의 귀퉁이 부분에 약물을 발라 시험해 보아야 한다는 것이다. 잘못하다간 얼룩과 함께 옷 색깔마저 빠져 버릴 수가 있기 때문이다. 그리고 물수건을 사용할 때는 문지르지 말고 두드리듯이 닦아내야 한다.

옷에 얼룩이 생겼을 때

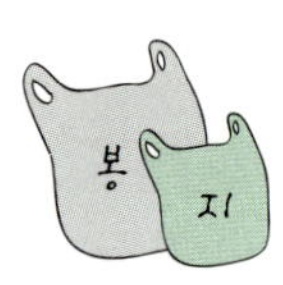

옷의 어느 한 곳에 조그만 얼룩이 생겨서 그곳을 물에 담그고 세탁하다 보면 자연히 물 자국이 넓게 생기게 되는데, 이런 때 비닐봉지를 이용하면 그것을 막을 수 있다. 비닐봉지의 귀퉁이에 구멍을 낸 후 비닐 속에 옷을 넣고 때 탄 부분만 끄집어내어 세탁하면 정말 간편하고 좋다.

실크 옷에 얼룩이 졌을 때

실크 옷에 묻은 얼룩을 제거하려다 잘못하면 오히려 얼룩이 더욱 돋보이게 할 수 있으므로 주의해야 한다.

벤젠을 사용할 경우, 우선 얼룩의 안팎에 벤젠을 분무한 뒤에 벤젠을 묻힌 가제로 두드리면 또 다른 얼룩이 생기지 않고 깨끗하게 제거된다.

옷에 볼펜 잉크 찌꺼기가 묻었을 때

옷에 볼펜 자국이 지면 아무리 빨아도 지워지지 않는다. 이런 때는 우선 알코올이나 신나를 가제에 묻혀서 두드리듯 닦아낸다. 그리고 나서 세제를 20배 묽게 한 미지근한 물로 세탁하면 된다. 여기서 주의해야 할 것은, 테릴론이나 아세테이트 등의 합성 섬유는 신나에 약하므로 신나를 사용하는 것은 금물!

또, 물파스를 얼룩에 발라 두어도 휘발 성분으로 인해 말끔히 지워진다.

잉크가 묻었을 때

100cc(1큰 술)의 뜨거운 물에 수산 5, 6알을 녹여 얼룩진 곳에 붓는다. 실크로 된 옷감일 경우, 그곳에 약 1분 정도만 담갔다가 꺼내어 물로 빨고 전체를 표백하면 되며, 삼베나 무명의 흰 천일 경우, 물 1l에 중조와 표백분을 각각 찻스푼으로 1스푼씩 넣어서 씻어내면 된다. 그리고 나일론일 경우엔 80℃쯤 되는 뜨거운 물에 중성세제를 타고 그곳에 암모니아를 4, 5방울 떨어뜨려 가볍게 문질러 빨면 된다.

● 빨간 잉크가 묻었을 때

뜨거운 물로 2, 3회 정도 닦아준 뒤에 무즙을 가제에 싸서 두드려 준다. 그런 다음, 세제 액이나 알코올로 씻어 주면 된다.

● 푸른 잉크나 검은 잉크

푸른 잉크나 검은 잉크인 경우에는 수산 50배 액을 묻혀 두었다가 물수건으로 닦아내면 깨끗해진다.

● 사인펜 잉크가 묻었을 때

가제에 신나나 사염화탄소를 묻혀 톡톡 두드리거나 합성 세제를 미지근한 물에 넣고 비벼서 빨면 잘 빠진다.

● 옷에 감물이 들었을 때

감물 얼룩은 다른 과일 얼룩에 비해 잘 지워지지 않는다. 옷에 감물이 들었을 때는 연한 소금물로 10여 분간 담갔다가 물로 빤 다음, 식초를 진하게 탄 물에 몇 분간 담갔다가 물로 헹구면 깨끗이 빠진다.

● 옷에 과일즙이나 땀 등의 산성 얼룩이 졌을 때

바로 생긴 얼룩은 비눗물로 닦아내면 되지만, 오래 된 얼룩일 경우, 식초를 가제에 묻혀 두드리거나 암모니아 50%액으로 닦아낸 뒤에 비눗물로 닦아내면 된다. 그리고 와이셔츠 등의 옷깃에 생긴 땀 얼룩은 타월에 벤젠을 뿌려서 비벼 주면 빠진다.

🔘 입술 연지가 묻었을 때

와이셔츠 등에 입술 연지가 묻었을 경우, 따뜻한 물에 알코올이나 사염화탄소를 타서 넣고 비벼 빨면 잘 지워진다. 그러나 무명 이외의 섬유일 경우, 가제에 묻혀서 가볍게 찍어낸다.

그리고 또, 얼룩 부위에 버터를 조금 발라 손으로 가볍게 문지른 다음, 수건에 알코올을 묻혀 두드려도 깨끗이 제거된다.

🔘 아이스크림으로 인한 얼룩

아이스크림의 주성분은 단백질·지방·당분·전분질·색소 등으로 이루어져 있다. 이 가운데 지방은 벤젠으로 지울 수 있지만 다른 성분은 남게 되므로, 그 후 다시 중성세제로 닦아내고 미지근한 물로 헹궈야 한다.

🔘 옷에 껌이 묻었을 때

새 옷에 껌이 붙어 엉망이 되어 버렸을 때의 불쾌감이란 당해 보지

않은 사람은 모를 것이다. 이 껌을 옷에서 간단히 제거하는 방법이 있다. 만일 청바지 등에 껌이 묻었다면, 그 위에 신문지를 깔고 다림질을 해보자. 그러면 껌이 신문지로 모두 묻어나 간단히 제거된다.

또 한 가지 방법은, 껌이 묻은 자국의 안쪽에 얼음을 대고 냉각시켜 딱딱하게 굳혀서 떼어낸다. 그러고 나서 남은 자국은 신나에 담가 손가락 끝으로 비벼서 떼어내면 된다. 단, 아세테이트일 경우에는 벤젠을 사용한다. 그리고 만일 껌이 손에 묻어나지 않을 정도로 굳어 있을 때에는 그냥 떼어내고, 나머지 부분은 떼어낸 껌으로 꼭꼭 찍어내어 완전히 제거한다.

옷에 피가 묻었을 때

피가 묻은 옷을 오랫동안 그대로 방치해 두거나 뜨거운 물로 빼려 하면 단백질이 응고되어 얼룩을 제거하기가 더욱 어렵게 된다. 따라서 옷에 피가 묻으면 그 즉시 빼야 하며, 이때 절대로 뜨거운 물을 사용해서는 안 된다.

얼룩이 진 바로 뒤라면 찬물로 닦아내고 옥시풀로 두드려 주는 것만으로도 깨끗이 제거되지만, 그렇지 않고 오래 방치된 얼룩이라면 무즙을 이용한다. 이 무즙을 가제에 싸서 부드럽게 두드리면 얼룩이 쉽게 제거된다. 무에는 혈액을 분해해 주는 지아스타제라는 효소가 들어 있기 때문이다. 그리고 생강을 잘라 그 단면으로 얼룩을 톡톡 두들겨 찍어 낸 다음, 세제 액으로 빨아서 표백하면 된다. 짭짤한 소금물에 담가 두었다가 빨아도 잘 빠진다.

그리고 시간이 약간 지난 것은 짭짤한 소금물에 잠시 담가 두었다가 핏물이 배어 나왔을 때 빨면 잘 빠진다. 암모니아수나 알코올을 이용해도 잘 지워진다.

🌑 고름 얼룩이 졌을 때

옷에 고름이 묻어 얼룩이 졌을 때는 얼룩진 부분에 알코올을 뿌린 다음, 잠시 물에 담가 두었다가 비눗물로 빨면 깨끗해진다.

🌑 옷에 녹물이 들었을 때

옷에 녹물이 들었을 때 대개는 약물로 빼곤 하는데, 그러면 옷감이 상할 우려가 있다. 따라서 옷이 상하지 않게 간단히 녹물을 제거하려면, 탱자나 레몬즙을 이용하면 좋다. 즉, 녹물이 든 자리에 물을 흠뻑 적신 다음, 노랗게 익은 탱자나 레몬을 반으로 잘라 그 단면으로 그곳을 여러 번 문질러 준다. 그런 다음, 햇볕에 말렸다가 물에 빨면 신기할 만큼 녹물이 자국도 없이 완전히 제거된다.

화장품 얼룩 지우기

분이나 파운데이션, 크림 등이 옷에 묻었을 때는 가제에 벤젠이나 휘발유 등을 묻혀 두드린 다음 비눗물로 닦아내고, 포마드는 알코올과 벤젠으로 닦아내면 말끔해진다.

그리고 루즈는 비눗물을 가제에 묻혀 꼬집듯이 닦아내고, 그래도 잘 안 빠지면 벤젠을 이용한다. 또 한 가지 방법은, 얼룩 부위에 버터를 조금 바른 뒤에 가볍게 손으로 문질러 준다. 그리고 남은 얼룩은 수건에 알코올을 묻혀 살살 두드려 주면 엷어진 루즈의 기름기가 깨끗이 제거된다.

인주가 묻었을 때

가제에 벤젠을 묻혀 얼룩진 곳에 대고 톡톡 두드리면 된다. 그래도 자국이 남으면 더운물에 세제를 타서 빨면 깨끗이 지워진다.

사탕으로 인한 얼룩

아이들이 호주머니에 알사탕을 넣고 먹다가 녹아서 얼룩이 지는 경우가 있다. 이런 때는 무즙을 헝겊에 싸서 두드리거나 자른 무로 두드리면 없어진다. 이것은 무의 다아스타제로 녹이는 방법이므로 약간의 시간이 걸린다.

옷에 엿이 묻었을 때

옷에 끈적끈적한 엿이 묻으면 고민이 아닐 수 없다. 이런 때는 엿이 묻은 곳에 젖은 타월을 얹고 다림질을 하든가 뜨거운 물로 녹여서 제거하면 된다. 그리고 또, 무를 잘라 단면 쪽으로 문질러도 잘 빠진다. 무에는 엿을 분해하는 요소가 들어 있기 때문이다.

🟢 옷에 머큐로크롬이 묻었을 때

옷에 머큐로크롬이 묻었을 경우, 잘못하면 더욱 번져 자국이 커질 수 있으므로 자국을 지울 때는 덤비지 말고 조심하여야 한다.

우선 세제를 타서 암모니아를 떨어뜨린 따뜻한 물로 얼룩을 닦아낸 다음 다시 초산이나 알코올로 닦아내고 표백해 두면 제거된다. 그리고 또, 부엌용 표백제를 10배로 희석시켜 바르고 나서 유산 1%액을 발라도 말끔히 제거된다.

🟢 옥도 정기(요오드팅크)가 묻었을 때

천이 눋지 않을 정도로 불에 쬐면 대부분의 옥도 정기는 증발하여 지워진다. 그런데도 자국이 남았을 경우에는 가제에 알코올을 듬뿍 묻혀 닦으면 잘 지워진다.

🟢 기계 기름의 얼룩

헝겊에 휘발유를 묻혀 비비면 빠진다. 주위에 남아 있는 옅은 얼룩은 비눗물로 닦아낸다.

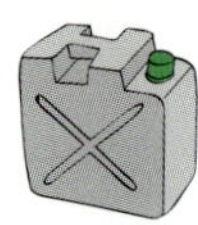 석유의 얼룩

휘발유로 두드리듯이 닦아내면 기름기가 빠지는데, 그 후에 비눗물로 닦아내면 깨끗하게 지워진다.

옷에 참기름이나 들기름이 묻었을 때

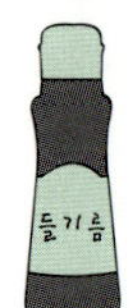 옷에 참기름이나 들기름이 묻어 얼룩이 졌을 때는 헝겊에 벤젠을 묻혀 두드리듯이 닦아낸 다음, 다시 물수건으로 닦아내면 된다.

그리고 만일 돗자리나 카펫 등에 기름 얼룩이 졌을 때는 잘 건조된 밀가루나 중탄산소다를 그 얼룩진 곳에 수북히 쌓아 두었다가 하룻밤쯤 지난 뒤에 떨어내고 물걸레로 닦아내면 된다.

식용유의 얼룩

벤젠으로 두드리듯이 닦고 물수건으로 닦아낸다.

먹물이 묻었을 때

 옷에 먹물이 묻었을 때는 밥알이나 풀에 세제를 섞어 바르고 손가락 끝으로 여러 번 반복하여 비벼 주면 먹물이 말끔히 빠진다.

크레용이나 그림 물감, 페인트 등이 묻었을 때

옷에 크레용이나 그림 물감, 페인트 등이 묻어 얼룩이 생겼을 경우 곧바로 휘발유로 닦아내면 깨끗이 지워지지만, 오래 된 것일 경우 휘발유로는 잘 지워지지 않는다. 이럴 때는 마늘이나 양파즙을 만들어 물에 넣고 끓인 다음, 가루비누를 타서 빨면 말끔히 지워진다. 또, 페인트의 경우, 가성소다 200배액에 담가 두었다가 물로 씻어도 된다. 가성소다가 없을 때는 신너로 두드리듯이 닦아낸다.

무명옷일 경우에는 양잿물 0.5%액에 얼룩 부분을 담갔다가 가볍게 물에 헹구어 빨면 되고, 견직이나 모직일 경우에는 이 양잿물을 탈지면에 묻혀 바른 다음, 20~30분 후에 벤젠을 묻혀 두드리면 얼룩이 말끔히 제거된다.

또 크레용 얼룩의 경우, 깨끗한 종이를 얼룩진 부분의 아래위에 대고 다림질하면 기름 성분이 빠지게 되는데, 그런 다음 물로 빨면 깨끗해진다.

유화 물감이 묻었을 때

옷에 유화 물감이 묻어 얼룩이 졌을 때는 다음과 순으로 제거한다.

1) 약간 짭짤할 정도의 소금물에 얼룩 부분을 잠시 담가 두었다가 물로 빤다.

2) 시큼할 정도의 식초물에 다시 한 번 잠시 담근다.

3) 맑은 물로 헹구어 내고 더운물로 비누질을 해서 빤다.

이렇게 하면 얼룩이 깨끗이 빠진다.

그리고 또 한 가지는, 얼룩이 진 곳을 테레빈유로 닦고 다리미로 말린 다음, 신너로 두드리듯이 닦아내면 깨끗이 빠진다.

옷에 풀(草)물이 들었을 때

흰 바지를 입고 무심코 풀밭에 앉게 되면 파랗게 풀물이 들게 된다.

이런 때는 우선 바지를 비눗물로 세탁한 뒤 알코올이나 암모니아수를 화장지나 헝겊에 묻혀 풀물이 든 곳을 가볍게 두드려 주면 깨끗이 제거된다.

 옷에 흙물이 들었을 때

개구쟁이들의 진흙 묻은 옷도 생각보다 때가 잘 빠지지 않는다. 이런 때는 우선 솔로 진흙을 깨끗이 떨어낸 다음, 감자를 반으로 잘라 그 단면으로 더럽혀진 자리를 문질러 주고 나서 세탁하면 깨끗해진다.

옷에 카레가 묻었을 때

옷에 카레가 묻어도 얼룩이 좀처럼 빠지지 않는다. 이 카레 얼룩을 빼는 데는 다음의 두 가지 방법이 있다.

1) 헝겊에 벤젠을 묻혀 얼룩 부분에 대고 두드리듯이 닦아낸다. 그러고 나서 미지근한 물에 담가서 씻어낸 다음 표백하면 된다.
2) 고급 알코올계 세제를 칫솔에 묻혀 두드리고 분무기로 물을 뿜은 다음, 마른헝겊으로 누르면서 닦아낸다.

이 두 가지 방법 가운데 어느 것을 취하든 얼룩이 말끔히 제거된다.

달걀의 얼룩

 가제에 알코올을 흠뻑 적셔서 두드리듯이 닦아낸 다음, 비눗물로 닦아내면 지워진다.

옷에 케첩이 묻었을 때

옷에 케첩이 묻었을 때는 우선 물수건으로 대강 씻어낸다. 그런 다음, 헝겊에 식초를 묻혀 두드리듯이 닦아내고 물로 씻으면 깨끗해진다.

옷에 초콜릿이나 캐러멜이 묻었을 때

초콜릿은 지방분이 많기 때문에 물로는 얼룩이 지워지지 않는다. 따라서 옷에 초콜릿이나 캐러멜이 묻었을 때는 벤젠이나 암모니아를 30배 희석시킨 알코올로 콕콕 찍어내면 된다. 그리고 응급 처치로서는, 번지지 않게 주의하면서 젖은 타월로 닦아내는 방법이 있다. 또 한 가지 방법은, 효소가 든 세제로 빨고, 그래도 자국이 남아 있을 경우에는 표백을 한다.

김칫국물의 얼룩

음식을 먹다가 옷에 김칫국물이 떨어져 얼룩이 생겼을 경우, 우선 물에 담가 국물을 뺀 다음, 그 안팎에 양파즙을 골고루 펴서 발라 준다. 그런 다음, 하룻밤 재운 뒤에 비누로 빨면 대개는 깨끗이 없어진다.

간장·식초·소스의 얼룩

향신료를 포함한 간장이나 소스의 얼룩에는 소금물과 설탕물이 효과적이다. 우선 소금물을 칫솔에 묻혀 얼룩을 두드리고 난 뒤에 약 30분쯤 그대로 두었다가 설탕물을 칫솔에 묻혀 두드린다. 그리고 나서 중성세제로 부분 세탁하면 된다.

그리고 또 한 가지 방법은, 얼룩진 곳에 무즙을 수북히 올려놓았다가 잠시 후에 물수건으로 두드리듯이 닦아내면 된다.

버터의 얼룩

우선 비눗물로 얼룩을 닦아낸 다음, 기름기가 남아 있는 부분을 벤젠으로 두드리듯이 닦아낸다.

기름 얼룩은 레몬이나 식초로 응급 처치한다

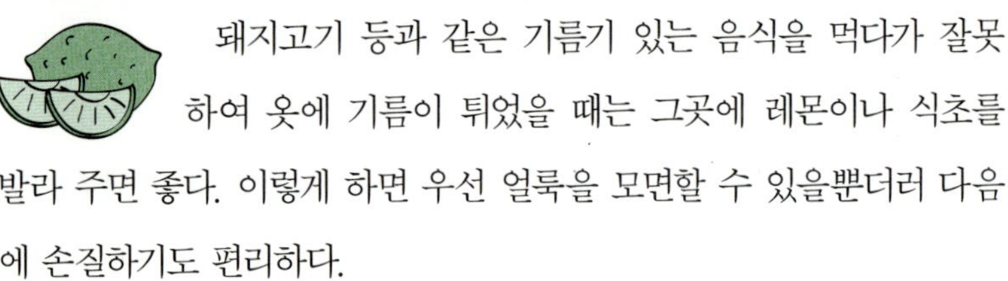

돼지고기 등과 같은 기름기 있는 음식을 먹다가 잘못하여 옷에 기름이 튀었을 때는 그곳에 레몬이나 식초를 발라 주면 좋다. 이렇게 하면 우선 얼룩을 모면할 수 있을뿐더러 다음에 손질하기도 편리하다.

비닐에 얼룩이 지면

비닐로 된 식탁 커버 등에 얼룩이 생겨 좀처럼 지워지지 않을 때가 있다. 이런 때는 커버 위에다 중탄산소다를 뿌려 놓고 좀 깔깔한 젖은 행주로 문질러 주면 쉽게 지워진다.

옷에 술이 묻었을 때

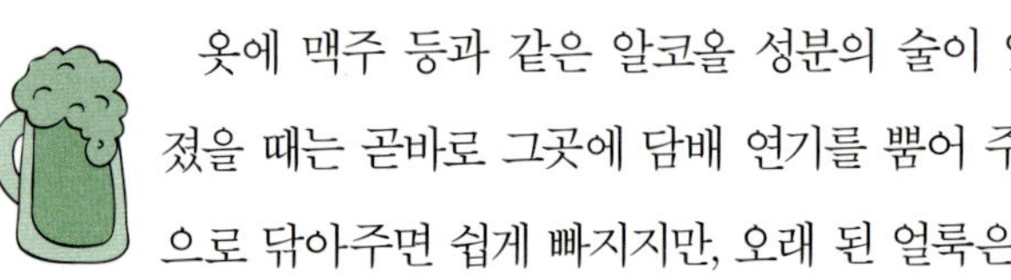

옷에 맥주 등과 같은 알코올 성분의 술이 엎질러져 얼룩이 졌을 때는 곧바로 그곳에 담배 연기를 뿜어 주고 나서 물수건으로 닦아주면 쉽게 빠지지만, 오래 된 얼룩은 물 8, 알코올 1, 식초 1의 비율로 섞은 물에 빨고 물로 헹구면 깨끗이 제거된다.

옷에 주스·사이다·콜라가 묻었을 때

옷에 묻은 지 얼마 안 되면, 엷은 소금물에 가제를 적셔 두드리듯이 닦아내면 깨끗해진다. 그리고 오래 된 얼룩은 중성세제로 닦아내면 잘 닦인다.

옷에 홍차·커피 얼룩이 지면

옷에 홍차나 커피가 엎질러져 얼룩이 생겼을 때는 곧바로 화장지에 더운물을 적셔서 얼룩진 곳에 대고 살짝 눌러 주면 된다.

이렇게 해서도 얼룩이 지워지지 않으면 탄산수를 이용한다. 우선 얼룩진 아래에 손수건 등을 깔고 가제에 당분이 없는 탄산수를 묻혀 두드리듯이 닦아낸다. 이렇게 하면 홍차나 커피의 색깔이 일단 빠지게 되는데, 옷을 팽팽하게 늘여 잡고 또 한 번 물수건으로 닦아내야 완전히 빠진다.

옷에 양촛물이 떨어졌을 때

옷에 양촛물이 떨어져 굳었을 때는 우선 양초를 깨끗이 긁어낸 다음, 옷 안팎에 종이를 대고 다리미를 뜨겁게 해서 다리면 나머지가 종이에 흡수된다. 만일 그래도 자국이 남아 있으면 헝겊에 휘발유를 묻혀 두드리면 말끔해진다.

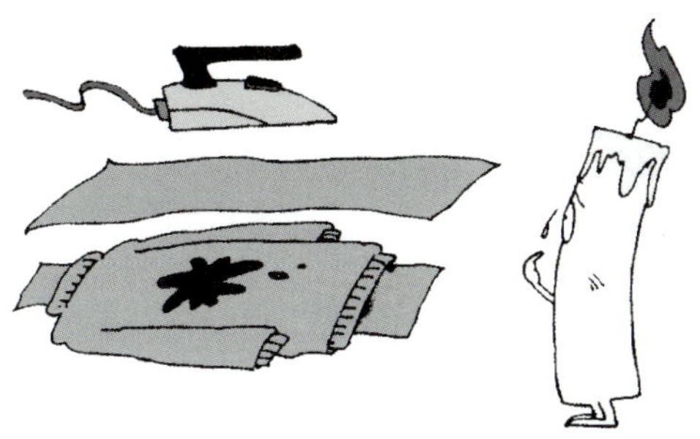

🔘 오줌 얼룩을 지우려면

담요에 아이가 오줌을 지렸을 때는 우선 그 부분만 더운물로 지르잡은 후, 그 위에다 흰 시험지나 헌 타월을 올려놓고 물기를 빨아들이게 한다. 그런 다음, 신문지 여러 장을 그 자리에 겹쳐 깔고 그 위를 무거운 것으로 눌러 두었다가 햇볕에 말리면 얼룩이 지지 않고 깨끗이 제거된다.

🔘 땀의 얼룩을 제거하려면

겨드랑이는 본래 다른 곳에 비해 땀이 많이 나는 곳이다. 그러다 보니 땀이 많이 나는 사람의 경우, 흰 블라우스나 와이셔츠의 겨드랑이 부분에 땀 자국이 생기는 때가 많다. 이것을 그대로 빨면 얼룩이 없어지지 않는데, 이런 때는 물 한 컵에 중탄산소다를 찻스푼으로 한 스푼 정도 타서 2~3분 동안 그곳에 얼룩진 부분을 담가 두었다가 세탁하면 깨끗이 지워진다.

🔘 옷에 나무진이 묻었을 때

송진 등과 같은 나무진이 옷에 묻으면 여간해서 잘 지워지지 않는다. 이럴 경우에는 우선 그 안쪽에다 얼음을 대어 진을 응고시킨 뒤에 손으로 떼어내고, 그 자국은 암모니아 용액으로 닦아준다. 담뱃진이 묻었을 때는 가제에 알코올을 듬뿍 묻혀 닦으면 잘 지워진다.

🔘 무슨 얼룩인지 분별이 안 되면

옷에 얼룩이 져 있을 때 대개의 경우는 금방 알 수 있으나, 오래 되거나 본인이 아니면 무슨 얼룩인지 잘 분간할 수가 없어서 지우는 데 어려울 때가 있다.

　이런 때는 벤젠→알코올→물→세제액→암모니아수→식초→수산→표백제의 순서로 시험해 보는 것이 좋다.

의류의 손질

줄어든 스웨터는 암모니아 희석액에

니트류의 경우 세탁을 잘못하게 되면 오그라들게 된다. 이런 때는
다음과 같은 순서로 니트의 모양을 바로잡아 준다.

1) 미지근한 물 4*l*에 암모니아를 반 홉 정도 섞어 그곳에 담갔다가
   꺼낸다.

2) 부드러워진 니트를 가볍게 잡아당겨 늘려 준다.

3) 타월에 싸서 물기를 빼고 그늘진 평평한 곳에서 말린다.

4) 어느 정도 건조되었을 때 가볍게 당기면서 다림질해 준다.

냄새가 밴 옷에는 스팀 다리미의 김을 쐬어 준다

옷에 방충제 냄새나 고기 냄새가 밴 경우, 스팀 다리미를 옷에 가까
이 대어 수증기를 쐬어 주면 수증기의 증발과 함께 냄새도 제거된다.
목욕하고 나서 김이 서린 욕실에 옷을 걸어 두어도 효과적이다.

 T셔츠나 스웨터를 홍차로 염색

흰 스웨터나 T셔츠가 오래 되어 누렇게 변했다면 이를 산뜻한 베이지색으로 만들어 입을 수 있다. 한번 걸러낸 홍차 찌꺼기를 큰 냄비에 넣고 끓인 다음, 그 속에 T셔츠나 스웨터 등을 넣고 다시 10분 정도 삶으면 베이지색으로 산뜻하게 염색이 된다. 염색할 때는 염색이 고르게 되도록 물을 충분히 잡아 주고, 도중에 골고루 잘 저어 준다. 염색한 뒤에는 물에 잘 헹구어야 한다.

 셔츠의 겨드랑이 부분엔 스프레이 풀을

셔츠의 겨드랑이 부분은 땀이 많이 나서 얼룩이 생기기 쉽다. 셔츠를 입기 전에 안쪽과 겉쪽에 스프레이 풀을 뿌리고 다려 보자. 풀에 땀이 흡수되므로 물빨래만으로도 쉽게 얼룩이 제거된다.

헌 넥타이 재활용법

유행이 지나 매지 않는 넥타이는 버리지 말고 깨끗하게 빨아서 잘 다림질해 두면 유용하게 사용할 수 있다. 원래 넥타이는 비스듬하게 재단되어 있고 디자인이나 색상도 일품이므로, 아이들이나 주부들의 옷깃이나 단을 낼 때 바이어스(bias) 대용으로 사용하면 좋다.

 모직물의 누른 자국을 없애려면

다림질을 잘못하여 모직물이 눌었을 때 그 자리를 표시 나지 않게 하려면 다음과 같은 순으로 한다.

1) 먼저, 옷을 평평하게 펴놓고 그 위에 무즙을 2㎝ 정도 두께로 덮은 다음, 그 위에 다시 식염을 2㎝ 정도로 깐다.

2) 햇볕에 적당히 말린다. 지나치게 건조해졌을 경우에는 분무기로 물을 약간 뿌려 준다.

3) 3~4시간 후에 무즙을 들어내 준다.

그러면 눌었던 자리가 거의 원색으로 되돌아간다.

🔘 비로도 털이 누워 보기 흉할 때

비로도 옷의 털이 누워서 보기 흉할 때는 우선 약간의 물을 김이 무럭무럭 날 때까지 데웠다가 그 김을 비로도 안쪽에 골고루 쐬어 주면 된다. 이때 한 곳에 약 3분씩, 전체를 골고루 쐬어 주어야 털이 새것같이 된다. 그래도 털이 부분적으로 누워 있으면 거꾸로 세워 올리면서 손질하면 보기 좋게 된다.

🔘 색 바랜 청바지의 색을 진하게 하려면

색 바랜 청바지를 일부러 찢어서 입고 다니는 것이 요즘 젊은이들의 유행이지만, 주부들의 경우 젊은이들이 하는 것을 그대로 따라 하다 보면 오히려 천해 보일 수가 있다. 따라서 색이 너무 바랜 청바지는 새 청바지와 함께 따뜻한 물로 세탁해 보자. 바랬던 청바지에 적당하게 물이 들어서 보기에 좋다.

🔘 청바지 물 예쁘게 빼는 법 두 가지

1) 새 청바지를 사서 물을 빼 입고 싶다면, 물에 담가 두었던 청바지를 길게 펴놓고 솔에 빨랫비누를 묻혀 위에서 아래로 여러 번 문

질러 주면 된다. 빨랫비누를 사용하면 세탁 후 청바지가 후들후들 해지지 않아서 좋다.

2) 소금과 물을 1 대 10의 비율로 섞은 다음 그곳에 청바지를 넣고 약 20~30분 정도 삶아 세탁하면 물이 곱게 빠진다.

청바지의 무릎을 오래 가게 하려면

청바지를 얼마 동안 입게 되면 무릎이 허옇게 퇴색되고 나중엔 그곳이 해지게 마련. 그러나 새것일 때 바지의 무릎 안쪽에다가 얇은 헝겊을 접착제로 붙여 두면 잘 해지지 않는다.

스타킹의 올 풀림을 막으려면

스타킹의 올 풀림을 예방하려면, 스타킹을 세탁한 후 식초 몇 방울을 떨어뜨린 더운물에 헹궈 널면 된다. 이렇게 하면 올이 풀리는 것을 예방함은 물론, 땀 냄새가 배어들지 않아 좋다.

수축성 있는 옷감을 재봉질할 때

수축성 있는 옷감을 재봉질하고 나서 보면 옷감을 미는 과정에서 줄어들게 되어 심히 보기 싫을 때가 있다. 이를 방지하려면, 옷감의 뒤쪽 재봉질할 선에 맞추어 셀로판 테이프를 붙이고 박음질하면 된다. 그러면 뒤에 붙어 있는 테이프로 인해 아무리 밀면서 재봉질을 해도 줄어들 염려가 없어서 좋다. 테이프를 붙일 때는 천이 늘어나지 않도록 주의해야 한다.

오그라든 털실을 잘 펴려면

헌 털옷의 실을 풀어놓으면 오그라들게 마련이다. 이것을 새 실처럼 재생해서 쓰려면, 우선 빨래판 같은 널빤지에 헌옷을 둘러 푹신하게 한 다음 그 위에다 털실을 감는다. 그리고 나서 젖은 타월로 감싸고 그 위에 다림질을 해 주면 털실이 푹신하게 잘 펴진다. 또 뜨거운 김을 쐬어 주어도 잘 펴진다.

옷감이 두꺼운 코트나 투피스 손질법

옷감이 두껍고 털이 있는 겨울옷의 경우, 얇은 옷에 비해 먼지를 쉽게 흡수한다. 그렇다고 해서 자주 세탁소에 드라이 클리닝을 맡길 수도 없는 일. 집에서 간단히 손질할 수 있는 방법을 소개한다.

1) 먼저 주머니나 바짓단의 먼지를 떨어낸다.

2) 옷을 뒤집어서 햇볕에 1시간 정도 말린 다음, 다시 뒤집어서 30분 정도 더 말린다. 습도가 높은 날은 피하고 햇볕이 나는 맑은 날을 택해서 하는 것이 좋다.

3) 양복을 두들겨서 먼지를 떨어낸다.

4) 세제 용액과 벤젠을 묻힌 천으로 닦아낸 뒤 다시 한 번 물 적신 헝겊으로 닦아서 다림질한다.

두꺼운 천에 재봉틀로 박음질하려면

두꺼운 천이나 풀 먹인 천을 재봉틀로 박음질하려면 바늘이 잘 들어가지 않을뿐더러 자칫 잘못하면 바늘이 부러져 못 쓰게 된다. 이럴 때는 재봉틀이 지나갈 곳에 양초로 선을 그어 놓은 다음에 박음질하면 바늘이 잘 들어갈 뿐만 아니라 박는 선도 똑바르다.

여행 중 옷의 구김을 펴려면

여행할 때 가방에 꾹꾹 눌러 담아 둔 옷을 여관에서 꺼내 보면 옷이 심하게 구겨져 도저히 그대로 입을 수 없을 때가 있다. 이런 때 손쉽게 해결하는 방법이 있다.

우선 욕실의 온수를 틀어 놓아 욕실 전체가 김으로 가득 차게 한 다음, 그곳에 구겨진 옷을 넣어 두고 욕실 문을 닫아 둔다. 그리고 나서 다음날 아침쯤이면 구김이 모두 펴진다.

이와 같은 이치로, 간단한 구김은 물안개를 뿌려서 옷걸이에 걸어 두면 된다. 물안개는 되도록 가늘게 살짝 품도록 한다. 모직 양복일 경우, 입기 이틀 전쯤 옷걸이에 걸어서 욕탕에 하룻밤 정도 매달아 두었다가 말리면 다림질하는 수고를 덜 수 있다.

검은색 옷이 바랬을 때는 맥주가 효과적

검정이나 감색 등과 같이 색상이 짙은 옷을 잘못 세탁하게 되면 군데군데 탈색되어 보기 흉하게 된다. 이때 대야에 맥주를 붓고 얼룩진 옷을 넣어 헹궈 주면 색상이 선명하게 되살아난다. 맥주를 너무 많이 섞으면 옷에 술 냄새가 배게 되므로 주의한다.

단춧구멍을 깔끔하게 내려면

집에서 단춧구멍을 내야 할 때가 있다. 이런 때는 구멍 뚫을 자리에 투명한 매니큐어용 에나멜을 바른 다음에 뚫어 보자. 보푸라기가 일지 않고 깨끗하게 뚫린다.

모포의 손질은 양복 솔로

대개 모포를 손질할 때 햇볕에 말렸다가 막대기로 두들겨서 먼지만 떨어내고 사용하곤 하는데, 그렇게 하면 머리카락이나 솜털 등과 같은 것은 떨어지지 않고 그대로 모포에 남게 된다. 따라서 모포를 두드리고 나서 부드러운 양복 솔로 골고루 쓸어내면, 두들기기만 해서는 떨어지지 않는 머리칼이나 솜털까지도 깨끗이 제거할 수 있다.

옷의 솜털 먼지는 이렇게 제거한다

옷에 솜털 등이 많이 묻어 있어서 일일이 손으로 떼어내기가 어려울 때, 포장용 접착테이프를 손에 말아서 찍어내면 깨끗이 제거된다. 또 스펀지에 물을 먹인 다음 꼭 짜서 아래로 쓸어내리면 잘 떨어진다.

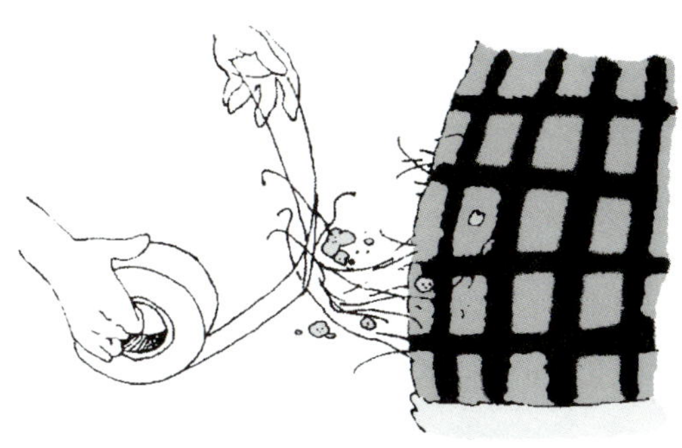

◎ 모피 의상 손질법

모피는 평소의 손질이 중요하다. 외출하고 돌아오면 솔질을 하여 먼지를 완전히 떨어낸다. 비에 젖었을 때는 마른수건으로 물기를 닦아내고 그늘에서 건조시킨다. 젖은 채로 두면 탈모의 원인이 되기 때문.

모피는 손질이 꽤 까다롭지만 제때제때 손질만 잘해 주면 그다지 어려운 것만도 아니다.

우선 윗부분을 잡고 가볍게 흔들어 먼지를 떨어낸 다음, 폭이 넓고 튼튼한 옷걸이에 걸어서 뒤틀리지 않도록 옷 모양을 바로잡아 주어야 한다. 이때 다른 옷에 눌리지 않도록 옷과 옷 사이의 거리를 넉넉히 확보해 준다. 모피가 더러워졌을 때는 벤젠이나 알코올을 가제에 적셔서 털의 결대로 가볍게 닦아낸 다음, 솔질을 해서 바람이 잘 통하는 곳에 걸어 둔다.

◎ 옷에 밴 방충제 냄새를 없애려면

방충제 냄새가 솔솔 풍겨 나는 옷을 입고 다니면 결코 다른 사람들로부터 좋은 인상을 받지 못한다. 만일 시간적인 여유가 있다면, 큼지막한 비닐봉지에 옷과 탈취제를 함께 넣은 다음, 입구를 단단히 봉하여 하루 정도 두면 깨끗이 제거된다.

그러나 그럴 만한 시간이 없을 때에는 옷에 선풍기 바람을 쏘이면서 헝겊을 대고 다림질하면 냄새가 사라진다.

옷을 보관할 때 아예 방충제를 헝겊 주머니에 넣어서 사용하면 거북한 냄새로부터 해방될 수 있다.

얇은 옷에 단추를 달려면

얇은 천으로 된 옷에 단추를 달 경우, 단추 단 자리의 천이 쉽게 해진다거나 단추가 곧잘 떨어져 애를 먹게 되는데, 단추를 달고 나서 실을 여유 있게 잘라 두 가닥을 서로 묶어 놓으면 천이 상할 염려도 없고 단추도 아주 튼튼하게 달아진다.

얇은 천을 가위질할 때

얇은 천이나 매끄러운 천을 가위질하려면 미끄러지거나 구부러져 반듯하게 자르기가 어렵다. 이런 때 신문지를 이용하면 이런 애로 사항이 간단히 해결된다. 천에 신문지를 대고 몇 군데 핀으로 고정시킨 다음에 가위질하면 원하는 대로 곱게 잘라진다. 붕대를 자를 때도 마찬가지이다.

헌 양말 이용

장난이 심한 개구쟁이의 경우, 얼마 못 신고 양말에 금방 구멍이 나기 일쑤인데, 목 부분은 아직도 멀쩡할 때가 많다. 수까지 곱게 놓인 양말 목 부분을 잘라 두었다가 아이들의 옷소매나 바지부리가 낡게 되었을 때 갈아붙이면 새옷처럼 아주 예쁘다.

의류의 다림질

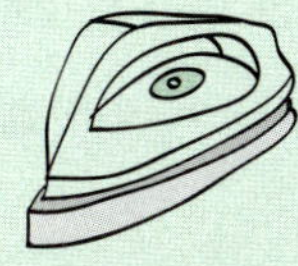

다림질 요령

일반적으로 다림질은 옷의 결을 따라서 다려야 한다. 결을 무시하고 옆으로 다리면 옷이 늘어지고 풀기가 없어진다. 또, 지나치게 힘을 주어 다려도 섬유가 늘어나서 모양이 일그러진다.

다림질을 할 경우, 우선 옷의 재질이 무엇인가부터 파악하고 나서 다리미의 온도를 조절해야 한다. 즉, 무명→마직→견직→모직→레이온→비닐론→아크릴의 순서로 다리미의 온도를 적절히 낮추어 가며 다림질한다.

다림질은 두 손을 적절히 써서 하면 편리하다. 한쪽 손으로는 옷의 모양을 바로잡거나 당겨 가며 다림질을 하되, 특히 힘을 들여야 할 경우에는 두 손을 다 사용하도록 한다.

또, 다리미는 한 군데를 여러 번씩 반복해서 다리는 것보다는 한두 번쯤에 힘주어 다리는 것이 좋다. 같은 곳을 자꾸 문지르면 빛깔이 죽거나 번들거리게 되기 때문이다.

화학섬유를 눌어붙지 않게 다리려면

다림질을 할 때, 잘못하면 옷이 눌어붙을 수가 있기 때문에 신경 쓰지 않으면 안 된다. 화학섬유를 다림질할 때 다리미의 밑판에 치약을 조금 발라 주면 이를 방지할 수 있다.

접힌 바짓단을 펴려면 식초를 떨어뜨리며 다림질한다

자라나는 아이들 옷의 경우, 바지가 짧아 접힌 바짓단을 펴서 늘려야 하는 경우가 있다. 이때 고민거리가 바짓단 자국을 없애는 일인데, 이것을 손쉽게 해결하는 방법이 있다. 빈 안약 병에 식초를 넣어서 한 방울씩 주름진 곳에 떨어뜨리며 다림질하면 쉽게 해결된다. 심하게 구겨진 옷을 다릴 때도 마찬가지.

또 한 가지 방법은, 무를 잘라 그 단면으로 접힌 곳을 몇 번 문지른 다음에 다리거나, 무즙을 내어서 바르고 다림질하면 자국이 깨끗이 없어진다.

바지 주름이 펴지지 않게 하려면

바지 주름이 쉽게 펴지지 않게 하려면, 우선 바지의 주름 안쪽에 양초를 1,2회 문지른 다음, 다시 뒤집어서 다림질하면 된다. 그 이상 너무 많이 바르면 촛물이 밖으로 배어 나와 얼룩이 생길 염려가 있으므로 주의해야 한다.

이렇게 양초를 바르게 되면 다림질할 때 분무기로 물을 뿌리지 않아도 된다. 바지의 소재에 따라 다림질의 온도를 조절하고, 울이나 실크 등의 옷감에는 천을 대고 다린다.

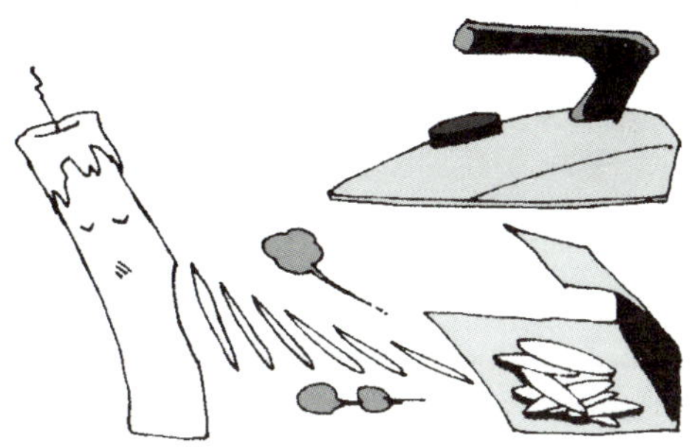

양복의 번들번들한 광택을 없애려면

다림질을 잘못하여 양복이 번들번들해지는 경우가 있다. 이럴 때는 식초물(물과 식초의 비율을 2대 1로 하여)에 타월을 적셔 양복 위에 올려놓고 다시 한 번 다림질하면 된다.

또 양복을 오래 입어서 엉덩이 부분이 번들거리는 경우가 있는데, 이런 때는 우선 옷솔로 먼지를 깨끗이 떨어낸 다음, 물 한 컵에 암모니아 한 스푼 정도를 타서 양복에 분무기로 뿜어 주고 천을 대고 다림질한다. 이때 다림질하는 천의 종류는 옷과 같은 것을 사용하는 것이 좋다.

튀어나온 무릎 자국을 없애려면

바지 무릎이 튀어나온 것처럼 보기 싫은 것도 없다. 이런 바지를 다릴 때는 우선 튀어나온 무릎 부분의 안쪽에 젖은 타월을 넣고 잘 펴서 간 다음, 바깥쪽에서 힘을 가하며 다린다. 그러고 나서 바지를 뒤집어서 이와 같은 방법으로 다려 무릎 자국을 없앤 다음에 바지 선을 세우면 된다.

◉ 와이셔츠 칼라를 다릴 때

와이셔츠를 다릴 때 가장 중요한 곳은 칼라 부분. 이곳을 잘못 다리게 되면 봉재선이 있는 곳에 주름이 생기게 된다. 이것을 방지하려면, 우선 칼라의 뒷부분부터 다림질하는 것이 중요하다. 바깥부터 다리고 나서 안쪽을 다리게 되면 나중에 바깥쪽이 비뚤어지게 된다. 왼손으로 봉재선을 힘껏 잡아당기면서 안쪽을 먼저 다림질한다. 그러고 나서 다리미의 끝부분을 사용하여 바깥쪽을 다리면 된다. 이때 중요한 것은, 반드시 칼라의 테두리에서 중심을 향해 다려 나가야 한다. 반대로 다리게 되면 테두리 부분에 주름이 생길 수 있기 때문.

◉ 다림질을 하다가 와이셔츠가 눌었을 때

다림질을 하다가 잘못하여 와이셔츠가 눌면 당황하지 않을 수 없다. 이런 때는 양파를 잘라서 눌은 자국에 대고 한참 문지른 다음 차가운 물에 와이셔츠를 흔들어 빨면—눌은 정도가 그다지 심하지 않았을 경우—자국이 없어진다.

그리고 또 한 가지, 더운물에 옥시풀을 30%가량 풀어서 그 물로 여러 번 흔들어 닦아낸 뒤 맑은 물에 헹궈내도 된다.

◉ 누런 와이셔츠 칼라를 희게 다리려면

오래 된 흰 와이셔츠의 경우, 칼라가 누렇게 변해 보기 싫을 때가 있다. 이런 와이셔츠는 빨 때에도 신경을 써야 하겠지만, 다림질할 때도 신경을 써야 한다. 이런 와이셔츠를 다릴 때는 칼라에 베이비 파우더를 뿌리고 나서 다리면 신기하게도 새것과 같이 아주 희게 된다.

비로드 코트의 다림질 자국 없애기

코트가 합성 섬유의 비로드일 경우, 모포 등과 같이 탄력이 있는 것을 간 다음, 코트 위에 젖은 타월을 대고 뜨거운 다리미로 힘주어 다림질한다. 그런 다음에 곧바로 솔질하여 자국을 지우면 된다.

그리고 천연 섬유일 경우에는 코트 안쪽에서 증기를 쏘여 표면을 반복적으로 솔질해 주면 된다.

바지를 잘 다리려면

바지는 주머니 부분을 다릴 때가 가장 힘들다. 주머니 부분을 잘못 다리게 되면 주름 자국이 져서 보기 싫게 되기 때문이다. 따라서 바지 안에 책이나 잡지 등을 넣고 다리면 쉽게 다릴 수 있다. 그리고 바지선 부분에 옷핀이나 바늘 등을 꽂아 고정시킨 다음에 다리면 이중 선이 생기는 것을 막을 수 있다.

수놓인 옷을 다림질하려면

수놓인 옷을 다림질할 때는 바닥에 푹신한 담요 등을 깔고 수놓인

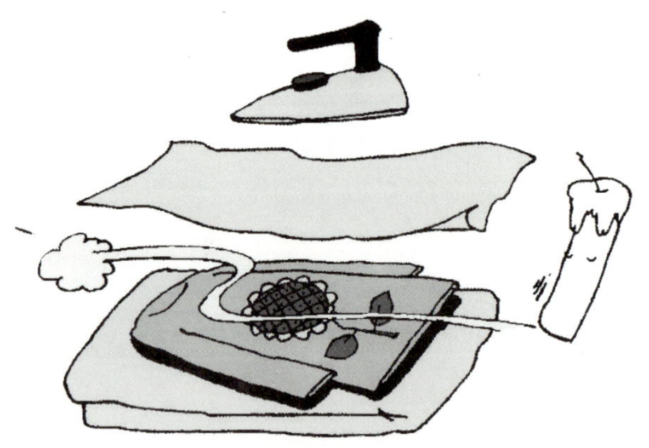

부분의 안쪽을 다림질해야만 수가 다리미에 눌려 납작해지는 것을 막
을 수 있다.

그리고 세탁하기 전에 수놓인 부분에 양초를 칠해 주면 세탁하고 나
서도 언제나 새것 같은 느낌이 들어 좋다. 이것을 다림질할 때는 수놓
인 부분 위에다 깨끗한 종이를 한 장 올려놓고 뜨거운 다리미로 가볍
게 쓱 한 번만 밀고 지나가면 초가 종이에 묻어나서 없어진다.

옷에서 향기가 나게 하려면

스팀 다림질을 할 경우, 다리미 물 속에다가 좋아하는 향수를 약간
부어서 다리면 엷은 향기가 풍겨 옷을 꺼내 입을 때 기분이 상쾌해진
다. 다 쓴 향수병 뚜껑을 열어 옷장 속에 넣어 두어도 같은 효과를 얻
을 수 있다.

넥타이를 다릴 때

넥타이를 다림질할 때, 무턱대고 그냥 다리게 되면 주름은 펴지지만

모서리가 납작하게 달라붙어서 볼품없이 되어 버린다. 따라서 넥타이를 다릴 때는 먼저 신문지를 넥타이 양쪽 모서리 크기로 접어서 넥타이 속에 넣고 가볍게 다림질해 준다. 그러면 구겨진 주름도 퍼지면서 모양도 자연스럽게 되살아난다.

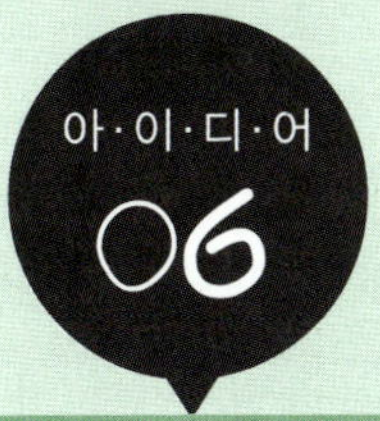

의류의 보관

쓰지 않는 털실의 보관

물렁물렁한 털실을 장롱 등에 무리하게 쑤셔 박아 두면 통풍이 제대로 되지 않아서 잘못하면 좀이 슬어 못 쓰게 되는 수가 있다. 그러므로 벽장의 천장 같은 곳에 털실을 매달아 두면 좀도 나지 않을뿐더러 장소도 덜 차지해서 좋다. 오래 보관해 둘 것은 방충제를 종이로 싸서 그 속에 넣어 두면 된다.

의류의 보관은 섬유별로 모아서

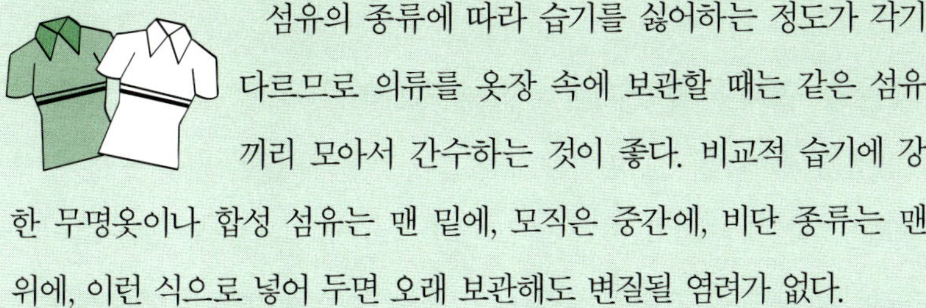

섬유의 종류에 따라 습기를 싫어하는 정도가 각기 다르므로 의류를 옷장 속에 보관할 때는 같은 섬유끼리 모아서 간수하는 것이 좋다. 비교적 습기에 강한 무명옷이나 합성 섬유는 맨 밑에, 모직은 중간에, 비단 종류는 맨 위에, 이런 식으로 넣어 두면 오래 보관해도 변질될 염려가 없다.

방충제 사용법

시중에서 팔고 있는 방충제로는 장뇌와 나프탈렌이 있다. 이들 두 가지 방충제를 함께 사용하면 서로 화학 작용을 일으켜 옷에 얼룩이 질 우려가 있으므로 피해야 한다. 방충제를 사용할 때는 옷에 약품이 직접 닿지 않도록 헝겊이나 종이 등에 싸서 넣고, 옷장에 넣어 둘 경우, 화학 조미료 병 등에 넣어 두는 것이 안전하다.

옷걸이에서 떨어지지 않게 걸려면

바지를 옷걸이에 걸쳐놓을 경우 자꾸 떨어져 신경질 날 때가 있다. 그럴 때는 한쪽 바짓가랑이를 먼저 걸고 나서 다른 쪽 바짓가랑이를 겹쳐 걸면 잘 떨어지지 않는다.

못 입게 된 와이셔츠는 양복 덮개로

양복장 속엔 의외로 먼지가 들어가서 잘 입지 않는 검정 또는 곤색 양복의 어깨에 먼지가 앉기 일쑤이다. 이런 때 헐어서 못 입는 와이셔츠의 소매와 깃을 가위로 잘라 내고 몸통 부분을 양복 덮개로 사용하면 좋다. 와이셔츠의 덮개는 앞에 단추가 달려 있기 때문에 그대로 양복 위로부터 옷걸이에 씌우고 단추를 잠그면 된다. 와이셔츠로 양복 덮개를 만들면 비닐과 달라서 통풍이 잘되기 때문에 곰팡이가 필 염려도 없다. 특히 모피 옷의 덮개로는 최적이다.

옷을 옷장 서랍에 넣을 경우

옷을 옷장 서랍에 넣을 때 옷을 너무 차곡차곡 개어 놓으면 옷이 눌려서 자국이 나기도 하고, 밑에 있는 옷을 찾을 때는 뒤적거리게 되어 개킨 모양이 헝클어져서 몹시 불편하다. 따라서 옷을 서랍 속에 넣어 둘 때는 포개 놓지 말고 줄을 맞추어 세워 놓도록 한다. 아이들 옷이라면 세 번 정도로 접고, 어른들 옷은 네 번 정도로 접어서 넣으면 서랍 높이에 알맞게 넣을 수가 있다.

옷을 챙겨 둘 때 위아래에 신문지를 깔고 덮으면 벌레나 먼지가 끼지 않아 이중의 효과를 올릴 수 있다.

옷장 서랍에 옷을 나누어 보관할 때는, 자주 입는 옷은 아래 칸에, 오래도록 손대지 않을 옷이라면 위칸에 두는 것이 좋다. 아래 칸은 습기가 차기 쉬운 곳이어서 자주 서랍을 여닫아 환기를 시켜 주는 것이 좋기 때문이다.

이불 사이에는 신문지를 끼워 보관한다

특히 여름철과 같이 습기가 많을 때 자칫 잘못하면 이불에 곰팡이가 필 수 있다. 따라서 햇볕에 이불을 바짝 말린 다음, 먼지를 잘 떨어내어 이불 사이사이에 신문지를 넣고 개어 보관하면 곰팡이가 생기지 않는다.

⏣ 세탁소에서 찾아온 옷은 그늘에 말려서 보관해야

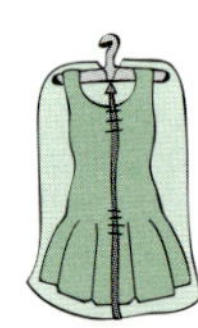 세탁소에서 드라이 클리닝을 하여 비닐 커버를 씌워 가지고 온 의류를 그대로 옷장 속에 넣어 두면 의류에 습기가 남게 되어 안 좋다. 세탁소에서 찾아온 옷은 증기가 완전히 빠져나가지 않은 경우가 많기 때문이다. 따라서 세탁소에서 의류를 찾아오면 반드시 비닐을 벗긴 다음, 통풍이 좋은 그늘에서 완전히 건조시켜 옷장에 넣어 두도록 한다.

⏣ 옷은 흰 종이에 싸지 말아야

옷을 종이에 싸거나 종이 봉투에 넣어 둘 때 흰색은 피하도록 한다. 새하얀 종이의 경우, 깨끗하게 표백하기 위해 표백분이나 아황산 등을 사용하므로 그 약물이 옷감을 상하게 할 수도 있기 때문이다. 그러므로 옷을 포장할 때는 갈색이나 누런 색 등과 같이 표백하지 않은 종이를 사용하도록 한다.

가죽 제품의 세탁·손질·보관

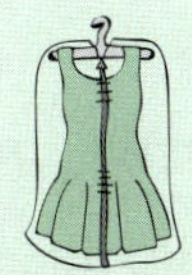

◐ 합성 가죽 코트는 옷솔로 빤다

집에서 합성 가죽으로 된 코트를 세탁할 때는 세탁기로 빨지 말고, 표면에 붙어 있는 먼지를 옷솔로 잘 쓸어낸 다음 중성세제로 빤다. 그리고 세탁물을 짤 때는 비틀어 짜지 말고 약간 누르는 듯한 기분으로 짜서 옷걸이에 걸어 모양을 바로잡는다. 직사광선이 없는 통풍이 잘되는 곳에서 말린다.

◐ 세무 가죽 코트의 때는 중성세제 액으로

세무 가죽 코트에 낀 때는 중성세제 액으로 닦아낸 다음, 헝겊을 물에 담갔다가 꼭 짜서 다시 깨끗이 닦아낸다. 그리고 양복걸이에 걸어서 한 시간 정도 그늘에서 말려 물기를 뺀 뒤 크로스로 닦아서 마무리한다. 중성세제 액을 사용하기 전에는 잘 안 보이는 부분을 시험해 보고 나서 하는 것이 안전하다.

🔘 가죽 의상 손질법

가죽 의상의 경우, 묵은 때가 심하면 세탁소에 맡겨야 하지만, 드라이 클리닝을 자주 하게 되면 윤기가 사라지고 탈색도 되므로 가능한 한 집에서 손질하도록 한다.

우선 마른헝겊에 가죽용 크림이나 벤젠을 묻혀 전체적으로 한 번 닦아 때를 제거한다. 콜드 크림을 사용하는 주부도 있는데, 이는 가죽 결 사이에 크림이 남아 있게 되어 곰팡이가 슬 염려가 있으므로 가급적 사용하지 않는 것이 좋다.

오랫동안 접혀서 주름이 생겼다면, 그곳에 올리브 기름을 발라 가죽을 부드럽게 한 다음 그늘에서 말리면 주름이 펴진다.

🔘 털가죽 제품 손질법

털가죽 제품을 집에서 손질하려면, 우선 옷을 양복걸이에 걸어 놓은 다음 먼지를 떨어낸다. 단순한 때는 온수에 샴푸를 탄 액체로, 기름때는 벤젠으로 털이 누운 방향을 따라 닦아낸 다음, 반대 방향으로 털을 거슬러 올라가면서 닦아낸다. 그리고 털이 일정한 방향으로 눕지 않고 이리저리 산만하게 되어 있으면, 그곳에 뜨거운 김으로 쪄낸 물수건을 대어 완전히 눅인 다음, 빗으로 쓸어내린다. 그러고 나서 양복걸이에 걸어 그늘에 널어 잘 말리면 된다.

이렇게 손질한 털가죽 옷은, 깨끗이 빨아서 풀 먹인 광목 커버로 씌우고 입구를 봉하여 보관한다. 이때 방충·방습제를 함께 넣어 둠은 물론이다. 여기에 비닐 커버를 씌워 두면 더욱 좋다. 옷 서랍에 넣지 말고 양복걸이에 걸어서 매달아 둔다.

세무 가죽 제품의 먼지

세무 가죽으로 된 코트나 구두는 먼지를 쉽게 타므로 이따금씩 전기 청소기로 먼지를 빨아들여 주는 것이 좋다. 이렇게 하면 전기 청소기의 강력한 흡인력으로 인해 먼지가 제거될 뿐만 아니라 털을 일으켜 세워 줄 수 있어 좋다.

젖은 가죽 손질법

젖은 가죽을 직사광선이나 불에 쪼여서 말리게 되면 쪼그라들어 볼품없이 되어 버린다. 따라서 마른수건으로 물기를 닦아낸 다음, 양복걸이에 걸어서 통풍이 잘되는 그늘에 말려야 한다. 세무 가죽일 경우, 물기를 닦아내고 그늘에 말린 다음, 세무용 나일론 브러시로 정성껏 쓸어서 털을 고르게 세운다.

가죽 제품에 핀 곰팡이를 제거하려면

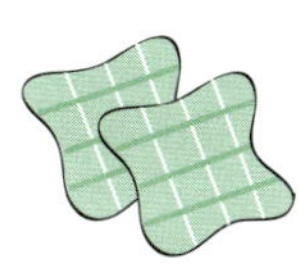

가죽 제품은 조금만 방심해도 곰팡이가 잘 핀다. 만일 가죽 제품에 곰팡이가 피었다면, 곰팡이가 보송보송해질 때까지 그늘에 충분히 말려 벨벳으로 된 꼬마방석으로 비벼서 떨구어 낸다. 그리고 나서 가죽용 클렌저를 묻혀 타월로 나머지 자국을 닦아내든지, 타월에 엷은 암모니아 용액을 적신 후 꼭 짜서 닦아낸다. 세무 가죽 제품일 때는 같은 방법으로 그늘에 말려, 가는 사포(砂布)로 비빈다.

가죽 제품은 바나나 껍질로

특히 갈색과 검정색 구두의 경우, 탄닌 성분이 들어 있는 바나나 껍질을 이용하면 반짝반짝 깨끗이 잘 닦인다. 이 바나나 껍질은 가죽 핸드백이나 가죽 소파 등을 닦을 때도 유용하게 사용할 수 있다.

갈색이나 검정색 가죽 제품의 원피를 무두질할 때 바로 이 탄닌 성분을 사용한다고 하는데, 바나나 껍질 안쪽의 미끈미끈한 부분을 이용하여 가죽 제품을 닦아주면 원피를 무드질할 때와 비슷한 작용을 하여 가죽이 부드럽고 깨끗해지는 것이다.

무스탕 손질법

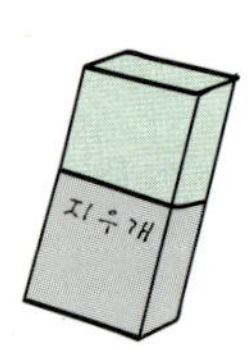

무스탕의 바깥 면에 때가 묻었을 경우, 고무 지우개로 살살 지워 주면 되고, 긁히거나 파인 자국은 스웨이드 용 사포로 가볍게 문질러 주면 된다. 그리고 안쪽은 털이 일어서도록 솔로 가볍게 빗어 주는데, 털이 뭉쳤을 때는 참빗을 사용하면 좋다.

헌 구두를 새 구두처럼 손질하려면

구두를 오래 신어서 가죽이 텄거나 벗겨졌을 때에는 구두 표면에 양초를 골고루 바르고 나서 촛불을 쬐어 주면 양초가 녹으면서 가죽에 스며들게 된다. 그리고 나서 구두약을 칠해 닦으면 새것처럼 반짝반짝 빛나는 구두가 된다.

구두를 오래 신으려면

새로 산 구두에 왁스를 발라 닦아 두면, 가죽이 습기로부터 보호되므로, 오래 신을 수 있다. 그리고 구두약은 가능한 한 엷게 칠해서 닦아야 윤도 나고 구두도 상하지 않는다. 구두약을 너무 두껍게 칠해서 닦으면 공기가 잘 통하지 못하기 때문에 가죽의 수명도 오래 가지 못할 뿐만 아니라 위생상으로도 좋지 못하다. 간혹 콜드 크림을 발라 주는 것도 좋다.

또, 구두 바닥에 구두약을 발라 주면 구두의 수명이 길어진다. 이것은 좀 생소한 방법 같지만 효과가 그만이다. 새로 구입한 구두를 4~5일 정도 신은 후, 바닥의 먼지를 잘 떨어내고 구두약을 듬뿍 발라 두면, 비가 올 때 신고 다녀도 구두 아래에 빗물이 스며들지 않고 바닥이 덜 닳는다.

구두약은 저녁에 바르고 아침에 닦아야

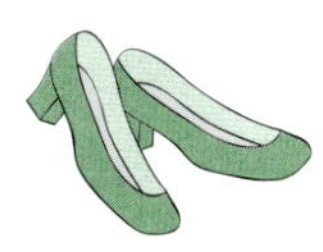

구두약은 퇴근하고 집에 돌아와서 발라 두었다가 다음날 아침에 닦아야 가죽에 구두약이 스며들어 제대로 닦일뿐더러 구두를 더욱 오래 신는다.

반짝반짝 구두 광내기

구두를 잘 닦으려면 우선 구두약을 잘 골라야 한다. 자세히 살펴보면 구두약에도 가정용과 업소용의 두 가지가 있는데, 가정용을 골라 써야 한다. 업소용은 휘발성이 강하기 때문에 잘 닦이기는 하지만 금방 날아가 버리거나 녹아 내리기 때문이다. 검정 구두에는 검정색 약을, 갈색 구두에는 투명한 구두약을 바른다.

구두 수선 30년 경력의 전문가가 말하는 구두 닦기 방법을 소개한다.

1) 먼저 구둣솔에 약을 조금 바른 뒤, 구두 표면에 묻어 있는 먼지를 깨끗이 떨어낸다.

2) 검지, 중지, 약지의 세 손가락에 비닐을 탄탄하게 감싼 뒤, 여기에 구두약을 묻힌다.

3) 마사지를 하듯이 구두 전체에 골고루 원을 그리며 구두약을 바른다.

4) 융으로 광택을 내기 시작한다(따뜻한 물을 조금 발라서 문지르면 더욱 광택이 잘 난다).

5) 부드럽게 원을 그리며 융으로 계속 문질러 주면 반짝반짝 광택이 난다.

백(白)구두는 신기 전에 왁스칠부터 한다

멋쟁이 구두로 통하는 백구두는 조금만 신어도 때가 쉽게 타서 간수하기가 힘들다. 백구두를 오래 신으려면, 처음 구두를 샀을 때 곧바로 투명한 구두약이나 왁스를 발라 문지른 뒤에 신도록 한다. 또 밖에 나갔다 와서도 구두에 묻어 있는 때를 즉시 닦아낸 뒤에 왁스나 투명 구두약을 발라 두면, 때가 가죽에 스며들지 않아 원래의 빛깔을 오래도록 유지할 수 있다.

부츠 손질법과 보관

멋스러움과 함께 겨울을 따뜻하게 날 수 있게 해 주는 부츠는 다른 신발과 달리 목이 길기 때문에 잘못 보관하게 되면 내부에 곰팡이가 피거나 형태가 망가져 볼품없이 되어 버리기가 쉽다.

겨울철이 지나 부츠를 보관하고자 할 때는 잘 닦아서 그늘에 반나절 쯤 안쪽까지 말려 습기를 제거한 후(부츠의 내부가 눈이나 비에 젖어 습기가 차 있을 경우, 부츠 안에 진공 청소기 관을 넣어 말리면 5~6분 내에 건조시킬 수 있다), 신문지를 구겨 앞 발끝까지 채워 넣는다. 그리고 다리 부분의 홈통에 원통형으로 말은 신문지나 빈 음료수 병을 넣은 다음, 부츠가 완전히 들어갈 수 있는 비닐 봉투에 넣고 입구를 졸라매어 종이 가방에 담아 벽장의 천장에 매달아 보관한다.

구두가 심히 젖었을 때

장마철만 되면 신경 쓰이는 것이 비에 젖은 가죽 구두를 말리는 일이다. 구두가 여러 켤레라면 통풍이 잘되는 그늘에서 천천히 말렸다가 충분히 마른 뒤에 신는 것이 가장 이상적이겠지만, 한 켤레뿐이라서 그럴 형편이 못될 때는 응급 조치를 취할 수밖에 없다.

우선 신문지나 화장지를 구두에 꼭꼭 채워 넣어서 물기를 흡수시킨 다음, 30분쯤 후에 다시 새것으로 갈아준다. 그러고 나서 헤어 드라이어로 발끝 부분과 뒤축 부분에 바람을 집중적으로 쐬어 준다. 이때 주의해야 할 것은 절대로 열풍을 사용하지 말고 냉풍을 사용해야 한다는 것! 젖은 가죽에 뜨거운 바람을 쐬이면 가죽이 딱딱하게 변질될 뿐만 아니라, 갈라지기 쉽고, 구두 모양이 쪼그라들거나 꺼칠꺼칠해지기 때문이다.

드라이어로 바람을 쐬어 줄 때는 발끝 부분을 위로 향하게 하고 가끔씩 방향을 바꿔 주어야 한다. 이렇게 말린 뒤에도 하룻밤 정도 완전히 말렸다가 왁스를 칠해 신는 것이 안전하다. 완전히 마르지 않은 상태에서 신으면 구두의 모양이 뒤틀리는 등 변하기가 쉽기 때문. 만일 그늘에 말렸는데도 구두가 꺼칠꺼칠해졌다면, 올리브유를 바르고 다시 완전히 말린다.

 구두에서 냄새가 나면

구두에서 발 냄새가 심하게 날 때, 소독용 에탄올을 가제 수건에 묻혀 안쪽을 닦아주거나, 구두 안에 베이비 파우더를 뿌리고 타월로 닦아내면 냄새가 제거된다. 말린 원두커피 찌꺼기를 가제 수건에 싸서 전날 밤 구두 속에 넣어 두어도 효과적이다.

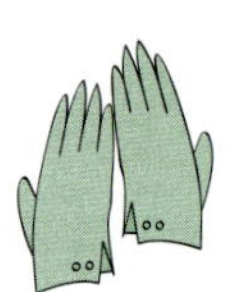 가죽 장갑 손질법

보통의 때라면 가죽용 클렌저로 닦으면 되지만, 그렇지 않고 찌든 때라면 중성세제 액으로 솔질해서 두 번 이상 닦아낸다. 그런 다음 타월로 물기를 완전히 닦아내고 그늘에 말린다. 물기 있는 것을 그대로 말릴 경우 얼룩이 지기 때문이다.

만일 가죽 장갑에 곰팡이가 슬었다면, 물과 트로유(약국에서 구입)의 비율을 3 대 1로 한 용액에 헝겊을 적셔 깨끗이 닦아낸다. 딱딱해진 것은 부드러워질 때까지 여러 번 반복하여 손으로 비벼 준다. 그리고 나서 어느 정도 말린 다음, 다시 손으로 비벼서 부드럽게 만들고, 손에 끼워서 모양을 바로잡는다.

가죽 소파 손질법

가죽 소파는 날마다 닦아주어야 오래 사용할 수 있다. 보통 때는 부드러운 천이나 융을 물에 적셔서 꼭 짠 다음 가볍게 닦아준다. 그리고 한 달에 한 번 정도는 주기적으로 생우유와 물을 1 대 1의 비율로 섞어 부드러운 천에 묻혀 닦아 주어야 한다. 이렇게 세척하면 때도 벗겨지고 수명도 길어진다.

또 기름이나 버터 등으로 인해 얼룩이 생기면, 먼저 부드러운 천으로 얼룩진 부위를 닦아낸 다음, 샤프 등을 사용해서 다시 한 번 닦아낸다.

맥주나 소다, 커피 등으로 얼룩이 생기면, 부드러운 천을 따뜻한 물에 적셔 깨끗이 닦아낸 후, 약간의 가루비누를 물에 타서 닦는다.

껌이 붙었을 때는 그 자리에 얼음을 댄 후 껌이 딱딱하게 굳으면 떼어내고 융으로 닦아낸다.

머리카락이나 기름때, 손때 등으로 인한 얼룩은 온수에 약산성 가루비누를 타서 닦아낸 후, 부드러운 지우개로 가볍게 지우면 제거된다. 그리고 심한 오염은 가죽 전용 클렌저로 닦고 보호제를 발라 주어야 한다.

장시간의 직사광선과 난로 등의 열은 탈색이나 변색, 제품 변형의 원인이 되므로 피하도록 하고, 강한 알코올과 뜨거운 물건을 소파 위에 올려놓아서는 안 된다.

가죽 의류 보관법

가죽 의류를 보관할 때에는 먼저 위와 같은 방법으로 손질을 한 다음, 그늘에서 3~4시간 정도 통풍시키고 나서 보관하여야 한다. 옷걸이에 걸어 둘 때는 옷걸이에 타월을 감고 통풍이 잘되는 헝겊 커버를 이용한다. 이때 방습·방충제를 넣어 두는 것은 필수.

깜짝 주(住)생활 아이디어

주부가 알아두면 반짝반짝 집 안이 달라진다.
구석구석 집 안 청소하기,
반짝반짝 가구 손질법,
가전제품의 올바른 사용법과 관리·보관법,
주방과 욕실 생활 아이디어에 이르기까지,
알아두면 정말 유익하고 편리한
주생활 아이디어 총집합!

주생활 아이디어를 알면
집 안 일이 몇 배로 쉬워진다!

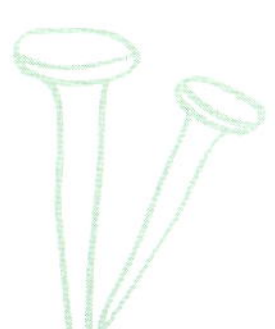

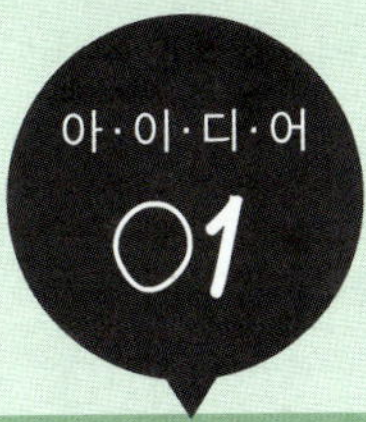

아·이·디·어
01

집 안 손질

🔅 벽에 잔금이 생기면

블록 벽에 잔금이 생기면 미관상 좋지 않을 뿐만 아니라 습기가 스며들게 되어 건물의 수명이 단축될 수도 있으므로 가능한 한 빨리 조치하여야 한다. 이런 때는 방수용 페인트로 잔금을 메워 주면 된다. 그리고 금이 좀 굵게 나 있으면 금간 부분을 약간 깎아내고 몰타르를 듬뿍 발라 준 뒤에 페인트를 칠해 주면 된다.

🔅 벽에 난 작은 구멍을 메꾸려면

못 자국 등과 같은 작은 구멍이 벽의 여기저기에 나 있으면 보기에 좋지 않다. 이런 때는 종이 점토를 만들어 메꾸면 구멍을 감쪽같이 없앨 수 있다.

종이 점토를 만들 때는 우선 휴지나 신문지 등과 같은 종이를 필요한 만큼 그릇에 담고 물을 가득 부어 하루쯤 불렸다가 윗물은 버리고 밑바닥에 깔린 흐물흐물 풀린 종이를 잘 반죽하면 된다.

이렇게 만든 종이 점토를 못 구멍에 송곳을 이용하여 밖으로 약간 튀어나올 때까지 잘 밀어넣고 말린 다음, 입자가 가는 샌드페이퍼로 그 부분을 문질러 주면 된다. 못 구멍보다 크게 난 구멍도 이런 방법으로 메꾸면 된다.

 쥐구멍 막기

벽에 난 쥐구멍을 주방용 알루미늄 호일로 막으면 급한 대로 응급조치가 가능하다. 알루미늄 호일을 쥐구멍보다 크게 서너 겹 겹쳐서 구멍에 대고 포장용 테이프로 사방을 붙여 두면 쥐가 이를 뜯고 들어오지 못한다.

벽의 얼룩 제거하기

벽지에 가벼운 때가 묻었을 때는 고무 지우개나 식빵 조각으로 닦아내면 간단히 해결되지만, 기름 등이 묻었을 때는 잘 지워지지 않는다. 이럴 때는 그 즉시 분첩에다 땀띠 분을 발라 그곳에 대고 두들긴 다음 문지른다. 그런 다음, 깨끗한 헝겊에 땀띠약을 발라 닦아내면 얼룩이 없어진다. 분말이나 연고제 형태의 땀띠약은 약국에서 쉽게 구입할 수 있다.

장마철의 축대 사고를 방지하려면

여름 장마철만 되면 축대가 무너지는 사고가 전국 곳곳에서 많이 발생한다. 이처럼 장마철에 축대 사고가 빈번한 것은, 비가 계속해서 많이 오면 땅 속에 많은 빗물이 스며들게 되어 흙의 마찰력이 없어지는 대다 축대에 갇힌 빗물의 엄청난 압력을 이겨내지 못하기 때문이다. 따라서 장마철이 되면 축대의 배수구를 막대기 등으로 쑤셔 주어 배수가 잘되도록 해야 한다.

 방 안에 습기가 찰 때

방 안의 습도가 높아지면 벽에 이슬이 맺히고 곰팡이가 발생하게 된다. 이런 현상을 방지하기 위해서는 물과 알코올을 4 대 1의 비율로 섞어 눅눅해진 벽에 물뿌리개로 뿌려 주면 좋다.

마루에 습기가 차면

장마철만 되면 마루에 습기가 차는 집이 있다. 이는 마루 밑에서 올라오는 습기 때문인 경우가 대부분인데, 이런 때는 비닐을 사다가 임시로 마루 밑바닥에 깔아 주었다가 장마가 그치면 시멘트 몰타르로 방수 처리하도록 한다.

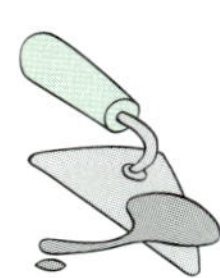 장마로 침수되었던 마루 손질하기

장마철에 침수되었던 마루는 우선 물로 깨끗이 씻어낸 다음, 물에 크레졸이나 차아염소산 소다, 또는 암모니아수를 풀어 닦아내면 된다.

하수구에서 올라오는 냄새를 없애려면

특히 여름 장마철에 하수구를 통해 올라오는 악취는 그 고통을 당해 본 사람만이 알 수 있다. 이런 때 간단히 해결할 수 있는 비법을 소개한다.

1) 우선 하수구의 오물받이의 하단에 끼울 만한 크기의 얇은 원통형 비닐(비닐은 얇을수록 좋다. 주방에서 쓰는 랩으로 원통형을 만들면 적격이다)을 구해서 40㎝ 정도의 길이로 자른다.

2) 이렇게 자른 비닐 호수의 한쪽 끝을 오물받이의 하단에 끼우고 고무줄로 단단히 묶은 다음, 하수구에 그 비닐 호수를 내려뜨려 다시 꽂는다.

3) 물 한 바가지를 부어 비닐이 서로 달라붙게 한다.

이렇게 하면, 물은 내려가고 비닐은 서로 달라붙게 되어 하수구에서 올라오는 냄새가 완전 차단된다.

또 한 가지 방법은, 비닐봉지에 물을 담아서 하수구 위에 올려놓아도 하수구가 완전히 차단되어 냄새가 올라오지 못한다. 그러나 이 방법은 물을 버릴 때마다 치워야 하는 번거로움이 있다.

◐ 헌 스타킹으로 배수관의 막힘을 방지한다

배수관 입구에 오물받이가 있어도 오물 부스러기 등이 들어가게 되면 배수관이 막히게 된다. 이것을 방지하려면, 헌 스타킹 조각을 오물받이 밑에 바쳐 두었다가 가끔씩 갈아주면 된다. 특히 배수관이 좁은 아파트 등은 이런 방법을 사용하면 오물로 인해 배수관이 막히는 것을 막을 수 있다.

◐ 수도꼭지에서 물이 새면

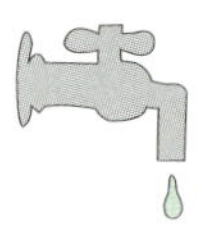

수도꼭지에서 물이 샌다는 것은 내부에 있는 코마 패킹이 닳았기 때문이므로 이것을 새것으로 바꾸어 주면 된다. 우선 수도의 본선 꼭지를 잠근 다음, 상단 부분을 스패너로 떼

어내고 코마 패킹을 바꿔 끼워 주면 된다.

배수관이 막혔을 때

배수관이 막혔을 때에는 소다 한 컵 정도를 배수구에 집어넣은 다음 그곳에 식초 한 컵을 흘려넣어 준다. 그러면 그곳에 거품이 많이 생기는데, 이때 더운물을 부어 주면 웬만한 것은 거의 뚫린다. 하수구가 막혀 수리공을 부르기 전에 한 번쯤 시도해 볼 일이다. 평소에도 이와 같은 방법을 열흘에 한 번 정도 되풀이해 주면 좀처럼 배수구가 막히는 일이 없다.

나무 창틀에 빗물이 스며드는 것을 방지하려면

특히 나무로 된 창틀의 경우, 비가 몰아치면 빗물이 곧잘 스며들어 나무 창틀을 상하게 한다. 따라서 창틀에 미리 양초를 칠해 두면 빗물이 창틀에 스며드는 것을 막을 수 있다. 또, 이렇게 하면 먼지가 쌓여도 달라붙지 않아서 청소하기도 쉽다.

미닫이 문틀의 검은 때를 제거하려면

미닫이문이 뻑뻑하여 잘 여닫히지 않을 때는 보통 양초나 기름칠을 하곤 하는데, 그렇게 되면 문틀에 검은 때가 찌들게 되어 물걸레로는 좀처럼 닦이지 않는다. 이럴 때는 달걀 껍질을 망치로 잘게 부수고 거기에 물을 뿌린 다음, 가제로 된 주머니에 넣고 닦으면 잘 닦인다.

문 닫히는 소리를 줄이려면

문 닫히는 소리가 '꽝' 하고 크게 나면 여간 신경이 쓰이지 않는다. 이런 때는 문짝 위아래에 조그마한 스펀지를 접착제로 붙여 쿠션을 만들어 주면 간단히 해결된다.

미닫이문이 지나치게 잘 여닫힐 때

특히 출입문의 경우, 미닫이문이 잘 여닫히지 않아도 신경질 나지만, 지나치게 잘 여닫혀도 여닫힐 때마다 문틀에 '쾅쾅' 부딪혀 신경을 쓰이게 한다. 이런 때는 문의 바퀴와 레일에 베이비 파우더를 뿌려 주면 가루가 습기를 빨아들여 마찰이 생기게 되므로 구르는 것을 적당히 조절해 준다.

문에 달린 경첩이 녹슬어 소리가 날 때

경첩이 오래 되면 녹이 슬어서 문을 여닫을 때마다 삐그덕 소리를 내면서 신경을 쓰이게 한다. 이때 경첩 이음 부분에 미싱 기름 한 방울만 떨어뜨리면 부드러워져서 소리가 나지 않는다. 미싱 기름 대신 식용유를 사용해도 좋다.

작은 못을 박을 때

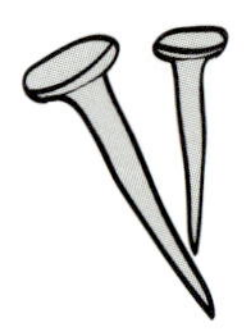

벽 등에 작은 못을 박으려면 못이 손에 잡히지 않아 애를 먹게 된다. 이런 때는 못쓰는 노트 표지 등을 알맞게 오려 그곳에 못을 끼운 다음 박으면 편리하다.

나무에 못을 박을 때

집수리 같은 큰일이 아니더라도 가정에서 못을 박을 일은 얼마든지 있다. 판자에다 못을 박다 보면 결에 따라 나무가 갈라져 버리는 경우가 있는데, 이런 때 못에다 기름을 칠해서 박아 보자. 못이 미끄러워지기 때문에 판자가 좀처럼 갈라지지 않고 잘 들어간다. 비누에 못을 쓱쓱 문질러서 박아도 잘 들어간다. 나사못도 이렇게 하면 훨씬 잘 돌아간다.

톱이 나무에 끼여 뻑뻑할 때

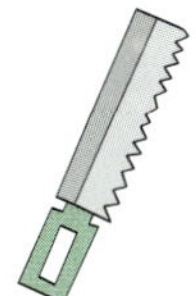

톱질을 하다가 톱이 나무에 끼여서 뻑뻑할 때가 있는데, 이런 때는 톱의 양면에 비누질을 해 보자. 신기할 정도로 톱날이 잘 미끄러져 나간다.

벽에 시멘트 못을 박을 때

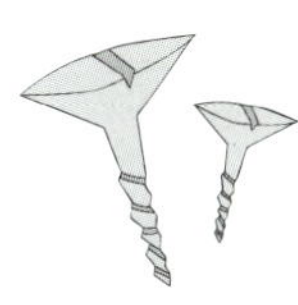

단단한 시멘트벽에 못을 박다 보면 못이 자꾸 옆으로 튀어나가 위험하기 이를 데 없다. 이런 때는 시멘트 못을 미리 나무판자에 박은 다음 그것을 벽에 대고 박으면 튀어나가지 않고 잘 박힌다. 못을 펜치로 잡고 박는 것보다 안전하게 박을 수 있다.

녹슨 나사못을 빼려면

나사못을 빼려고 하는데 녹이 슬어서 잘 안 돌아갈 때가 있다. 이런 때는 나사못에 재봉틀 기름 몇 방울을 떨어뜨린 다음, 다리미나 전기인두의 끝을 나사못에 대

고 2~3분 정도 뜨겁게 가열한 뒤에 돌려 보자. 그러면 그 열로 인해 나사못과 구멍 사이에 틈이 생기고, 그곳으로 기름이 스며들게 되어 잘 돌아간다.

나사가 헐거워 겉돌 때

특히 나무나 플라스틱 등에 나사를 여러 번 풀었다 조였다 하다 보면 구멍이 커져서 나사가 겉돌아 갈 때가 있다. 이럴 때는 나사 구멍 속에 접착제를 짜 넣고 약간 굳은 다음에 나사를 조여 두면 나중에 단단하게 굳는다.

녹슨 못을 쉽게 빼려면

녹이 슨 못을 뺄 때는 우선 못대가리를 몇 번 망치로 두들긴 다음 기계 기름이나 재봉틀 기름 두서너 방울을 못에다 떨어뜨려 안으로 스며들게 한 다음에 빼면 간단히 뺄 수 있다.

비닐 장판 아래에는 쌀겨나 왕겨를 깐다

시멘트 바닥 위에 그대로 비닐 장판을 깔면 딱딱하여 불편할 뿐만 아니라 장마철엔 습기가 차서 끈적거리는 등 여러 모로 좋지 않다. 바닥에 쌀겨나 왕겨를 두툼하게 깔고 그 위에 신문지를 두어 겹 겹쳐 깔아 보자. 그렇게 하면 방바닥에 습기가 차지 않는 것은 물론 바닥이 폭신폭신해 감촉도 좋아진다.

장판 밑의 퀴퀴한 냄새

습기가 많은 집의 경우 장판 밑에 곰팡이가 피기 쉽다. 이런 경우엔 우선 장판을 걷어내고 걸레를 락스물에 담가 꼭 짠 뒤, 곰팡이가 핀 곳을 깨끗이 닦아내고 통풍을 시켜 물기를 말린다. 이때 드라이어를 이용하는 것도 좋은 방법. 그런 다음 신문지를 깔아 습기를 예방한다.

◑ 페인트칠의 요령

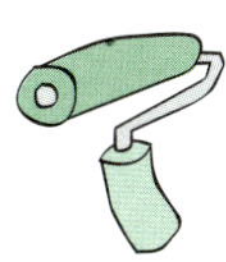 우선 페인트칠할 부분을 깨끗이 닦아낸 뒤에 칠을 해야 한다(문틀 등은 샌드페이퍼로 골고루 잘 문질러 준 다음에 칠을 하도록 한다). 비나 부식을 막기 위해 유성 페인트를 칠할 경우에는 잘 휘저어서 솔에 조금씩 묻혀 몇 번이고 거듭 바른다.

수성 페인트는 솔이 끈적거리지 않을 정도로 물을 타서 쓴다. 수성 페인트칠엔 롤러가 편리하다. 보통 두 번 이상 칠하는데, 처음에는 묽게, 나중에는 되게 칠하는 것이 좋다.

페인트칠을 하기 전에 손톱 끝을 비누에 대고 긁적긁적해 두면 일이 끝난 뒤 손을 씻을 때 좋다. 손톱 속에 페인트가 묻어 들어가지 않기 때문이다.

또 스위치 판, 문의 손잡이, 장판 가장자리 같은 곳에는 미리 축축한 비누를 발라 둔 뒤에 작업을 한다. 그러면 작업이 끝난 뒤에 페인트 자국을 쉽게 닦아낼 수 있다. 페인트가 묻기 쉬운 곳에는 신문지 같은 것을 테이프로 붙여 두는 것이 좋다.

◑ 창틀에 페인트칠을 할 때

창틀에 페인트칠을 하고 나면 유리의 곳곳에 페인트가 묻어서 나중에 벗겨내려면 여간 힘들지가 않다. 그러므로 페인트칠을 하기 전에 유리에 신문지 등을 붙여 놓을 필요가 있는데, 이런 때는 우선 신문지를 물에 담갔다가 창문 유리에 붙이고 페인트칠을 해 보자. 그러면 페인트칠이 끝날 때까지 떨어지지 않기 때문에 유리에 페인트가 묻을 염려가 없다.

또, 비누를 물에 적셔서 유리창 곳곳을 문지른 다음에 종이를 붙여 보자. 풀로 바른 것 못지않게 잘 붙는다. 그렇게 하면 나중에 떼어내기도 쉽고 자국도 잘 지워진다.

그리고 또 한 가지, 칠하기 전에 물기를 머금은 비누로 먼저 유리에 칠해 두면 페인트가 유리로 번져도 마른 다음에 물걸레로 닦아 지울 수 있다.

철대문의 녹 없애기

철대문 등 철제로 된 부분은 샌드페이퍼(녹이 많이 슬거나 칠한 지 오래된 부분이라면 쇠솔로 닦아낸다)로 깨끗이 문지른 다음, 녹을 방지하는 페인트로 밑칠을 한다. 그리고 나서 마르면 3~4회 거듭 칠한다.

스펀지로 페인트칠을 하면 솔보다 4배나 빨라

페인트칠할 곳이 있어서 페인트를 조금 사 오긴 했으나 칠할 솔이 마땅치 않다. 이럴 때는 구태여 솔을 살 것 없이 나일론 스펀지를 대신 사용하면 좋다. 고무장갑을 끼고 나일론 스펀지에 페인트를 듬뿍 묻혀 바르면 솔을 사용하는 것보다 작업이 약 4배나 빠르다.

층계에 페인트칠을 할 때

오르내리는 층계에 페인트칠을 해 놓으면 다 마를 때까지 층계를 사용할 수 없게 되어 여간 불편하지가 않다. 이러한 불편을 막기 위해서는 페인트칠을 두 번에 나누어 하면 된다. 즉, 하루는 오른쪽을, 2, 3일

후엔 나머지 왼쪽을 칠하면 된다. 그리고 층계가 얕다면 처음엔 한 계단씩 걸러서 칠했다가 이것이 다 마르고 나면 다시 나머지 계단을 칠하면 된다.

페인트 냄새

집 안에 페인트칠을 하게 되면 페인트 냄새로 인해 한동안 골치가 아프다. 이럴 때는 양파를 몇 개 잘라서 구석에 놓아두어 보자. 두 가지 냄새가 서로 중화되어 신기할 만큼 페인트 냄새도 양파 냄새도 나지 않는다.

물받이 홈통 수리

추녀 끝 물받이 홈통은 흙먼지 등으로 인해 막히는 수가 있는데, 이것을 그냥 두면 장마철에 처마 밑으로 빗물이 스며들어 벽까지 버리게 된다. 이럴 때는 사다리를 놓고 올라가 막힌 구멍을 터 주어야만 나중에 일어날 큰 손실을 방지할 수 있다.

물받이 홈통은 함석으로 된 것과 플라스틱으로 된 것이 있는데, 틈튼하게 똑바로 붙어 있고 틈새가 없어야 한다. 함석의 틈새는 납땜을 하여 때우고, 플라스틱 계통의 것은 공작용 시멘트로 붙인다.

수도관이 얼어 터졌을 때의 응급 조치

겨울철에 땅 위로 돌출되어 있는 수도관이 얼어서 터졌을 때는 우선 미터기에 있는 수도꼭지를 잠그고 나서 터진 곳의 물기를 마른걸레로 잘 닦아준다. 그런 다음, 비닐 테이프를 터진 자리에서 15㎝ 가량 떨어진 곳부터 감아 들어간다. 그리고 터진 자리를 지나 15㎝ 가량 더 감은 다음, 그 위에 다시 한 번 더 감아 준다. 그리고 나서 터진 부분을 집중적으로 여러 번 친친 감아 둔다. 이렇게 하면 수리할 때까지 얼마 동안은 물의 낭비 없이 계속 사용할 수 있다.

벽지를 오래 사용하려면

벽지 도배는 적어도 1년에 한두 번씩은 다시 하게 된다. 벽지가 퇴색되거나 얼룩이 지기 때문이다. 벽지를 다시 하려면 경제적인 손실도 손실이려니와 가구를 들어내야 하는 등 여간 번거로운 일이 아니다. 이러한 경제적인 손실과 번거로움을 막으려면 우선 벽에 바른 벽지가 퇴색되거나 얼룩이 지는 것을 막아야 한다.

묽게 쑨 풀과 아교 끓인 것을 3 대 2의 비율로 섞어서 물뿌리개 등에 넣고 벽과 천정 등에 골고루 뿌려 주면 벽지에 풀과 아교가 스며들게 되어 쉽게 퇴색되지 않고 윤기가 날 뿐만 아니라 수명도 훨씬 길어진다. 적어도 2, 3년 동안은 다시 도배를 하지 않아도 깨끗한 환경 속에서 살아갈 수 있다.

🎨 도배 풀 쑤기

우선 도배할 풀은 눋거나 누룽지가 생기지 않아야 한다. 풀이 눌으면 바를 때 덩어리가 져서 어려움이 많기 때문이다.

풀을 눋지 않게 쑤려면 다음과 같이 한다.

1) 밀가루가 담긴 그릇에 물을 붓고 잘 풀어놓는다.

2) 냄비에 물을 적당히 붓고 불에 올려놓는다.

3) 냄비의 물이 끓으면 미리 풀어놓았던 밀가루를 냄비에 부으면서 잘 저어 끓인다.

이렇게 하면 눋거나 누룽지가 생기지 않아 도배하기에 좋은 풀이 된다.

🎨 도배한 벽지에 주름이 생기면

도배를 하고 나면 벽지가 제대로 붙지 않아 곳곳이 부풀어오르는 경우가 있는데, 이런 때 바늘을 이용해 보자. 부푼 부분을 바늘로 몇 군데 찔러 준 다음, 마른걸레로 한 번씩만 문질러 주면 공기가 빠져나가면서 깨끗이 해결된다.

🎨 다시 떼어낼 창호지에는 풀에 백반이나 붕산을

창호지를 새것으로 갈아붙일 때 낡은 창호지가 잘 떨어지지 않아 애를 먹을 때가 있다. 이것을 방지하려면, 창호지를 바르는 풀에 백반 가루나 붕산 한 줌을 넣어 주면 된다. 그러면 다음에 갈아붙일 때 깨끗이 잘 떨어진다. 창호지 문을 붙일 때도 이와 같이 하면 편리하다.

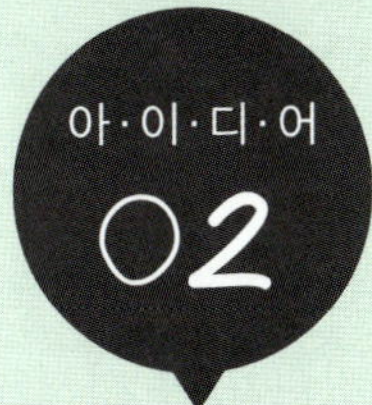

집 안 청소

힘든 집 안 청소는 나누어서

집 안의 구석구석을 쓸고 닦는 대청소. 일단 큰맘 먹고 시작했는데, 두세 시간 열심히 움직이고 나니 피로해지고 싫증이 난다.

청소란 다른 일과 달리 썩 내키는 일이 아니므로 그만큼 더 쉽게 피로해지게 마련이다. 그러므로 피로감도 덜고 보다 철저히 청소하기 위해서는 단시간 내에 모두 해치우려 하지 말고, 오늘은 이 방 안, 내일은 주방, 모레는 베란다, 이런 식으로 나누어서 하는 것이 보다 더 능률적이고 효과적이다.

다른 일도 마찬가지다. 일거리를 수북히 쌓아 놓고 한숨만 쉴 게 아니라, 어차피 하루에 못다할 일이라면 며칠 동안 조금씩 나누어 처리하는 것이 몸도 마음도 편하다.

마룻바닥을 윤나게 하려면

마룻바닥을 윤나게 하려면 니스나 왁스칠을 하면 되겠지만, 그런 것들을 사용하지 않고도 그와 비슷한 효과를 낼 수 있는 방법이 있다. 깨끗한 걸레를 쌀뜨물에 담갔다가 꼭 짜서 닦으면 횟수를 거듭할수록 번들번들 윤이 난다.

유리창에 묻은 페인트를 제거하려면

표면이 매끄러운 유리에 페인트가 묻었을 때는 쉽게 지울 수 있지만, 불투명하고 오돌토돌한 유리에 묻은 페인트는 잘 지워지지 않는다. 이럴 때는 손에 고무 장갑을 끼고 못 쓰는 칫솔이나 수세미 등에 신나를 묻혀 지워 본다. 그래도 지워지지 않으면 신나를 강용제 타입으로 바꾸어 사용하면 쉽게 지워진다.

타일 청소는 비눗물에 적신 걸레나 스펀지로 한다

타일에 맹물을 부어 억센 솔로 박박 문지르면 상하기가 쉽다. 따라서 타일을 청소할 때는 걸레나 스펀지에 비눗물을 적셔 가볍게 닦아내는 것이 좋다. 될 수 있는 대로 물기 없는 상태로 두어야 타일의 수명이 오래 간다.

유리 세척제 만들기

더운 물 1/2l에 백포도주와 식초를 60g 정도 섞어서 유리를 닦으면 깨끗하게 닦이면서 광택이 난다.

🌀 유리창은 신문지로 닦는다

유리창을 닦을 땐 바깥쪽의 더러운 곳을 먼저 닦아내야 안쪽의 얼룩이 잘 보여서 깨끗이 닦을 수 있다. 헝겊을 물에 적셔 더러운 부분을 닦아낸 다음, 신문지로 원을 그리듯이 유리창을 닦으면 반짝반짝하게 잘 닦인다.

🌀 유리창은 흐린 날 닦는다

유리창은 가급적 맑은 날 닦지 말고 흐린 날을 택해 닦는 것이 좋다. 맑은 날엔 유리창이 햇빛에 반사되어 흐린 부분이 잘 보이지 않기 때문이다.

🌀 담배 꽁초로 유리를 닦으면 깨끗이 닦인다

피우고 난 담배 ++꽁초를 모아 두었다가 거울이나 유리창을 닦으면 깨끗이 잘 닦인다. 니코틴은 거울이 흐려지는 것을 막는 효과가 있기 때문이다. 또 알코올이나 벤젠을 헝겊에 적셔 닦아도 거울이 반짝반짝하게 잘 닦인다.

또 거울을 오래 사용하여 보통 걸레로는 잘 지워지지 않을 때는 걸레에다 알코올이나 벤젠을 묻혀서 닦으면 아주 깨끗하게 닦인다.

겨울철에 김이 서릴 때는 수건이나 비누를 조금 칠해서 닦든가 아스트린젠트를 묻혀서 닦으면 한동안은 김이 서리지 않는다.

🌀 유리창에 성에가 끼지 않게 하려면

겨울에는 유리창에 성에가 잘 낀다. 이것을 무리하게 벗겨 내려고 하면 유리창이 깨질 수도 있다. 조그마한 소금 주머니를 만들어 그 안에 소금을 넣고 닦아 보자. 그러면 유리창이 좀처럼 얼어붙지 않는다. 그리고 유리창이나 거울에 김이 서리지 않게 하려면 담배꽁초로 유리 면을 닦아 두면 된다.

🌀 창문에 습기가 서리면

겨울철과 같이 방 안의 온도보다 밖의 온도가 낮으면 유리 창문에 습기가 서려 밖이 잘 안 보일 뿐만 아니라 물이 흘러내려 창틀이 상할 염려도 있다. 그렇다고 해서 수건으로 닦아 봐야 잠시 후엔 또다시 습기가 차 오른다. 이럴 때는 화장지로 유리창의 습기를 깨끗이 닦아낸 다음, 샴푸나 중성세제를 휴지에 몇 방울 떨어뜨려 다시 한 번 닦아주면 적어도 일주일 동안은 유리에 습기가 차지 않는다.

🌀 조명 기구의 갓에 낀 먼지를 제거하려면

조명 기구에 먼지가 끼면 뜨거운 열로 인해 먼지가 눌어붙게 되어 좀처럼 닦여지지 않는다. 이런 때는 갓 위에 휴지를 덮어 준 뒤, 그 위에 주거용 세제 액을 스프레이로 뿌려 주고 10~20분 정도 기다리면 먼지가 불어서 위로 떠오르게 된다. 이때 휴지를 떼어내고 헝겊에 물을 묻여 닦아내면 먼지가 잘 닦인다.

🌀 창문의 블라인드는 장갑 낀 손으로 닦는다

먼지로 엉겨붙은 더러운 블라인드를 걸레로 닦다 보면 걸레를 빨아대다가 볼일 다 보게 된다. 따라서 블라인드를 닦을 때는 우선 양손에 고무 장갑을 낀 다음 그 위에 목장갑을 낀다. 그리고 블라인드의 먼지를 털이개로 떨어낸 다음, 주거용 세제를 희석시킨 물에 장갑 낀 손을 담갔다 꺼내어 하나하나 닦아 나간다. 그러다가 장갑이 더러워지면, 손을 씻듯이 양손을 비벼대면 쉽게 빨 수 있다.

타일의 때를 제거할 때

타일의 때는 바로바로 제거하는 것이 좋으나 만일 오래 된 것이라면, 암모니아나 부엌용 표백제를 거칠거칠한 헝겊에 흠뻑 묻혀 빡빡 문지르고 나서 물을 뿌려 씻어내고, 타일이 이어진 틈새 역시 같은 세제를 사용하여 칫솔로 문지르면 된다.

타일 틈에 낀 때를 벗기려면

타이프 지우개로 타일 틈에 낀 때를 지우면 잘 지워진다. 그리고 반대쪽에 달린 솔은 타일 틈새를 쓸어내는 데 안성맞춤이다. 때를 제거한 뒤에는 반드시 더운물로 닦아주어야 한다.

현관 청소는 비 대신 스펀지로

흙먼지가 많은 현관을 비로 쓸게 되면 먼지가 날려 인상을 찌푸리게 된다. 이럴 때 스펀지를 이용해 보자. 바닥에다 물을 뿌리고 나서 스펀지로 쓸어내면 비로 쓰는 것보다 훨씬 더 깨끗이 쓸리고 먼지가 나지 않아서 좋다.

방 안 청소는 이렇게

보통 방 안을 청소할 때 보면, 먼저 방 안의 먼지를 털이개로 떨어낸 뒤에 바닥을 빗자루로 쓸어내고, 그런 다음에 걸레질을 하곤 하는데, 그렇게 하기보다는, 일단 털이개로 방 안 구석구석의 먼지를 떨어내었으면, 바닥에 내려앉은 그 먼지를 젖은 걸레로 훔쳐내고 나서 부스러기를 빗자루로 쓸어내고, 다시 한 번 더 걸레질을 하는 것이 효과적이다.

장판의 잉크 자국 없애기

장판에 잉크 얼룩이 지면 좀처럼 지워지지 않는다. 이럴 때, 얼룩진 곳에다 소금을 한 줌 놓고 젖은 걸레로 닦으면 깨끗이 지워진다.

문지방에 낀 먼지 제거하기

나무로 된 미닫이문의 경우, 여닫을 때마다 마찰로 인해 문지방에 나무가루가 쌓이게 되는데, 이를 방치해 두면 뻑뻑하여 문이 잘 여닫혀지지 않는다. 솔로 문질러 떨어낼 수도 있겠으나 그러면 사방에 먼지가 날려서 좋지 않다. 이런 때는 휴지에 물을 적셔서 닦아내면 먼지도 일지 않고 잘 닦인다.

변기 구석은 헌 스타킹으로 닦는다

손이 잘 닿지 않는 변기 구석은 나무 끝에 헌 스타킹을 감은 다음, 거기에 중성세제를 묻혀서 닦으면 잘 닦인다. 이런 식으로 한 달에 한 번씩만 닦아주면 항시 흰색을 유지할 수 있다.

화장실의 변기를 청소할 때 대개 염산을 사용하곤 하는데, 그것은 변기 고장의 원인이 되므로 가능한 한 피하는 것이 좋다.

🌓 구석진 곳을 청소할 땐 헌 스타킹으로

가구와 벽 사이의 구석진 공간을 청소하기란 그리 쉽지가 않다. 이럴 때 스타킹을 사용해 보자. 우선 막대기에 못 쓰는 스타킹을 친친 감아서 냉장고 밑이나 장롱 밑에 대고 이리저리 휘저으면 스타킹의 정전기가 먼지를 놓치지 않고 빨아들인다.

또 구석진 곳을 청소할 때 청소기의 노즐에 수도용 호스를 끼워 사용하면 좋다. 가늘고 부드러워 구석진 곳 여기저기를 자유 자재로 비집고 들어가 청소할 수 있다.

🌓 플라스틱의 정전기 방지는 양초로

플라스틱 쓰레받기에 정전기가 일어나게 되면, 머리카락 등과 같은 내용물이 잘 떨어지지 않아 불편하다. 이런 때 양초를 이용해 보자. 쓰레받기의 앞뒤를 양초로 몇 번씩 문질러 주면, 양초의 매끄러운 막이 정전기가 일어나는 것을 막아 주어 쓰레기가 달라붙지 않는다.

🔖 마루에 기름을 엎질렀을 때는 밀가루로 제거한다

마룻바닥 등에 기름이 엎어지면 미끌미끌하고 잘 닦이지 않는다. 이럴 때 가장 좋은 방법은 그곳에 밀가루를 뿌려 주는 것이다. 밀가루가 기름을 흡수하므로 완벽하게 기름기를 제거할 수 있다.

🔖 무늬목 마루는 왁스로 닦는다

무늬목은 베니어판을 접착제로 붙여서 만든 것이다. 따라서 무늬목으로 된 마루를 닦을 때는 물걸레질을 하지 말고 마른걸레에 왁스를 묻혀서 닦아야 한다. 그렇게 하면 마루도 잘 닦일뿐더러 수명도 오래 간다. 잘못하여 물을 엎질렀을 경우, 물이 바닥에 스며들기 전에 재빨리 마른걸레로 닦아내야 한다.

🔖 벽의 액자 자국 없애기

벽에 액자를 오랫동안 걸어 놓았다가 떼어내면 그곳에 액자 자국이 생겨 미관상 좋지 않다. 이런 땐 헝겊에 세제를 묻혀 자국 주변을 닦아 주면 자국이 거의 눈에 띄지 않는다. 만일 그래도 얼마간의 자국이 남아 있다면 입자가 고운 샌드페이퍼로 조심스럽게 다듬어 주면 된다.

🔖 벽에 그려진 크레용 낙서 제거

벽에 그어진 크레용 낙서는 좀처럼 지우기가 힘들다. 이런 때 휘발유를 이용하거나, 암모니아와 알코올을 반반씩 섞은 다음, 그것을 2배의 물에 타서 헝겊에 묻혀 문지르면 잘 닦

인다. 그래도 자국이 남으면, 입자가 고운 샌드페이퍼로 문질러 지운다.

유리에 붙은 껌을 제거하려면

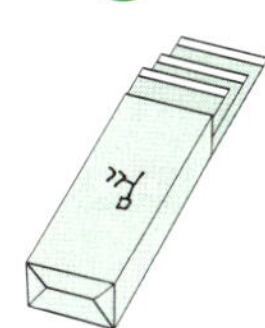

유리창에 붙은 껌이나 포장용 테이프 자국은 좀처럼 깨끗이 지워지지 않는다. 이런 때는 그곳에 아세톤을 바른 다음 마른헝겊으로 닦아내면 깨끗이 지워진다.

스티커 제거하기

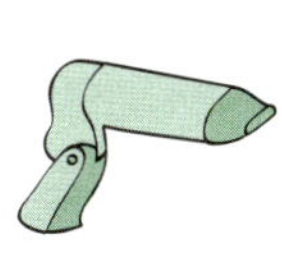

새로 산 컵이나 냄비 바닥에 붙어 있는 스티커는 물에 불려도 깨끗하게 떨어지지 않아서 애를 먹게 된다. 벽이나 창틀 여기저기에 붙여 놓은 스티커도 마찬가지이다.

이럴 경우엔 헤어드라이어로 스티커의 귀퉁이에 뜨거운 바람을 쐬어 주면서 천천히 손으로 잡아당기면 잘 떨어진다. 그리고 찌꺼기가 남아 있을 경우, 그 자리에 뜨거운 바람을 쐰 후 랩을 뭉쳐서 문지르면 흠도 생기지 않고 말끔히 잘 지워진다. 특히 벽이나 자동차 등에 광고용으로 부착된 스티커는 왁스를 몇 번 발라주면 거짓말처럼 쉽게 뗄 수 있다.

또 플라스틱 그릇의 경우, 초산에 담가 두었던 탈지면을 잠시 상표 위에 얹어 놓았다가 랩을 뭉쳐서 문지르면 잘 떨어진다.

그리고 유리나 도자기류는 따뜻한 물에 한동안 담가 두었다가 깔깔한 헝겊에 신나나 벤젠을 묻혀 문지르면 잘 떨어진다.

헝겊 소파를 청소하려면

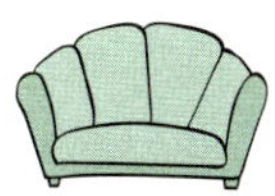

특히 헝겊으로 된 소파는 먼지가 잘 탄다. 떨이개로 떨어내면 다시 그곳에 먼지가 앉게 되므로, 떨이개로 떨지

말고 청소기로 먼지를 빨아들이는 게 좋다. 소파의 구석은 가는 노즐을 청소기에 연결하여 청소하면 된다.

그러나 먼지 차원을 넘어 소파가 전체적으로 더러워졌을 때는 세제를 묽게 희석시킨 물에 헝겊을 담갔다가 꼭 짜서 두드리듯이 닦아준다. 만일 소파에 곰팡이가 슬었다면, 그곳을 소독용 알코올로 닦아내고 곰팡이 방지용 스프레이를 뿜어 준다.

헝겊 소파는 벽에서 약간 떼어놓아야만 곰팡이가 스는 것을 방지할 수 있다. 아예 처음부터 소파에 방수 스프레이를 뿌려 놓으면 더러움을 방지할 수 있다.

카펫을 청소하려면

카펫을 청소하다 보면 온통 집 안에 먼지가 일어, 집 안의 이곳저곳을 또 떨이개로 떨어야 하는 이중고가 따른다. 이러한 이중고를 치르지 않으려면, 먼저 카펫에 소금을 뿌리고 나서 청소하면 된다. 이렇게 하면 소금에 카펫의 먼지 등이 묻게 되어 청소를 해도 먼지가 한결 덜 난다. 그리고 부주의로 인해 카펫에 담뱃재가 떨어졌을 때에도, 그곳에 소금을 뿌리고 나서 비로 쓸어내면 OK!

카펫의 가구 자국 없애기

가구를 옮기고 나면 카펫 위에 가구 자국이 남아 있게 된다. 카펫이 순모일 경우엔 스팀 다리미를 사용하여 일그러진 털을 일으켜 세우면 되지만, 순모가 아닌 혼방이나 합섬일 경우, 세탁을 마무리할 때 사용하는 유연제를 물에 엷게 풀어 적신 다음, 스팀 다리미의 김을 쐬어 주면서 빗질로 일으켜 세우면 본래 모양으로 돌아오게 된다. 스팀 다리미가 없을 경우, 눌린 자국 위에 젖은 타월을 올려놓고 다리미를 대어 수증기를 쐬어 준 뒤에 빗질하면 OK!

이렇게 해서 자국이 없어지면 잘 말린다.

🔰 카펫에 담뱃물 등의 자국이 생기면

카펫에 담뱃불 등으로 그을린 자국이 있으면 보기에 흉하다. 이런 때는 그을린 곳의 털을 조심스럽게 칼로 잘라내고, 그 자리에 본드 등의 접착제를 바른 다음, 눈에 잘 띄지 않는 곳의 털을 잘라다가 붙여 두면 된다.

🔰 카펫의 껌을 제거하려면

카펫에 껌이 엉겨 붙게 되면 골치 아픈 일이 아닐 수 없다. 껌을 손으로 잡아 떼어내자니 카펫이 망가지겠고, 그렇다고 해서 그냥 놔두자니 불결하고……

이럴 땐 그 위에 얼음주머니를 올려놓아 껌이 딱딱해지게 되면 세탁솔로 벗겨낸다. 신나를 사용하면 카펫이 변색되거나 손상될 우려가 있으므로 피하는 것이 좋다.

돗자리에 잉크가 엎질러졌을 때

돗자리에 잉크를 엎질렀을 때는 얼른 그 부분에 휴지나 헝겊 등을 대어 어느 정도 흡수시키고 나서 물걸레로 닦아준다. 그런 다음, 그 자리에 우유를 조금 붓고 마른 걸레로 닦아내면 깨끗해진다. 돗자리의 결을 따라 문질러 주어야 깨끗이 잘 닦인다.

탁자 위의 냄비 자국을 없애려면

니스칠을 한 탁자나 마루 위에 냄비 등과 같은 뜨거운 물건을 올려놓으면 하얀 자국이 생기게 되는데, 이런 때는 그곳에 마요네즈를 바르고 약 30분 정도 지난 다음에 걸레로 잘 문질러 주면 자국이 깨끗이 제거된다. 또, 천에다 알코올을 듬뿍 적셔서 가볍게 문질러 줘도 자국이 없어진다. 이는 알코올이 니스를 녹이는 성질이 있기 때문이다. 이때 신나가 있으면 더욱 깨끗이 지워진다.

샴푸로 유리창을 닦으면 잘 닦인다

유리창에 샴푸를 발라 헝겊으로 거품을 일으켜 문지른 다음 마른 신문지로 잘 닦아내면 마치 유리 닦는 약으로 닦은 것처럼 반짝반짝 윤이 난다.

작은 유리 파편을 깨끗이 쓸어모으려면

유리가 깨졌을 때 작은 파편은 아무리 빗자루로 쓸어도 깨끗이 쓸어지지 않는다. 이런 때는 포장용 테이프를 손에 한 바퀴 말아서 파편이 있는 곳을 두드려 주면 깨끗이 제거된다. 방바닥에 밥알을 뿌려 놓고 빗자루로 쓸어모아도 효과 만점!

⊘ 시멘트 바닥에 기름 얼룩이 지면

시멘트 바닥에 새까맣게 기름 얼룩이 졌을 때, 그 위에 중조(중탄산 소다)를 뿌리고 나서 한동안 놓아두었다가 비로 쓸어내면 자국이 깨끗이 없어진다. 또 그곳에 시멘트 가루를 뿌려 놓아도 효과가 있다.

⊘ 실내의 애완 동물 냄새를 없애려면

 실내에서 애완 동물을 기르는 가정이 많은데, 그렇게 되면 실내에서 퀴퀴한 동물 냄새가 나게 마련이다. 이럴 때, 한지에 소다를 싸서 애완 동물의 집 밑바닥에 넣어 두면 효과적이다.

실내에 오줌을 쌌을 때도 소다는 한몫을 톡톡히 해낸다. 우선 오줌을 휴지나 걸레로 닦아내고 그 위에 소다를 조금 뿌려 둔다. 그런 다음, 잠시 후에 청소기로 소다를 빨아들이면 오줌 냄새가 말끔히 사라진다.

카펫에 오줌을 쌌을 경우, 휴지나 걸레로 닦아내고 나서 그곳에 식초를 뿌려 주면 냄새가 나지 않는다. 그리고 뜨거운 물로 잘 닦은 다음에 말리면 카펫에 얼룩이 생기지 않는다.

⊘ 표백제 냄새를 제거하려면

세면장이나 주방 등을 표백제로 소독하고 나면 언제나 고약한 냄새가 뒤끝으로 남게 되는데, 이럴 때 그 자리에 식초 몇 방울만 뿌려 주면 곧 냄새가 사라진다.

그리고 그릇이나 옷 등에서 나는 냄새도 이와 같이 식초로 제거한다.

냄새나는 그릇이나 옷을 식초물에 담갔다가 꺼내면 냄새가 깨끗이 사라진다.

화장실 냄새를 없애려면

향이 너무 강해서 잘 사용하지 않는 남성용 스킨을 화장실의 타일 바닥에 뿌려 두면 그 향에 묻혀 화장실 냄새가 나지 않는다. 그리고 휴지심 쪽에 못 쓰는 향수를 뿌려 두면, 휴지를 사용할 때마다 향수 냄새가 솔솔 풍겨서 좋다.

집 안에 담배 연기가 자욱하거나 주방의 생선 냄새, 화장실의 냄새가 심할 때엔 촛불을 켜 놓으면 냄새가 어느 정도 줄어든다.

집 안의 담배 냄새를 없애려면

집 안에 담배 피우는 사람이 있으면 방 안에 온통 담배 냄새가 찌들어 코를 찌른다. 이를 방지하려면, 커피 찌꺼기를 잘 말려서 재떨이 안에 넣어 두고 여기에 담배를 비벼 끄면 커피 향에 묻혀 더 이상의 담배 냄새가 나지 않는다.

이미 밴 집 안의 담배를 없애려면, 청소하기 전에 커피 찌꺼기를 방 안의 여기저기에 뿌린 다음 조금 있다가 청소기로 빨아들여 보자. 은은한 커피 향이 방 안에 퍼지면서 담배 냄새가 사라지게 된다.

물걸레의 악취를 방지하려면

특히 여름 장마철 같은 때, 물걸레를 빨아서 바구니에 넣고 하루만 지나도 악취가 풍기곤 하는데, 이런 때 걸레걸이를 만들어 놓고 사용해 보자. 눈에 잘 띄지 않는 곳에 걸레걸이를 만들어 놓고 그곳에 걸레

를 빨아 걸어 두면 물기가 잘 빠져서 악취가 훨씬 덜 난다.

나일론제 걸레를 사용하면 물기가 잘 빠지고 건조도 잘 되므로 오래 사용해도 악취가 덜 난다.

🔖 가구 위의 먼지는 신문지로 제거한다

냉장고나 장롱 등의 윗부분이나 밑바닥에는 항시 먼지가 자옥이 쌓이곤 하는데, 이것을 청소하기란 그리 쉬운 일이 아니다.

이런 때 신문지를 이용해 보자. 우선 신문지를 기름한 막대기에 돌돌 말아 거기에 물을 촉촉이 적신 다음 장롱 위아래의 곳곳을 굴리듯이 문지르면 먼지가 젖은 신문지에 모조리 묻어 난다.

🔖 골치 아픈 쓰레기 처리 어떻게 할 것인가?

— 라면이나 과자류의 바삭바삭한 비닐 포장을 그대로 쓰레기 봉투에 담으면 부풀어올라서 자리를 많이 차지하게 되는데, 그것들을 딱지 모양으로 접어서 버리면 자리도 적게 차지해서 좋다.

— 음식 찌꺼기를 쓰레기통에 모아서 버리자니 주방의 악취가 걱정이

된다. 이런 때 식초나 원두커피 찌꺼기를 활용하면 효과를 볼 수 있다. 음식 쓰레기에 식초를 2~3방울 떨어뜨리면 악취가 훨씬 덜 난다. 쓰레기통 입구에 원두커피 찌꺼기를 뿌려 놓아도 효과적이다.

— 아이들이 다 쓰고 난 노트를 종이라고 생각하여 재활용품으로 분류했더니 쓰레기 처리하는 사람들이 가져가질 않는다. 왜 그럴까? 답은 노트에 붙어 있는 스프링 때문이다. 따라서 대학 노트 등을 내놓을 때는 노트에 붙어 있는 스프링을 제거하고 나서 내놓아야 한다. 또 지저분한 오물이 묻은 종이류는 재활용품이 될 수 없다는 것도 참고적으로 알아 둘 것.

— 이사나 집수리를 하고 보니 쓰레기가 한꺼번에 너무 많이 쏟아져 나와서 그걸 전부 규격 봉투에 담아 버릴 수가 없다. 이런 때는 읍·면·동사무소에 그 사실을 신고하면 담당 직원이 방문하여, 정해진 기준에 따라 수거료 고지서를 발급해 준다. 따라서 그 쓰레기들은 규격 봉투에 넣지 않고 쌀자루나 마대 등에 담거나 끈으로 묶어서 버려도 된다. 지역마다 약간의 차이는 있으나 별로 큰 차이는 없다.

— 대부분의 가정에서는 싱크대에 비닐봉지를 걸어 두고 음식물 쓰레기를 모아 두었다가 버리곤 하는데, 그렇게 하면 물기가 빠지지 않아서 냄새가 날 뿐만 아니라, 나중에 쓰레기를 처리할 때에도 불편하다. 비닐봉지 대신 양파망을 걸어 두고 여기에 음식물 쓰레기를 담으면 물기가 잘 빠져 주방의 냄새도 줄어들고, 나중에 쓰레기를 처리할 때도 편리하다.

가구 손질

칠을 한 가구 손질

　　가구의 칠은 표면에 피막을 만들어, 습기가 배는 것을 막아 줌으로써 가구가 오래 가도록 보호해 주는 역할을 한다. 따라서 이 피막이 오래 갈 수 있도록 잘 보호해 주어야 가구를 오래도록 아름답게 사용할 수 있다.

　먼저 왁스를 헝겊에 묻혀서 나뭇결에 따라 잘 문지른 다음 마른헝겊으로 닦아주면 칠이 오래 간다. 이와 같은 일을 한 달에 한두 번 하고 보통 때는 마른수건으로 자주 닦아준다.

　만일 왁스가 없으면, 갈색이나 흑색 계통과 같은 어두운 색깔의 가구일 경우, 갈색 구두약을 천에 묻혀서 닦고 마른걸레로 닦아줘도 효과가 있다.

　또, 자단·흑단·화류장과 같은 것은 빨간 구두약을 바른 다음 마른헝겊으로 문질러 주면 된다. 젖은 걸레질은 피하도록 한다.

가구 광택제 만들기

1) 식초와 올리브유를 1 대 3으로 섞어 사용한다.

2) 헝겊에 찬 홍차를 적셔 사용한다.

3) 좀더 가구를 광택 나게 하고 싶으면, 올리브유와 브랜디 물을 각
각 1스푼씩 한 개 분의 레몬즙에 섞어 닦으면 된다.

누렇게 변한 흰색 가구, 어떻게 닦아야 하나?

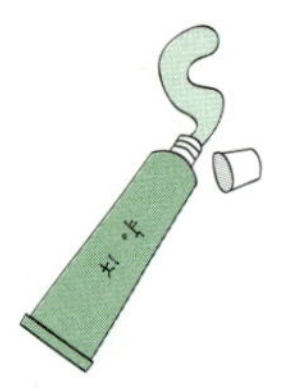

흰색 가구가 누렇게 변하면 추해 보인다. 그런데 이러한
가구를 일반 세제로 잘못 닦으면 색이 더욱 변할 수 있다.
이런 때는 부드러운 헝겊에 치약을 묻혀 페인트칠이 벗겨
지지 않도록 조심스럽게 문질러 닦으면 흰색이 되살아난다.

칠하지 않은 가구의 손질

나무로 된 가구는 대개가 칠을 한 것인데, 그 중에는
우아한 자연의 멋을 풍기게 하기 위해 칠을 하지 않은 경
우가 있다. 이런 경우엔 절대로 물걸레질을 해서는 안 된
다. 물걸레질을 하면 때가 깊숙이 스며들어 더욱 더러워
지게 되므로 반드시 마른걸레질을 하도록 한다.

가구의 크레용 낙서는 치약으로 지운다

집 안에 아이들이 있으면 가구 곳곳에 크레용 낙서가 있
게 마련이다. 이 가구의 낙서를 지우려면 부드러운 천에 치
약을 묻혀서 닦으면 깨끗하게 지워진다. 피아노 건반, 욕실
의 세면대, 욕조의 더러운 부분을 제거하는 데도 이 방법이 효과적이다.

가구에 흠이 생기면

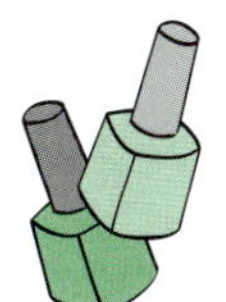

새로 산 가구에 흠집이 생겨서 속이 허옇게 드러나게 되면 여간 속상한 일이 아니다. 이런 때는 흠이 난 자리에 같은 색깔의 크레용이나 색연필 등을 사용하여 표시 나지 않게 잘 칠한 다음, 그 위에 매니큐어를 발라 두면 감쪽같다. 또 이렇게 해 두면 더 이상 흠집이 커지지도 않는다.

만일 자개장이나 검은색 가구에 흠집이 생겼다면, 커피에 물 한두 방울을 떨어뜨려 반죽한 다음 잘 이겨 붙여 말린다. 그리고 그곳을 물수건으로 다듬어 고르게 한 다음에 왁스칠을 하면 보기 싫은 흠이 말끔히 없어진다.

가구에 좀 구멍이 나면

가구 여기저기에 좀 구멍이 나는 경우가 있는데, 이는 좀벌레가 구멍을 파고 들어가기 때문이다. 이런 때는 주사기에 살충제를 넣어 그곳에 주입시킨다. 이렇게 좀벌레를 죽이고 나서 양초를 녹여 부어 그 구멍을 막은 다음 가구용 왁스를 칠해 두면 자국이 남지 않는다.

라커 칠한 가구에 흉터가 생기면 담뱃재로

라커 칠을 한 테이블에 뜨거운 그릇을 올려놓으면 그 자리에 흉터가 생기게 된다. 이런 때는 물걸레에 담뱃재를 묻혀서 닦은 다음, 마른행주로 닦으면 거의 흉터가 없어진다.

옷장 서랍이 잘 안 열릴 때

옷장 서랍이 뻑뻑하여 잘 안 열릴 때는 서랍을 빼내어 서랍 밑바닥이나 옆부분에 고체 비누 또는 양초를 바르면 잘 미끄러진다. 가구 기름이나 왁스를 발라도 좋다. 또 어느 한 곳이 걸려서 잘 여닫히지 않을 때는 그곳을 사포로 문지른 다음 왁스를 칠해 주면 된다.

포마이카제 가구를 상하지 않게 닦으려면

특히 포마이카제 가구는 다른 가구와 달라서 아무 약품으로나 닦게 되면 포마이카가 상하기 쉽다. 따라서 포마이카제 가구를 닦을 때는 아래와 같은 순으로 하면 좋다.

1) 어린이용 비누를 물에 풀어 충분히 거품을 낸다.

2) 부드러운 천에 거품을 적셔 가구를 조심스럽게 닦는다.

3) 물 한 양동이에 식초 반 컵을 탄 식초물에 걸레를 담갔다가 짜서 가구의 거품을 닦아낸다.

이렇게 하면 포마이카제 가구를 상하지 않게 닦을 수 있다.

귤껍질로 가구의 광택을

귤껍질을 끓인 물로 가구와 마루를 닦으면 광택이 나며 향기도 좋다. 또, 귤껍질의 즙으로 돗자리를 닦아주면 돗자리가 매우 산뜻해지면서 누렇게 변색되는 것을 막을 수 있다.

콜드크림 닦아낸 화장지로 가구를 닦으면 좋다

화장할 때 콜드크림 닦아낸 화장지를 버리지 않고 차곡차곡 모아 두었다가 장롱이나 테이블 등의 자욱한 먼지를 닦아낼 때 사용하면 좋다.

이것으로 닦으면 먼지가 잘 흡수되어 닦을 때 먼지도 나지 않고 윤기가 나서 좋다.

🔷 상한 우유를 왁스 대용으로 사용하면 좋다

상한 우유는 왁스 대용으로 사용할 수 있다. 우유는 신선한 동안에는 산성과 알칼리성의 두 가지 성질을 가지고 있지만, 오래 되어 상한 것은 암모니아 등이 발생하여 알칼리성만이 남게 된다. 세제는 약알칼리성 또는 중성이다. 상한 우유에 함유된 이 알칼리성과 암모니아의 휘발성이 합쳐져서 더러운 때를 깨끗이 없애 주는 것이다. 게다가 지방분까지 포함되어 있어서 부드러운 천에 묻혀 마루나 가구를 닦으면 반짝반짝 윤기가 난다.

주방·욕실 생활

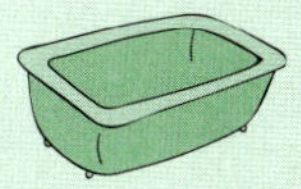

꿀병이나 설탕병에 개미가 낄 때

꿀병이나 설탕병에는 개미가 유난히 잘 낀다. 이런 때 병의 중간쯤에 고무줄을 몇 겹 감아 놓아 보자. 개미는 본래 고무 냄새를 싫어하기 때문에 얼씬도 하지 않는다. 개미가 설탕병 속에 들어가 있으면 그 설탕병을 불 옆에다 놓고 따뜻하게 데워 보자. 열을 견디지 못하고 개미가 밖으로 기어 나온다.

포개어진 그릇이 잘 안 빠질 때

유리컵이나 밥그릇 등이 포개어져 잘 빠지지 않을 때가 있다. 이런 때는 위의 그릇에 찬물을 붓고 아래쪽을 더운 물에 담가 놓으면 컵이 쉽게 빠진다. 또, 포개어진 채 냉장고에 넣어 두었다가 빼도 쉽게 빠진다.

◐ 수도꼭지에 끼울 고무 호스는 비스듬히 잘라야

고무 호스를 정상적으로 잘라서 수도꼭지에 끼우려면 좀처럼 끼워지지 않고, 끼웠다 하더라도 수압이 세어지게 되면 곧잘 빠지곤 한다. 고무 호스를 비스듬히 잘라서 끼워 보자. 이렇게 하면 그냥 끼울 때보다 잘 끼워지고 좀처럼 빠지지도 않는다.

◐ 좋은 싱크대 고르기

싱크대를 구입할 때는 용접 상태가 매끄럽고 합판이 좋은 것을 골라야 한다. 그리고 무엇보다도 중요한 것이 싱크대의 스테인리스 부분이다. 그곳에 철분이 많이 섞이게 되면 얼마 쓰지 못하고 뻘겋게 녹이 슬게 된다. 따라서 싱크대를 구입하려 갈 때 조그마한 자석 하나를 준비해 가면 좋다. 스테인리스에 자석을 대 보아서 붙으면 철분이 많이 석인 것이므로 피해야 한다.

🌀 싱크대에 곰팡이가 슬었을 때

장마철이 되어 습기가 차게 되면 특히 부엌에 둔 세간과 찬장, 싱크대 등의 내부에 곰팡이가 피기 쉽다.

그런데 곰팡이는 물이나 비누로 닦아도 쉽게 없어지지 않는다. 이럴 때는 마른행주에 식초를 찍어서 닦아내면 곰팡이는 산에 약하기 때문에 깨끗이 없어진다.

또, 부드러운 칫솔이나 스펀지에 치약이나 세제를 묻혀 문질러 주어도 곰팡이가 없어지지만, 심하게 피었을 때에는 60~70℃ 정도의 따뜻한 물에 환원형 표백제를 풀어 싱크대에 바르고 30분 정도 지난 뒤에 닦아내면 잘 닦인다.

🌀 싱크대의 물때는 감자 껍질로 제거한다

물청소를 게을리하게 되면 싱크대의 스테인리스 부분에 물때가 끼게 된다. 이것을 닦기 위해 수세미로 박박 문지르면 흠집이 생기게 되므로, 우선 주방용 세제로 부드럽게 닦고 나서 감자 껍질이나 파, 마늘 등을 잘라 그 단면으로 닦으면 깨끗이 잘 닦인다.

🌀 싱크대 배수구에서 악취가 심하게 올라올 때

싱크대 배수관은 하수구로부터 올라오는 냄새를 막기 위해 아랫부분이 구부러져 있는데, 그곳에 물이 고여 냄새가 차단되는 것이다. 그런데 그곳에 구멍이 나는 등의 이유로 물이 고여 있지 않으면 악취가 올라오는 것이다. 따라서 그곳에 구멍이 나 있을 때는 새것으로 교체하든지, 수리하여야 한다. 그런 다음에 물 한 바가지를 부어 주면 된다.

또, 주방 청소를 청결히 했는데도 계속 냄새가 난다면 배수관이 막혀 있을 수 있다. 배수구 입구에는 본래 오물을 걸러 주는 거름망이 있어서 웬만한 찌꺼기는 여기에 모두 걸러들게 되지만, 무심코 버린 기름 등으로 인해 배수관이 끈적끈적해지고 여기에 이물질이 엉겨붙는 수가 많다. 이것이 오랫동안 붙어 있게 되면 심한 악취가 나는 것이다. 이럴 때는 주방용 세제를 이용하여 칫솔에 막대기를 이어 배수관 속을 깨끗이 닦아낸 뒤, 여기에 식초와 물을 희석하여 부어 주면 악취가 사라진다.

기름기가 묻어 있는 그릇을 설거지하고 나면 반드시 배수구에 뜨거운 물을 부어 그때그때 기름기를 녹여 주는 습관을 들이도록 한다.

◐ 배수구의 오물 거름통을 청결하게 하려면

배수구의 오물 거름통을 꺼내 보면 항시 음식 쓰레기들이 엉겨 붙은 채 부패되어 있어 불결하기 이를 데 없다. 이것을 간단히 방지할 수 있는 방법이 있다. 못 쓰는 스타킹에 10원짜리 동전 4~5개를 넣어 거름통 안에 매달아 두면 음식 찌꺼기가 부패되지 않는다. 10원짜리 동전에는 박테리아를 분해하는 성분이 들어 있기 때문이다. 동전이 검어질 때마다 새것으로 갈아주면 되는데, 대체로 1~2개월에 한 번쯤이면 된다.

배수구의 냄새를 제거하려면

배수구에는 각종 음식물들의 찌꺼기로 인해 항상 악취가 날 뿐만 아니라 건강에 해로운 잡균들이 득실거린다. 따라서 저녁 설거지 후에는 배수구에 뜨거운 물을 부어 주는 것이 좋다. 뜨거운 물을 부으면 살균은 물론 악취까지도 제거할 수 있다.

부엌 조리대 청소는 무를 이용

조리대가 더러워지면 무에 세제를 묻혀서 닦아 보자. 흠집도 나지 않고 놀랄 정도로 잘 닦인다. 쉽게 더러워지는 배수구도 이런 식으로 닦으면 잘 닦인다.

손에 음식 냄새가 밸 때

생선이나 파, 마늘 등과 같이 비리거나 향이 강한 음식을 요리하고 나면 손에 냄새가 배게 되는데, 이 냄새는 좀처럼 없어지지 않는다. 이때, 그릇에 식초와 물을 넣고 양손을 담가 씻으면 냄새가 간단하게 제거된다. 마찬가지로, 도마에 밴 냄새도 식초물로 닦아내면 없앨 수 있다.

또 우엉뿌리를 요리하고 나면 손에 검은 물이 들어서 잘 지워지지 않는데, 이럴 때도 식초로 닦아내고 다시 물로 씻으면 깨끗이 잘 닦인다.

마늘과 양파 냄새는 파슬리로 없앤다

마늘이나 양파를 먹고 나면 고약한 냄새로 인해 주위가 신경 쓰인다. 이런 때 파슬리 잎사귀를 먹으면 냄새가 씻은 듯이 없어진다.

손의 기름때는 설탕으로 없앤다

손에 묻은 기름때는 비누로 씻어도 좀처럼 닦이지 않는다. 이런 때 설탕을 손바닥에 조금 쏟아서 양손으로 비비면 신기할 정도로 잘 닦인다. 그리고 기름 냄새는 귤껍질의 안쪽에 대고 손을 문지르면 잘 빠진다.

새로 사 온 냄비에서 냄새가 날 때

새로 사 온 냄비나 솥 등에서는 특유의 냄새가 나는데, 이는 아무리 물로 씻어도 없어지지 않는다. 이런 때는, 냄비를 불에 올려놓고 안팎이 벌겋게 달아오를 때까지 가열한다. 그리고 나서 그 속에 뜨거운 물과 야채 부스러기를 넣고 끓이면 신기할 정도로 냄새가 완전히 제거된다.

유리잔에 뜨거운 물을 부을 때

내열성이 강한 것은 상관없지만 그렇지 않은 유리잔일 경우, 차가울 때 갑자기 뜨거운 물을 부으면 금이 가서 못 쓰게 된다. 이것을 막으려면, 유리잔 속에 수저를 넣고 그 위에다가 뜨거운 물을 따른다. 그러면 뜨거운 물의 열이 일단 수저에 전해졌다가 나머지가 유리잔에 전해지므로 안전하다.

굳은 빵은 냉장고의 탈취제로 사용한다

먹다 남은 빵을 비닐에 담아 냉장고에 넣어 두게 되면 빵이 딱딱하게 굳어 맛이 없어지게 된다. 이런 때, 그것을 버리지 말고 비닐에서 꺼내어 냉장고에 넣어 두면 훌륭한 냉장고 탈취제가 된다. 냉장고의 음식 냄새가 신기할 정도로 깨끗이 제거된다.

가스 기구 점검법

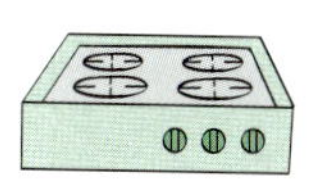

가정에서 쓰는 가스는 잘만 쓰면 이처럼 편리한 것도 없지만, 반면에 조금만 방심해도 생명과 재산을 빼앗아 갈 수 있는 위험한 존재이기도 하다. 이러한 불행을 막으려면 수시로 가스 기구를 점검하고 사용할 때 주의를 기울이는 것이 최선이다.

가스 기구를 점검할 때는 '가스관이 연결된 곳'을 집중적으로 점검해야 한다. 우선 붓이나 스펀지 등에 진한 비눗물을 묻혀 봄베의 출구에서부터 파이프 끝까지 연결 부분마다 차례로 칠해 가면서 자세히 살펴야 한다. 만일 비눗물을 칠한 곳에서 거품이 일면 가스가 새고 있다는 증거! 따라서 곧바로 집 밖에 설치된 본선의 가스 밸브를 잠그고 신고 조치토록 한다.

스토브 반사경 닦기

석유 스토브나 가스 스토브의 반사판이 더러워졌거나 녹슬게 되면 열효율이 떨어진다. 보통 더러운 얼룩 정도라면 비눗물로 간단히 제거되지만, 오랫동안 닦지 않아서 녹슨 정도라면 비누로는 깨끗이 닦아낼 수가 없다. 이럴 때에는 재봉틀 기름을 목면 헝겊에다 묻혀 닦아내면 잘 닦인다. 재봉틀 기름 대신 석유를 써도 좋지만, 닦은 다음에는 마른 수건으로 한 번 더 닦아내야 한다.

프라이팬을 닦을 때

프라이팬에 생선 등과 같은 음식물이 눌어붙었을 경우엔 우선 프라이팬을 불에 달구고 거기에 소금을 약간 뿌린 다음 신문지로 닦아 보자. 냄새도 없어지고 아주 깨끗이 잘 닦인다.

또, 냄비나 프라이팬에 기름때가 찌들어서 잘 안 닦일 때는 하루 정도 직사광선을 쪼여 준 뒤에 닦아 보자. 기름때가 저절로 벗겨지면서 쉽게 닦인다.

또, 소주를 이용하는 방법도 있다. 요리를 하고 나서 열기가 식기 전에 프라이팬에 소주를 부은 다음, 휴지로 문지르듯이 닦으면 기름때가 깨끗이 제거된다.

유리 그릇은 식초로 닦는다

물에 두세 방울의 초산을 타서 유리 그릇을 닦으면 반짝반짝 윤이 난다. 또 헝겊에 소금과 식초를 묻혀 사기그릇을 닦으면 평소에 잘 지지 않던 때도 잘 닦인다.

사기나 유리로 된 그릇을 오래 사용하려면

자칫 깨지기 쉬운 사기나 유리그릇을 좀더 견고하게 할 수 있는 방법이 있다. 쌀뜨물에 소금이나 식초를 조금 넣고 그곳에 그릇을 담아 팔팔 끓인다. 그러고 나서 물이 차게 식을 때까지 그대로 두었다가 사용하면 그릇 안의 조직이 자리를 잡아 상당히 견고한 그릇이 된다.

폭이 좁아서 닦기 힘든 유리잔을 닦으려면

폭이 좁아서 속까지 깨끗이 닦아내기 힘든 유리잔은 감자 껍질을 이용하여 닦는다. 우선 감자 껍질을 잘게 썰어 유리잔 안에 넣고 물을 부은 다음, 손으로 입구를 막고 아래위로 여러 번 흔들어 주면 반짝반짝하게 윤이 난다. 얼룩이 심해 잘 안 닦일 때는 그대로 며칠 놓아두면 깨끗해진다.

먹다 남은 맥주나 청주로 설거지를

먹다 남은 술은 버리지 말고 그릇이나 유리를 닦을 때 사용하면 깨끗하게 잘 닦인다. 알코올 성분이 지방을 분해시키는 작용을 하기 때문. 맥주나 청주처럼 당분이 없는 술을 이용한다.

알루미늄 제품의 변색을 막으려면

알루미늄 제품으로 된 그릇에 물을 끓이거나 달걀을 삶으면 갑자기 검게 변색되는 경우가 있는데, 이런 때는 사과 껍질이나 레몬 껍질을 얇게 썰어서 물과 함께 10분 정도 삶으면 원래의 색깔을 되찾을 수 있다. 알루미늄 제품은 식초나 염분에 약하므로, 요리한 음식을 그대로 냄비에 보존하는 것을 피하도록 한다.

그리고 알루미늄 제품은 더러워지기 전에 미리 쌀뜨물을 넣고 끓여 주는 것이 좋다. 이렇게 하면 알루미늄이 산화되어 표면이 허옇게 되는 것을 막을 수 있다.

생선 접시는 찬물로 닦는다

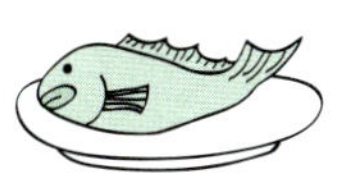

설거지는 따뜻한 물로 해야만 냄새나 오염을 깨끗이 제거할 수 있어 좋지만, 생선 접시의 경우는 예외이다. 생선 접시를 더운물로 닦으면 주방에 생선 비린내가 풍기게 되므로 찬물을 사용하여 씻도록 한다.

◑ 기름을 다른 병에 옮길 때

기름을 다른 병에 옮길 때 깔때기를 사용하면 나중에 그것을 닦기가 힘들게 된다. 이때는 달걀 껍데기를 반으로 쪼개어 깨끗이 씻은 다음, 한쪽에 작은 구멍을 내고 그곳을 병에 대어 깔때기 대신 사용하면 좋다.

◑ 스푼류는 소다수에 담가 둔다

스푼·젓가락·포크·나이프 등을 소다수(뜨거운 물 1ℓ에 소다 3큰술을 넣는다)에 하룻밤 정도 담가 두면 세세한 곳까지 일일이 닦지 않아도 항상 반짝반짝 윤이 난다.

만일 그래도 지워지지 않는 때가 있다면, 부드러운 천에다 치약을 묻혀서 닦아 보자. 아주 깨끗하게 잘 닦인다.

◑ 구리 제품의 푸른 녹을 제거하려면

구리나 놋 제품은 조금만 소홀히 방치해도 곧잘 푸른 녹이 슬곤 하는데, 이 푸른 녹은 헝겊에 초산을 먹여 닦으면 깨끗이 닦인다.

◑ 변형된 플라스틱 용기는 뜨거운 물에

플라스틱 용기가 변형되어 뚜껑이 잘 여닫히지 않을 때가 있다. 이런 때는 40~50℃ 정도의 더운물에 용기와 뚜껑을 함께 넣는다. 그리고 그 용기가 부드러워졌을 때 모양을 바로잡아 뚜껑을 닫고 한동안 더 물에 담가 둔다. 그러면 변형된 용기가 바로잡혀 다시 사용할 수 있다.

소금·소다·식초 사용으로 환경 오염을 줄인다

생활 폐수로 인한 환경 오염은 날로 심각해지고 있다. 따라서 환경 오염의 주범인 주방 세제를 대체할 그 무엇이 절실히 요구되는 때다. 완전히 대체할 수 있는 것은 아니지만, 소금을 사용하면 어느 정도 세제를 대신할 수 있다. 커피나 찻잔 등에 묻은 얼룩 정도는 소금으로 해결된다. 행주에 소금을 묻혀 얼룩진 부분을 문지르면 깨끗하게 제거된다. 그리고 유리잔이나 물병 등에 낀 물때와 얼룩은 행주에 소다를 묻혀 닦으면 깨끗해지며, 세면대에 낀 물때는 식초와 소금을 뿌려 놓았다가 닦으면 깨끗이 닦인다.

쌀뜨물 이용하기

쌀뜨물로 시래기국을 끓이면 그 맛이 일품이고, 또 감자를 삶으면 감자에서 나는 특이한 아린 맛이 사라진다.

이렇듯 쌀뜨물은 여러 가지로 유용하게 쓰이는데, 이는 설거지할 때에도 큰 위력을 발휘한다. 기름기가 많이 묻은 그릇이나 생선을 담아 비린내가 나는 그릇을 설거지할 때 이 쌀뜨물을 이용하면 잘 씻어질 뿐만 아니라, 그릇에서 나는 냄새나 손에 밴 냄새까지도 말끔히 사라지게 된다.

이 밖에도 쌀뜨물은 여러 곳에 활용할 수 있는데, 그 몇 가지를 여기에 소개한다.

1) 쌀뜨물에는 비타민 B_1, B_2, 지질, 전분질이 흘러나와 있기 때문에 된장국이나 찌개를 끓이는 데 사용하면 좋다.

2) 우엉이나 죽순, 무 등을 삶을 때 사용하면 쌀뜨물 속에 있는 전분 입자가 표면을 감싸줘 산화를 방지하므로 하얗게 삶을 수 있고

떫은맛도 많이 제거된다.

3) 화분에 부어 주어 영양을 보충해 주면 좋다.

4) 더러워진 유리창에 전날 밤 뿌려 두었다가 이튿날 아침에 닦으면 유리가 반짝반짝 빛난다.

5) 냄새가 나거나 기름기가 묻어서 물만으론 깨끗이 씻어지지 않는 그릇을 닦으면 좋다. 그리고 나서 맑은 물로 헹궈 주면 그릇도 깨끗해지지만 냄새도 나지 않아 좋다.

딱딱하게 굳은 치즈를 부드럽게 하려면

뻣뻣하게 말라 굳어 버린 치즈는 우유에 잠시 담가 두면 훨씬 더 부드럽고 맛도 좋아진다. 또 우유에 넣어 끓여도 효과적이다.

우유의 신선도를 알아보려면

우유를 사다가 냉장고에 넣어 두었는데 어쩌다 보니 보관 날짜가 하루쯤 지났다. 이럴 때는 우유가 상했는지 어떤지를 알아볼 필요가 있다. 물론, 맛을 보면 금방 알 수가 있겠지만, 이는 건강상 바람직한 방법이 아니므로 권할 것이 못된다.

이럴 때 간단한 실험으로 우유의 신선도를 측정할 수 있다. 우유를 냉수에 몇 방울 떨어뜨려 보아 우유가 물에 확 퍼지면서 흐려지면 아직 상하지 않은 것이므로 안심하고 먹어도 좋지만, 퍼지지 않고 그대로 가라앉으면 상한 것이다.

◉ 변질된 설탕을 알아보려면

설탕도 습한 곳에 두거나 구입한 지가 너무 오래 되게 되면 변질된다. 이것을 그대로 먹을 경우 탈이 나고 심하면 식중독까지 걸릴 수 있다. 설탕이 변질되었는지 어떤지를 알아보려면, 우선 컵에 따뜻한 물을 떠 놓고 그 속에 설탕을 찻스푼으로 2~3개 가량 넣어서 잘 녹지 않고 덩어리가 되거나 물에 기름이 뜨면 변질된 것이다.

◉ 두부의 물빼기

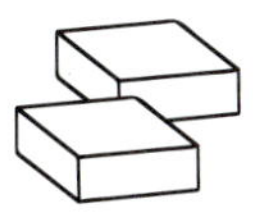 두부 스테이크나 튀김두부를 만들려면 두부에 밴 물기를 빼어야 하는데, 그 두 가지 방법을 소개한다.

1) 내열성이 강한 소쿠리에 두부를 얹어 놓고 아래에 받침접시를 놓은 다음 전자레인지에 약 1분 정도 가열하면 물기가 알맞게 제거된다. 완벽하게 물기를 빼고 싶을 때는 좀더 가열한다. 볶음두부나 깨무침 등으로 하고 싶을 때는 으깨어 접시 위에 펼쳐 놓고 가열한다. 쓰다 남은 두부는 물을 채운 용기에 넣고 랩을 씌워 두부가 흔들릴 때까지 가열한 뒤 찬물에 식혀서 냉장고에 보관한다.

2) 물기 없는 깨끗한 행주나 가제로 두부를 완전히 말아 싼 다음, 그 위에 무게가 나가는 물건을 약 2시간 정도 올려놓으면 물기가 제거된다. 두부의 두께가 반으로 줄어들었다면 물빼기가 확실히 이루어진 상태이다.

그러나 두부 햄버거나 만두 속에 들어갈 두부라면 깨끗한 행주나 가제에 싸서 손으로 지그시 눌러 짜는 정도가 무난하다. 이때 사용할 두부에는 약간의 수분이 남아 있어야 부드러워 제 맛이 나기 때문이다.

냉동 식품을 요리할 때

 냉동 식품을 요리할 때는 식품의 종류에 따라서 방법을 달리해야 한다. 즉, 육류는 냉장실에서 저절로 녹게 하는 것이 가장 좋고, 생선이나 조개류는 물에 담가 녹여야 하며, 야채류는 녹이지 않고 바로 끓는 물에 넣어 요리하는 것이 좋다.

접힌 비닐 펴기

식탁 등에 깔아 놓은 비닐에 접힌 자국이 있으면 보기에 흉하다. 이런 때는 비닐을 따뜻한 물에 잠시 담가 두었다가 꺼내 보자. 주름이 깨끗이 펴지고 비닐이 한결 부드러워진다.

물병 속을 깨끗이 씻으려면

물병 속을 자주 씻어 주지 않으면 물때가 찌들게 된다. 이런 때는 병에 물을 조금 넣고 달걀 껍질을 부숴 넣은 다음 잘 흔들어 주면 깨끗이 닦인다. 또 신문지를 찢어 넣거나 모래를 넣고 비눗물과 함께 흔들어도 잘 닦인다. 그리고 만일 기름기가 있을 경우엔 미지근한 물에 주방 세제를 진하게 타서 병 속에 넣고 약 30분 정도 두었다가 같은 방법으로 닦으면 된다.

물병에서 냄새가 나면

병을 오랫동안 사용하지 않고 방치해 두면 냄새가 나게 마련이다. 이럴 땐 뜨거운 물로 병 속을 깨끗이 씻은 다음 숯을 잘게 잘라 넣고 하루쯤 놔두면 냄새가 없어진다. 또 물병을 보관할 때 그 속에 미리 숯을 넣어 두면 냄새를 막을 수 있다.

🔰 마요네즈 그릇은 보통 온도의 물로 닦는다

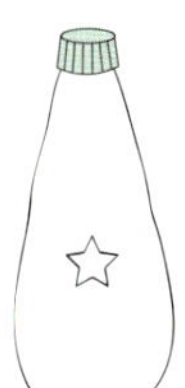

마요네즈에는 초산이 들어 있기 때문에 균이 잘 번식하지 못하지만, 오래 되었거나 보관을 잘못했을 때, 또 냉장고에서 너무 오래 차게 두었을 때에는 물과 기름기가 서로 분리되어 균이 번식하기가 쉽다. 따라서 냉장고 속에 넣어 두기만 하면 오래 두어도 좋다고 생각하는 것은 잘못이다.

마요네즈를 사용한 그릇은 반드시 찬물로 씻어야 한다. 그렇지 않고 더운물을 사용하게 되면 물과 기름이 분류되어 그릇이 온통 기름투성이가 된다. 마요네즈가 묻은 그릇은 물과 기름이 분리되지 않은 상태에서 간단히 씻어야 하므로 반드시 찬물로 씻도록 한다.

🔰 보온병은 물을 꽉 채워야 효과적

원래 보온병은 물을 꽉 채우지 않으면 보온의 효과가 떨어진다. 따라서 보온병에 물을 담을 때는 가능한 한 차고 넘칠 정도로 꽉 채우는 것이 좋다.

🔰 식기를 빨리 건조시키려면

설거지를 하고 나서 식기에 뜨거운 물을 한 번 부어 주면 건조 시간이 짧아진다. 그리고 유리 그릇의 경우에는 한층 더 윤기가 난다.

🔰 유리컵의 헌 무늬를 지우려면

형형색색의 무늬가 그려져 있는 유리컵을 오래 사용하다 보면 그 무늬가 반쯤 지워져 지저분해 보일 때가 있다. 이런 때는 젖은 헝겊에 소다를 묻혀 문질러 보자. 그

러면 무늬가 완전히 지워져 새로 산 것처럼 깨끗해진다.

뚝배기를 오래 사용하려면

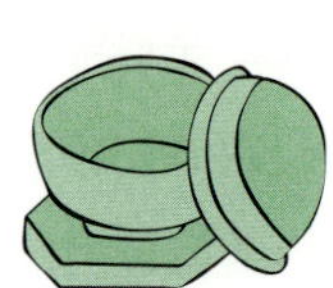

뚝배기만큼 잘 깨지는 그릇도 없다. 새로 사 온 뚝배기를 오래도록 사용하려면, 밑바닥에 식용유를 흠뻑 바르고 나서 기름이 거의 말랐다 싶었을 때 뚝배기에 물을 3/4쯤 붓고 약한 불로 5분 정도 끓이다가 불을 올려 팔팔 끓인다. 이렇게 하면 뚝배기가 불 위에서 깨질 염려가 없다.

도자기류를 오래 사용하려면

부엌에서 가장 잘 깨지는 물건이 도자기류다. 새로 산 도자기류를 오래 사용하려면, 냄비에 도자기류를 넣고 물을 부은 다음, 쌀을 한 줌 넣고 팔팔 끓인다. 그런 다음 약한 불로 약 15분 정도 더 끓인 후 불을 끄고 하룻밤 정도 그대로 담가 놓으면 잘 깨지지 않아 오래 사용할 수 있다.

접시의 작은 흠집을 없애려면

요즘엔 접시도 값비싼 것들이 많다. 이런 접시에 작은 흠집이라도 나게 되면 아까워서 어쩔 줄 몰라 하게 되는데, 조금만 신경 쓰면 작은 흠집 정도는 감쪽같이 없앨 수 있다. 입자가 고운 페이퍼로 정성스럽게 문질러 주면 흠집이 눈에 잘 띄지 않는다.

비누 찌꺼기 재활용

작은 비누 조각들을 모았다가 헌 스타킹 등에 넣고 써도 끝까지 모두 사용할 수 있지만, 이러한 것들을 빈 병 속에 넣고 물비누를 만들어 세면대나 변기통 등을 청소하는 데 사용하면 좋다.

비누곽엔 스펀지를

비누곽 바닥에 얇은 스펀지를 깔아 두면 스펀지가 비누에 묻어 있는 습기를 빨아들여 비누가 흐물흐물 녹지 않아 오래 사용할 수 있다. 또 물기가 묻어 있는 빗이나 면도기 등도 그 위에 올려놓으면 물기를 흡수하여 깨끗해진다.

캔 제품 개봉 후 보관법

과일이나 생선 통조림과 같이 캔으로 만들어진 제품은 개봉 후 잔여분을 보관할 때 반드시 유리나 사기그릇에 옮겨 담아야 한다. 캔 제품들은 거의가 주석으로 도금된 강철판을 사용한다. 그런데 이러한 캔을 개봉하게 되면 공기 중의 산소와 과일 또는 생선 속의 산이 작용해 시간이 지날수록 주석의 용출량이 급속히 증가하게 된다. 소비자보호원의 조사에 의하면, 국내 10개 과일 통조림에 대해 안전성 실태를 조사한 결과 통조림 캔을 개봉한 직후 내용물의 주석 함유량은 평균 58.8ppm이었으나 뚜껑을 딴 하루 뒤에는 105%가 증가한 평균 123ppm이었다고 한다. 또 이틀 뒤에는 206%, 사흘 뒤에는 290%, 5일 뒤에는 무려 44%가 증가했다고 한다.

이 주석을 대량 섭취할 경우, 구토·마비 증세·중추신경계 장애 및 칼슘 대사 이상 등을 일으키게 된다. 때문에 주석은 세계적으로 그 허용 기준치를 설정해 규제되고 있다. 국내에서는 식품위생법상 허용 기준이 200ppm으로 규정되어 있다.

따라서 캔 제품은 개봉 후 1일 이내에 모두 섭취하거나 유리나 사기 그릇에 옮겨 보관해야만 몸에 해로운 중금속으로 인한 피해를 예방할 수 있다.

신선한 통조림 고르기

통조림은 깡통의 뚜껑을 살펴보아 위쪽과 아래쪽이 조금 들어간 것이 좋다. 깡통이 부푼 것은 공기가 들어가 상한 증거이다.

맛있는 통조림 고르기

통조림이라고 다 맛이 똑같은 것은 아니다. 통조림을 만들 때는 내용물과 조미료를 함께 넣고 밀폐한 뒤에 가열 살균한다. 그러니까 살균과 조리를 동시에 하는 것이다. 따라서 새 통조림의 경우, 재료와 조미료가 제대로 섞이지 않게 되어 맛이 덜하다. 맛이 골고루 배여서 먹기 좋게 되려면 약 6개월에서 1년이라는 기간이 필요하다. 특히 찐 생선이나 과일의 경우, 만든 지 얼마 안 되는 것은 피하는 편이 현명하다.

빈 캔 재활용

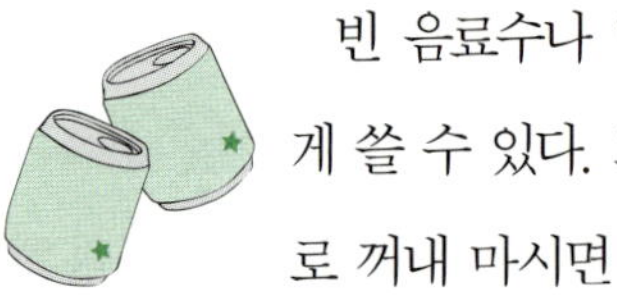

빈 음료수나 맥주 캔을 버리지 말고 모아 두면 유용하게 쓸 수 있다. 그곳에 물을 담아 냉장고에 두었다가 그대로 꺼내 마시면 별도로 물병을 꺼내 컵에 따라 마실 필요가 없어서 편리하다. 그리고 알루미늄캔은 껍질이 얇아서 쉽게 시원해지는 장점이 있으므로 급할 때 사용하면 좋다.

🔵 프라이팬 길들이기

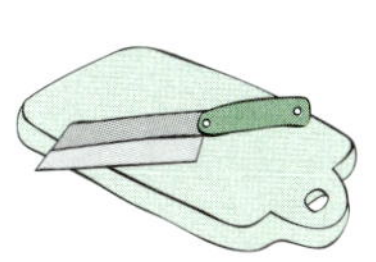

프라이팬은 새로 사면 길을 들여야 한다. 프라이팬에 식물성 기름을 5㎜ 정도 담고 연기가 날 때까지 끓인다. 이렇게 4~5회 반복하면 기름기가 프라이팬에 배어들어 부침 요리 같은 것도 잘된다. 그리고 음식이 눌어붙었다면 뜨거운 물을 부어 불려서 닦고 불에 쬐어 말린 후 식용유를 칠해 둔다.

🔵 여름철의 행주·칼·도마·식기류 소독 방법

행주는 주방에서 세균 번식이 가장 많이 되는 곳이다. 따라서 행주를 여러 장 준비하여 한 번씩만 사용하도록 한다. 한 번 사용한 행주는 삶아서 햇볕에 잘 말려 두었다가 한 장씩 꺼내어 쓴다.

칼은 손잡이 부분에 세균이 번식하기 쉽다. 고기나 생선을 만진 손으로 직접 쥐면 나무가 수분을 흡수해 세균이 번식하게 되므로, 음식물을 자르고 나면 언제나 끓는 물에 소독하는 습관을 들인다.

도마는 칼자국 속에 세균이 번식하기 쉽다. 따라서 끓는 물에 자주 소독한 후 햇볕에 말려 쓰도록 한다. 생선이나 고기를 썰고 나면 반드시 소독하도록 한다. 생선 비린내나 마늘 냄새 따위는 더운물로 씻으면 오히려 냄새가 배게 되므로, 소금으로 문지른 다음에 냉수로 씻어 낸다.

식기류를 행주로 닦아 놓았을 경우, 세균이 식기에 하나라도 붙어 있으면 5~6 시간 뒤엔 중독이 될 만큼 많이 번식하게 된다. 따라서 하루에 한 번쯤 뜨거운 물로 살균한 후에 깨끗한 마른행주로 닦아 둔다. 행주가 깨끗하지 못하다고 생각되면, 아예 행주를 사용하지 말고 물로만 깨끗이 씻어서 엎어놓는 것이 더 위생적이다. 헹굴 때 더운물을 사용하면 습기가 빨리 말라서 좋다.

행주는 삼베가 최고

행주는 삼베로 하는 것이 흡수성과 건조성이 좋은 데다 떨어져 나올 섬유질이 없어 좋다.

뜨거운 것을 들 때는 마른행주를

뜨거운 것을 들 때에는 젖은 물행주보다 마른행주를 써서 들어야 안전하다. 물은 공기보다도 열 전달 속도가 빠르기 때문에 물행주를 쓰면 금방 손이 뜨거워지기 때문이다.

알루미늄 호일로 칼과 석쇠를 윤낸다

부엌에서 쓰고 난 알루미늄 호일도 쓸모가 있다. 이 알루미늄 호일을 뭉쳐서 칼날을 닦아내면 얼룩도 없어지고 반짝반짝 윤이 나 칼이 새것처럼 된다.

같은 방법으로 석쇠의 더러움을 닦아내도 좋다.

또, 냄비 바닥에 눌어붙은 때를 닦을 때, 호일에 세제를 묻혀서 닦으면 잘 닦인다.

잘 들지 않는 식칼 갈기

우리는 흔히 식칼을 장독주둥이에다 가는 경우가 많지만, 이보다는 접시바닥에 대고 문질러 가는 것이 훨씬 효과적이다.

 달걀 껍질 이용법

집안에서 자주 사용하는 달걀의 껍질을 버리지 않고 모아 두면 여러 가지로 유용하게 쓸 수 있다.

1) 물병 등을 씻을 때 사용한다. 달걀 껍질을 부서뜨려 물병 속에 넣고 흔들면 깨끗이 씻어진다.

2) 흰 빨래를 삶을 때 가제에 싼 달걀 껍질을 아래에 넣고 삶으면 신기할 정도로 빨래가 희어진다.

3) 화분의 거름으로 사용할 수 있다. 달걀 껍질 몇 개를 화분 위에 올려놓으면 영양분이 화분의 흙으로 스며들어 질 좋은 거름이 된다.

4) 김치를 담글 때 달걀 껍질을 밑에 깔아 주면 김치가 더디게 시어져서 오래 먹을 수 있다.

접시용 스티로폴 재활용하기

접시형 스티로폴 용기는 슈퍼에서 야채나 고기류를 소량으로 포장해 줄 때 많이 쓰인다. 이 용기를 집 안 곳곳에서 재활용할 수 있다. 화분 받침대는 물론 비누곽 대신 활용하거나 흘러내리기 쉬운 간장, 식용유 같은 양념 그릇의 밑에 받쳐놓고 쓰면 좋다.

오른쪽 고무장갑이 없으면 왼쪽 것을 활용

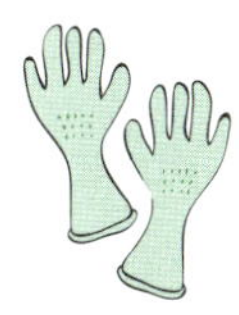 특히 겨울철이 되면 고무장갑을 많이 쓴다. 그런데 고무장갑을 쓰다 보면 왼쪽 것은 멀쩡한데 오른쪽 것이 먼저 구멍이 나 못쓰게 되는 경우가 많다. 때문에 버리기는 아깝지

만 어쩔 수 없이 새것으로 다시 사게 되는데, 여간 아깝지가 않다. 다음번에도 그렇고 또 그 다음번에도 마찬가지이다. 그래서 헌 장갑과 짝을 맞추려고 해도 모두 왼쪽 것밖에 없으니 그럴 수도 없다. 이런 때는 왼쪽 것을 뒤집어서 오른쪽에 끼우면 간단히 해결된다. 오른쪽 장갑이 구멍났을 때는 이처럼 버리지 말고 보관해 두었다가 뒤집어서 사용하면 경제적이다.

고무장갑의 폐품 활용

고무장갑이 아주 못쓰게 되었을 때는 장갑 목 부분을 가늘게 잘라서 고무 밴드를 여러 개 만들 수 있다. 이것은 탄력성이 강해서 간단히 물건을 포장할 때나 장독을 비닐 등으로 덮어씌울 때 등 여러 곳에 아주 요긴하게 쓰일 수 있다.

도마에 생선 냄새가 배면

생선 비린내 제거에는 레몬과 생강이 좋다. 도마를 비누로 닦으면 음식에 비누 냄새가 밸까 걱정되고, 중성세제로 닦으려면 번거롭고……. 이럴 때 레몬이나 생강을 이용해 보자. 요리하는 중에 생선을 만져 손이나 칼, 도마에서 냄새가 날 때 레몬이나 귤, 또는 생강즙으로 닦아주면 좋지 않은 냄새를 없앨 수 있다.

생선을 익힌 냄비에 밴 비린내는 차 찌꺼기와 물을 함께 넣어 약 10분간 끓이면 없어진다. 그리고 물에 약간의 술을 풀어 헹구어도 신기할 정도로 비린내가 사라진다.

또, 생선을 구운 그릴이나 구운 판은 열이 식을 때까지 그대로 방치하면 냄새가 남게 되므로, 아직 뜨거울 때 식초를 가해서 씻으면 비린내가 없어진다.

그리고 손에 밴 생선 냄새는 비누로 닦아도 좀처럼 없어지지 않는데, 이럴 땐 식초를 이용하여 닦아 보자. 생선 비린내가 금방 제거된다. 치약을 손에 바르고 문질러 주어도 쉽게 제거된다.

도마를 사용할 때는 물을 묻힌다

도마를 사용할 때는 우선 도마에 물을 묻힌 다음, 행주로 물기를 닦아내고 사용해야 도마에 냄새가 배지 않고, 사용 후 씻을 때에도 음식 재료 찌꺼기가 잘 떨어진다.

도마 위에는 종이를 깔고 작업한다

생선이나 고기를 자르고 나면 도마에 냄새가 배게 되는 등, 이를 닦아내려면 아무래도 번거로움이 뒤따른다. 따라서 도마를 사용할 때는 재료를 도마 위에 직접 올려놓지 말고, 도마 위에 광고 전단 등을 깔아 놓은 다음에 작업하면 편리하다. 사용 후에 재료 찌꺼기를 그대로 종이에 싸서 버리면 도마가 더러워지지도 않고 냄새가 배지도 않아서 좋다.

우유팩을 도마 대신 사용하면 좋다

나무 도마에 고기나 생선을 올려놓고 힘주어 칼질을 하게 되면 칼자국이 생겨 모습이 흉하게 됨은 물론, 그 속에 세균이 서식하게 되어 건강을 해칠 우려가 있다.

이런 때 우유팩을 펼친 다음 깨끗이 씻어서 도마 대신 사용해 보자. 우유팩은 단단해서 힘주어 칼질을 해도 좀처럼 베어지는 일이 없고,

뒤집어서 다시 사용해도 좋다.

주방의 생선 구운 냄새

생선을 굽고 나면 온통 주방에 생선 비린내가 진동하게 된다. 이런 때는 주방에 물수건을 걸어 두거나, 그 수건을 펴서 휘휘 돌려 주면 냄새가 물수건에 스며들어 훨씬 덜해진다.

당장 냄새를 지우고자 할 때는 강한 향을 피워 나쁜 냄새를 덮도록 한다. 또, 생선을 구웠던 석쇠나 숯불, 프라이팬 등에 간장을 떨어뜨려 주면 간장 타는 냄새가 주방 안에 퍼지면서 생선 냄새를 없애 준다. 그리고 행주에 생선 비린내가 배었다면, 물 5컵에 식초 5큰술을 넣은 물에 한동안 담가 두었다가 물로 헹궈내면 냄새가 싹 가신다.

생선찌개에서 비린내가 나지 않게 하려면

생선찌개에 된장을 넣어 주면 생선에서 나오는 비린내를 없앨 수 있다. 그러나 이때, 된장 풀어 넣는 시간을 잘못 맞추면 찌개의 맛이 떨어짐은 물론 된장의 구수한 맛도 사라지게 된다. 따라서 생선찌개의 경우, 생선이 다 익은 다음에 된장을 풀어 넣어야 제 맛이 난다.

🔘 불에 탄 냄비를 씻으려면

찌개를 끓이다가 깜박 잊고 불을 끄지 않아서 냄비 속에 있는 음식물이 새카맣게 눌어붙었을 경우, 철수세미나 수저 등으로 긁어내면 냄비가 상하게 된다. 이럴 때는 냄비를 찬물 위에 띄워 식힌 다음 안에 있는 음식물을 꺼내고 비눗물을 부어 팔팔 끓이면 눌어붙은 것이 깨끗이 떨어진다. 그래도 남아 있는 것이 있으면 다시 냄비를 불에 얹어 물기를 말린 다음, 기름을 붓고 꺼칠꺼칠한 헝겊으로 닦아내면 깨끗해진다.

🔘 법랑 냄비에 눌어붙은 때

법랑 냄비는 국물 등이 말라붙기 전에 바로 닦도록 한다. 만일 국물 등이 심하게 눌어붙었을 경우, 그대로 식힌 다음에 뜨거운 물과 세제를 냄비 바닥이 가리워질 정도로 넣고 불린다. 그리고 나서 불에 올려 끓인 후에 스펀지로 문질러 주면 잘 닦인다. 그렇지 않고, 수세미로 박박 문질러 닦게 되면 법랑이 벗겨져 속에 있는 철을 부식시키게 되므로 주의한다.

🔘 알루미늄 제품의 검은 때는 야채나 과일로 닦는다

알루미늄 제품은 가벼워서 사용하기는 좋으나 검은 때가 끼는 것이 흠이다. 알루미늄 제품에 검은 때가 끼였을 때, 씻고자 하는 알루미늄 제품에 토마토를 통째로 넣고 팔팔 끓인 다음 물로 씻어내면 새것처럼 반짝반짝 윤이 난다. 또 레몬을 얇게 썰어 같은 방법으로 끓여서 닦아내도 되고, 사과 껍질과 심을 넣고 흐물흐물할 때까지 끓여서 닦아내도 깨끗해진다.

🔘 주전자 안의 때는 식초로 제거한다

주전자 안쪽에 때가 끼게 되면 좀처럼 닦기가 힘들다. 이런 때는 주전자에 물을 한가득 넣고 식초 서너 방울을 떨어뜨려 보자. 그렇게 하룻밤쯤 두었다가 이튿날 아침에 헹궈내면 때가 깨끗이 제거된다.

주둥이 부분이나 손잡이 부분의 사이사이에 거무스름한 물때가 끼였을 때는 소금으로 닦아 보자. 스펀지에 소금을 묻혀 문지르면 거무스름한 물때가 깨끗이 벗겨지게 된다. 또 기름때를 제거하려면 중성세제를 사용하고, 닦아내기 힘든 구석진 곳은 식기용 표백제를 희석한 물에 하룻밤 정도 담가 두면 새 주전자처럼 반짝반짝 윤나게 된다.

🔘 기름기가 많이 묻은 그릇은 귤껍질로

그릇에 기름기가 많이 묻어 있을 경우, 이것을 물로 닦으면 쉽게 닦이지 않는다. 이런 때는 우선 귤껍질로 기름기를 한 번 닦아내 주면 효과적이다. 귤에 들어 있는 쿠엔산이 기름기를 분해시켜 주기 때문이다.

양파망 재활용하기

모기장으로 만든 양파망을 다음과 같이 재활용하면 좋다.

첫째, 시금치·우거지·고사리 등과 같은 나물류를 짤 때 사용하면 좋다. 이 나물들을 삶아 양파망에 넣고 물기를 꼭 짜면 된다.

둘째, 개수대 구멍에 이 양파망을 받쳐 놓고 음식 찌꺼기가 다 차면 망째로 들어내 햇볕에 말렸다가 화분 거름으로 사용하면 좋다. 물기 있는 쓰레기 문제로 골치 아플 필요가 없어서 좋고, 화분의 거름으로 써서 좋으니 일석이조이다.

셋째, 부스러기가 된 빨랫비누를 이곳에 넣고 사용하면, 손에 쥐어지지 않아서 버릴 수밖에 없는 비누를 끝까지 사용할 수 있다.

넷째, 흔히 알감자나 토란 등을 씻을 때 큰그릇에 담아 놓고 하나하나 일일이 수세미로 닦곤 하는데, 이렇게 하면 시간이 많이 걸릴 뿐만 아니라 여간 번거롭지가 않다. 이런 때 나일론으로 된 이 양파망을 활용해 보자. 양파망 안에 알감자나 토란 등을 넣고 망을 이용하여 문질러 주면 깨끗이 잘 닦인다.

마요네즈에서 악취가 날 때

마요네즈에서 악취가 날 때 간장 한 방울만 넣어 보자. 그러면 신기하게도 냄새가 사라진다. 마요네즈는 고온과 저온에 약하므로 여름철에만 냉장고 문 쪽에 만들어진 칸에 넣어 두고, 봄·가을·겨울에는 실온에 두는 것이 좋다.

수돗물의 소독약 냄새를 제거하려면

수돗물의 소독약은 주성분이 염소이므로 열에 약하다. 따라서 주전자 뚜껑을 열어 놓은 상태에서 끓여 주면 전혀 냄새가 나지 않는다. 냉장고에 얼음을 얼릴 때도 끓인 다음에 식혀서 사용하면 얼음에서 소독약 냄새가 나지 않는다.

🔘 플라스틱 그릇의 기름기를 없애려면

플라스틱 그릇에 묻은 기름기는 아무리 스펀지에 세제를 묻혀 닦아도 좀처럼 가시지 않는다. 이럴 때는 젖은 행주에 세제를 묻혀 닦아 보자. 그러면 놀랄 정도로 기름기가 깨끗이 닦이게 된다. 또 쌀뜨물에 30분 정도 담가 두었다가 닦아내도 효과적이다.

🔘 플라스틱 용기에 음식 냄새가 배었을 때

플라스틱으로 된 용기에 생선이나 김치를 담아 놓으면 음식 냄새가 그곳에 배게 된다. 이렇게 한번 밴 음식 냄새는 물로 아무리 씻어도 좀처럼 지워지지 않는데, 이런 때는 푸른잎 채소를 잘게 썰어 그릇에 넣은 다음 뚜껑을 덮고 하루쯤 둬 보자. 신기하게도 그릇 안의 모든 냄새가 말끔히 사라진다.

항아리 안에서 나는 악취

김치나 술을 담았던 항아리에 악취가 배어 있을 때는 이렇게 해 보자. 우선 냄새나는 김칫독이나 술독을 물로 깨끗이 씻어내고 물기를 닦아낸다. 그런 다음, 신문지를 돌돌 뭉쳐서 불을 놓고 그 위에 항아리를 엎어놓으면 신기하게도 악취가 말끔히 가신다.

주방 세제의 거품은 소금으로 없앤다

세탁할 때 세제를 너무 많이 풀 경우 거품이 쌓여 가시지 않곤 하는데, 이럴 때는 그곳에 소금을 뿌려 보자. 신기할 정도로 거품이 금방 사그라든다.

세탁조에 생긴 곰팡이는 식초로 해결

세탁기를 돌리고 나서 빨래를 꺼내 보면 가끔 검은 때가 묻어 나올 때가 있는데, 이는 세제의 남은 찌꺼기로 인해 곰팡이가 피었기 때문이다. 이런 때는 세탁기에 물을 넣고 식초 1컵을 섞어 돌려주고 나서 약 반나절 동안 그대로 놓아두었다가 버리면 말끔히 제거된다.

욕조의 흠엔 에나멜을 바른다

사기로 된 욕조의 흠을 방치해 주면 녹이 슬어서 불결해 보인다. 이런 때는 입자가 고운 페이퍼로 녹슨 부분을 조심스럽게 닦아낸 뒤 붓에 같은 색의 에나멜을 묻혀 칠해 주면 좋다.

욕조는 뜨거울 때 닦는다

욕조의 때는 사람의 몸때나 비누의 지방분과 물 속의 칼슘 등과 같은 금속 성분의 결합으로 생긴 것인데, 이것을 나중에 닦아내려면 잘 닦이지 않는다. 따라서 목욕 직후, 즉 아직 욕조가 뜨거울 때 닦아야만 때가 깨끗이 닦인다. 물때를 스펀지로 닦아낸 다음, 마지막으로 한 번 뜨거운 물로 씻어내리면 깨끗하게 된다.

또 목욕을 하고 남은 물에 적당한 양의 소다를 넣고 잠시 그대로 두면 더러운 때가 떨어지게 된다. 소다의 알칼리 성분이 물때 등의 더러움을 분해해 주기 때문이다. 세제와는 달리 몸에 달라붙어도 안전하므로 목욕하면서 청소할 수 있는 이점이 있다.

욕조의 찌든 때를 닦으려면

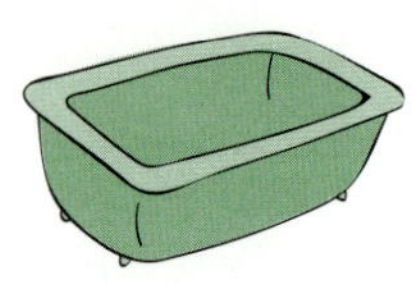

욕조의 찌든 때는 힘주어 박박 문질러도 잘 닦이지 않는다. 이럴 때는 종이타월 등에 욕조용 세제를 묻혀 욕조의 더러운 부분에 습포를 해두었다가 찌든 때가 불어나게 되면 스펀지로 문질러 닦고 물로 씻어내리면 된다.

세면대의 때는 소다나 레몬, 소금으로

세면대의 때는 소다나 레몬, 소금 등으로 닦으면 웬만한 더러움은 간단히 제거된다. 그래도 없어지지 않을 경우, 목욕용 세제로 닦아낸다. 목욕용 세제는 비누 때를 분해시키는 성분이 들어 있으므로 다른 세제보다 효과적이다.

욕탕물의 더러움은 신문지로 제거

욕탕물에 다른 사람의 잔때가 둥둥 떠 있으면 나중에 목욕하는 사람은 기분이 좋지 않다. 이럴 때 신문지를 넓게 펴서 물 위에다 잠시 띄워 두면 신문지가 그 잔때들을 흡수해 버린다. 이렇게 두어 번만 하면 물이 깨끗해진다.

샤워기의 머리는 식초물로 닦아 준다

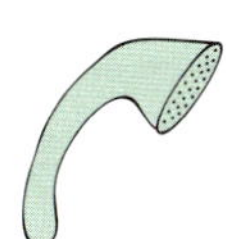

샤워기의 머리는 6배 정도로 희석한 식초물에 담가 두었다가 물로 헹구어 준다. 식초 기운이 남아 있게 되면 머리 부분이 녹슬 우려가 있으므로 깨끗이 헹궈내야 한다.

화장실에 녹차잎을 방향제로 쓰면 좋아

시중에서 판매되는 화장실용 방향제 냄새를 싫어하는 사람이 있다. 이런 사람은 가스레인지에 녹차를 넣고 2~3분 가량 가열하여 화장실에 놓아두면 그윽한 녹차 향을 즐길 수 있다.

화장지의 낭비를 막으려면

두루마리 화장지의 경우, 잡아당기면 빙글빙글 돌면서 종이가 풀려 나오기 때문에 아이들이 장난 삼아 필요 이상으로 종이를 풀어내는 일이 많다. 그러므로 새것을 걸어 놓을 때, 원형의 두루마리를 꾹 한 번 눌러서 타원형으로 만들어 걸어 두어 보자. 잘 풀려 나오지 않으므로 아이들의 장난거리가 되지 않고, 따라서 헛된 낭비를 막을 수가 있다.

구리·청동 세척

구리나 청동은 소금에 레몬주스나 식초를 섞어서 닦으면 잘 닦인다.

🟢 은수저는 우유에 담갔다가 마른 헝겊으로 닦아준다

은도금한 수저나 포크 등을 닦을 때 잘못하면 도금이 벗겨질 우려가 있다. 이럴 때 우유에 약 한 시간 정도만 담가 두었다가 꺼내어 마른헝겊으로 닦으면 깨끗이 잘 닦인다. 빛깔이 흐려질 때마다 이 방법을 이용하면 언제나 반짝거리는 상태로 사용할 수 있다.

그리고 많은 은수저나 포크를 한꺼번에 닦으려면, 우선 끓는 물에 소다를 3큰술 정도 넣어 푼 다음 은수저나 포크를 그 속에 담가 두면 때가 말끔히 빠진다. 그러고 나서 더운물에 헹구어 말린다. 또, 냄비에 베이킹 파우더를 조금 섞은 다음 그 속에 은제품을 넣고 끓여도 신기할 정도로 때가 잘 빠진다.

한두 개씩 닦을 때는 헝겊에 치약을 묻혀서 닦고 더운물로 헹궈 준다.

🟢 수도꼭지는 치약으로 닦는다

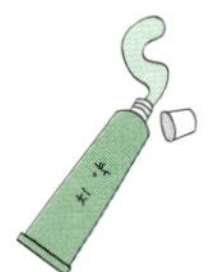

헝겊에 치약을 묻혀 수도꼭지를 닦으면 깨끗이 잘 닦인다. 헝겊으로 닦기 힘든 구석진 부분은 칫솔에 묻혀서 사용하면 된다.

도금한 부분은 녹슬기 쉬우므로 실리콘 오일이나 카 왁스로 닦는 것이 좋다.

🟢 강판에 밴 냄새는 무 조각으로 제거한다

생강·마늘·양파 등을 갈고 나면 강판에서 냄새가 나게 되는데, 이런 때 거기에 무 조각을 갈면 냄새가 깨끗이 제거된다.

아·이·디·어 05

가전제품의 올바른 사용법과 관리·보관법

효과적인 냉장고 사용법

냉장고를 보다 효율적으로 쓰는 요령 몇 가지를 알아보자.

1) 냉장고 문을 자주 열고 닫으면 내부의 찬 공기와 외부의 더운 공기가 자주 교체되어 전기가 많이 소모된다.

2) 냉장고 위에 보온 밥솥이나 그릇 등을 올려놓으면 냉장고의 기능이 약해진다.

3) 냉장고의 상단·중단·하단·제빙실 등은 위치에 따라 온도가 다르므로 식품에 따라 제 자리를 지키는 것이 효율적이다.

4) 냉장고에 더운 음식을 넣으면 전기도 소모될 뿐 아니라, 다른 음식까지 상하게 하므로 반드시 식혀서 넣도록 한다.

5) 냉장고는 통풍이 잘되고 온도가 낮은 곳에 두어야 하며, 냉장고 뒤에 붙어 있는 냉각기에 먼지가 끼게 되면 냉각 능력이 떨어지므로 자주 청소를 하도록 한다.

6) 냉장고의 용량이 많으면 전력 소모량도 커진다. 1인당 필요량은 30~40리터로, 5인 가족이면 180리터 정도가 적당하다.

7) 냉장고에 넣으면 오히려 변질되는 식품이 있으므로 이런 것들은 냉장고에 넣지 않도록 한다.

냉장고에 넣을 수 있는 식품과 넣을 수 없는 식품

식품의 보관 창고가 되는 냉장고. 그러나 냉장고에 보관하면 더 안 좋은 결과를 가져오는 식품도 있다. 감자나 고구마를 냉장고에 보관하면 맛이 떨어지게 되고, 무는 투명하게 변하며, 바나나는 거무스름하게 변색된다. 또 마요네즈의 경우, 섭씨 9도 이하에선 분리되므로 너무 차가운 온도에 보관하는 것은 좋지 않다. 오랜 기간 보관이 가능하도록 포장된 통조림 식품 역시 냉장고에 보관하는 것은 별 의미가 없다.

따라서 쓰고 남은 감자나 고구마, 무 같은 것은 바구니에 담아 두고, 통조림이나 마요네즈 같은 식품은 별도로 식품전용 수납장에 보관하자. 그러면 냉장고는 훨씬 가벼워지고, 식품은 더욱 싱싱해지게 된다.

냉장고의 성에

냉장고의 냉각 효과를 떨어뜨리는 것이 바로 이 성에이다. 냉장고의 종류에 따라 성에 끼는 상태가 다소 차이 나지만, 식품을 어떻게 넣느냐에 따라서도 큰 차이가 생긴다. 따라서 물기가 있는 식품은 반드시 밀폐 용기나 비닐에 싸서 넣도록 한다. 냉장고에 1㎝ 이상 성에가 끼게 되면 냉동 효과를 크게 떨어뜨릴 뿐만 아니라 하루에 약 8백 와트의 전력을 낭비하게 된다. 또, 더운 것도 냉장고의 효율을 떨어뜨리는 원인이 되므로 미리 식혀서 넣도록 한다.

냉동실의 성에는 뜨거운 물을 사용하여 제거한다. 스프레이에 뜨거운 물을 담아 구석구석 뿌려 주면 심한 성에도 간단하게 제거된다. 성에를 제거했으면 마른걸레로 물기를 깨끗이 닦는다. 그러고 나서 그 자리에 식용유를 발라 두면, 다음에 성에를 없앨 때 물과 기름이 분리되어 잘 떨어진다.

냉장고 문을 열 때의 온도 변화

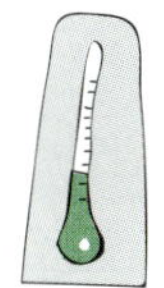

바깥 기온이 30℃를 넘을 때에 냉장고 문을 열어 놓으면 냉장고 안의 온도가 10초마다 1℃ 가량씩 올라가게 된다. 만일 물건을 한 번 넣거나 꺼내는 데 1분이 걸렸다면 냉장고 속의 온도는 그 사이에 6℃ 가량 올라간 셈이 된다.

냉장고에 음료수를 보관할 때

냉장고에 맥주나 소주, 사이다 등의 음료수를 며칠씩 넣어 두는 경우가 많은데, 이렇게 하면 그만큼 자리도 많이 차지할뿐더러 맛도 떨어진다. 따라서 될 수 있는 대로 마시기 서너 시간 전에 넣었다가 마시는 것이 좋다.

냉장고의 도어 패킹은 항상 깨끗하게

냉장고의 도어 패킹은 냉장고 안의 온도를 일정하게 유지하는 데 아주 중요한 역할을 한다. 음식물 찌꺼기가 묻어 있는 상태로 사용하면 패킹이 빨리 마모되므로, 패킹이 더러워졌을 때는 즉시 면봉에 소독용 알코올을 묻혀 닦고 젖은 행주로 여러 번 닦아낸다. 패킹이 마모되면 냉기가 빠져나가게 된다.

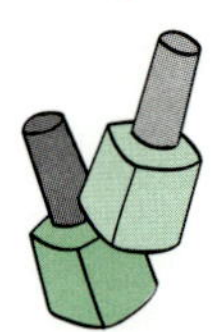 흠이 생긴 냉장고나 세탁기

냉장고와 세탁기에 흠집이 생기면 녹이 슬기 쉽고, 그대로 방치할 경우 점점 흠집이 주위로 번져 나가게 된다. 이럴 때 그 자리에 매니큐어를 칠해 두면 안전하다. 만일 흠집이 너무 커서 매니큐어로는 당해낼 수가 없다면 에나멜을 칠해도 좋다.

세탁기 사용시 주의 사항

1) 세탁조에 동전 등의 이물질이 끼이게 되면 물이 계속 새는 원인이 되기도 한다. 빨랫감을 세탁조에 넣기 전에 꼭 한 번씩 뒤집어 본다.
2) 너무 뜨거운 물을 사용하지 않는다. 세탁조 플라스틱 부분의 변형을 가져와 고장의 원인이 될 수 있기 때문이다. 세탁기 물 온도는 30~40℃가 적당하다. 물의 온도가 40℃ 이상이 되면 세제 효소의 힘이 없어져서 세정력이 약해지고 옷감도 상하기 쉽다. 또한 화학 섬유 등은 고온으로 인해 오히려 더러운 때가 옷에 엉겨 붙을 수가 있으므로 주의한다.

세탁조에 낀 때를 제거하려면

세탁기 내부에 있는 세탁통 외벽에는 기름때가 끼기 쉽다. 특히 빨랫비누로 애벌빨래를 하고 나서 넣으면 세탁조에 때가 많이 끼게 된다. 세탁하고 나서 세탁물을 꺼내 보니 옷에 때가 묻어 있다면 다음과 같은 방법으로 세탁조를 청소한다.

1) 세탁기 안에 물을 고수위(高水位)로 채운다.

2) 옥시크린 등과 같은 산소계 표백제를 기준량보다 많이 넣고(락스 등과 같은 염소계 표백제는 세탁조를 부식시킬 수 있으므로 피하도록 한다) 5분 정도 세탁기를 돌려 표백제를 풀어 준다.

3) 하루 정도 지난 뒤에 세탁기를 전자동 풀 코스로 돌린다(세탁기를 오랫동안 연속해서 쓸 경우, 중간중간 10~20분 정도씩 쉬어 가야 무리가 없다). 이렇게 하면 세탁조 안의 때가 깨끗이 청소된다.

◉ 세탁기 표시판은 마른걸레로 닦는다

'세탁·헹굼·탈수'등이 씌어 있는 세탁기 표시판은 센서로 되어 있으므로 물로 닦지 말고 물걸레를 꼭 짜서 닦거나 마른걸레로 닦는다. 만일 표시판에 틈이 생겼다면 그곳에 물이 들어가지 않도록 주의한다. 물이 들어가게 되면 고장의 원인이 될 수도 있다.

◉ 세탁물은 전체 용량의 80% 이하가 적당하다

어떤 사람은 물을 아낀다는 이유로 한꺼번에 많은 양의 빨래를 세탁기에 넣기도 하는데, 그러면 기계에 무리가 간다. 전체 용량의 80% 이하만 넣고 가동해야 빨래도 잘되고 오래 사용할 수 있다.

◉ 전자레인지는 벽에 딱 붙여 놓지 않는다

전자레인지는 안에 있는 열을 뒤쪽으로 배출하기 때문에 너무 벽에 바짝 붙여 두면 열이 빠져나가지 못한다. 전자레인지가 센서 타입일 경우, 배출되지 못한 열로 인해 센서가 고장을 일으킬 수도 있으므로 주의한다.

🌑 전자레인지 사용시 주의 사항

1) 전자레인지는 수분이 있어야만 데우거나 익힐 수 있으므로, 수분이 아주 없는 마른음식에는 물을 적당히 뿌려 주어야 한다.

2) 가능한 한 음식물은 얇게 썰어 적게 넣는 것이 좋다.

3) 음식이 골고루 익도록 조리 중에 몇 번 뒤집어 주도록 한다.

4) 생선은 살갗이 터지는 수가 있으므로 칼집을 내어 조리한다.

5) 달걀 등은 미리 구멍을 내어 가열해야만 파열하는 것을 막을 수 있다. 밤 등과 같이 껍질이 있는 열매 역시 마찬가지다. 그리고 달걀이나 밤은 가능한 한 레인지에 넣지 않도록 한다.

6) 우유 등과 같이 밀폐된 용기는 구멍을 내고 가열한다. 그대로 가열하게 되면 파열할 우려가 있기 때문이다.

7) 냉동 식품은 일부 얼어 있는 상태에서 해동을 중지한다. 계속 가열하면 겉이 삶아질 수 있다.

8) 조리가 끝나는 즉시 음식을 꺼내지 말고, 음식 속으로 집중 가열된 열이 바깥쪽으로 확산되는 데 걸리는 약간의 시간을 주는 것이 좋다.

🌑 전자레인지에 사용 가능한 그릇과 불가능한 그릇

전자레인지에 사용할 수 있는 그릇과 사용해서는 안 되는 그릇이 있다. 사용이 가능한 그릇으로는, 도기나 자기 그릇·파이렉스 등의 내열성 그릇, 내열 온도 표시가 120도 이상인 플라스틱 그릇 등이 있고, 사용해서는 안 되는 그릇으로는, 금속제·스테인리스·알루미늄(알루미늄 호일도 포함됨)·칠기·커트 유리·도금한 그릇, 법랑·크리스탈·강화 유리·화채 그릇, 내열 온도 120

도 이하의 플라스틱 그릇 등이 있다.

전자레인지는 이런 곳에 사용하면 좋다

- **콩 불리기** : 마른 콩을 물에 불리려면 시간이 오래 걸린다. 그러나 전자레인지를 이용하면 5분이면 OK! 물이 담긴 대접에 콩을 넣은 다음 5~7분간 가열하면 끝!
- **채소 데치기** : 전자레인지로 채소를 데치면 영양가를 그대로 보존할 수 있어 좋다. 수용성 비타민과 미네랄이 물에 녹아 빠져나가는 것을 막을 수 있기 때문이다. 채소를 물에 씻은 뒤, 물기를 완전히 제거하지 않은 상태로 랩에 싸서 전자레인지를 '강'에 맞춰 놓고 3분간 가열한다.
- **젖병 소독** : 젖병에 물을 8부 선까지 부은 다음, 꼭지를 거꾸로 하여 젖병 위에 올려놓고 '강' 상태에서 3분간 가열하면 멸균된다.
- **행주 삶기** : 젖은 행주를 접시에 담아(이때 랩은 씌우지 않는다) '강' 상태에서 1분 30초 정도 가열하면 멸균된다. 스팀 타월을 만들 때도 이 방법을 취한다.
- **눅눅한 소금이나 고춧가루 말리기** : 습기가 차서 눅눅해진 소금이나 고춧가루를 종이를 깐 접시에 담고 '강' 상태에서 1분간 가열한다. 가열하고 난 직후에는 건조가 덜 돼서 촉감이 부드럽지만 식으면서 바로 고실고실해진다.

전자레인지 안을 청소할 때

이것저것 요리를 반복하다 보면 전자레인지 안에 나쁜 냄새가 배게 되고, 또한 위생적으로도 좋지 않다. 따라서 구석구석 자주 청소해 주도록 하자.

우선 턴테이블은 음식 찌꺼기나 국물이 흘러서 더러워지기 쉬운 곳. 미지근한 물에 턴테이블을 담가 세제를 묻힌 스펀지로 깨끗이 닦아낸 뒤, 물에 헹궈 마른걸레로 물기를 제거한다.

다음엔 전자레인지 내부 청소. 레인지 안의 더러움을 그대로 방치할 경우, 열효율이 떨어져 가열 시간이 오래 걸리고 불꽃이 튀는 등 고장의 원인이 된다. 요리를 하고 나서 바로 행주로 안을 닦아내면 따로 청소를 하지 않아도 된다. 눌어붙은 때는, 큰 그릇에 뜨거운 물을 붓고 뚜껑을 열어 둔 채 2~3분 가량 가열하여 내부에 수증기를 가득 채워 불린다. 그런 다음, 주방용 세제를 푼 물에 행주를 담갔다가 꼭 짜서 내부를 구석구석 깨끗이 닦아낸다. 청소가 끝나면 내부가 완전히 건조될 때까지 반드시 문을 열어 둔다.

그리고 또, 전자레인지 뒤쪽의 흡·배 기구에 먼지가 끼면 과열되어 고장을 일으킬 수도 있으므로 청소기로 먼지를 빨아들이거나 마른걸레로 닦아준다.

전자레인지 안의 냄새 제거

전자레인지 안에 밴 음식 냄새는 향이 강한 또 다른 냄새로써 커버할 수 있다. 전자레인지 안에 레몬이나 오렌지 껍질 등을 넣고 눌어붙지 않을 정도로 태우고 나서 레인지 문을 열어 놓으면 오븐 속의 냄새 제거는 물론, 집 안에 상큼한 과일 향이 퍼져 좋다.

가스레인지를 오래 사용하려면

가스레인지에 국물이 넘쳐흐르게 되면 국물 찌꺼기 등이 눌어붙게 되어 미관상 좋지 않을 뿐만 아니라 가스 구멍이 막히게 되어 화력이 약하게 되므로 자주 청소해 주어야 한다. 가스 구멍은 철솔 등으로 잘 닦아내고 레인지는 행주에 세제를 묻혀 깨끗이 닦아준 다음 물로 잘 헹구어 말려서 기름걸레로 닦아주면 오래 사용할 수 있다.

가스레인지의 버너 구멍이 막혔을 때

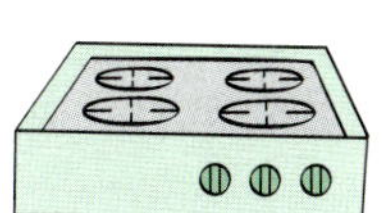

기름 찌꺼기나 찌개 국물이 넘쳐흘러 버너 구멍이 막히게 되면 불완전 연소의 원인이 된다. 그렇게 되면 불길이 푸르지 않고 붉은 빛을 띠게 되는데, 이런 때는 버너를 들어내어 와이어 브러시로 닦아주고 버너 구멍을 가느다란 철사로 뚫어 주어야 한다. 그래도 때가 없어지지 않으면, 버너를 큰 냄비 속에 물과 함께 넣고 10여 분 동안 삶은 다음 수세미로 문질러 주면 깨끗해진다.

고무 가스관엔 알루미늄 호일을 감아 준다

특히 고무 제품의 가스관은 기름에 약하기 때문에 기름으로부터 보호해 줄 필요가 있다. 만일 가스관에 홈이라도 파이는 날엔 위험하기 짝이 없기 때문이다. 따라서 고무 가스관엔 기름을 흡수하지 못하도록 알루미늄 호일을 감아 주면 안전하다. 더러워질 때마다 갈아주면 항상 깨끗함을 유지할 수 있다.

청소기 사용시 주의 사항

1) 항시 흡입구를 깨끗하게 유지하도록 한다. 흡입구의 노즐에 머리카락이나 실 등이 감기게 되면 흡인이 잘 안 되므로, 이런 것들은 못쓰는 칫솔로 떼어내고, 나머지 먼지 등은 청소기로 빨아들인다.

2) 종이 필터가 찢어지는 원인이 되는 압정이나 면도날 등과 같은 물건은 따로 치워 두어 필터 안으로 빨려들어가지 않도록 한다. 또, 물기를 빨아들이면 고장의 원인이 되므로 물기는 먼저 닦아내고 사용한다. 또 위험한 인화물질도 피하도록 한다.

◉ 전기밥솥 사용시 주의 사항

1) 밥을 짓기 위한 센서나 히터가 있는 본체 안쪽에 이물질이 끼여 있게 되면 열판 사이의 접촉이 나빠 밥이 잘 되지 않거나 온도 퓨즈가 끊어질 수 있으므로 항상 잘 닦아서 사용하고, 물기가 없도록 한다.

2) 전기밥통에 솥을 넣을 때는 열판의 물기를 제거했는지 확인한다. 열판이나 센서가 달린 본체 내부를 닦을 때는 마른걸레를 사용하도록 한다.

3) 용량 이상의 밥을 하지 않는다. 밥을 너무 많이 안치면 밥물이 넘쳐서 뚜껑이 안 열리는 수가 있다. 게다가 밥물이 열판에 흘러들어 부속품에 무리를 주게 되므로 밥은 용량에 맞게 짓도록 한다.

4) 전기밥솥엔 주걱을 넣지 말자. 전기밥솥 안에 주걱을 넣어 둔 채 보온하면 밥맛이 없어지고 냄새의 원인이 된다.

5) 식은밥은 데워서 보온한다. 식은 상태로 보온하면 밥맛이 떨어지므로, 밥이 따뜻할 때 넣든지, 전자레인지로 데운 다음에 보온하도록 한다.

6) 밥물 등이 넘쳐흘러 열판이 까맣게 더러워졌을 때에는 화장솜에 알코올을 적셔 그 자리에 10여 분간 올려놓은 다음에 행주로 닦아낸다. 틈새에 낀 먼지 등은 면봉을 이용하여 닦는다.

◉ 컴퓨터 구석구석 청소하기

1) 정전기로 인해 먼지가 많이 달라붙을 뿐 아니라 아이들의 손때가 많이 묻는 컴퓨터의 모니터는 부드러운 천으로 닦아준다. 얼룩이 심하면 유리창 닦을 때 쓰는 '윈덱스'를 묻혀 살살 닦는다.

2) 마우스가 헛돌아갈 경우엔 마우스 아랫부분에 있는 볼을 청소해
   준다. 마우스를 뒤집어 보면 볼 주위에 '←OPEN' 'CLOSE→'라는
   표시가 있는데, 'OPEN'의 화살표 방향으로 돌리면 볼을 분리해
   낼 수 있다. 볼을 빼서 볼 주변의 부속들에 낀 불순물들을 핀셋
   트로 제거한 뒤, 부드러운 천에 소주를 묻혀 닦아준다. 볼에 묻어
   있는 먼지도 떨어낸다. 이때 밑판을 고정시킨 나사를 풀거나 마우
   스를 분해하면 센서가 망가질 수 있으므로 주의한다.

◉ 가습기 청소할 때 주의 사항

1) 초음파식 가습기의 물통을 씻을 때에 세제를 사용하면 100% 고
   장나게 되어 있다. 진동 장애를 일으켜 분무가 되지 않기 때문이다.
   반드시 맹물로 닦는다.

2) 본체는 송풍구와 어댑터 쪽으로 물이 들어가지 않도록 주의하면
   서 닦는다.

◉ 다리미 고르기

다리미의 밑이 약간 안쪽으로 굽어 있는 것을 고른다.
우리는 보통 다리미의 밑은 평평해야 하는 것으로 알고
있는데, 사실은 안쪽으로 살짝 굽어 있는 것이 옷의 주름
살도 잘 펴지고 또한 잘 다려진다. 그리고 다리미의 재료는 알루미늄
에 실리콘이 약간 섞인 합금이 단단하고 가벼워서 좋다. 재질이 알루
미늄으로만 되어 있는 것은 단단하지 못해서 단추 같은 것에 걸리면
흠이 생기기 쉽다.

🔘 스팀 다리미의 남은 물은 반드시 버린다

스팀 다리미를 사용하고 나서 남은 물을 그대로 오래 두게 되면, 물탱크에 곰팡이가 슬거나 부식되어 다리미의 성능이 떨어지게 되므로, 사용하고 남은 물은 반드시 버리도록 한다.

그리고 스팀 다리미에 물을 넣을 때엔 본체에 물이 흘러들어가지 않도록 주의한다. 귀찮다고 해서 다리미를 수도꼭지에 직접 대고 물을 넣는 일은 없어야겠다.

🔘 다리미의 코드 선은 함부로 말아 두지 말아야

흔히 헤어드라이어나 다리미의 코드 선을 본체에다가 둘둘 감아 놓곤 하는데, 이렇게 하면 코드 부분이 상하기 쉽다. 전기도 물이 흐르는 것과 같은 이치이므로, 코드 선이 꺾여서 길이 막히게 되면 과부하가 생겨 고장의 원인이 되므로 주의한다.

🔘 다리미 밑바닥이 껄끄러우면 양초를 바른다

다리미 밑바닥이 껄끄러우면 잘 미끄러져 나가지 않아 다림질하기가 무척 불편하다. 이럴 때는 양초를 연필 깎듯이 얇게 썰어 헝겊 위에 놓고 반으로 접어서 그 위를 따뜻한 상태의 다리미로 쓱쓱 문지른 다음 사용하면 매끄럽게 잘 다려진다.

🔘 다리미 밑바닥에 묻은 화학 섬유의 때

다리미 밑바닥에 화학 섬유가 녹아 붙었을 경우, 다리미에 열을 가해 녹인 후에 떼어내는 방법도 있으나, 그보다는 신문지에 소금을 좀 펴서 깔고 그 위를 다리미로 쓱쓱 문질러 주면 간단히 제거된다. 그러나 타서 눌어붙은 때가 심할 경우, 다리미를 신나에 잠시 담가 두었다가 칫솔에 치약가루를 묻혀 문지르면 깨끗이 제거된다.

다리미에 녹이 슬었을 때

다리미 밑바닥에 녹이 슬면 뻑뻑하여 옷이 잘 다려지지 않는다. 이런 때는 우선 가루치약을 마른 헝겊이나 칫솔에 묻힌 다음 녹슨 부분을 닦아내면 된다. 녹이 심해서 그래도 제거되지 않으면 철수세미에 식용유를 좀 발라 조심스럽게 문지른 다음 가루치약이나 소다로 다시 한 번 더 닦아주면 깨끗이 제거된다. 그리고 또, 다리미 밑바닥에 치약을 바른 다음 이태리 타월로 문질러 주어도 된다.

오븐 토스터

1) 핫플레이트에 상처가 나면 그곳에 기름을 발라 둔다. 핫플레이트의 코팅 처리는 눋지 않게 하기 위한 것. 식품이 눌어붙었다면 플레이트가 식은 뒤, 부드러운 스펀지에 중성세제를 묻혀서 씻어내도록 한다. 물기를 없애고 건조시킨 뒤 기름을 알맞게 바르면, 건조에 따른 코팅 면의 상처를 막을 수 있다.

2) 연속해서 쓸 때에는 10분 가량 문을 열어 온도 센서를 냉각시킨 뒤에 다시 사용한다.

올바른 텔레비전 사용법

우리의 안방극장, 텔레비전. 거의 매일 보다시피 하는 이 텔레비전에 대한 몇 가지 주의사항을 알아보자.

1) 텔레비전을 볼 때, 너무 가깝거나 멀리 앉아서 보게 되면 눈이 피

로하고 상하게 된다. 적당한 시청 거리는 화면의 대각선 길이에 5
를 곱하면 된다. 17인치 크기라면 2.1미터, 19인치 크기라면 2.3미
터가 이상적인 시청 거리이다.

2) 텔레비전을 시청하지 않을 때는 전원 플러그를 완전히 빼놓는 습
관을 들이도록 한다. 일부 텔레비전의 경우, 스위치만 내리면 시간
당 5W 정도의 아주 적은 전류가 계속 흐르기 때문이다.

3) 화면의 밝기는 주위에 비해 약간 어둡게 한다. 화면이 주위보다
지나치게 밝다거나 어두우면 시력을 해치기 때문이다.

4) 텔레비전 수상기는 열기나 습기를 피해 통풍이 잘되는 위치에 두
고, 벽에서 10㎝ 정도 떼어놓는다.

5) 수상기를 설치할 때, 화면이 눈높이보다 약간 낮도록 한다. 너무
높으면 눈이 쉬 피로해지기 때문. 누워서 보면 시력을 해친다.

6) 텔레비전은 1년에 한 번 정도는 속에 낀 먼지를 떨어내어야 한다.
먼지에 습기가 흡수되면 화면에도 영향을 주지만, 누전될 염려까
지 있다.

텔레비전과 방 안의 밝기

텔레비전 수상기의 브라운관이 낡았을 때, 방 안의 불이
환하면 화면이 잘 보이지 않는 경우가 있다. 그렇다고 아예
불을 끄고 보면 화면이 너무 밝아서 눈을 버리기가 쉽다.

이럴 경우에는 텔레비전 수상기 위에다가 방 안의 불보다 촉수가 낮
은 전기 스탠드를 켜 놓고 보면 화면과의 조화가 잘 이루어져 시력을
보호할 수 있다. 잘 보이는 텔레비전이라도 방 안의 불을 끄고 시청해
야 할 때에는 이 방법을 쓰는 것이 좋다.

텔레비전 청소하기

1) 브라운관의 더러움은 물기를 꼭 짠 걸레로 닦는다. TV 표면의 더러움 역시 물걸레를 꼭 짜서 닦으면 충분하다. 상처가 나기 쉬우므로 딱딱한 수세미로 닦거나 문지르지 말 것. 화면을 닦을 때 플라스틱 등의 윤을 내는 약품을 사용하면 유막이 생겨 화상이 고르지 못하게 된다.

2) TV의 뒷부분은 정전기로 인해 먼지가 잘 달라붙으므로, 가끔씩 청소기를 사용하여 먼지를 흡입해 주도록 한다. 특히 TV를 켜놓은 상태에서는 1만 볼트의 전기가 흐르는 부분이기 때문에 반드시 전원을 끈 상태에서 청소하고, 더더욱 전원을 켠 상태에서 이곳을 열어 보아서는 절대로 안 된다.

믹서기의 사용 요령

믹서기의 스위치를 켰는데 윙 소리만 나고 모터가 돌아가지 않으면 일단 분해하여 모터 축 부분에 녹이 슬었는지를 살펴보아야 한다. 그래서 만일 녹이 슬었다면 녹슨 부분을 브러시로 닦아내고 모터 축에 기름칠을 하면 정상으로 돌아갈 수 있다. 기름칠을 했는데도 모터가 돌아가지 않는다면 AS를 받을 필요가 있다. 그리고 고속이나 저속 회전 중 어느 한 곳에서 모터가 돌지 않으면 접속 불량이다.

믹서의 모터는 고속으로 회전하므로 5분 이상 가동되면 모터에 무리가 간다. 따라서 오래 돌릴 필요가 있을 때는 약 5분 간격으로 잠시잠시 쉬었다가 돌리는 것이 좋다.

또 한 가지 알아둬야 할 것은, 믹서에 스위치를 넣을 때는 모터가 들어 있는 몸체에 컵을 꼭 끼워야 하며, 컵 속에 아무것도 넣지 않은 상태에서 모터를 돌리는 일이 없어야 한다. 그리고 시험 가동할 때에는 반드시 물을 붓고 돌려야 고장이 나지 않는다.

재료는 되도록 잘게 썰어서 조금씩 넣어야 하며, 처음부터 고속으로 돌리지 말고, 일단 저속으로 시동시켜 2, 3초 정도 지난 다음에 고속으로 바꾸어야 모터에 부담이 적어 수명이 오래 간다.

선풍기의 청소와 보관

먼저 플러그를 빼고 날개를 분해하여 중성세제를 묻힌 헝겊으로 물기를 닦아 말린다. 이때 알코올이나 신나 등의 휘발성 약품을 사용하게 되면 광택이 없어지므로 피해야 한다. 선풍기 모니터나 날개 회전 부분에 기름칠을 하고 비닐에 잘 싸서 보관한다.

에어컨 청소

1) 뒷면의 고무 캡을 빼내어 고인 물을 완전히 제거하고 다시 캡을 씌워 4시간 정도 강풍으로 운전해 완전히 건조시킨다.

2) 바람 나오는 판을 잡아당겨 떼어낸 후, 필터를 꺼내어 중성세제를 탄 미지근한 물에 흔들어 씻어서 말린다.

3) 알루미늄 증발기 판의 먼지는 칫솔을 이용하여 아래위로 훑듯이 닦아낸 뒤에 물을 부어 닦아낸다.

4) 3시간 이상 충분히 말린 뒤에 필터와 판을 끼운다.

냉방병 예방을 위한 10가지 수칙

1) 에어컨은 항상 청결한 상태를 유지시키며, 필터는 최소한 2주에 한 번 꼴로 청소해 준다.

2) 실내 온도와 외부 온도의 차이를 5℃ 이내로 한다.

3) 에어컨의 찬공기가 직접 몸에 닿지 않도록 한다.

4) 에어컨은 1시간 가동에 30분 정도 정지시키고 실내 환기를 자주 시켜 준다.

5) 냉방 상태에서 하루 종일 근무하는 사람은 맨손체조나 가벼운 근육운동을 자주 한다.

6) 취침시에는 배의 보온을 위해 이불을 꼭 덮는다.

7) 여성의 경우, 허리나 하복부 등의 냉감부를 보호해 준다.

8) 찬 음식을 피하고 식물성 기름으로 튀긴 음식을 많이 먹는다.

9) 과로와 수면 부족을 피하고 항상 여유로움을 가진다.

10) 날마다 가벼운 운동으로 적당히 땀을 흘리고 샤워한다.

전화기의 때는 우유로 제거한다

전화기의 버튼 사이사이에 끼인 때는 면봉에 우유를 가볍게 적셔 닦아낸다. 그리고 나서 젖은 헝겊으로 닦아내면 때가 말끔히 제거된다. 이때 물기가 전화기 내부로 들어가게 되면 고장을 일으킬 염려가 있으므로 주의한다.

가벼운 때는 면봉과 물만으로도 간단히 제거된다. 물에다가 식초 두세 방울을 떨어뜨린 다음에 닦아주면 정전기가 발생하지 않아서 먼지가 덜 탄다. 그리고 전화 수화기는 여러 사람이 함께 사용하여 세균이 서식하기 쉬운 곳이므로 알코올로 자주 닦아 소독하도록 한다.

헤어드라이어를 고장 없이 오래 사용하려면

헤어드라이어를 사용할 때, 대부분 열풍을 장시간 사용하고 나서도 바로 전원을 끄곤 하는데, 이렇게 하면 고장의 원인이 된다. 따라서 열풍을 사용한 뒤에는 반드시 냉풍으로 바꿔 열을 식힌 다음에 전원을 끄도록 한다.

전기장판 보관법

겨우내 사용했던 전기장판은 잘 말아서 습기가 없는 곳에 보관한다. 장판 사이에 신문지를 여러 겹 겹쳐서 함께 말면 습기 방지에 좋다. 세워서 보관하면 장판이 꺾어져서 코일이 끊어질 염려가 있으므로 선반이나 장롱 위에 올려놓되, 그 위에 무거운 물건을 올려놓지 말아야 한다.

카메라

카메라에 있어 염분이나 모래는 치명적이다. 따라서 바닷가에 다녀왔으면, 반드시 부드러운 천으로 구석구석을 잘 닦아 모래며 습기 등을 제거해 준다. 렌즈는 알코올과 물을 섞어 부드러운 천에 묻힌 다음 조심스럽게 닦아내고, 필름 넣는 곳과 같은 구석진 곳은 부드러운 솔로 떨어낸다.

그리고 카메라를 보관할 때 대부분 그냥 케이스 안에 카메라를 넣어두는데, 그것은 잘못된 보관 방법이다. 가죽 제품이 대부분인 카메라 케이스는 습기를 잘 빨아들여 부속품에 영향을 미칠 우려가 있기 때문이다. 따라서 카메라를 케이스에 넣기 전에 일단 비닐 주머니 같은 것으로 잘 봉하여 통풍이 잘되는 곳에 보관하는 것이 좋다. 카메라는 오랫동안 그대로 넣어 두는 것보다 자주 사용하는 것이 고장도 적다는 사실을 알아두자.

MEMO

part 6

이 정도의 의학 상식은 알아야죠

기초 의학 상식을 알아두면
집안 식구들의 건강이 달라지고,
급박한 사고로부터 위기를 모면할 수 있다.
감전 사고시 응급 조치에서부터
임신 중의 감기 치료, 불면증의 해소,
아이의 여드름과 설사,
아이가 이물질을 삼켰을 때의 응급 조치,
무좀 퇴치법에 이르기까지
지혜로운 주부라면 꼭 알고 있어야 할
가정 기초 의학 상식을 소개한다.

생각지도 않게 발생하는 돌발 사고!
이럴 때 무엇보다도 필요한 것은
재빠른 응급 조치다.
가족의 고귀한 생명과 건강을 지키기 위한
응급 조치 및 기초 의학 상식에 대해 알아본다.

이 정도의 **의학 상식**은 알아야죠

붕대를 감을 때

한쪽 팔을 다쳐 혼자 붕대를 감다 보면 자꾸 풀어져, 특히 처음에 감기가 여간 힘들지 않다. 이럴 때는 붕대의 처음 부분에 반창고를 붙이고 감아 보자. 그러면 붕대가 고정되어 절대 풀리는 일이 없다.

어깨가 결리거나 쑤실 때

나이가 들면 어깨며 등이며가 자주 쑤시게 된다. 특히 날씨가 궂기라도 하면 그 증세는 더욱 심하게 된다. 이럴 때는 소금과 빙초산을 약간 섞고 끓인 물에 타월을 적신 다음 꼭 짜서 쑤시거나 결리는 곳에 대고 찜면 혈액 순환이 좋아져 효과가 있다.

또 결리는 쪽의 새끼손가락과 넷째손가락 사이에 있는 경락을 주물러 자극해도 효과가 있다.

약을 차(茶)와 함께 마시면 효과가 없다

시간 맞춰 약을 먹을 일이 있을 때 다방에서 차와 함께 훌쩍 마셔 버리는 사람이 있는데, 이는 잘못된 약 먹기 습관이다. 본래 약이란 차와 함께 마시면 좋지 않은 것이다. 차 속에는 약 성분을 방해하는 탄닌이 함유되어 있기 때문이다. 특히 철분이 들어 있는 약, 예컨대 빈혈 관계에 먹는 약은 더욱 주의해야 한다.

코막힘 감기에 걸렸을 때

코막힘 감기에 걸렸을 때 무엇보다도 괴로운 것은 숨쉬기가 답답하다는 것이다. 이럴 때 코를 시원하게 트여 줄 약은 없을까?

뜨거운 물수건을 코와 이마 사이에 올려놓고 막힌 쪽이 위를 향하도록 누워 있으면 시원하게 뚫린다. 양파즙을 만들어 물에 타서 마시거나 유자차나 과일차를 뜨겁게 해서 마셔도 좋다. 또, 쑥을 가볍게 비벼서 콧구멍에 잠깐만 끼어 보자. 그러면 막혔던 코가 거짓말같이 시원하게 뚫린다.

감기에 걸렸을 땐 마늘을

집안에 감기 환자가 발생했을 때는 우선 마늘 요법을 한번 실시해 보도록 한다. 즉, 마늘을 석쇠에 구워서 간장이나 고추장에 찍어 먹는다. 먹고 난 뒤에 땅콩 몇 알을 씹어 먹으면 입 안에서 냄새가 나지 않는다. 그리고 우유 한 병에다가 마늘을 잘게 쪼개어 넣고 따뜻하게 데워서 마신다. 이것 또한 냄새가 나지 않고 감기를 빨리 낫게 하는 효과가 있다.

저항력이 약해 자주 감기에 걸릴 때

유난히 감기에 잘 걸린다거나 항시 잔병이 몸에서 떠나지 않는 것은 영양소 및 칼로리 부족으로 인한 병의 저항력 저하일 수가 있다. 따라서 편식을 하지 말고 신선한 채소·과일·작은 생선·해초류·우유 등 균형 잡힌 영양을 골고루 섭취토록 한다.

천식에는 무즙을 내어 물엿과 함께 먹는다

겨울철의 잦은 기침과 천식, 그리고 생선이나 밀가루 음식을 먹고 체했을 때에는 무즙을 내어 거기에 물엿을 개어 놓았다가 먹으면 효험이 있다. 또, 만성 류머티즘으로 고생하는 사람은 환부에다 무즙을 바르고, 각기병에 걸렸을 때는 무즙을 마시면 효과가 있다. 이 밖에도 무는 소화를 돕고 담배의 니코틴에 대한 해독 작용도 하는 것으로 알려져 있다.

위산과다의 처방 한 가지

위산과다는 정신불안·분노·신경질 같은 감정 동요와 스트레스, 절제를 잃은 음주, 불규칙한 식사, 과식, 지나친 흡연 등으로 초래된다. 소화가 잘 안 되고 속이 쓰리며 가슴이 답답한 증상으로 나타난다.

위산과다는 많은 사람들이 경험했듯이 약물 요법만으로는 없어지지 않는다. 낙천적인 생활 태도나 정신적인 여유가 반드시 따라야 한다. 동시에 민간요법을 시행해 보도록 한다.

무를 강판에 갈아서 즙을 내어 하루 2~3컵씩 마시는 것이 위산과다에 아주 좋은 것으로 알려져 있다. 소련의 코카서스 지방은 세계적으로 이름난 장수촌이며, 특히 이 지방은 무의 원산지로서, 무의 생식이 장수에 크게 도움을 주었을 것이라는 분석이다.

무에 다량의 디아스타제가 함유되어 있음이 밝혀진 지는 오래다. 디아스타제는 소화를 돕는 효소이다. 따라서 무는 자연의 소화제라고 해도 조금도 지나치지 않다.

매일 무즙을 마시면 위산과다가 없어지고 위장이 튼튼해질 것이라는 옛 사람들의 생각은 옳았던 것 같다.

벌레가 귓속에 들어갔을 때

여름날 밤 전등 밑에는 하루살이와 같은 벌레들이 수없이 몰려들게 되는데, 이때 잘못하면 벌레들이 귓속에 들어갈 수 있다. 이럴 때 손가락으로 귓구멍을 후볐다간 벌레가 더욱 깊숙이 들어가게 되어 꺼내기가 힘들어진다.

따라서 이런 땐 절대 손가락으로 후비지 말고 방 안을 어둡게 한 뒤 손전등을 귓구멍에 대고 켠다거나 담배 연기를 뿜어 넣어 보자. 그러

면 벌레가 고통을 참지 못하고 스스로 기어 나오게 된다.

🌀 눈에 티가 들어가면

이른 봄철은 흔히 바람이 많이 불기 때문에 눈에 티가 들어가기 쉬운 계절이기도 하다.

눈에 티가 들어가거든 눈을 비비지 말고 가만히 눈을 감고 있든가, 코를 몇 번 풀어 눈물을 흘려서 씻겨 나가도록 하는 것이 좋다. 그래도 나오지 않을 때에는 세숫대야에 깨끗한 물을 가득 붓고 얼굴을 물 속에 담근 채 눈을 몇 번 깜빡거려 보면 웬만한 것이면 모두 빠지게 된다.

🌀 야외에서 독충에 물렸을 때

야외에서 놀이를 즐기거나 일하다 보면 해충이나 독충에 물리게 될 때가 있는데, 이럴 경우에는 담뱃재를 물이나 침에 묻혀서 물린 자리에 발라 두면 우선 아픈 기와 가려운 기를 없앨 수 있다.

🌀 뱀에 물렸을 때의 응급 처지

뱀에 물렸을 때에는 우선 당황하지 말고, 물린 상처 주위를 고무줄이나 노끈 같은 것으로 묶는 것이 중요하다. 예를 들어, 발끝이라면 발목, 손끝이라면 손목을 묶는다. 그런 뒤에 예리한 칼이나 그 밖의 핀 같은 것으로 상처를 크게 터뜨려 되도록 피를 많이 흘리게 하고 독을 입으로 빨아낸다. 이때 입 안에 상처가 없어야 한다.

🌀 감전 사고시 응급 조치

잘못하여 감전사고가 일어났을 경우, 감전된 사람을 그냥 놔 둔 채

우선 재빨리 두꺼비집을 열어 전기부터 차단시켜야 한다. 그리고 감전의 충격으로 호흡이 중단되었을 때는 인공 호흡을 시키면서 병원으로 옮겨야 한다.

몸에 상처가 있을 때 물 속에 들어가려면

몸에 상처가 있을 때 그대로 물 속에 들어가게 되면 상처가 자극을 받아 심히 아프다. 따라서 물 속에 들어갈 때는 상처난 곳에 콜드크림 등과 같은 유성 크림을 바른 뒤에 들어가는 것이 좋다. 크림의 기름기가 물을 배제하므로 상처 난 곳이 훨씬 덜 아프다.

코피가 날 때

사고를 당하거나 싸움을 해서, 또는 몸이 몹시 피로하다거나 혈압이 높아서 코피가 나는 경우가 있는데, 이럴 때 머리를 뒤로 젖히고 목뒤를 두드려 주는 등의 행위는 삼가야 한다. 잘못하면 코피가 식도나 기도로 흘러들어갈 수 있기 때문이다. 그리고 콧구멍에 가제를 틀어막는 방법 역시 바람직하지 않다.

코피가 조금 나다가 그칠 때는 얼마간 안정을 취하면 되지만, 코피가 계속해서 흐를 때는 의자에 편안한 자세로 앉아서 머리를 약간 아래로 숙이고 엄지와 검지로 코를 잡고 한동안 지그시 안쪽으로 눌러 주면 대개의 경우 멎는다. 차가운 물수건이나 얼음수건으로 코와 이마를 덮어 줘도 효과가 있다.

코피가 자꾸 재발되고 횟수가 점점 많아지거나 아무런 이유 없이 나올 경우, 의사에게 가서 정확한 진단을 받는 것이 좋다.

저혈압엔 마른수건 마사지가 좋아

저혈압은 체격이 가냘픈 사람에게서 주로 볼 수 있다. 저혈압의 가장 특징적인 증상은 체위를 변화시킬 때 현기증을 느끼는 것이다. 또, 쉽게 피로를 느끼고 까닭 없이 지속되는 두통으로 고통을 겪는다. 입맛이 없고 기운이 없어지기도 한다.

고혈압과 마찬가지로 저혈압의 치료 원칙도 합리적인 식생활과 적당한 운동이다. 단백질, 비타민 B_1, 칼슘을 충분히 섭취하는 것이 무엇보다도 중요하다. 현미·팥·당근·시금치·양배추·연뿌리·간 등은 저혈압의 치료에 도움이 되는 식품들이다.

한편 저혈압은 타고난 체질과 깊은 관계가 있으므로 체질을 개선하는 것이 바람직한데, 체질 개선법으로는 예로부터 마른수건을 이용한 마사지가 권장된다.

즉, 마른수건으로 전신을 문지르되 왼쪽 손에서부터 시작해서 어깨까지, 그리고 오른손에서 어깨로 마사지해야 한다. 다음은 가슴과 복부, 등, 허리, 엉덩이 순으로 문지르되, 반드시 먼저 왼쪽에서 중앙으로 한 다음, 오른쪽에서 중앙으로 마사지한다. 마지막으로 발을 문지르는데, 역시 왼쪽부터 시작해서 밑에서 위로 마사지한다. 아침마다 꾸준히 계속하면 효과를 볼 수 있다.

입냄새가 날 때

입냄새는 간장·위장·코·호흡기 질환, 또는 충치·치조 농루 등의 치아 질환이 원인이 되는 경우와 혐기성 세균에 의한 경우가 있다. 또 간혹 기생충이 많은 경우에도 구취가 있다는 보고가 있다. 전자의 경우는 원인이 되는 질환을 치료하는 것이 선결 문제지만, 후자 즉 혐기성 세균에 의한 입냄새는 유산균에 약하기 때문에 설탕물로 입 안을 자주 헹궈 주면 효과가 있다. 설탕물이 입 안의 유산균을 증식하고 활성화시켜 주기 때문이다.

또 간장이 원인일 경우엔 국화꽃 20송이에 물 4컵 정도를 부어 약 15분간 달여서 마시면 효과가 있다. 국화꽃은 건제 약국에 가면 구할 수 있다.

설사를 할 때

배탈이 나서 설사를 할 때 얇게 썬 오이를 설탕에 재어 양껏 먹어 보자. 그러면 신기하게도 설사가 멈춘다.

그러나 배탈로 설사가 날 경우에는 무엇보다도 그 원인을 알아내는 것이 중요하다. 비교적 열이 나지 않으면서 하루에 두세 번 단순히 묽은 설사를 한다면 급성위염이나 장염이 의심되므로 하루쯤 식사를 거르도록 한다. 이때 보리차에 소금을 약간 섞어서 마시면 더욱 좋다.

그러나 만일 물 같은 설사가 하루에 다섯 차례 이상 줄줄 쏟아지면서 배가 몹시 아플 때에는 세균성 식중독인 경우가 많으므로 곧 의사의 치료를 받는 것이 현명하다.

또, 열이 39℃ 이상 오르고 설사에 곱이나 피가 섞여 나올 때에는 이질이기 쉽다. 이때도 물론 의사에게 보여서 적절한 치료를 받아야 한다.

위장이 약해 찬 음식만 먹으면 금방 설사를 하거나, 특별한 병이 없는데도 평소에 설사를 자주 하는 사람에게는 차조기잎을 물에 끓여 차처럼 마시면 좋다. 이 차조기잎(한방에서는 자소엽이라고 한다)에는 위장에 좋은 '페닐알데히드'라는 성분이 들어 있기 때문이다.

그러나 아무리 짚어 봐도 별다른 잘못이 없는데 설사가 날 때에는 소화제보다는 신경안정제를 복용해 보도록 한다. 환경의 급격한 변화나 정신 불안, 혹은 도시의 소음이 원인일 때가 많기 때문이다.

아이의 변비

아이가 변을 보지 못하고 힘들어 하는 모습을 보고 있노라면 안쓰럽기 그지없다. 이 변비는 신경성 질환이나 곡류 편식으로 인한 비타민 부족으로 장의 기능이 쇠약해져 일어나게 되는데, 이때는 과일이나 야채 또는 기름 유를 섭취토록 해야 한다.

변비의 예방과 치료

변비가 생기는 원인으로는 여러 가지가 있는데, 그 중에서도 불규칙적인 배변 습관이나 대변을 보고 싶을 때 자주 참게 되면 생길 수 있다.

또 음식물을 비교적 적게 섭취한다든가 섬유소가 들어 있지 않은 음식물을 먹고 수분을 적게 취하면 소화 흡수가 잘되어서 변비가 생기기 쉽다. 그리고 정신적인 긴장이나 근심이 있을 때에도 변비가 올 수 있다.

예방과 치료로는 아침마다 대변을 보는 습관을 들이고, 식전에 냉우유나 냉설탕물 등을 마시면 좋다. 그리고 적당한 운동과 신경 안정이 필요하다. 가끔씩이라도 설사제를 남용해서는 안 된다.

아이의 다리가 휘었을 때

두 살 전의 O다리나 ×다리는 대개 치료가 필요없는 것들이다. 두

살 전후의 아장거리는 아이들은 모두 O다리인데, 걷기 시작하면서 약 1년쯤 지나게 되면 근육이 점차 강화되어 자연히 없어지게 된다.

그러나 문제는 그 뒤에도 아이의 다리가 안쪽 혹은 바깥쪽으로 휘어져 있는 경우다. 이는 뼈의 발육이 좋지 못해서 오는 결과므로, 간유·버터·마른버섯 등을 많이 먹이고, 일광욕을 시켜서 자외선을 쪼이도록 한다.

아이가 경련 발작을 일으켰을 때

15세 이전에 1회 이상의 경련 발작을 일으키는 경우는 전체 소아의 5%에 해당한다고 한다. 그 가운데서 가장 흔한 것은 발열시에 일어나는 열성 발작이다.

경련 발작은 아이에 따라 여러 가지 모양을 취한다. 손발을 부들부들 떠는 아이가 있는가 하면, 몸이 뻣뻣이 굳으면서 눈을 하얗게 뒤집는 아이도 있고, 꼼짝 않고 한 곳만 바라보다가 갑자기 쓰러져 버리는 아이도 있다.

어느 경우든 이러한 발작을 처음 겪는 부모들은 완전히 공포에 빠져 버리게 되는데, 아이들의 경련 발작은 대부분 몇 분 이내에 깨어나게 되고 아무런 후유증도 없으므로 절대로 당황하지 말고 침착하게 행동해야 한다.

경련 발작이 일어났을 때, 우선 병원에 가기 전에 부모가 조치해야 할 몇 가지를 소개한다.

첫째, 아이가 호흡할 수 있도록 기도(氣道)를 충분히 확보해 주어야 한다. 최대한 머리를 뒤로 젖히고 살며시 아래턱을 잡아당겨 입을 열어 준다. 이때 만일 구토한 흔적이 보이면 입 안을 가제 등으로 깨끗이 닦아 주어야만 음식물이 기도나 식도에 들어가 막히는 것을 막을 수 있다.

둘째, 경련 발작으로 인해 혀를 깨물거나 삼켜 버리는 일은 극히 드물다. 따라서 혀를 깨물지 못하게 한답시고 입 안에 뭔가를 틀어막으면 오히려 위험하다.

셋째, 발작이 끝나고 나서 몸에 열이 있으면 수건에 찬물을 적셔 전신을 닦아준다. 열을 내리게 하기 위해 아이를 냉탕에 집어넣는 것은 아직 무리이므로 피한다. 또, 약물을 사용할 경우, 아직 의식이 완전히 회복되지 않은 상태에서 해열제 등을 먹이는 것은 무리이므로 아스피린 좌약을 사용하는 것이 좋다.

넷째, 병원에 데리고 갈 때 아이를 모포 등으로 둘둘 말지 않도록 한다. 병원이 집과 멀리 떨어져 있을 경우, 차 안에서도 물수건으로 계속 닦아주는 것이 좋다.

다섯째, 경련 발작 뒤에는 아이가 꾸벅꾸벅 졸거나 깊은 잠에 빠지게 되는데, 이것은 발작 후에 일어나는 수면이므로 걱정할 것이 없다. 따라서 이런 때는 아이를 억지로 깨우려 들지 말고 그대로 두는 것이 좋다.

◐ 입 주위가 헐고 짓무를 때

입술이 갈라지고 허옇게 짓무른다거나, 얼굴에 여드름과 비슷한 것이 난다면 일단 소화 기관의 잘못을 의심해 볼 필요가 있다. 이러한 증상은 비타민 B_2 가 부족할 때 많이 일어나는데, 이럴 때는 우유·달걀·채소 등을 많이 섭취토록 한다.

◐ 생선 가시가 목에 걸렸을 때

생선을 먹다가 목에 가시가 걸리게 되면 보통 된밥 한 숟가락을 입에 넣은 다음 씹지 않고 꿀꺽 삼키곤 하는데, 이 방법보다는 달걀 하나를 깨어 꿀꺽 마시거나 식초물로 몇 번 양치질을 하면 가시가 내려간다.

◐ 임신 중의 감기 치료

임신 중 감기에 걸리게 되면 여간 괴로운 일이 아니다. 태아의 안전을 위해 약을 함부로 쓸 수 없기 때문에 감기가 다 나을 때까지 기다릴 수밖에 없기 때문이다.

이럴 때 치료할 수 있는 민간요법이 있다. 우선 칼로 배의 꼭지 쪽을 도려내어 속을 파낸 다음, 그 속에 꿀과 흑설탕을 넣고, 찜통에다 푹 쪄서 즙을 내어 마시면 효과가 있다.

◐ 고른 이를 가지려면

이의 크기가 고르지 않거나 이와 이 사이가 벌어지고 이가 비뚤거리게 나면 보기에 몹시 흉하다. 이는 칼슘, 비타민 A, C, D의 부족으로 인한 현상이다. 따라서 이러한 결과를 초래하지 않으려면, 아이들로 하여금 우유·버터·달걀 노른자·간유·멸치·해초류 등을 많이 섭취토록 해야 한다.

🔸 치통이 심할 때

이가 아픈 것처럼 고통스러운 것도 없다. 이가 아프게 되면 대개 두통까지 겹치게 되는데, 갑자기 못 참을 정도로 치통이 오면 아픈 쪽의 귀밑을 엄지손가락으로 힘껏 눌러 주면 효과가 있다. 그러나 이것은 일시적인 효과일 뿐 치료가 아니므로 의사를 찾아가 정상적인 치료를 받는 것이 좋다.

또 충치로 인해 통증이 심할 경우엔 다음 중 한 가지를 골라 응급 조치를 취한다.

1) 우엉즙 40g에 소금을 조금 넣고 걸쭉할 때까지 달인 다음, 이를 다시 식혀서 치조에 발라 주면 통증이 멎는다.

2) 불에 구운 마늘이나 피마자를 아픈 쪽 치아로 물고 있으면 통증이 가라앉는다.

3) 아픈 쪽의 치조와 볼 사이에 무즙을 넣고 있으면 치아가 시원해지면서 통증이 가신다.

4) 감잎을 삶아 소금을 조금 넣고, 그 물로 양치질을 하면 통증도 멈추고 충치의 진행도 멈추게 된다.

5) 양치질을 하여 충치 속에 낀 찌꺼기를 뺀 다음, 귀이개 같은 것으로 소다를 떠서 아픈 이에 넣어 두면 아픔이 가라앉는다.

6) 성냥개비에 탈지면을 말아 옥도정기에 묻혀서 충치 구멍을 씻어낸 다음, 진한 소다액 몇 방울을 떨어뜨리거나 소다 액으로 양치질을 하면 효과가 있다.

🔘 칼로 베었을 때의 지혈

부엌에서 일을 하다가 칼로 손을 베여 피가 날 때는 얼른 피를 닦아 내고 달걀을 깨어 얇은 속껍질 막을 떼어서 붙이면 신기하게도 피가 멈춘다.

🔘 못에 찔렸을 경우

못이나 바늘에 찔렸을 때는 우선 독소가 완전히 피와 함께 밖으로 빠져 나올 때까지 찔린 자리를 방망이 등으로 계속해서 두드려 주어야 한다. 그러면 통증이 어느 정도 가라앉게 되는데, 그때 옥시풀이나 요오드팅크를 상처 난 곳에 발라 주면 안전하다.

그리고 또 찔린 자리에 파잎이나 담뱃잎, 조개 껍질 등을 자주 발라 주면 효과가 있다.

🔘 울혈로 인한 두통 해소법

특별한 질병이 없는데도 머리가 묵직한 느낌이 들고 아프다면 두부 주변의 울혈이 원인일 수 있다. 이런 때는 반듯하게 드러누워 두 다리를 머리 뒤의 방바닥까지 들어올리고 한동안 있으면 울혈이 풀리면서 두통이 가라앉는다.

그리고 또 한 가지 방법은, 양쪽 가운뎃손가락으로 관자놀이 부위를 세게 누른 다음, 뒷머리 바로 아랫부분에 있는 오목한 부위로부터 양쪽 1㎝ 되는 곳에 양쪽 엄지손가락을 대고 세게 누르면서 머리를 위로 들어올리듯이 한다. 이렇게 5~6 차례 계속해 주면 두부의 울혈이 풀리면서 두통이 멎는다.

◐ 편두통이 심할 때

편두통이 올 때는 벌꿀 한 숟갈을 먹어 보자. 넉넉잡고 1시간 안에 통증이 완전히 없어진다.

또, 아픈 쪽 콧구멍에 무즙을 조금 넣은 다음, 신선한 콩 비지를 따뜻하게 데워 헝겊으로 싸서 아픈 쪽 머리에다 대고 있으면 얼마 안 있어 통증이 멈춘다.

◐ 숙취를 쫓기 위한 가장 빠른 방법

숙취를 쫓는 가장 빠른 방법은 충분한 수분과 당분을 공급하고 비타민 C를 보충하며, 그 밖에 혈액 순환을 도와주는 일이다. 그러므로 술을 많이 마시고 온 다음 날 아침에는 물을 많이 마시고, 꿀물이나 진한 설탕물, 또는 생주스를 마시는 것이 좋다. 그런 다음, 가능하면 한잠 푹 자는 것이 숙취 때 피로를 가장 빠르게 푸는 효과적인 방법이다.

또, 칡가루를 이용한 숙취 해결 비방 한 가지가 있다. 칡가루의 어떠한 성분이 그 같은 효능을 발휘하는지는 아직 밝혀지지 않았지만, 많은 애주가들의 경험에 의하면, 칡가루가 숙취에 탁월한 효능을 발휘하는 것은 틀림없다. 칡가루는 칡을 짓찧어 즙을 짜낸 다음, 이것을 가라앉혀 물로 여러 번 우려내어 말린 것이다.

이 칡가루를 끓는 물에 넣은 다음, 여기에 꿀을 타서 마시면 숙취가 말끔히 가신다. 술 마신 후 몹시 갈증이 날 때도 꿀물에 칡가루를 타서 마시면 감쪽같이 갈증이 해소된다. 5월에 캔 칡이 가장 효과가 큰 것으로 알려져 있다.

목덜미와 뒷골이 뻐근할 때

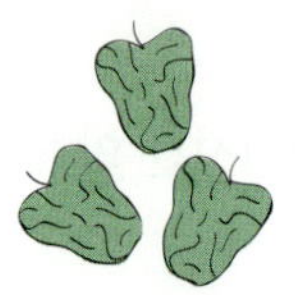

사람은 갱년기가 시작되면서 피로나 권태가 오고, 머리가 흐릿해지며, 미열이 나면서 어깨가 무겁고 목덜미에서 뒷골까지 굳은 듯이 뻐근해지는 때가 있다. 이런 때는 깨끗이 씻은 칡뿌리를 잘 달여서 차 대신 장기간 마시면 효과가 있다.

그리고 또, 대추씨에 감초를 조금 넣고 서서히 달여서 매일 아침저녁으로 장기간 복용해도 좋고, 두릅잎을 삶아 나물로 만들어 장기간 일상식으로 먹어도 좋다.

불면증에서 벗어나려면

현대 생활이 점점 복잡해짐에 따라 밤에 잠을 잘 이루지 못한다고 하는 이른바 불면증을 호소하는 사람들이 늘어 가고 있다.

잠을 이루지 못할 때는 대개 갖가지 잡념들이 꼬리에 꼬리를 물고 일어난다. 그래서 어떤 사람들은 100에서 1까지 거꾸로 세다 보면 잡념이 없어져 잠이 든다고 하지만, 그러한 방법도 별 효과가 없다. 수를 세는 도중에 그만 또다시 잡념이 생기기 일쑤다.

불면증에 좋은 몇 가지 방법을 소개한다.

우선 양조 식초를 2 큰스푼 마시거나 양파즙을 머리 가까이 놓아두고 자면 신기하게도 잠이 잘 온다.

그리고 공복으로 잠자리에 들면 더욱 잠이 안 올 때가 있다. 이런 때, 소화에 지장이 없을 정도로 얼마간의 간식을 취하고 나서 잠자리에 들면 잠이 잘 온다.

다른 하나는 엄지발가락을 손으로 세게 구부려 주는 것이다. 그렇게 하면 머리에 모여 있던 혈액이, 갑자기 에너지를 필요로 하는 엄지발가락 쪽으로 몰려가기 때문에 잡념이 사라지고 쉽게 잠을 이룰 수 있다.

그리고 불면증을 퇴치하는 데 도움이 되는 식품 군으로는 연뿌리·양파·당근·시금치·파·샐러리·호박 마늘을 들 수 있다.

싱싱한 양파를 날것 그대로 얇게 썰어 식초와 식물성 기름을 두 방울 떨어뜨리고 꿀을 약간 쳐서 먹으면 잠이 잘 온다고 예로부터 전해지고 있다.

또, 세숫대야에 더운물을 붓고 발을 담그고 있다가 아주 뜨거운 물을 서서히 부어 가면서 견딜 수 있을 때까지 계속하는 방법도 좋다. 15분쯤 담그고 있으면 발이 새빨개지면서 나른해진다. 그러면 곧 마른수건으로 발을 닦고 잠자리에 든다.

🔘 환절기에 찾아오는 불면증

환절기가 되면 밤잠을 설치는 사람들이 많아진다. 우리의 일상 생활은 일정한 리듬을 가지고 있다. 하루 24시간이 아침→낮→저녁→밤 같이 반복되어 조화를 이루는 것에 일치하여 우리의 몸도 규칙적으로 반복되는 생리적인 사이클을 형성하고 있다.

우리의 주위에는, 변화 없는 단조로운 생활이 안겨 주는 권태감, 복잡한 사회 생활에서 비롯되는 갖가지 스트레스, 개인적인 불만·갈등·좌절 등과 같이 생활의 리듬을 깨뜨리는 요인들이 헤아릴 수 없이 많다.

보통, 갑자기 생긴 불면증은 수면제 따위로 쉽게 고쳐지지만, 만성적인 불면증은 좀처럼 치료되지 않고 우리에게 고통을 안겨 준다. 이럴 경우에는 수면제를 복용하기에 앞서서 규칙적이고 절도 있는 생활과 식생활의 개선에 관심을 기울이는 것이 바람직하다.

불면증의 해소

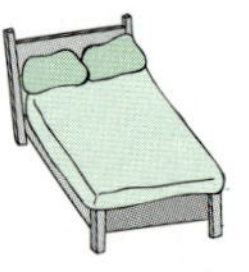

복잡한 시대를 살아가는 현대인들은 계속적인 긴장으로 인해 불면증에 걸리는 경우가 있다. 그럴 경우, 잠을 보충하려고 애를 쓰다 보면 더욱 긴장되어서 만성화될 염려가 있다. 긴장을 풀기 위해서는 각자의 기호에 맞게 여가를 선용하는 것이 좋다. 음악이나 영화 감상 등과 같은 취미 생활, 등산이나 적당한 운동, 그리고 다정한 친구들과 어울려서 심리적인 압박감과 책임감에서 일시적으로 벗어나 보는 것도 좋은 방법이다. 또, 잠을 자기 전에 따끈한 우유나 가벼운 유동식을 먹는 것도 좋고, 더운물로 가볍게 샤워를 하는 것도 좋다.

그리고 바쁜 일에 쫓겨 수면 부족을 느낄 때라도 하루만 충분히 자고 나면 풀리는 것이 보통이다. 다음날 밤늦게까지 할 일이 있으면 그 전날에 충분한 잠을 자 두는 게 좋다고 생각하는 사람이 있는데, 사실 이것은 별 의미가 없다. 일을 앞두고 잠을 너무 오래 자 두면 오히려 몸이 무겁고 피로가 빨리 오기 쉽다. 따라서 다음날 늦게까지 해야 할 일이 있더라도 그 전날에는 평상을 유지하고, 그 일을 끝내고 나서 충분한 수면을 취하는 것이 앞으로의 일을 위해 더욱 효과적이다.

🟢 비타민 C는 스트레스를 해소시킨다

 비타민 C가 부족하면 근육이 약해지고 심장이 비정상적으로 비대해지며 세균에 대한 저항력 또한 약해진다.

그런데 비타민 C가 스트레스 해소에도 효용이 있음이 밝혀져 비타민 C의 성과를 더 높이고 있다. 비타민 C는 스트레스와 밀접한 관계를 지닌 부신에 많이 농축되어 있어서 호르몬 생산에 영향을 미친다. 즉, 비타민 C가 부족하게 되면 호르몬 분비가 감소되어 스트레스에 대한 저항력이 떨어진다는 것이다.

그림자처럼 따라다니며 현대인의 건강을 갉아먹는 스트레스. 이 스트레스에 비타민 C가 효력을 발휘한다는 소식은 반가운 소식이 아닐 수 없다.

겨울은 특히 비타민 C가 결핍되기 쉬운 계절이다. 따라서 귤·레몬·시금치·파슬리·양배추·아스파라거스 등을 통해 비타민 C를 충분히 섭취해야 하겠다.

🟢 가벼운 화상을 입었을 때

피부에 가벼운 화상을 입었을 때는 아래의 방법들 가운데서 한 가지를 택해 사용하도록 한다.

1) 약솜에 달걀의 흰자나 노른자를 묻혀 환부에 발라 준 다음 김으로 덮어둔다.
2) 오이나 생감자를 강판에 갈아 환부에 붙이고 붕대를 감는다.
3) 생두부를 가제에 싸서 물기를 제거한 다음 밀가루와 섞어서 환부에 바른다.
4) 소주나 알코올을 환부에 발라 주면 화기가 빠진다.

화상으로 물집이 생기면

만일 화상을 입게 되면, 우선 덴 부위를 될 수 있는 대로 빨리 깨끗한 물이나 알코올·소주 등에 담가 화끈화끈한 열감이 사라질 때까지 충분히 식힌 다음 깨끗한 가제로 환부를 살짝 덮어 두어야 한다. 그리고 물집이 생기더라도 절대로 터뜨리지 말고, 감자를 짓이겨 환부에 붙이고 붕대를 감아 주면 빨리 낫는다.

만일 옷을 입을 채 심한 화상을 입었다면 옷을 벗지 말고 그대로 입은 채로 물이나 알코올·소주 등에 담가 열을 식힌 뒤에 병원을 찾도록 한다. 옷을 벗게 되면 옷과 함께 살갗이 묻어나 상처를 더욱 크게 할 수 있기 때문이다.

피부에 박힌 가시를 뺄 때

피부에 가시가 박히게 되면 몹시 아픈데, 이것을 바늘 등으로 빼내려면 따끔거리고 아프다. 이럴 때는 가시가 박힌 곳에 잠시 얼음 한 조각을 올려놓았다가 빼내면 살갗의 신경이 마비되어 아프지 않다.

만일 가시가 좀 깊이 박혀 바늘로는 좀처럼 빠지지 않을 경우, 그곳에 고약을 발라 보자. 고약이 가시를 빨아낼 뿐만 아니라 열과 통증을 없애 주므로 좋다.

또 부추잎을 짓이겨 3~4회 갈아 붙여 주면 신기하게도 가시가 뾰족이 솟아오른다. 가시를 뽑아낸 다음, 그 자리에 된장이나 간장을 바르고 문질러 주어야 곪지 않는다.

흡연으로 인한 두통은

담배를 처음 피웠다든가 너무 많이 피워서 머리가 심히 아플 때 날된장을 먹어 보자. 신기할 정도로 두통이 사라진다. 된장국을 마셔도 효과가 있다.

눈이 피로하고 충혈될 때

봄철에 나오는 냉이는 강력한 지혈제로도 알려져 있지만, 눈이 침침하거나 충혈될 때 이것을 달여서 씻으면 눈이 맑아진다.

또 벌꿀 한 방울만 눈에 넣어 주면 즉각 효과가 나타난다. 아이들의 경우 자극적일 수 있으므로 사용을 금한다.

옻으로 인한 피부염

옻나무를 만졌을 때 제일 먼저 해야 할 일은 피부에 묻은 수액을 닦아내는 일이다. 이 수액은 비눗물로 서너 번 씻어내면 제거되는데, 수액이 묻은 지 6시간 안에 씻어내면 대개의 경우 옻이 방지된다.

그러나 만일 옻에 올라 가려움증이 시작되었을 경우에는 냉습포나 오트밀 목욕(욕조의 물에 오트밀 1컵을 넣는다)을 하면 효과적이다. 발진이 이미 시작되었더라도 비눗물로 여러 번 피부를 깨끗이 닦아준다.

가려움을 해소하는 또 하나의 방법은 온수 샤워나 온탕을 하는 것이다. 처음에는 가려움증이 더욱 심해지지만 꼭 참고 물의 온도를 조금씩 높여 주면 가려움증이 서서히 가라앉는다. 이렇게 하면 약 8시간 정도는 가려움증으로부터 해방될 수 있다.

옻은 어떤 약을 사용하더라도 완전히 나으려면 일정한 시간이 걸리게 된다. 이때 가렵다고 해서 더러운 손톱으로 박박 긁어 대면 세균에 의한 2차 감염까지도 우려되므로 주의해야 한다. 따라서 아이들의 경우 자제력이 없으므로 항시 손톱을 청결히 유지해 주도록 한다.

환부가 너무 넓어서 가정 치료가 어려울 때는 병원에 가서 치료받는 것이 좋다.

옴에 걸렸을 때

확대경으로나 볼 수 있는 아주 작은 진드기가 피부에 기생함으로써 일어나는 옴은 그 가려움의 정도가 이루 말할 수 없을 정도다. 오죽하면 '재수 옴 붙었다'란 말이 있겠는가.

이 병원충은 피부를 뚫고 들어가 그곳에 알을 낳는데, 얼마 안 있어 피부에 반응을 일으키면서 발적에서 종창·수포로 단기간에 급속도로 발전해 간다. 이때의 가려움증은 이루 말할 수 없을 정도로 심한데, 그렇다고 해서 마구 긁어 상처를 내면 2차 감염까지 초래하게 되어 치료를 더욱 어렵게 하므로 주의해야 한다.

이 옴은 환자로부터 직접 전염되기도 하고, 옷이나 침구 등을 통해 전염되기도 한다. 그러기 때문에 가정에 옴 환자가 생기게 되면 삽시간에 집안 식구들 모두에게 오르게 된다.

이 옴에 걸렸을 경우, 가려움증을 억제하려면 아스피린이나 냉습포가 효과적이다. 그리고 옻에 올랐을 때처럼 자주 온수 샤워를 하거나 온탕에 들어가 있으면 효과적이다.

이렇게 환부를 따뜻이 해 주면 피부에서 히스타민이 방출되어 처음에는 가려움증이 더욱 심해지지만, 완전히 방출되고 나면 그후 8시간 정도는 가려움증에서 해방될 수 있다.

환자의 옷은 자주 삶는다든가, 겨울 같으면 물에 담가 두어 꽁꽁 얼렸다가 세탁해서 자주 갈아입는 것이 좋다.

그러나 이 옴에 한 번 걸리면 쉽게 완치되지 않으므로 병원에 가서 의사에게 보이는 것이 좋다. 치료를 잘할 경우에는 약 72시간 내에 변화가 보인다.

아이들의 여드름

특히 지성(脂性) 피부를 가진 아이들에게 잘 나타나는 여드름은 사춘기에 들어서면서 전성기를 맞게 된다. 이 여드름을 예방하는 데 가장 좋은 방법은 청결과 위생이지만, 피부 구석구석을 잘 닦아준다고 해서 반드시 여드름을 예방하는 것도 아니다.

얼굴에 여드름이 났을 때는 따뜻한 물수건으로 하루에 몇 차례씩 문질러 주면 모공이 확대되어 효과가 있다. 또, 여드름 치료용 비누로 하루에 3회 정도 잘 닦아주어도 피부의 지방분이 제거되어 효과를 볼 수 있다. 등에 여드름이 났을 경우엔 부드러운 목욕용 수건으로 문질러 준다. 여드름 난 곳에 크림 등을 바르게 되면 증상이 더욱 악화되므로 피한다.

매사에 의욕이 없고 피곤해 하면

아이들의 경우, 특별히 아픈 데도 없는데 매사에 의욕을 잃고 피곤해 하면 편식으로 인한 영양 부족을 생각할 수 있다. 이럴 때는 밥에만 의존하지 말고 여러 가지 반찬을 골고루 섭취토록 독려해 볼 필요가 있다.

찰과상을 입었을 때

몸에 찰과상을 입었을 때는 우선 환부 주위를 깨끗이 소독하고 그 위에 날달걀 껍질을 붙인다. 그런 다음, 그 위를 솜으로 감싸고 붕대로 감아 준다. 이렇게 하면 약간 깊은 상처라도 곪지 않고 깨끗이 낫는다.

아이의 설사

아이가 설사를 하는 것은 영양 부족이거나 세균 감염에 의한 것인데, 이런 때는 죽을 묽게 끓여 준다거나 소화가 잘될 수 있는 음식을 섭취토록 한다.

식중독에 걸렸을 때

서둘러 병원이나 약국에 가면 좋겠지만, 그럴 수 없는 상황이라면 아래의 몇 가지 처방 가운데서 한 가지를 택해 응급 처치한다.

1) 응급 처방으로 쌀뜨물을 마시면 좋다. 오래 되지 않은 양질의 쌀을 2~3번 깨끗이 씻어낸 뒤 다시 박박 문질러 진하게 만든 쌀뜨물을 마시면 효과가 있다.

2) 말린 도라지가루 2스푼과 녹두가루 2스푼을 물 한 컵에 타서 마시면 좋다. 두 가지가 모두 준비되어 있지 않으면 이 중 한 가지라도 복용한다. 도라지 2~3개를 날로 씹어 먹어도 좋다.

3) 생강과 부추를 찧어 생즙을 내어 마셔도 좋다.

차멀미를 예방하려면

사실, 차멀미만큼 고역스러운 것도 없다. 이 차멀미를 예방하려면,

차를 타기 전에 귤껍질과 생강을 2 : 1의 비율로 달여서 복용해 보자. 아주 효과가 있다. 또 차를 타고 가면서 인삼이나 솔잎을 씹어도 멀미 기운이 사라진다.

발의 피로를 풀 때

먼길을 걸어 발이 몹시 피로할 때 맥주병에 올라가 제자리걸음을 하면서 한동안 돌리고 나면 발의 피로가 깨끗이 풀린다.

또 따뜻한 소금물에 한동안 발을 담그고 있어도 피로가 풀린다.

땀을 덜 흘리려면 발바닥에 물파스를

다른 사람에 비해 평소에 유난히 땀을 많이 흘리는 사람이 있다. 이런 사람들에게 있어 특히 여름철은 고역이 아닐 수 없다. 여름철 정장을 차려 입기라도 할라치면 더더욱 그러하다. 속옷은 물론 겉옷까지도 흠뻑 젖어 버리는 것이다.

이런 때 조금이라도 땀을 덜 흘리고 싶으면 발바닥에 물파스를 발라 준다. 발바닥은 정신성 발한의 급소이기 때문에 여기에 물파스를 발라

줄 경우, 물파스가 대뇌에 있는 발한 중추에 영향을 미쳐 땀이 나는 것을 억제해 준다.

무좀 퇴치법

한번 걸리면 무덤까지 가지고 가야 한다는 무좀. 이 무좀을 오래 방치하게 되면 상처가 점점 깊어지게 되어 치료하기가 무척 어렵게 된다. 이 골치 아픈 무좀을 간단히 퇴치할 수 있는 비법을 소개한다. 햇볕에 바짝 말린 귤껍질을 태워 그 연기를 환부에 쏘여 주는데, 그러기를 하루에 4~5차례씩 2~3주일 계속하면 효과를 볼 수 있다.

살 속으로 파고드는 발톱을 아프지 않게 깎으려면

살 속으로 파고들어 가는 억센 발톱을 아프지 않게 깎으려면 우선 발톱을 부드럽게 해야 한다. 탈지면에 식초를 흠뻑 적셔 발톱 위에 약 10분간 올려놓으면 발톱이 물러지면서 통증이 멎게 되는데, 이때 손톱깎이로 자르면 아프지 않고 잘 깎인다.

아이가 독물을 먹었을 때

10대의 경우 자살을 목적으로 다량의 약물을 복용하는 수가 있다. 이런 때는 대개 토하게 하는 것이 좋으나, 독물의 종류에 따라 토하게 해야 할 것과 토하게 해서는 안 될 것이 있다.

대개는 토하게 하는 것이 좋지만, 독물이 강(强)알칼리(배수관의 세정액·오븐 클리너 등), 강산(强酸 : 바테리의 산·황산·염산·표백제 등), 또는 석유 제품을 함유하고 있는 경우에는 토하게 하면 안 된다. 이런 물질들은 구토할 때 폐에 염증을 일으키거나 식도를 파괴하기 때문이다. 이런 때는 의사와 연락을 취하면서 우유를 먹여 약물을 중화시키면 좋다. 만일 우유가 없으면 물이나 수프 또는 마그네시아 유제(제산제)를 먹어도 좋다.

그 밖의 약물을 음독했을 시엔 어떤 수단으로든 아직 흡수되지 않은 독물을 비워 내야 하는데, 우선 구토제를 먹여 독물을 토하게 해야 한다. 아이의 체중에 따라 1큰술 내지 2큰술의 구토제를 먹이고 나서 물이나 우유 1컵을 먹이도록 한다.

구토제를 먹은 뒤 20분이 지나도 토해 내지 않으면 같은 양을 한 번 더 먹이고, 40분이 지나도 토하지 않으면 의사에게 가서 위 세척을 받아야 한다. 구토제가 위에 들어간 채로 있으면 그것이 또 다른 문제를 일으키기 때문이다.

그 밖에 구토시키는 방법으로는 겨자를 물에 타서 먹이거나, 인후 깊숙이 손가락을 넣는 방법이 있다. 병원에 갈 때는 반드시 독물이 어떤 종류인가를 확인하고 가야만 적절한 치료가 가능하다.

목구멍이 아플 때

겨울철에 입을 벌리고 자거나 입으로 호흡하게 되면 목구멍이 건조해져 따끔거리며 열이 나고 아픈 경우도 있다. 이런 때는 찬 음식이나 아스피린이 효과가 있다. 식염수 양치질이나 벌꿀 및 레몬을 넣은 홍차를 먹으면 통증이 완화된다. 실내에 가습기를 틀어 주어도 좋다.

아기가 자꾸 보챌 때

예로부터 '아기가 울 때 젖 안 주는 엄마 없지만, 물 주는 엄마 또한

없더라'는 말이 있다. 이처럼 어른들은 아이가 울 때 물을 생각하지 않고 엉뚱한 곳에만 신경을 쓰곤 하는데, 아기가 까닭 없이 자꾸 보채며 울 때는 병원을 생각하기 전에 보리차를 한번 먹여 보자. 목이 말라 우는 수가 있기 때문이다. 그래도 울면, 그때 다른 것을 생각해 보자.

아이가 이물을 삼켰을 때

어린아이들의 경우, 손에 잡히는 대로 입에 넣는 습관이 있는데, 그러다 보면 단추나 동전, 못 등이 목에 걸려 부모를 놀라게 하는 때가 있다.

아이가 동전이나 단추 등을 삼켰을 때 가장 유의해야 할 것은 그것이 기도를 막았는지 어떤지를 확인해야 한다. 아이가 격렬한 기침을 한다거나 호흡 곤란을 겪고 있다면 기도에 걸렸다는 증거다. 이런 때 아이가 조금이라도 숨을 쉬고 있다면 급히 병원으로 데려 가야 한다. 그렇지 않고 어설프게 빼내려 하다가 이물이 더 깊이 들어가 완전히 기도를 막을 우려가 있기 때문이다.

그런데 문제는 이물이 완전히 기도를 막고 있어서 호흡할 수 없는 경우다. 이런 때는 아이의 가슴을 힘껏 조여 주거나 아이를 거꾸로 쳐들고 등을 두드려 주면 이물이 나오는 수가 있다.

또 한 가지는 아이가 이물을 완전히 삼키고 났을 때 아이의 반응을 살펴야 한다. 단추나 동전 등과 같은 경우라면 크게 걱정하지 않아도 되겠지만, 만일 예리한 양철 조각이라든지 못 등을 삼켰다면 문제가 아닐 수 없다. 이때 복통이나 구토 증상이 함께 나타난다면 이물이 복부에 어떤 문제를 일으키고 있다는 신호로 보면 된다. 따라서 일단 병원에 데리고 가야 한다. 만일 이물이 장을 뚫고 나왔다면 수술이 불가피하다.

눈에 다래끼가 나면

눈에 다래끼가 나면 신경 쓰이지 않을 수가 없다. 이런 때는 뜨거운 물수건으로 하루에 3~4번 가량 눈 위에 대고 온습포를 해 주면 좋다. 이렇게 온습포를 해 주면 농양의 상부 조직이 얇아져서 농의 배출구가 쉽게 뚫리게 되고, 그렇게 되면 농이 그곳을 통해 자연히 흘러나오게 된다.

이렇게 집에서 이틀 정도 치료했는데도 별다른 효과가 없으면 병원을 찾아가 치료받는 것이 좋다.

옥시풀·옥도정기·머큐로크롬의 보관법

어린아이가 있는 가정에서는 옥시풀·옥도정기·머큐로크롬 등을 갖춰 놓을 필요가 있는데, 이들 상비약을 잘못 보관하면 증발해 버리거나 엎질러질 염려가 있다. 따라서 이런 것들은 모두 주둥이가 큰 병에다 옮겨 담은 다음, 여기에 탈지면을 조금 잘라 앵두만하게 말아서 여러 개 넣어 둔다. 이렇게 하면 탈지면에 액체 약이 흡수되어 쏟아질 염려도 없고, 또 사용할 때마다 솜을 찾는 번거로움도 없다. 특히 바다나 산으로 갈 때 이렇게 준비하면 간편해서 좋다.

MEMO

오너 운전자를 위한 상식

오늘날은 마이카 시대!
그런만큼 자동차에 대한 웬만한 기초 지식은
평소에 알아 둘 필요가 있다.
사소한 고장까지 카센터에만 의존할 수는 없는 일.
경비도 경비려니와 심야 운전 중이나
외진 곳에서 문제가 생기면 속수무책!
운전자라면 꼭 알고 있어야 할
자동차 및 기초 운전 상식에 대해 알아본다.

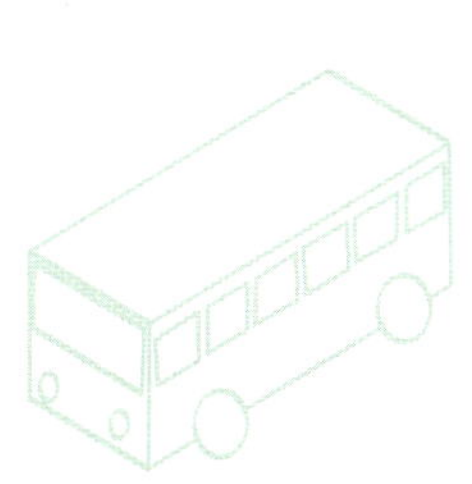

오너 운전자를 위한 상식

연료 절약 운전법

고(高) 유가 시대를 맞아 자동차 전문가들이 분석한 절약 운전의 길을 제시한다.

1) 저단 기어를 넣고 고속 주행을 하거나 저속도에 이르기 전에 기어 변속을 하면 연료 소모가 급격히 늘어나게 된다.

2) 실내를 덥히느라 차를 세워 놓고 장시간 기다리는 사람이 있는데, 이렇게 10분간 공회전하게 되면 약 200cc의 연료가 소모된다. 소형차의 경우 2km까지 주행할 수 있는 연료이다. 한 달에 다섯 번이라고 할 때 1,000cc, 즉 2,000원 가량이 거저 날아가는 셈이다. 따라서 시동을 걸고 약 2~3분 가량만 제자리에서 공회전한 뒤 서서히 운전하는 게 경제적 운전법이다.

3) 요철 경사가 심한 도로나 비포장 도로 등에서는 타이어의 정지력이 떨어져 포장 도로보다 1,000cc당 약 3.2km를 손해 보게 된다.

따라서 가능하면 포장 도로와 같이 상태가 좋은 길을 선택하는 것이 연료 절약을 위해 좋다.

4) 불필요하게 클러치나 브레이크 페달을 자주 사용하게 되면 연료 소모는 물론 브레이크 라이닝의 수명이 단축돼 제동 효율도 떨어지게 된다.

5) 신호 정지에 걸려 있다가 가속 페달을 세게 밟으며 급가속할 경우 부드럽게 움직이는 차량보다 약 10cc 가량의 기름을 더 잡아먹는다. 한 달에 20회만 잡아도 약 2㎞ 주행분의 연료가 그냥 날아가게 된다.

6) 신호 대기 중이거나 시동 건 직후, 또는 엔진을 끄기 전에 습관적으로 악셀 페달을 밟으며 공회전시키는 사람도 있다. 서너 번 강하게 악셀 페달을 밟으면서 공회전할 경우 1회에 50cc 가량의 기름이 소모된다.

7) 트렁크에 불필요한 짐을 많이 싣고 다니는 사람이 있는데, 짐 10kg을 싣고 50㎞를 달릴 경우 80cc 가량의 연료가 더 소모되게 된

다. 따라서 텐트나 낚시 도구 등 당장 필요로 하지 않는 물건들은 싣고 다니지 않는 것이 좋다.

8) 타이어의 공기압이 표준보다 30% 낮을 경우 10%의 연료가 더 낭비되고, 반대로 30% 높으면 8%의 기름이 더 소모된다.

9) 점화 플러그가 더러워지거나 전극 틈새가 바르지 못하면 불완전 연소로 인해 6~7%의 연료가 더 소모된다. 따라서 플러그의 조정과 청소는 5,000km마다 한 번씩 하는 것이 좋다.

10) 시속 100km로 달리던 것을 80km로 속도를 낮추면 10~20% 가량의 연료를 절약할 수 있다.

🜂 차창에 김이 서렸을 때

겨울철에 차를 운전하다 보면 안과 밖의 온도차로 인해 차창 내부에 김이 서리게 된다. 이런 때 에어컨을 감깐만 켜 놓으면 순식간에 차창의 김이 사라지게 된다.

🜂 앞 차창이 얼었을 때

추운 겨울철 아침이면 흔히 볼 수 있는 현상이다. 이럴 때는 먼저 앞 차창에 히터의 따뜻한 기운이 몰리게 해 놓고 플라스틱 주걱으로 서서히 경사 각도로 얼음을 밀어 주면 된다. 또 해빙제를 골고루 뿌린 다음, 주걱을 이용해 같은 방법으로 청소하면 더욱 좋다. 이를 방지하게 위해선 주차할 때 신문지로 앞차창을 감싸듯이 덮어 주면 좋다.

🜂 클러치가 작동되지 않을 때

만일 클러치가 작동되지 않으면 시동을 끈 채 기어를 1단에 넣는다.

가속 페달을 1/3쯤 밟고 키를 돌리면 시동이 걸리면서 차가 앞으로 나간다. 차가 갑자기 출발할 수도 있으므로 조심해야 한다.

차가 달리면 속도에 맞춰 기어를 바꿔 준다. 요령은 가속 페달을 떼면서 기어를 뺐다가 엔진 회전수가 떨어지기 전에 기어를 빨리 넣는다.

만일 기어 변속에 실패하면 가속 페달을 빨리 밟은 다음 원하는 단수로 기어를 민다. 정지할 때는 가속 페달을 떼면서 기어를 중립에 좋고 브레이크를 밟는다.

◉ 엔진룸에서 흰 연기가 날 때

시동을 끄지 않은 상태에서 보닛을 열고 20분 가량 엔진을 식힌다. 수온계 바늘이 2/3 정도로 내려오면 엔진 회전수가 1,500m를 넘지 않게 하면서 가까운 정비소로 간다. 냉각수가 모두 빠져나가도 공기의 냉각 효과로 몇 km는 갈 수 있기 때문이다. 또 엔진이 식은 다음 라디에이터 캡을 열어 냉각수(수돗물도 가능)를 채워 준 뒤 정비소에 가도 된다.

◉ 계기판에 경고등이 켜졌을 때

오일 경고등이 켜지면 시동을 끄고 5~10분 가량 기다렸다가 엔진 오일을 체크한다. 그래서 만일 오일이 부족하다면 즉시 보충하고, 그렇지 않고 아직 오일이 남아 있다면 경고등의 고장이다.

충전 경고등이 켜지면 올터네이터에서 나오는 전기량이 부족하거나 팬 벨트가 끊어졌다는 신호이다. 그러나 이때도 배터리의 힘으로 10~20㎞는 더 갈 수 있다. 정비소가 멀리 떨어져 있다면 예비용 팬 벨트로 교환해 준다.

그리고 엔진 경고등이 켜지면 엔진의 전자나 배가가스 계통에 이상이 있다는 신호이다. 경고등이 켜졌다 해도 시동이 꺼지지는 않지만 곧바로 수리해야 한다.

철길 건널목에서 차가 멈췄을 때

먼저 1단 기어를 넣은 상태에서 클러치를 밟지 말고 시동키만 돌려도 10여 미터는 충분히 갈 수 있다. 클러치를 밟아야 시동이 걸리는 차는 재빨리 내려 차를 밀다가 안 되면 사람이라도 피한다.

헤드라이트가 꺼졌을 때

헤드라이트가 갑자기 꺼지는 원인은 여러 가지가 있지만 퓨즈가 끊어진 경우가 대부분이다. 이때는 퓨즈 박스를 열어 예비용 퓨즈로 교환한다. 만일 여분이 없다면, 같은 용량 중 당시 쓰이지 않는 퓨즈를 대신 쓴다. 퓨즈의 용량과 용도는 퓨즈 박스에 적혀 있다.

눈이 많이 쌓인 길을 주행할 때

도로에 눈이 많이 쌓였을 경우엔 2단 기어로 도중 변속 없이 달리도록 한다. 눈이 쌓인 곳을 너무 느리게 달리다가는 차가 눈 속에 빠져 옴쭉달싹하지 못하게 될 수도 있으므로 적당한 속도를 내어 핸들을 섬세하게 조작하면서 주행하도록 한다. 코너를 돌 때는 그 직전에서 엔진 브레이크를 밟아 충분히 감속하도록 한다.

아무리 스노 타이어를 장착했다 하더라도 눈 내린 곳을 주행할 때는 충분한 감속 운전을 하고, 핸들 꺾는 정도를 작게 하는 것이 상식이다.

그리고 눈길에서 빠져 나온 뒤에는 차를 안전한 공간에 세운 뒤 바퀴 주변에 묻어 있는 눈을 떨어낸 뒤에 주행하도록 한다. 만일 그대로 주행하게 되면 펜더 내부나 하체에 붙어 있는 눈이 그대로 얼어붙게 되어 주행 중에 잡음을 내거나 핸들 조작에 방해를 주기까지 한다.

바닷가를 다녀온 뒤에는 구석구석 세차해야

 바닷가에 다녀오면 깨끗이 세차하는 것이 기본.

해안 도로를 달리다 보면 흙이나 소금기 등이 차체에 묻게 마련이다. 그런데 이러한 소금기 있는 오물을 깨끗이 제거해 주지 않으면 차체 부식의 원인이 된다. 따라서 차체는 물론, 타이어의 휠 안쪽을 잘 씻어내고, 라디에이터나 이음새 등에 끼여 있을 수 있는 벌레도 떨어낸다.

또 실내와 트렁크도 깨끗이 청소한다. 바닷가에 갈 때 가지고 갔던 음식 등이 엎질러져 절어붙게 되면 좀처럼 지워지지 않을 뿐만 아니라 위생에도 좋지 않기 때문이다. 바람 부는 날을 택해 차문을 열어 통풍시키고 탈취제를 약간 뿌려 주면 좋다. 그리고 진공 청소기로 모래나 먼지 등을 빨아들이고 헝겊에 물이나 휘발유 등을 묻혀 잘 닦아낸다.

냉각장치 점검과 냉각수 보충

냉각수의 양은 수시로 점검해야 한다. 엔진이 냉각된 상태에서 냉각수가 저장 탱크의 최고선과 최저선 사이에 있어야 정상이다. 냉각수가 적정 수준 아래에 있게 되면 보충해 준다. 항상 최저선보다 위를 유지토록 한다. 냉각수는 엔진이 냉각되었을 때 라디에이터와 저장 탱크의 뚜껑을 열고 보충하면 된다. 그리고 그 상태에서 라디에이터 호스가 더워질 때까지 엔진을 돌려 냉각수 양이 정상이 되었을 때 뚜껑을 꽉 잠근다.

냉각수를 보충한 지 얼마 되지 않았는데도 양이 눈에 띄게 줄어들었다면 냉각수가 새는 것이므로 정비소에 가야 한다. 냉각수가 새거나 모자라면 오버히트가 일어나는데, 그 원인이 팬 벨트에 있는 경우도 있으므로, 팬 벨트가 느슨해져 있는지, 아니면 끊어졌는지를 살피도록 한다.

배터리 케이스·터미널·전해액 살펴보기

배터리는 차체에 고정되어 있지만 비포장 도로와 같이 울퉁불퉁한 길을 오래 달리면 조임 상태가 느슨해진다. 그런데 그 상태로 계속 운행하게 되면 배터리가 흔들려 케이스나 극판이 손상될 수 있고, 또 배선이 연결된 터미널이 헐거워질 수 있는데, 그렇게 되면 전기가 고르게 흐르지 않고 배터리의 전해액이 흘러나와 코드의 접속을 나쁘게 하거나 차체의 금속을 부식시킨다. 따라서 배터리 케이스와 터미널 등을 꽉 조여 준다.

배터리 액은 배터리 캡을 열어 보아서 최고와 최저선 사이에 있으면 된다. 또 터미널의 간극을 살펴 부식된 곳이 있으면 닦아주고 방청제 등을 뿌려 준다. 강한 직사광선 아래에 차를 오랫동안 세워 두면 배터리 액이 쉽게 증발되므로 꼭 확인해 보아서 모자라면 보충해 주도록 한다. 무보수 배터리는 액을 보충할 필요가 없다.

차에서 이상한 소리가 나면 반드시 점검한다

운전 중에 차에서 이상한 잡음이 들리면 반드시 점검하고 넘어가야 한다. 차에서 잡음이 난다는 것은 차에 이상이 생겼다는 신호이기 때문이다.

　서스펜션의 리프 스프링에 녹이 슬었을 때는 차에서 삐걱거리는 소리가 나며, 머플러 밴드가 끊어졌거나 쇼크 옵서버가 나빠져서 노면의 진동을 흡수하지 못할 때는 덜컹거리는 소리가 난다. 그 외에 핸들을 꺾을 때나 가속할 때 잡음이 들리면 정비소에 가서 점검을 받아야 한다.

◉ 엔진 오일·브레이크 오일 점검

　우선 오일이 새는지 어떤지를 확인한다. 뜨거운 여름날 장거리를 달리다 보면 오일이 약간씩 샐 수도 있고, 오일에 기포가 생겨 양이 줄어들거나 농도가 묽어지기도 한다. 따라서 오일 교환 시기가 멀었더라도 미리 체크해서 이런 현상이 눈에 띄면 보충하거나 교환한다.

　엔진 오일 점검 요령은, 차의 보닛을 열어 엔진 옆에 있는 오일 게이지를 빼내어 천으로 깨끗이 닦은 후, 오일 탱크에 넣었다가 다시 빼내어 오일의 양을 살펴보았을 때 최고와 최저선 사이에 있으면 정상이다.

　여름철에 뜨거운 노면 위를 달리게 되면 브레이크 라이닝이 열을 받아 쉽게 뜨거워진다. 이런 때 긴 내리막길을 달리면서 자주 브레이크

페달을 밟을 경우, 브레이크액이 끓어 기포가 생기면서 유압 기능이 되지 않는 배이퍼록 현상이 생긴다. 이 때문에 브레이크의 제동력이 상실되기도 하므로, 브레이크액의 관리에 신경 써야 한다.

방향지시등이 켜지지 않을 때

운행 중에 지시등의 점멸 횟수가 너무 빠르거나 느린 경우가 있는데, 이는 지시등의 어느 한쪽이 고장으로 인해 작동하지 않고 있기 때문이다. 지시등의 전구가 나가 버렸을 때는 점멸이 안 되는 쪽의 전구를 교환해 주면 된다. 만약 교환용 전구가 없을 시에는 후진 등의 전구를 임시로 대체하여 사용할 수 있다.

양쪽 지시등이 모두 켜지지 않으면 퓨즈가 나갔는지를 살펴본다. 퓨즈가 정상이면 스위치나 다른 부분의 고장이므로 카 센터에 가도록 한다.

라디오가 켜지지 않거나 갑자기 라이트가 꺼질 때도 이처럼 퓨즈에 원인이 있을 때가 대부분이다. 이런 때는 운전석의 대시보드 아래에 퓨즈 박스가 있으므로 용량에 맞는 것을 골라 퓨즈를 갈아 끼우면 된다.

용량에 맞는 퓨즈가 없을 때는 끊어진 것보다 용량이 큰 퓨즈에 담배 은박지를 감아서 임시로 사용하고, 그것조차 없을 경우엔 라디오·히터 등과 같이 차가 달리는 데 지장이 없는 부분의 퓨즈를 빼내어 임시로 사용하도록 한다.

차창에 눈을 닦아내려면

아침에 출근하려고 보니 자동차에 눈이 덮여 있다. 이런 때 대충 앞만 보이도록 유리창을 문지르고 운전하는 사람이 있는데 이는 매우 위험하다. 햇볕에 눈이 녹아 흘러내려 번거롭기도 하지만, 운전이란 전후

좌우의 상황을 모르고는 결코 진행이 불가능하기 때문이다.

따라서 다소 시간이 걸리더라도 유리 부분의 눈은 반드시 걷어내고 운전해야 한다. 이런 때 뜨거운 물을 유리창에 붓거나 윈도 브러시를 마구 작동시키는 사람이 있는데, 뜨거운 물은 얼마 안 있어서 살얼음으로 바뀌게 되고, 무리한 윈도 브러시의 작동은 유리에 흠집을 낼 우려가 있으므로 피하는 것이 좋다.

이런 때는 유리창에 얼어붙은 눈을 무리하게 쓸어내리려 하지 말고, 차의 시동부터 걸고 히터를 유리창 방향으로 틀어 놓는다. 그리고 약 2~3분 후 창에 얼어붙은 눈이 녹기 시작할 때 바깥쪽에서부터 천천히 걷어내면 된다. 유리창에 딱딱하게 붙어 있는 성에나 얼음 덩어리는 플라스틱 책받침 같은 매끄럽고 단단한 물건으로 긁어내면 쉽게 떨어진다. 면도칼 같은 날카로운 금속을 사용하면 유리창에 흠집이 날 수 있으므로 피해야 한다.

어린이를 차에 태울 때

어린이를 조수석 대시보드 앞에 세워 두거나 뒤 도어에 서 있게 하면 위험하기 짝이 없다. 따라서 어린이는 어떤 경우라도 의자에 앉히고 안전 벨트를 매 주도록 한다. 키가 150㎝ 이하인 어린아이의 경우 조수석의 안전 벨트가 맞지 않으므로 반드시 뒷좌석에 앉히고, 150㎝ 이상의 아이를 조수석에 앉힐 시는 볼륨이 있는 두툼한 방석이나 쿠션 등을 뒤에 받쳐 주면 효과적이다. 그리고 유아일 경우엔 유아용 안전 시트(안전벨트가 달린 보조의자)에 앉히도록 한다.

에어백을 장착했을 시의 주의 사항

안전 운전에 대한 관심이 늘어나면서 에어백 장착 차량도 늘고 있다. 그러나 어른의 경우는 별 문제될 것이 없지만, 어린아이의 경우, 유아용 안전 시트에 앉히지 않고 그냥 안전 벨트만 매어 주면 에어백 작동 시 그 충격량을 감당하지 못해 목을 다칠 우려가 있다.

따라서 에어백 장착 차량에 아이가 승차했을 시는 반드시 베이비 시트를 장착하고 안전 벨트로 고정시켜 주어야 안전하다. 갓난아이를 차에 태우고 갈 때 엄마와 눈높이를 같이하는 것이 좋다는 생각에 유아용 안전 시트를 조수석 등받이와 마주보도록 장착시키는 경우가 있는데, 이는 위험하기 짝이 없다. 에어백이 작동하게 되면 아이가 조수석 등받이로 튕겨나가게 되어 다칠 우려가 있기 때문이다. 실제로 이렇게 하여 목숨을 잃었다는 보도가 있고 보면 방심할 일이 아니다.

사고 발생시 조치(운전자 및 승객)

교통 사고가 발생하면 즉시 정차하여 사상자를 구호하고, 필요한 조치를 하며, 현장의 경찰관에게(현장에 경찰관이 없으면 가장 가까운 경찰서·파출소·교통 초소 등의 경찰관서에 찾아가서) '사고 장소, 손괴한 물건, 손괴의 정도, 기타 사고와 관련된 조치 사항 등'을 신고해야 한다(도로교통법 제50조, 사고 발생시의 조치). 신고 제한 시간에 대한 규제는 없으며, 응급 구호 조치를 끝내고 자유로운 시간에 접수한다.

가벼운 인사 사고가 났을 때

인사 사고의 정도가 경미하다 하더라도 그냥 지나치지 말고 향후에 발생할지도 모를 문제의 소지를 사전에 제거하는 것이 좋다. 즉, 피해자로부터 '다친 곳이 없다'는 확인서를 받아 놓거나, 이를 거절할 경우, 인근 병원으로 가서 부상 여부를 확인하고 부상이 없다는 의사의 소견서를 받아 놓아야 한다. 이것마저도 피해자가 불응할 때는 경찰서에 신고하고 신고 사실을 확인받아 놓아야만(신고받은 경찰관의 계급·직책·성명 및 신고 일시 등) 후일을 보장받을 수 있다.

가벼운 물피 사고

당황한 나머지 경솔하게 판단하여 자기의 일방 과실을 인정하거나 손해 배상해 줄 것을 약속해서는 안 된다. 사고 상황에 대한 메모 및 증거나 증인을 확보한 뒤 보험회사에 통보하여 자문을 구하는 것이 좋다.

또한 피해자일 경우, 가해자가 사고 수습에 미온적인 태도를 보이면 가해 차량 번호·소유자·운전자·운전면허증 번호 등을 확인 기록해 두고 경찰관서에 신고하는 것이 유리하다.

중상·사망 사고(큰 물피 사고 포함)

사상자를 구호하고, 필요한 조치를 하며, 현장의 경찰관 또는 가장 가까운 지서·파출소·교통 초소 등의 경찰 관서에 신고해야 한다.

MEMO

여성의 미용과 건강

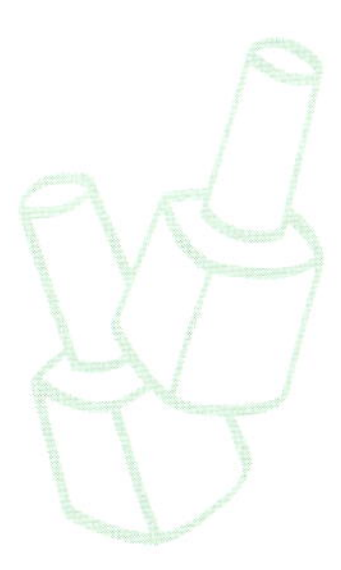
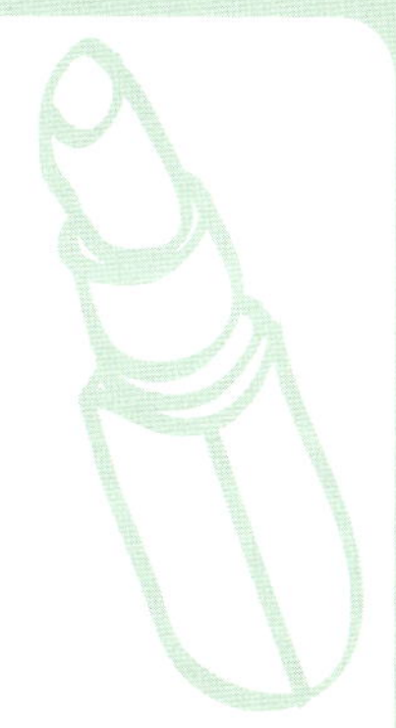

남성에 비해 여성은 특히 자신의
외모에 대해 많은 신경을 쓴다.
하지만 많은 여성들이,
어떻게 해야 자신의 아름다움과 건강을
유지할 수 있는지 그 방법에 대해선
잘 모르고 있다. 따라서 여기에선,
알아두면 유익한 여성의 미용과
건강 상식에 관해 알아보기로 한다.

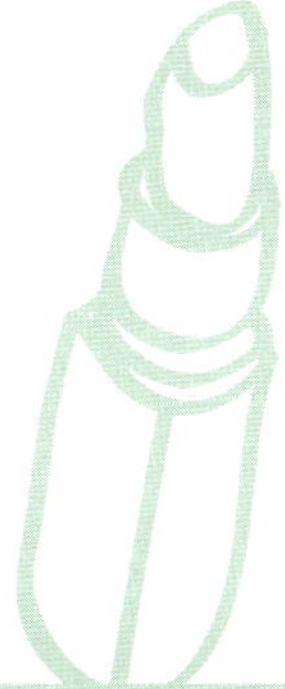

여성의 미용

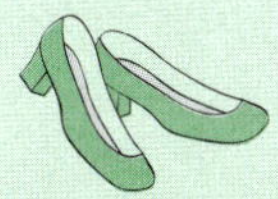

멋은 마음에서 우러나와야

사람을 끄는 힘을 매력이라고 한다. 그런데 이 매력은 두 가지 면에서 발휘될 수 있다. 하나는 겉보기를 좋게 하는 것이고, 다른 하나는 개성이라든가 실력과 같은 내면을 충실히 하는 것이다. 겉보기의 매력은 수동적이고 내면적인 매력은 적극적이다. 유행을 따르거나 몸 화장에 열을 올리는 따위는 모두가 소극적인 매력이다. 내면을 계발하는 매력이 바로 적극적인 매력이다.

멋내기란 말은 자칫 사치로 들리기 쉽다. 그 본질은 자기의 아름다움을 유감 없이 나타내는 것으로, 여성이면 누구든지 멋을 부려서 나쁠 것이 없다.

그러나 멋내기는, 조금이라도 아름다운 복장을 하고 있으면 기분이 좋아지는 것처럼, 자기 자신의 마음 속에서 우러나온 멋내기, 자기 기분이 좋아지는 몸단장이라야 남의 호감도 살 수가 있다. 그렇지 않고 남에게 보이기 위한 멋내기라면 아무리 재간 있게 꾸며도 남으로부터 경멸당하기 십상이다.

'눈화장은 제대로 되었고, 머리는 흐트러지지 않았는지, 또 액세서리는 제자리에 보기 좋게 붙어 있는지…….'

이렇게 작은 거울에다 자기의 일부분만 비쳐 보고 외출하는 여성이 대부분인데, 사람들의 눈에 비치는 거리에서의 모습은 그러한 일부분이 아니라 온몸인 것이다. 그러므로 외출할 때는 거울에 반드시 온몸의 차림새를 비쳐 보고 조화가 잘 이루어졌는지를 살펴보아야 한다.

어촌에는 미인이 없다?

"산촌에는 미인이 많아도 어촌에는 미인이 없다"란 말이 있다. 이 말은 소금의 섭취량이 많고 적음에 비유한 말로, 소금은 우리 몸에 필요한 것이긴 해도 지나치면 건강에 해로울 뿐 아니라, 특히 여성들의 경우에는 그 영향이 주름살로도 나타나고, 또 머리카락에도 나타나 숱이 적어지고 윤기가 없어진다. 단것은 뚱뚱해지기 때문에 좋지 않고, 짠것은 미인이 되는 데 있어 절대 좋지 않다는 사실을 명심할 것.

매니큐어를 지웠으면 크림 마사지를

손톱은 보기에는 딱딱하지만 7~12%의 물기를 가지고 있다. 그래서 아세톤 등을 자주 바르면 손톱의 물기를 없애므로 표면이 건조해져서 부서지기 쉽게 된다.

손톱에 매니큐어를 하루에도 몇 번씩 지웠다 발랐다 하는 일은 손톱을 망가뜨리는 결과를 초래한다. 매니큐어를 지우면 반드시 손톱에다 기름기가 많은 크림을 듬뿍 발라서 마사지를 해야 한다.

◉ 손톱을 빛내는 치약

손톱을 치약으로 닦는 것도 좋은 미용법. 손톱을 다듬은 다음에 손톱용 솔에다 치약을 묻혀서 손톱이 자라나는 방향으로 닦는다. 이때 물은 필요 없으며, 닦고 난 다음에는 깨끗이 훔쳐내고 크림을 발라 둘 것을 잊지 말아야 한다. 이렇게 하면 손톱이 깨끗하고 광택이 난다.

◉ 비누가 피부에 맞지 않을 때

아무리 비누를 이것저것 갈아 써 보았지만 별 효과를 보지 못했다면 이렇게 해 보자. 마지막 헹구는 물에 식초를 몇 방울 떨어뜨리고 나서 몸을 씻으면 거친 피부가 부드러워진다.

그럼, 설거지나 손빨래 등과 같이 물일을 많이 해서 손이 거칠어졌을 때는 어떻게 하면 좋을까? 우선 잠자리에 들기 전, 손에 크림을 듬뿍 바른 다음, 면장갑을 낀 채로 자고 나면 피부가 부드러워진다. 그러기를 2~3일간 계속한다.

◉ 머릿결을 곱게 하려면

머릿결을 아름답게 하려면, 아침저녁 규칙적으로 솔질하여 때를 빼고 두피에 자극을 주어야 한다. 솔질은 적어도 50번은 해야 하는데, 머리에 기름이 모자라면 헤어크림을 바르도록 한다. 돼지털로 만든 브러시는 연한 머리에 적합하고 머리에 윤기를 내는 데 좋으며, 나일론제는 빳빳한 머리와 두피에 자극을 주는 데 좋다.

🔵 처음 머리 염색시엔 피부 시험을

흰머리를 감추기 위해 염색을 하는 경우가 많은데, 잘못하면 피부가 가렵고 헐어 고생하는 수가 있다. 따라서 염색을 처음으로 할 때는 염색약이 자기 피부에 맞는지 어떤지 시험을 해 보아야 한다.

🔵 치아를 희게 하려면

 누런 치아를 희게 하려면 레몬을 가제에 묻혀 닦으면 되는데, 이렇게 하면 레몬이 가지고 있는 비타민 C의 작용으로 잇몸도 튼튼해지는 일석이조의 효과가 있다.

🔵 귤껍질 목욕

귤껍질을 가는 망사 같은 데 담아서 목욕탕 물을 데울 때 물 위에다 띄워두면 그 향기로 인해 기분이 상쾌해질 뿐만 아니라 피부에도 좋다.

🔵 찬물로 세수하면 피부에 좋다?

날씨가 싸늘해지면 더운물로 세수를 하게 된다. 그런데 더운물로만 세수를 하게 되면 피부의 지방을 너무 빼 버리는 결과가 되어 잔주름이 생기기 쉽다. 사람에 따라서는 추운 때라도 찬물로 세수를 하는 것이 피부에 좋다고 해서 그렇게 하는 사람도 있는데, 실은 얼굴에 잔주름을 방지하는 세수법은 그 어느 쪽도 아니다. 제일 좋은 방법은 먼저 미지근한 물로 세수를 한 다음, 찬물로 다시 헹궈서 피부에 생기를 주게 하는 방법이라는 것을 잊지 말자.

언제 어디서나 미용 체조를

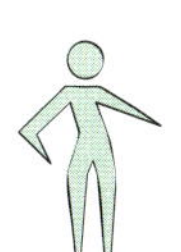

여성들은 건강을 위해서도 그렇지만 미용을 위해서도 그때그때의 간단한 운동이 대단히 중요한 구실을 한다.

미용 체조를 따로 하지 않더라도, 이를테면 버스나 지하철을 기다리는 시간에 자기의 몸매를 아름답게 가꿀 수 있는 간단한 운동이 있다. 즉, 무릎과 허리를 꼿꼿하게 펴고 얼굴은 정면을 바라보며 차려 자세로 선다. 이때 배는 안으로 당기듯 힘을 주고 가슴은 한껏 돌출시키도록 한다. 이런 자세로 몇 분간만 서 있는 연습을 며칠 되풀이하면 전체 몸매의 균형을 잡는 데 가장 손쉽고 효과적인 운동이 된다.

화장품의 관리

아무리 좋은 화장품이라도 사용 중에 보관을 소홀히 하면 내용물이 변질되거나 상하기 쉽다. 깨진 용기에 든 화장품을 오래 두고 사용하면 산화되므로 다른 용기에 옮겨놓는 것이 좋으며, 또 화장품을 빈 용기에 덜어 사용하는 경우도 되도록 공기와의 접촉이 적도록 작은 용기를 사용해야 한다.

손바닥에 화장품을 손에 너무 많이 따라, 남는 것이 아깝다 해서 다시 용기 속으로 집어넣으면 산화되고, 또 잡균이 번식할 염려가 있어서 좋지 않다.

눈썹을 다듬을 때

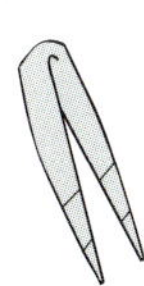

모양을 다듬기 위해 눈썹을 뽑을 때는 우선 콜드크림을 조금 바르고 마사지부터 한다. 그러고 나서 눈썹을 뽑으면 그다지 아프지 않다. 그리고 한 올씩 털의 뿌리 부분을 집어서 털이 자라난 방향으로 살짝 뽑아내면 염증이 생기지 않는다.

마사지는 습관화하는 것이 좋다

얼굴에 크림을 바르고 하는 마사지는 겉 피부에 저항을 기르고, 피부에 적당한 기름기와 수분을 공급하는 점으로 미용상 큰 효과가 있다. 이 얼굴 마사지는 2~3분 정도라도 매일 습관화하는 것이 효과적이다. 흔히 미장원 같은 데서 한 시간이나 그 이상 자면서 하는 일시적인 마사지는 스트레스 해소에 따른 정신적 컨디션 조절에는 좋지만 미용 효과는 생각보다 그렇게 높지 않다.

햇볕에 피부가 탔을 때는 오이즙을

햇볕에 피부가 많이 탔을 때는 오이즙을 내어 피부에 바르면 통증이 한결 덜하고 피부도 덜 상한다. 그리고 땀띠가 난 아이들에게도 오이즙을 내서 발라 주든가, 오이를 잘랐을 때 나오는 액을 발라 주면 효과가 아주 좋다. 땀띠를 없애는 또 한 가지 방법은, 물에다 식용 소다를 조금 풀어서 그 물을 가제에 적셔 닦아주어도 깨끗이 없어진다.

달걀 팩

달걀로만 팩을 하면 가려움증이 생기고 두툴두툴 무엇이 돋는 경우도 있다. 따라서 반드시 배합 방법을 알아서 하는 것이 좋다.

우선 건성 피부에는 흰자만을 사용하고, 지방성 피부인 경우는 노른자를 사용하는 것이 좋다. 방법은 달걀 노른자에 술이나 설탕 한 찻술과 밀가루 한 찻술을 곱게 저어서 바른다. 이때 비타민 정제 두어 알을 빻아서 넣어도 효과적이다.

남은 맥주나 청주를 머리 헹굴 때 사용하면 좋아

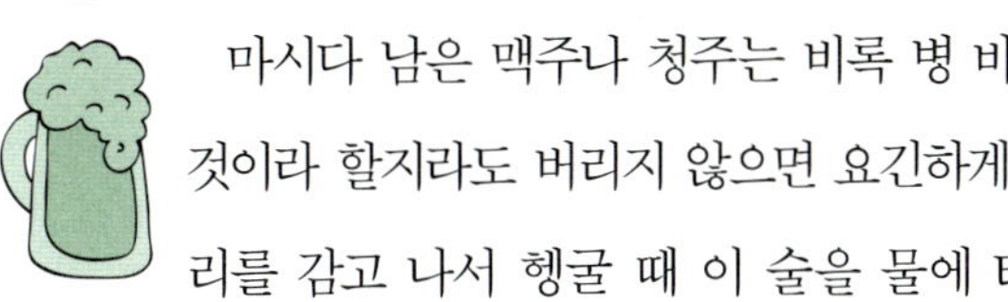

마시다 남은 맥주나 청주는 비록 병 바닥에 조금 붙어 있는 것이라 할지라도 버리지 않으면 요긴하게 쓸 수가 있다. 즉, 머리를 감고 나서 헹굴 때 이 술을 물에 타서 행구면 머릿결이 훨씬 부드러워지고 비듬도 없어지는 데 도움이 된다.

또 식기나 유리를 닦을 때 사용하면 아주 잘 닦인다. 이것은 맥주나 청주에 알코올 성분이 있어 기름을 잘 녹이기 때문이다. 당분이 많이 들어 있거나 그 밖의 특수한 술이 아니면 이와 같은 방법으로 사용할 수가 있다.

하이힐은 몸에 해로워

하이힐이 건강에 좋지 않다는 것은 잘 알려진 사실인데, 아울러 미용상으로도 좋지 않다는 것을 알아두자.

항상 굽이 높은 신발만을 신으면 종아리가 긴장되어 굵어지게 되며, 그 밖에도 허리와 발가락에 부담이 가게 되어, 신을 신은 사람은 똑바로 서 있다고 생각하지만, 자칫 신경을 쓰지 않으면 허리가 구부러진 것같이 된다. 더구나 굽이 높으므로 넘어질 때는 발이 90도 각도로 꺾여 발목뼈를 상할 염려도 있으므로 안 신는 것이 좋다.

자신에게 맞는 핸드백 고르기

몸집이나 키가 작은 사람은 역시 장식품처럼 작고 예쁜 것이 잘 어울린다. 그러나 키가 큰 사람이라면 핸드백 역시 큼직하고 끈이 긴 것이 좋다. 몸이 마른 사람에게는 모양이 둥글면서 주름을 넣어 불룩하게 만들어진 것이 좋고, 뚱뚱한 사람이라면 마구리를 좁게 댄 것으로 겨드랑이에 끼고 다닐 수 있게 된 것이 좋다.

안경 고르기

동그란 얼굴에는 안경테의 양쪽 끝이 약간 위로 치솟아 올라간 듯한 것이 좋으며, 긴 얼굴형에는 사각 모양의 테가 어울린다. 안경테가 검으면 얼굴이 투박하게 보이고, 연하면 부드럽게 보인다. 또 테의 좋고 나쁨은 안경에 달린 쇠붙이로 정해지는 것이므로, 쇠붙이가 야무지게 죄어진 것을 선택하도록 한다.

3·3·3 칫솔질

아직도, '이는 세차게, 그리고 가능한 한 오래 닦는 것이 좋다'고 알고 있는 사람이 있는데, 그것은 잘못된 상식이다.

길고 세찬 칫솔질은 오히려 해롭다.

이를 닦는 것은 두 가지 의미를 지니고 있다. 하나는 이와 이 사이, 그리고 이와 잇몸 사이에 엉겨붙어 있는 음식물의 찌꺼기를 떼어내는 것이고, 다른 하나는 잇몸의 혈액순환을 좋게 해서 이와 잇몸을 보호해 주는 것이다. 엉겨붙어 있는 찌꺼기를 제때에 제거하지 않으면 결국 치과에서 가장 문제가 되는 충치와 풍치가 될 우려가 있다. 이러한 점을 감안한다면 식후의 칫솔질이 합리적이다.

또, 세수하기 전에 이를 닦는 것도 비과학적이다. 아침에 일어나서 세수하는 것은 얼굴과 손을 깨끗이 한다는 것만 뜻하지 않는다. 교감 신경을 긴장시켜 몸과 마음이 하루를 시작하는 준비를 갖추도록 신호를 보내는 동시에 혈액순환을 촉진하는 뜻도 있다. 따라서 잇몸의 혈액 순환을 좋게 하기 위해서는 세수를 하고 난 뒤에 이를 닦는 것이 옳다.

치과의사들은 이와 잇몸을 보호하기 위해서는 3·3·3식 칫솔질이 가장 좋다고 권한다. 아침에 일어나자마자 이를 닦는 것보다는 식사 후 3분 이내에 3분간, 하루 세 번의 칫솔질이 가장 이상적이라는 것이다. 이를 오래 닦는 것이 결코 좋지 않다는 사실을 명심하자.

여성의 건강

◉ 말이 많으면 빨리 늙는다?

우리의 눈과 귀는 각기 한 가지 구실만 하는데, 입은 먹고 말하는 일까지 겸하고 있어서 과로하기가 쉽다. 실제 의학적으로도 1분 동안 말을 하는 데는 약 2억 8천만 개나 되는 적혈구가 소비된다고 한다. 그러므로 말수가 많은 사람은 매주 어느 한 기간을 정해 놓고 그 때만이라도 말수를 줄이는 것이 현명하다.

◉ 비듬 제거에는 양파즙이 좋다

머리를 많이 써서 신경이 피로해지거나 영양이 균형을 잃게 되면 머리에 비듬이 생기게 되는데, 머리에 비듬이 있어서 옷 칼라에 희끗희끗 비듬 가루가 떨어져 있으면 아무리 옷을 잘 차려 입은 신사 숙녀일지라도 불결해 보인다. 이럴 때 양파를 이용하면 효과적이다.

1) 우선 머리를 깨끗이 감고 말린다.

2) 양파를 갈아서 즙을 만든다.

3) 양파즙을 가제에 싸서 가볍게 두드리며 머리에 골고루 발라 주고 나서 이튿날 다시 머리를 감는다.

이렇게 약 10일간만 계속하면 비듬이 한결 줄어든다.

그리고 또, 오이꼭지나 당근 껍질, 채소 잎사귀 등을 절구에 찌어 만든 즙에 세숫비누를 잘게 썰어 넣고 하루쯤 두었다가 잘 저어서 머리를 감아도 효과가 있다. 비듬은 물론 탈모증이나 가려움증 예방에도 효과가 있다.

🟢 탈모 방지엔 구기자 달인 물에 머리를

남녀 불문하고 머리가 빠지게 되면 나이가 더 들어 보이는 등 미용 면에서 과히 좋아 보이지 않는다. 탈모 방지에는 여러 가지 특효약이 나와 있지만, 예로부터 내려오는 민간요법으로, 구기자잎(한약재 파는 곳에 가면 구입할 수 있다)을 넣고 달인 물에 날마다 머리를 감아 보자. 이렇게 여러 날 동안 계속하다 보면 효과를 볼 수 있다.

또, 생강을 갈아 물에 묽게 타서 이것을 탈지면에 묻혀 머리칼 밑에다 바르면 효과가 있다. 참기름을 소금과 같은 분량으로 혼합하여 바르는 것도 효험이 있다.

🟢 목욕물에 소금 한 줌을

가정에서 목욕할 때 그냥 맹물로만 하는 것보다는 소금이나 소다를 한 줌 탄 물을 쓰면 피로가 쉽게 풀리고 피부에도 좋다. 또, 콧등의 땀

구멍이 두드러지거나 얼굴에 기름기가 많아 검게 보일 때는 먼저 올리브 기름을 바른 후 고운 소금을 가제에 묻혀서 살살 문지르면 깨끗해진다.

샤워는 지압·전기적 효과가 있다

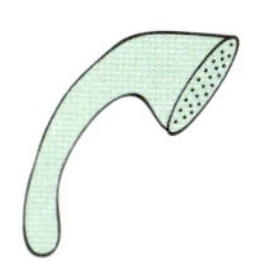

간단하게 땀을 씻는다든가 머리를 감을 때는 샤워가 편리하다. 샤워는 센 물줄기에 의한 지압적 효과와 몸에 닿을 때 일어나는 전기적인 효과 등으로 해서 우리 몸에 좋은 영향을 미친다.

오래 길을 걸어서 다리가 피로해졌거나 운동을 심하게 해서 근육통을 느끼게 될 때는 샤워 꼭지를 원 모양으로 빙글빙글 돌리면서 발이나 몸에다 물을 끼얹으면 통증이 멎고 몸이 가뿐해진다.

계단을 오를 때는 발끝으로

과식·운동 부족 등이 겹치게 되면 변비가 오기 쉽다. 자세를 올바르게 하고 걸으면 키도 크고 경쾌해 보인다. 계단 등을 오를 때 자세를 바르게 하고 발끝으로 리드미컬하게 걸으면 발목에 힘이 주어져 매력적인 각선미가 생긴다.

냉탕의 효용

목욕탕이라는 곳은 원래 때만 미는 곳이 아니라 건강 증진과 피로 회복의 장소로 활용될 수 있는 아주 좋은 곳이다. 온·냉욕을 하면 피로회복은 물론 감기 예방과 피부 미용 등에 아주 좋은 효과를 볼 수 있다. 온·냉욕을 할 때는 온탕과 냉탕에 각각 1분간씩 들어갔다 나오는 방법으로, 그 횟수는 온탕에 세 번, 냉탕에 세 번, 도합 여섯 번 정도가 적당하며, 냉탕에서 시작해서 냉탕에서 끝내는 것이 좋다.

땀냄새를 없애려면

땀을 많이 흘리면 자연히 몸에서 땀냄새가 많이 난다. 이런 사람은 외출에서 돌아와 몸을 씻을 때 마지막 헹구는 물에다 식초를 몇 방울 타서 씻으면 피부에도 좋고 땀냄새도 깨끗이 사라진다.

감기 예방에 좋은 비타민

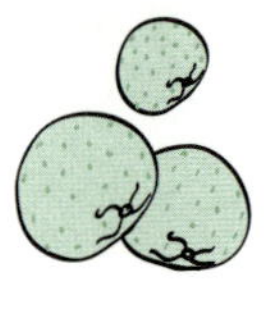

녹황색 야채에 많이 함유된 비타민 A는 세균에 대한 저항력을 강하게 한다. 또 감귤이나 딸기 등에 함유되어 있는 비타민 C는 자연 치유력을 증가시키므로 감기 치료에 도움이 된다.

머리카락을 위한 비타민

젊은이들의 새치는 노인들의 흰머리와는 달리 머리카락 속에 기포가 들어가서 희게 된 것이므로 산소 보급을 위해 비타민 E를 많이 섭취해야 한다. 또 비타민 B는 머리카락의 성장에 소용되므로 우유나 야채를 많이 먹는 것이 좋다.

암 예방에 좋은 비타민

비타민 A, C, E를 많이 섭취한 사람은 그렇지 않은 사람보다 암에 걸릴 확률이 적다고 한다. 녹황색 야채나 과일을 많이 먹도록 한다.

애연가에게 좋은 비타민

담배 한 개비를 피웠을 때 체내에서 25㎎의 비타민 C가 없어지고, 열 개비를 피우게 되면 레몬 10개 분의 비타민이 소멸된다고 한다. 따라서 애연가는 감자·딸기·감귤 등을 많이 먹도록 한다.

뼈에 좋은 비타민

몸에 비타민 D가 부족하게 되면 뼈에 여러 가지 장애가 나타난다. 특히 직업상 햇볕이 없는 곳에서 일하는 사람이나 나이 든 노인은 정어리·참치·연어 등을 많이 먹어 비타민 D를 섭취하도록 한다.

공부 비타민

비타민 B_1 은 뇌신경을 활발하게 하는 작용을 한다. 따라서 비타민 B_1 이 많은 이스트·돼지고기·땅콩 등을 섭취하면 일이나 공부에 있어 의욕이 상승되어 능률이 오르게 된다.

팔이 피곤할 때

팔을 많이 써서 피로할 때는 때때로 팔의 힘을 완전히 뺀 것처럼 하고 쉬는 것이 팔의 아름다움을 간직케 하는 비결이다. 이럴 경우, 그냥 쉬는 것보다는 바로 서서 어깨로부터 팔을 축 늘어뜨리고 힘을 모두 뺀 다음에 그 자리에서 팔을 좌우로 흔드는 동작을 몇 분 계속하고 나서 쉬는 것이 효과적이다.

눈에 피로가 오면

뜨개질을 한다든가 텔레비전을 오래 시청하다 보면 눈이 피로해지게 마련이다. 여성들에게 있어서 눈이 자주 피로한 것도 미용에 큰 적이다. 이렇게 눈이 피로할 때는 문 밖에 나가서 먼 곳을 본다든가, 40번 정도 눈을 떴다 감았다 하거나, 찬 가제에 찬물을 적셔 눈꺼풀 위에 대거나 하면 피로가 빨리 풀린다. 그리고 또, 냉수를 담은 세숫대야에 얼굴을 담그고 눈을 깜박거리는 것도 효과적이다.

식사하고 나서 누우면 소화가 안 된다?

식후에 소화가 잘 안 되는 사람은 식후 20~30분 정도 누워 있는 것이 좋다. 이때 반듯하게 눕는다든가 왼쪽 허리를 바닥에다 대고 옆으로 눕는 따위는 효과가 없다. 반드시 몸 오른쪽이 아래로 향하게 하여 옆으로 눕도록 한다. 그런데 누워 있다가 잠이 들면 위도 함께 활동이 정지되므로 오히려 소화 불량을 조장하는 셈이 되므로 주의해야 한다.

기생충 예방

우리 나라는 세계에서 기생충 감염율이 가장 높은 나라의 하나이다. 비료로 인분을 사용하고, 개인 위생이 철저하지 못한 데다가 민물고기·게 따위를 생식하기 때문이다. 그러므로 1년에 봄·가을 두 번은 온 가족이 동시에 구충약을 먹어 두는 것이 좋다. 특히 요충 같은 것은 가족끼리도 전염이 되므로 온 가족이 다 함께 구충약을 복용하는 것이 이상적이다.

◉ 심장을 튼튼하게 하는 방법 두 가지

첫째, 발을 더운물과 찬물에 번갈아 담그는 방법이다. 우선 들통 두 개를 준비하여 한 곳에는 45℃쯤의 더운물을 붓고, 다른 쪽에는 찬 수돗물을 붓는다. 그리고 두 개의 들통에 양발을 번갈아 담그되, 처음에는 더운물에 5분쯤, 다음에는 찬물에 1분, 이렇게 해서 세 번쯤 반복한다. 발을 담글 때는 무릎 바로 아랫부분까지 닿도록 하면 좋다. 반복하는 동안 물이 식으면 준비해 둔 더운물을 자꾸 부어 온도의 저하를 막도록 한다. 이 방법은 혈액 순환을 도와 피로를 없애고 심장의 펌프 능력을 증강시켜 주는 효과가 있다.

둘째, 잠자리에서 하는 운동 방법이다. 반듯이 누워 양팔과 양다리를 똑바로 펴서 수직으로 가볍게 진동시킨다. 운동 시간은 2분 정도, 조석으로 잠자리에서 한다.

이 방법은 온몸의 모세혈관의 기능을 증진시켜 혈액 순환을 좋게 하고, 임파액의 흐름을 촉진하여 심장을 튼튼하게 해 준다.

◉ 기억력을 증진시키는 비타민 B군

비타민 B군이 부족하게 되면 기억력이 떨어지고 머리 회전도 둔해진다. 비타민 B군의 섭취량이 권장량의 절반으로 떨어질 경우, 정상적인 판단력을 잃게 되고 자신의 행동을 조절할 수 없게 된다. 비타민 B군은 상호 보완 작용을 하므로 어느 한 가지라도 부족하게 되면 두뇌 회전에 불균형을 초래할 수 있다. 따라서 식사할 때 음식을 골고루 먹어 균형 있게 비타민을 섭취해야 한다.

뇌세포의 노폐물을 제거하는 비타민 E

비타민 E는 단백질과 어우러져 뇌세포의 노폐물을 제거하고 묵은 세포를 다시 새로운 세포로 바꾸어 주는 역할을 하므로 비타민 E의 섭취는 매우 중요하다. 비타민 E는 곡류의 씨눈에 풍부히 들어 있다. 다른 단백질 식품이 비타민 E를 거의 가지고 있지 않은 데 비해 곡류에는 비타민 E와 단백질이 함께 들어 있다.

MEMO

실리경제를 위한 깜짝 살림 백과
〈시집에는 친정 엄마가 없다 2〉

1판 1쇄 인쇄 2008년 8월 10일
1판 1쇄 발행 2008년 8월 20일

엮 은 이 이경애 · 염양순
편집주간 장상태
편집기획 김범석
디 자 인 정은영

발 행 인 김영길
펴 낸 곳 도서출판 선영사
주   소 서울시 마포구 서교동 485-14 영진빌딩 1층
Tel 02-338-8231~2   Fax 02-338-8233
E-mail sunyoungsa@hanmail.net
Web site www.sunyoung.co.kr

등   록 1983년 6월 29일 (제02-01-51호)

ISBN 978-89-7558-173-1   03040